Georg Friedrich Knapp

Die Bauern-Befreihung und der Ursprung der Landarbeiten

Georg Friedrich Knapp

Die Bauern-Befreihung und der Ursprung der Landarbeiten

ISBN/EAN: 9783741184253

Hergestellt in Europa, USA, Kanada, Australien, Japan

Cover: Foto ©Lupo / pixelio.de

Manufactured and distributed by brebook publishing software
(www.brebook.com)

Georg Friedrich Knapp

Die Bauern-Befreihung und der Ursprung der Landarbeiten

Die

Bauern-Befreiung

und der

Ursprung der Landarbeiter

in den älteren Theilen Preußens.

Von

Georg Friedrich Knapp.

Erster Theil.
Ueberblick der Entwicklung.

Leipzig,
Verlag von Duncker & Humblot.
1887.

Vorrede.

Die Geschichte der Bauernbefreiung ist die Geschichte der sozialen Frage des 18. Jahrhunderts.

Die soziale Frage des 19. Jahrhunderts hat es weniger mit den Bauern zu thun als mit den Arbeitern und zwar, soweit sie für uns in Betracht kommt, mit den Landarbeitern.

Es gehört mit zu der gestellten Aufgabe, den Zusammenhang beider Fragen klarzustellen; vor allem aber wird die ganze gesetzgeberische Arbeit hier geschichtlich betrachtet, welche zur Befreiung der Bauern in den östlichen Provinzen des preußischen Staats geleistet worden ist.

Die westlichen Provinzen konnten wegen ihrer ganz abweichenden ländlichen Verfassung nicht mit berücksichtigt werden.

Unter den östlichen Provinzen sind die älteren Landestheile (Preußen, Pommern, Brandenburg, Schlesien) ausführlicher und, was die Quellen betrifft, selbständig behandelt; die neuere, fünfte Provinz, Posen, ist nur im Ueberblick vorgeführt, da ein tieferes Eindringen nicht nöthig schien.

Unser Gegenstand ist nicht die Landeskulturgesetzgebung in dem Sinne, wie das Wort in Preußen gebraucht wird um eine Gruppe von Gesetzen seit 1807 zusammenzufassen. Nicht nur beginnen wir um hundert Jahre früher, sondern es besteht auch

ein sachlicher Unterschied. Die Landeskulturgesetzgebung ist ihrem
Wesen nach hauptsächlich dahin gerichtet, Hindernisse aus dem
Wege zu räumen, durch welche die Landwirthschaft beengt war;
sie hat also die Förderung der landwirthschaftlichen Technik zum
Ziele und berührt dabei allerdings gelegentlich auch die Befreiung
gewisser Bauernarten.

Hier aber handelt es sich nicht um die Landwirthschaft, son=
dern um die in derselben beschäftigten Menschen, um die länd=
liche Verfassung, um die Beziehungen der gesellschaftlichen Klassen
zu einander, um die Stellung des Staates zu diesen Klassen.
Indem wir die Befreiung der Bauern und den Ursprung der
Landarbeiter erforschen, beschäftigen wir uns mit der sozial=
politischen Geschichte der ländlichen Bevölkerung.

Von den beiden Theilen, in die das vorliegende Werk zer=
fällt, enthält der erste in möglichst übersichtlicher Form die Be=
schreibung und Erzählung des Vorgangs, wie er dem Verfasser
auf Grund längeren Nachdenkens erscheint. Im zweiten Theil
dagegen treten die Meinungen des Verfassers völlig zurück, und
auf engstem Raum wird ein verkleinertes Bild des Inhalts der
Quellen dargeboten; man kann da an einem Beispiel sehen,
wie während hundert und fünfzig Jahren im preußischen Staate
regiert wurde, — mit derselben Deutlichkeit, als hätte man die
weitläufigen Akten selbst gelesen.

Die Herstellung des zweiten Theils, der zuerst fertig ge=
worden ist, war nur durch freundliche Unterstützung Vieler mög=
lich, denen ich hier meinen Dank aussprechen muß:

Durch die Güte des Herrn Unterstaatssekretärs Dr. Lebber=
hose, Kurators der Universität zu Straßburg i. E., war ich im
Sommer 1884 beurlaubt um die Quellen aufsuchen zu können,
die mir durch den Wirklichen Geheimen Oberregierungsrath Herrn
Dr. H. von Sybel in den preußischen Archiven zugänglich ge=
macht wurde. Auf dem Geheimen Staatsarchiv zu Berlin hat

mir Herr Archivrath Dr. Max Lehmann aufs freundlichste mit
seinem Rathe zur Seite gestanden. Vom Staatsarchiv zu Breslau
habe ich durch Herrn Geheimen Rath Professor Dr. Grünhagen
mancherlei Auskunft erhalten. Die Akten des landwirthschaft=
lichen Ministeriums zu Berlin sind mir durch Se. Exzellenz den
Herrn Minister Dr. Lucius unter Vermittlung der Herren Ge=
heimen Räthe Dr. H. Thiel und Sterneberg zur Benützung über=
lassen worden. Die längere Benützung vieler Druckschriften ver=
danke ich dem Herrn Geheimen Rath Blenck, Direktor des königl.
preuß. Statistischen Bureaus.

Aus den mir zeitweilig überlassenen Akten der genannten
Archive ist vom September 1884 bis zum September 1886 in
Straßburg nach und nach der zweite Theil hergestellt. Der erste
Theil ist im Sommer 1887 verfaßt; die darin vorgetragene
Entstehung der Pachtbauern aus Lassiten ist mir dadurch noch
klarer geworden, daß die Entwicklung Neuvorpommerns unter
meiner Leitung durch Herrn Carl Fuchs untersucht wird.

Die Geschichte der Bauernbefreiung ist, auch im ersten Theil,
ohne jede Rücksicht auf politische Parteien, aber doch mit einer
bestimmt vorwiegenden Absicht behandelt: es sollte die sozial=
politische Seite der Entwicklung möglichst scharf hervortreten.

Straßburg i. E., 18. September 1887.

G. F. Knapp.

Inhalt

des

Erften Theils[1]).

---

[1]) Der Zweite Theil hat ein besonderes Inhaltsverzeichniß.

—— ——

Berichtigungen

zum Ersten und Zweiten Theil.

Erster Theil, Seite 26 Zeile 5 lies: dem statt den.

— Seite 67 und Seite 69, letzte Zeile: die Worte „besonders in der Mark" sind zu streichen.

Zweiter Theil, Seite 7 Zeile 4 lies: Der Baur statt Die Baur.

— Seite 35 Zeile 15: die Worte „[bei freien Bauern]" sind zu streichen.

— Seite 169 Zeile 30 lies: begünstigen statt begünstigten.

— Seite 188 Zeile 28 und 38 lies: Baczko statt Bazko.

— Seite 222 Zeile 6: die Worte „sich hierdurch nicht vermindert" sind nach Theil I Seite 141 Anm. 1 zu verbessern.

— Seite 385 Zeile 35 lies: 1816 statt 1815.

— Seite 448 Zeile 24 lies: Seite 284 statt 248.

Einleitung.

Gutsherr und Bauer.

------

§ 1. Beschreibung.

Im achtzehnten Jahrhundert hatten die meisten Gutsherrn in den östlichen Provinzen des preußischen Staates unterthänige Bauern, die meisten Bauern hatten über sich einen Gutsherrn. Das gutsherrlich-bäuerliche Verhältniß war so verbreitet, daß man leicht darüber die Freibauern einerseits und andrerseits die großen Güter ohne Unterthanen übersah, die doch beide auch vorkamen.

Die bekannteste Art der Gutsherren sind die Herren der Rittergüter. Rittergüter konnten in der Regel nur vom Landabel besessen werden: wenn ein Bürgerlicher ein Rittergut erwerben wollte, so gehörte dazu die besondere Erlaubniß des Königs, der sich aber nur ungern hiezu herbeiließ. Nur als es galt, in Westpreußen den Einfluß der Deutschen gegenüber dem eingeborenen polnischen Adel zu stärken, ging der König von dem herrschenden Grundsatze ab und erlaubte den Bürgerlichen den Ankauf.

Eine nicht geringe Zahl ähnlicher Güter war im Besitze geistlicher oder weltlicher Körperschaften, zum Beispiel der Klöster oder auch der Stadtmagistrate.

Die Güter solcher juristischer Personen und die der Ritterschaft können als Privatgüter bezeichnet werden, im Gegensatz

Knapp, Preuß. Agrarpolitik. I.   1

zu den ebenfalls sehr verbreiteten Gütern mit ähnlicher Ver=
fassung — was das gutsherrlich=bäuerliche Verhältniß betrifft —,
die dem Landesherrn gehörten und Domänengüter hießen.

Alle Güter, auf denen sich das gutsherrlich=bäuerliche Ver=
hältniß findet, könnte man als herrschaftliche Güter bezeichnen.
Wenn auch ein großer Theil der herrschaftlichen Güter in
Händen der Ritterschaft, also des Landadels, waren, so ist doch
nicht dies der eigentlich wichtige Umstand, daß meistens Bauern
und Adlige einander ·gegenüberstehen. Nicht in dem Unter=
schiede des Standes, sondern in dem Unterschiede, den die wirth=
schaftliche Stellung einerseits dem Gutsherrn andrerseits dem
Bauern zuweist, liegt das Bezeichnende der uns so fremd ge=
wordenen damaligen Gutsverfassung.

Auf einem großen Theile der adligen Güter betrieben die Herren
selber eine Wirthschaft; mitunter war auch die adlige Gutswirth=
schaft verpachtet. Auf den übrigen Privatgütern war die Guts=
wirthschaft, wenn sie nicht ausnahmsweise durch einen Verwalter
betrieben wurde, in der Regel verpachtet, und auf den Domänen=
gütern war die Verpachtung der Wirthschaft durchgängig einge=
führt. Aber auch auf diesen Unterschied — ob eigener Betrieb
oder Verpachtung — kommt für uns nichts an. Die allein ent=
scheidende Thatsache ist die, daß sich auf den herrschaftlichen
Gütern neben den Bauernwirthschaften eine Gutswirthschaft
befindet.

Wo das nicht der Fall ist; wo der Herr nur Bauernwirth=
schaften unter sich hat, da ist blos eine Grundherrschaft, keine
Gutsherrschaft, vorhanden. Es kamen solche Grundherrschaften
vor, zum Beispiel bei Klöstern; aber sie bilden keinen hervor=
ragenden Zug in der ländlichen Verfassung des Ostens. Ins=
besondere ist daselbst der Adel nicht von der Art, daß er ohne
Betrieb einer Gutswirthschaft im wesentlichen von Renten lebte,
die seine Bauern ihm alljährlich zu zahlen hätten.

Die Mitglieder der Ritterschaft darf man sich nicht als be=
sonders hohen Adel vorstellen. Ihr Rang wird durch die That=
sache bestimmt, daß sie wirklich ursprünglich als Ritter dem

Markgrafen zum Dienste zu Roß verpflichtet waren. Auch ihr
Reichthum ist in der Regel nicht groß. Die meisten haben seit
Errichtung der Pfandbriefe unter Friedrich dem Großen beträcht=
liche Schulden auf ihren Gütern stehen. Sie wohnen nicht alle in
Schlössern, sondern viele in bescheidenen Herrenhäusern. Wenn sie
ihre Töchter standesgemäß verheirathen, die jungen Söhne im
Heere oder in der Staatsverwaltung unterbringen, den Winter
eine Zeit lang in der Stadt leben und zur rechten Zeit ihr
Getreide und ihre Wolle verkaufen, so sind sie ganz zufrieden.
Größere Verhältnisse kommen gelegentlich in der Provinz Preußen
und in Oberschlesien vor, wo sich der Besitz zu ausgebreiteten
„Herrschaften" zusammengeballt hat.

Die Gutspächter sind in der Regel bürgerlichen Standes.
Sie leben zu Hause ähnlich wie der kleinere Landadel, nur mit
geringeren Standesansprüchen; ihre Söhne werden wieder Guts=
pächter; häufig sammelt sich beträchtlicher Wohlstand an.

Wo der Herr selbst wirthschaftet, dienen ihm die Bauern;
wo die Wirthschaft verpachtet ist, also insbesondere auf den
Domänen, dienen die Bauern dem Pächter; die bäuerlichen Dienste
werden ihm mitverpachtet. Daher der geringe Unterschied zwischen
eigenen und verpachteten Wirthschaften, nur daß der Bauer
vom Pächter einer Gutswirthschaft in der Regel härter behandelt
wird; dies würde auch auf den Domänengütern der Fall sein,
wenn nicht sorgfältige Regelung des Verhältnisses durch die Be=
hörden, welche die Domänen zu verwalten haben, hier dazwischen
träte — wenigstens in der zweiten Hälfte des achtzehnten Jahr=
hunderts.

In vielen Fällen ist die Gutswirthschaft nur so groß, daß
sie von einem Mittelpunkte, dem Gutshofe, aus, wo der Herr
oder der Pächter wohnt, betrieben werden kann. Ist sie größer,
so wird ein Vorwerk, oder nach Bedarf mehr als eines, abge=
zweigt, dem dann ein besonderer Verwalter vorsteht. Das Vorwerk
ist also ein abgezweigter Gutshof.

Die Gutshöfe hat man früher Ackerwerke genannt, und das
Wort Vorwerk erinnert seiner Bildung nach daran; später ist

1 *

das Wort Ackerwerk ungebräuchlich, dagegen das Wort Vorwerk
dergestalt beliebt geworden, daß man häufig von Vorwerken
spricht, wenn man Gutswirthschaften überhaupt meint. Selbst
in die Sprache der Verwaltung und der Gesetze ist dies einge-
drungen, wird aber gelegentlich von den Behörden als bloßer
Mißbrauch gerügt.

Das herrschaftliche Gut in seiner alten, von Reformen völlig
unberührten Gestalt findet man in der ersten Hälfte des achtzehnten Jahrhunderts, genauer etwa bis zum Jahre 1763, dem
Ende des siebenjährigen Krieges; da begannen bereits, wenn
auch staatlich nur wenig oder gar nicht unterstützt, wichtige
Neuerungen, die zwar nur stellenweise durchgeführt wurden, aber
dann das eigentliche Bild bereits stark veränderten. Es genügt
daher nicht, die Zeit unmittelbar vor den gesetzgeberischen Neuerungen des Jahres 1807 zu betrachten: die Zeit vor dem
siebenjährigen Kriege ist wichtiger.

Der Bezirk des herrschaftlichen Gutes umschloß in seiner
älteren Gestalt keineswegs blos den Grund und Boden, der vom
Gutsherrn landwirthschaftlich genutzt wurde; er war keine bloße
Abgrenzung des herrschaftlichen Betriebes gegen die Nachbarn,
sondern er umfaßte weit mehr als die landwirthschaftlich benutzte
Fläche des Gutsherrn: er war zugleich ein Herrschaftsgebiet, das
sich mit über den Boden erstreckte, den die dem Gutsherrn unterthänigen Bauern inne hatten. Man kann den Bezirk als eine
Gemarkung betrachten, auf welcher der Gutsherr die Grundherrschaft hat, die er aber nicht allein bewohnt, da die ihm untergebenen, von ihm abhängigen Bauern ebenfalls darauf hausen.
Mitunter wohnen sie in einem Dorf, oft auch in mehreren
Dörfern. Daß die Bauern dorfweise und nicht in Einzelhöfen
wohnen, ist durchaus die Regel.

Die Gemarkung besteht, wie es auch in Gegenden ohne herrschaftliche Güter gefunden wird, zum Theil aus Ackerland,
das an die Grundbesitzer ausgetheilt ist, so daß jeder die Stücke
nennen kann, die ihm zugehören; zum Theil aus ungetheiltem

Land, wie Weideflächen, oft auch Wiesen, vor allem Wald. An der „Gemeinheit", wie der ungetheilte Boden genannt wird, sind die Nutzungsrechte geregelt, wenn auch nur in großen Zügen, indem jedem Wirthschaftenden gestattet ist, sein Vieh dorthin zur Weide zu treiben, sich Bauholz oder Brennholz zu holen und dergleichen, meist nach altem Herkommen und häufig recht unbe= stimmt. So z. B. kommt es vor, daß die Bauern ihr Vieh so tief in den Wald treiben dürfen als man die Stimme eines Rufenden hört, der auf einem bestimmten Steine steht.

Das Ackerland ist zum kleineren Theil eingezäunt zu Feld= gärten oder Wurthen, Wörthen, die in der Regel nahe beim Gutshofe und bei den Bauernhöfen liegen. Die Feldgärten werden ausschließlich vom Inhaber genutzt, und zu jeder Wirth= schaft gehört in der Regel einer; sie sind zum Gemüsebau, aber auch zum Ackerbau bestimmt und sind von den Hausgärten zu unterscheiden, in denen der Spaten allein herrscht. Wie jeder seine Wurthen benutzen will, geht ausschließlich ihn selber an.

Der größere Theil des Ackerlandes liegt offen, ohne Ein= zäunung der einzelnen Aecker; wir nennen ihn die Flur. Hier liegen die Aecker gruppenweise in gleicher Richtung laufend und bilden so die Gewanne, d. h. Abschnitte der Bodenfläche nach der Beschaffenheit derselben, die aber nicht immer so deutlich auf= treten, da sie für die Wirthschaft ohne Bedeutung sind.

Jeder einzelne Bauer, und ebenso der Gutsherr selbst, hat seine Aecker nicht zusammenliegend, sondern über die Flur zer= streut; die Aecker jedes Besitzers berühren einander nicht; jeder Acker stößt in der Regel an den Acker eines anderen Besitzers. Die Aecker, die zu einer Wirthschaft gehören, liegen also mit Nachbaräckern vermengt, es herrscht die sogenannte Gemengelage. Sie besteht nicht etwa blos unter den bäuerlichen Aeckern, sondern auch die gutsherrlichen Aecker sind mit in dieser Lage. Man muß auf einer solchen Flur sehr gut Bescheid wissen, um sagen zu können, wo die Aecker dieses oder jenes Bauerhofes oder die des Gutshofes zu finden sind.

In Folge dessen ist die Benutzung der Aecker auf der Flur

keine freie, nur vom Inhaber abhängige: sie ist vielmehr für die
ganze Flur gemeinsam geregelt, jeder Inhaber muß sich nach der
allgemeinen Regel richten, jeder gehorcht dem Flurzwang, den
der Flurschütz überwacht. Der Feldbau auf der Flur ist daher
nur in der Weise möglich, daß Alle nach derselben Regel wirthschaften. Will man dies Feldgemeinschaft nennen, so muß hinzu-
gesetzt werden, daß das Gemeinsame hier nur in der Wirth-
schaftsweise liegt, daß aber jeder die Wirthschaft auf seine eigene
Rechnung führt.

Dies ist durchaus begreiflich, da man überall nur eine, die
ortsübliche Wirthschaft kennt, die schlechtweg auf der Ueberlieferung beruht.

Es kommt vor, daß die Feldarbeiten auf der Flur beim
Schulzen am Vorabend verabredet werden und daß dann früh
am Morgen die Bauern zu gleicher Zeit das Dorf verlassen,
Abends mit einander nach Hause zurückkehren, alle mit dem
gleichen Ackergeräth versehen.   .

Durch diesen Brauch, der dem gebildeten Landwirth aber
keineswegs dem Geschichtsforscher ein Aergerniß ist, ward zugleich
der herkömmliche Feldbau aufs nachhaltigste befestigt.

Das weitaus verbreitetste System des Ackerbaues war nun,
wie bekannt, das der Dreifelderwirthschaft. Die Flur war zerlegt — mit Benutzung der Gewann= und Ackergrenzen — in
drei Theile, Felder genannt, die im wirthschaftlichen Sinne gleich
groß, d. h. so groß waren, daß sie gleichviel Getreide hervorbringen konnten. Jeder Wirth, sowohl Bauer als Gutsherr,
hatte seine zerstreuten Aecker so liegen, daß sie, zusammengenommen,
in jedem der drei Felder wirthschaftlich ungefähr gleich groß
waren; was sich von selbst ergab, wenn der Wirth von jedem
Gewann den gleichen Bruchtheil als Acker nutzte; aber auch sonst
war es leicht herzustellen, wo die Eintheilung der Gewanne in
Aecker nicht so regelmäßig war.

Auf dem einen Felde wurde Wintergetreide gebaut, auf
dem andern Feld gleichzeitig Sommergetreide; auf dem dritten
Feld hielt man unterdessen Brache.

Die drei Bestellungsarten waren stets neben einander vorhanden, doch so, daß sie jedes Jahr auf einem andern der
drei Felder eintraten. Denn auf jedem Felde folgten die drei
Bestellungen auf einander, nur war der Anfang der Reihenfolge
auf jedem Felde ein verschiedener.

Während diese Einrichtung dem Getreidebau diente, beruhte
die Viehzucht auf der ungetheilten Weide, die stets vorhanden
war, und auf der Beweidung der Flur in geeigneten Zeiten:
man trieb das Vieh im Frühjahr, ursprünglich bis in den Brach-
monat hinein, auf das Brachfeld, bis dies aufgebrochen wurde;
man trieb es ferner auf die Stoppeln des Winterfeldes und des
Sommerfeldes nach der Aberntung, und half endlich durch Heu,
das auf Wiesen gewonnen wurde, nach.

Die Stoppelweide auf dem werdenden Winterfeld, das ja
schon im Herbst eingesät wurde, war weniger ergiebig, als die
auf dem künftigen Sommerfeld; beide waren aber recht spärlich
und das dauernde Weideland war mit dem Nachtheil verbunden,
daß das Vieh auf den langen Wegen dahin abgetrieben wurde.

Die zeitweilige Beweidung der Flur und die Unzugänglich-
keit der einzelnen Aecker, wenn die Saaten aufgekeimt waren,
reichten völlig aus, den Flurzwang zu begründen.

Die ärmliche Ernährung des Viehs brachte fortwährenden
Mangel an Dünger hervor, und daraus folgte wieder eine höchst
extensive Wirthschaft.

Man brachte den Dünger wesentlich in die Wurthen und
was noch übrig war, auf die nächstgelegenen Aecker der Flur,
das sogenannte Binnenland.

Die ferner liegenden Theile der Flur, das Außenland,
konnten der oben geschilderten Benützung meist nicht mehr unterworfen werden, weil sie aus Düngermangel die Sommerfrucht
nicht mehr trugen. Besonders war dies bei Sandboden der
Fall. Man beschränkte sich daher auf eine Roggenernte alle drei
Jahre, oder gar alle sechs oder neun Jahre, während man in
der Zwischenzeit das Land als Viehweide benutzte. Daher heißen

die Außenländer oft schlechtweg Roggenland, häufig einfach sechs=
jähriges oder neunjähriges Land [1]).

Das Ackerland zerfällt also, genauer betrachtet, in Feldgärten; dann auf der Flur in Binnen= und Außenland; nur auf
dem Binnenland findet die im strengern Sinne dreifeldermäßige
Bestellung statt. Es ist, wie wenn um einen Mittelpunkt ein
enger Kreis, die Feldgärten enthaltend, gezogen würde; um diesen
Kreis legt sich ein Ring, das Binnenland enthaltend, der durch
drei Radien in gleich große Stücke zerlegt ist; dann folgt ein
zweiter Ring mit dem Außenland, der durch drei oder sechs oder
neun Radien zerschnitten wird. Außerhalb des zweiten Ringes
hätte man sich den Raum für das ungetheilte Land zu denken,
dessen Nutzung als Wald oder Weide beständig dieselbe bleibt.

Es ist schon viel, daß bei einer solchen Verfassung die Drei=
felderwirthschaft doch einigermaßen weiter entwickelt wurde. Man
begann das Ackerland früher umzubrechen als es für die neue
Bestellung unbedingt erforderlich war — wodurch allerdings die
Stoppelweide sich verkürzte. Das Brachfeld wurde wohl auch
so behandelt (schwarze Brache) oder es wurde mit Blatt= und
Wurzelgewächsen besömmert, abermals unter Beschränkung des
Weideraums: wodurch Alles zur Vermehrung des Futterbaus hin=
drängte, und insbesondere der Klee auf dem Brachfelde sich ein=
bürgerte. Der jämmerliche Zustand des bauernden Weidelandes
und die dichter werdende Bevölkerung an sich drängten auf
Theilung des Gemeinlandes, auf Gemeinheitstheilung im eigent=
lichen Sinne hin, während die aufkommende Wissenschaft des
Landbaus als erste Bedingung jeder Besserung erkannte, daß die
Fesseln des Flurzwangs zu brechen seien. Die Benutzung der
Aecker nach bindender Regel für Alle, der Auftrieb des Gemeinde=
viehs zu gewissen Zeiten, also die gemeinsame Benutzung der
Grundstücke mußte aufhören; es mußte Gemeinheitstheilung auch
in dem Sinne, wie das Wort in Preußen üblich ist, gefordert

---

[1]) J. G. Koppe, Kurze Darstellung der landwirthschaftlichen Ver=
hältnisse der Mark Brandenburg. Berlin 1899.

werden, damit andere Feldsysteme an Stelle der Dreifelderwirth=
schaft treten konnten. Wenn solche damals noch kühne Gedanken
überhaupt von Landwirthen ergriffen wurden, so waren es natür=
lich nicht die Bauern, sondern besten Falles war es der Guts=
herr, der sich so weit aufschwang.

Wie sich das Bauernland zum Gutslande der Größe nach
verhielt, war örtlich sehr verschieden.

Der Ausdruck Hufner, für die eigentlichen Bauern, ist in
den alten Provinzen nicht üblich [1]), wie er es z. B. in Holstein
ist. Auch der Ausdruck Hufe, der allerdings vorkommt, bedeutet
hier nicht, wie er dort thut, den Inbegriff des bäuerlichen Be=
sitzes. Dieser heißt vielmehr Hof im weiteren Sinne, oder
Bauerngut, auch wohl bäuerliche Stelle, Bauernahrung, worunter
also die Hofstätte, der Garten, die Wurthen, die Aecker nebst
den Nutzungsrechten am Gemeinland zusammengefaßt werden.

. Hufe bedeutet hier ein Maß des Bauerngutes, das aber,
wie man sieht, kein Flächenmaß ist, denn das Bauerngut läßt
sich, da Nutzungen an ungetheiltem Boden dazu gehören, nicht
nach Flächenmaß messen. Selbst wenn es ortsüblich heißt: eine
Hufe hat dreißig Morgen, so bedeutet dies nicht, daß dreißig
Morgen und eine Hufe identische Begriffe sind; sondern: daß zu
einer Hufe, neben anderem, dreißig Morgen Ackerlandes gehören.

Hufe ist nämlich die ortsübliche Einheit für Messung der
bäuerlichen Wirthschaften und für sich genommen so groß, als
man sich dort die nothdürftige Bauernwirthschaft vorstellt. Der
Vollbauer hat sehr häufig zwei oder zwei und eine halbe Hufe,
auch vier Hufen, d. h. er hat so viel, daß man zwei oder zwei
und eine halbe oder vier nothdürftige Bauernstellen daraus machen
könnte.

Die Einführung der Grundsteuer, die sich nicht auf Aus=
messung der benutzten Fläche, sondern auf Schätzung der Größe
der Wirthschaft stützte, hat den Ausdruck Hufe für die spätere

[1]) Der Ausdruck Hubenwirth in der Provinz Preußen: vergl. II 11'.

Zeit befestigt und demselben vielleicht diesen besonderen Sinn, im Gegensatze zum holsteinischen Gebrauch, verschafft; für die Größe der Wirthschaft war ja der wichtigste Anhalt: wie viel Ackerland dieselbe auf der Flur hat; daher die enge Beziehung der Hufe zu einer bestimmten Morgenzahl. Im Steuerkataster stand für jedes Bauerngut, wie viel Hufen es enthält, und danach war die Steuer angelegt.

Die Grundsteuer lag als dingliche Last auf dem Bauern- gute, sie war nicht etwa eine persönliche Abgabe des Bauern. Auf der Bauernstelle selbst ruhte sie, gleichgültig wer der Inhaber war; und zwar nur auf bäuerlichen Stellen, nicht auf dem Lande, das zur herrschaftlichen Wirthschaft gehörte. Denn der Ritter, da er dem Landesherrn zum Roßdienste verpflichtet war, zahlte die Grundsteuer nicht, die vielmehr nur auf dem Boden lag, von dem kein ritterlicher Dienst geleistet wurde.

Das war der ursprüngliche Sinn der Steuerverfassung, und da die Kataster als Grundlage zur Hebung fortbestanden, so zer- fielen die Aecker in steuerbare (kontribuable) und steuerfreie, je nachdem sie bei der Errichtung des Katasters zu bäuerlichen Stellen oder als Ritteräcker zur Gutswirthschaft gehört hatten.

Nun ereignete es sich freilich oft, daß der Besitzstand der Bauern und der Gutsherren sich verschob. Aecker, die früher zu Bauernstellen gehört hatten, wurden Bestandtheile der Gutswirth- schaft, oder Land, das früher zur Gutswirthschaft gehört hatte, wurde an Bauern abgegeben. Man sollte erwarten, daß danach die Aufzeichnungen im Kataster geändert worden wären, damit das Kataster mit dem wirklichen Zustand in Uebereinstimmung blieb; aber so war es nicht: vielmehr blieb die einmal festgesetzte Unterscheidung, so wie sie damals gewesen war, bestehen, und so kam es, daß zur Gutswirthschaft neben den ursprünglichen steuer- freien Aeckern auch steuerbare gehören konnten; dann nämlich, wenn Bauernland hinzugekommen war. Ebenso konnten Bauern- stellen, wenn errichtet auf früherem Ritteracker, steuerfrei sein. So ist es zu verstehen, wenn man von „kontribuablen“ Aeckern bei der Gutswirthschaft und von Ritteracker bei Bauernstellen

ließt: es ist diese Umkehrung die Folge veränderten Besitzstandes
bei unveränderter Katastrirung.

Uebrigens hatte der Gutsherr noch eine andre Beziehung
zur Grundsteuer seiner Bauern. Der Staat verlangte nämlich,
daß der Gutsherr für die Steuerleistung seiner Bauern im Nothfall eintrete; der Gutsherr war „zur Vertretung" der bäuerlichen
Steuerleistung verpflichtet, für den Fall, daß der Bauer nicht
leistungsfähig war. Soweit sollte es der Gutsherr nicht kommen
lassen; geschah es doch, so wartete der Staat nicht die Erholung
des Bauern ab, sondern überließ es dem Gutsherrn, sich später
schadlos zu halten, nachdem er vorläufig die Steuer anstatt des
Bauern entrichtet hatte.

Die Gemarkung, worauf der Gutsherr und dessen Bauern
lagen, war also ein verwickeltes Ding, dessen mannigfaltige Ein-
theilungen aus den verschiedensten Gesichtspunkten hervorgingen:
aufgetheiltes und unvertheiltes Land; das aufgetheilte Land in
Sondernutzung (Gärten und Wurthen) oder in gemeinsamer
Nutzung (die Aecker auf der Flur), sei es nur nach gemeinsamer
Regel (beim Feldbau) oder in Gemeinschaft und Gegenseitigkeit
(bei der Brach- und Stoppelweide, indem das Vieh der Gemeinde
als eine Heerde aufgetrieben wurde); ein Theil der Aecker zu
Bauernwirthschaften, ein andrer zur Gutswirthschaft gehörig;
Gewanne, nach der örtlichen Beschaffenheit des Bodens; Felder
oder Schläge je nach dem Wirthschaftssystem; manche Aecker
steuerbar, andere nicht, nach dem geltenden Kataster.

Die Größe der bäuerlichen Wirthschaften war nicht überall
dieselbe, ziemlich übereinstimmend jedoch war dies, daß die Dörfer
bäuerliche Wirthschaften von verschiedenster Größe zu enthalten
pflegten. Große Bauerngüter, die den Vollbauern gehören, kleinere,
die den Halb- oder Viertelbauern gehören, finden sich fast überall
neben einander, meist nach dem gehaltenen Zugvieh sich abstufend,
also etwa: 8 Pferde, 4 Pferde, 2 Pferde. Jedenfalls ist, wer
Bauer heißt, noch spannfähig; aber es kommt noch etwas dazu:
jedenfalls hat, wer Bauer heißt, Ackerbesitz auf der Flur.

Daneben giebt es fast überall noch eine Art von Land=
wirthen, die stets als eine besondere Klasse neben den Bauern ge=
nannt werden: die Kossäthen. Ihre Wirthschaft ist oft, aber
nicht immer, kleiner als die der eigentlichen Bauern; es kann
vorkommen, daß ein großer Kossäth mehr Land hat als ein
Viertelbauer, vielleicht so viel wie ein Halbbauer, und dennoch
ist er nur ein Kossäth, er steht dem Bauern nicht an Ansehen
gleich. Oft sind die Kossäthen ohne Spannvieh, aber es giebt
auch spannfähige. Da die Spannhaltung und die Größe des
Landbesitzes nicht entscheiden, wo liegt der Unterschied? Darin,
daß der Kossäthe sein Land nicht auf der Flur liegen hat; es
liegt vielmehr in Wurthen, sei es nah am Dorf oder zwischen
den Gewannen, wo gerade ein Stück in Zwickelform verfügbar
war, das nicht in Aecker eingetheilt werden konnte; oder es liegt
auf früherem Gemeinland: jedenfalls liegt es außerhalb des
flurlich benutzten Bodens.

Daraus erklärt sich das geringere Ansehen des Kossäthen:
er hat keinen Antheil an den gemeinsamen Angelegenheiten der
Flur, er hat in Flursachen nicht mitzureden; er steht außerhalb
des Kreises der Bauern, des Kreises, der durch die Wirthschaft
nach gemeinsamer Regel zusammengehalten wird. Daraus er=
klärt sich auch, weshalb in Schlesien die Kossäthen Gärtner
heißen: ihr Land ist Wurthen= oder Feldgartenland.

Nicht überall tritt übrigens diese Scheidung in solcher Rein=
heit auf; mitunter haben die Kossäthen Theile von Bauerngütern
erworben, sodaß sie also durch diesen Theil ihres Besitzes in
die Flur einrücken; mitunter auch wird fälschlich der kleinere
Bauer blos wegen der Kleinheit seines Gutes Kossäth genannt[1]).

<hr/>

[1]) Was ein Kossäth sei, habe ich nirgends deutlich ausgesprochen ge=
funden: aber folgende Anhaltspunkte sind gegeben.

Ueberall wo von Kossäthen die Rede ist, wird erwähnt, daß sie Gärten
(ich verstehe hauptsächlich Feldgärten) oder Wurthen (also wieder Feldgärten)
besitzen. So z. B. heißt es in L. F. Gabcens Grundsätzen des Dorf=
und Bauernrechts, Halle 1781, S. 125: „Unter Kothsassengüter versteht man
kleine Bauerhütten nebst Gärten, deren Besitzer dem Gutsherrn einen jähr=
lichen Zins und Handfrohnen leisten müssen."

Noch geringer als der Kossäth ist der Häusler, Käthner oder
Büdner, denn er hat nicht einmal mehr eine, wenn auch kleine

Ferner heißt es bei von Thile, Churmärkische Contributions- und
Schoß-Einrichtung, Halle und Leipzig 1768, S. 136, daß das eigentliche
Kossäthenland alljährlich besäet wird. Also lag es nicht auf der Flur, stand
außerhalb der Dreifelderwirthschaft, die kein alljährliches Besäen zuläßt.

Nach von Thile, a. a. O. S. 88, giebt der Kossäthe (wie Küster,
Müller, Hirt, Schäfer, Schmied, Fischer) Giebelschoß, während der Bauer
Hufenschoß giebt: das heißt: beim Kossäthen ist, daß er ein Haus besitzt,
maßgebend; er hat hat keine Hufe, also auch kein auf der Flur liegendes
Feld wie der Bauer — sonst würde er danach besteuert. Er ist zwar Landwirth (was ihn vom Küster u. s. w. unterscheidet), aber nicht Bauer; er ist
auch nichts weiter als Landwirth (nicht etwa wie der Schmied zugleich Handwerker), aber doch nicht Bauer.

Allerdings hat der Kossäth oft auch Hufen (von Thile, a. a. O.
S. 136). Dann versteht es sich auch von selbst, daß er davon Hufenschoß
entrichtet: aber Hufen hat er nur nebenbei, sie sind ihm gelegentlich
bei Neueintheilungen zugelegt, sie machen nicht das Wesentliche aus, wie
man aus dem Satze ersieht, daß der Kossäth als solcher Giebelschoß, nicht
Hufenschoß giebt.

In den Vorschlägen des Herrn von Böhn (vergl. Beilagen am Schluß
des vorliegenden Bandes) heißt es über die Gemengelage in Pommern: bald
bald ein Hofstück, bald ein Stück einer Bauerhufe, bald eine Kossäthenkavel neben einander liegen. Hier sind also die Aecker des Gutsherrn und
der Bauern den Kossäthenkaveln gegenüber gestellt. Kavel ist umgrenztes
(abgestecktes oder sogar umzäuntes) Land; es wären also hier Feldgärten
zu verstehen, die nicht an das Haus anzustoßen brauchen, sondern auch als
Inseln in der Flur liegen können.

Der überaus sorgfältige A. F. Riedel sagt (Die Mark Brandenburg
im Jahre 1250, Berlin 1832, S. 251): „Unter eigentlichen Kossäthen im
heutigen Sinne können wir nur diejenigen Landwirthe verstehen, welche ein
Ackerwerk besitzen, was zu klein ist, um Wagendienste davon zu leisten, dennoch aber mehr einträgt, wie der Kossäth zu seinem Unterhalte bedarf, weshalb er davon Zins und andere Abgaben und Handdienste leisten muß."
Hier ist also nur die kleine Landwirthschaft betont (denn auf die Dienste und
Abgaben kommt es hier nicht an). Darauf werden Beispiele angeführt von
Kossäthen, die theils ganze, theils getheilte Hufen inne hatten, und S. 254
wird erkannt, daß Kossäthen mit Hufenbesitz eine spätere Bildung sind.
Dann heißt es S. 256: „Eine zweite Klasse von Kossäthen, die wir heute
nur mit dem Namen von Hausleuten oder Einliegern belegen würden, und
damals auch Gärtner genannt wurden, waren nur Besitzer von einem Koten
oder Kathen mit einem Garten oder einer kleinen Worth, ohne alles Ackerwerk." Hier ist Riedel dem wahren Sachverhalt sehr nahe gekommen. Er

Wirthſchaft, die ihn beſchäftigen und ernähren kann: er hat neben ſeinem Hauſe oder Kathen (der Ausbruck Bude ſcheint nicht vorzukommen) eben nur einiges Land, das ihm vielleicht zur Haltung einer Kuh ausreicht, und er muß, wenn er nicht Noth leiden will, andere Erwerbsquellen zu Hülfe nehmen.

Außerordentlich mannigfaltig ſind die Beſitzrechte der bäuer- lichen Bevölkerung. Um hier einigermaßen zur Klarheit zu kommen, halte man zunächſt dies im Auge, daß nicht alles, was heut zu Tage Bauer heißen würde, für unſere Betrachtung erheblich iſt, ſondern nur der zu befreiende Bauer, das heißt derjenige Bauer, der im gutsherrlichen Verbande war. Daneben aber gab es auch ſolche, die außerhalb jenes Verbandes lebten, Freibauern im eigentlichen Sinne. Das wichtigſte Beiſpiel derſelben ſind die Kölmer in der Provinz Preußen, theils in Dörfern bei einander wohnend, theils in Einzelhöfen angeſiedelt, ſeit den Zeiten des deutſchen Ordens mit beſtem Beſitzrecht ausgeſtattet, das ſeinen Namen von der Stadt Kulm und ihrem Rechte hernahm. Sie werden den Eigenthümern gleich geachtet, wenn auch ein geringer Zins an die Domänenkammer zu zahlen war, den man als Reallaſt, ruhend auf Eigenthum, auf- faſſen darf. In einem gutsherrlichen Verbande ſtanden ſie nicht (wenn auch in einem ſchwachen grundherrlichen), denn ſie haben keine Beziehung zu einer Gutswirthſchaft. Sie ſind ſogar mit- unter ſelbſt Gutsherren, wenn auch nicht zu abligen Rechten, wie

---

hat Unrecht darin, daß er dieſe Koſſäthen mit den Häuslern und Einliegern zuſammenwirft, denn der Koſſäth iſt immer noch ein Landwirth (was Häusler und Einlieger nicht ſind), obgleich ſeine Landwirthſchaft nur auf Gärten (Hausgärten) oder Wörthen (Feldgärten) beruht, hat alſo Ackerwerk, nur kein bäuerliches; und es iſt hier nicht eine Abart, ſondern es iſt der eigentliche Koſſäth geſchildert. —

Was Wurthen ſind, ſagt am beſten A. Thaer, Annalen des Acker- baues Bd. V (1807) S. 674: „Auf unſeparirten Gütern haben die Wörden durch ihr Gartenrecht und durch die Befreiung von der gemeinſchaftlichen Behütung einen entſchiedenen und ſehr großen Vorzug. Aber auf ſeparirten und von allen Servituten freien Gütern hat der ſämmtliche Acker das Garten- recht und wird in der Hinſicht den Wörden völlig gleich.“

man daraus sieht, daß sie untergebene Bauern haben können, freilich nicht unterthänige Bauern, sondern nur solche, die ihren Besitz von einer Verleihung durch den Kölmer ableiten. Stets werden die Kölmer, obgleich sie bäuerlich, sowohl nach dem Umfange als nach den Sitten wirthschaften, ebensosehr vom Adelstande als vom Bauernstande geschieden; im Heer verwendete man ihre Söhne mit Vorliebe als Unteroffiziere, während der gewöhnliche Bauernsohn zum Gemeinen bestimmt war.

Ganz ähnlich war das Verhältniß der Lehnschulzen in Schlesien, die ebenfalls, obgleich unablig, nie als Bauern bezeichnet werden und auch mitunter von sich abhängige Bauern hatten[1]); auch in Pommern kommen Freischulzengüter vor, die ein dem Eigenthum ähnliches Besitzrecht hatten[2]).

Alle diese vornehmen Bauern, die ja auch damals gar nicht zu den Bauern gerechnet wurden, und die sich stets nur eingestreut in der Masse der eigentlichen Bauern fanden, stehen unsrer Betrachtung fern, indem wir nur den gutsherrlichen Bauer im Auge haben.

Da ist es nun allerdings für den Ueberblick sehr störend, daß es für die gutsherrlichen Bauern kein einheitliches Besitzrecht giebt, aber es ist eine Thatsache, mit der wir zu rechnen haben.

Es lassen sich mit Bestimmtheit drei Klassen von Besitzrechten der gutsherrlichen Bauern angeben; wobei noch an den wichtigen Umstand zu erinnern ist, daß die Eintheilung nach dem Besitzrechte gar nichts zu thun hat mit der Eintheilung nach der Größe des Besitzes. Es kann Käthner, Wibner und Häusler mit sehr gutem Besitzrecht und Vollbauern mit sehr schlechtem Besitzrecht geben. Auch ist das Besitzrecht nicht einmal

---

[1]) Die von Kölmern oder auch von Lehnschulzen abhängigen Bauern waren sogar regulirbar, vergl. Deklaration vom 29. Mai 1816, Artikel 6.

[2]) Vergl. die von Hering so vorzüglich erzählte Geschichte, von dem Gute, dessen Bauern eingezogen wurden; da blieben die Aecker des Schulzengutes übrig, auf der Flur zerstreut „wie die Inseln der Südsee"; denn sie waren in der Gemengelage und das bessere Besitzrecht schützte sie. Hering, Agrar. Gesetzgebung Preußens, 1837, S. 100.

für die Bauern desselben Gutsbezirks nothwendig dasselbe[1]).
Doch findet allerdings meist eine gewisse Aehnlichkeit in den einzelnen Landestheilen statt.

Zur ersten Klasse gehören die Erbpächter und die Erbzinsleute; sie werden mit den bäuerlichen Eigenthümern, die es auch
gab, die aber wohl selten oder nie in gutsherrlichem Verbande
waren, von der Gesetzgebung zusammengefaßt, da das Erbpacht-
und Erbzinsverhältniß (bis zum Jahr 1850) als ein hinreichend
gutes galt, an welchem also nichts weiter zu regeln war, soweit
eben nur das Besitzrecht selbst in Frage kam. Mitunter wird
sogar Eigenthum als oberer Begriff behandelt, der in sich faßt:
Eigenthum im engern Sinne, Erbpacht- und Erbzinsverhältniß.
Bei allen den drei vorwiegend „guten" Besitzrechten kommen
Reallasten vor, und insbesondere kommt es bei Erbpacht- und
Erbzinsgütern vor, daß darauf die Reallast ruht, dem Grundherrn Dienste zur Bestellung seiner Gutswirthschaft zu leisten.

Der Landestheil in Preußens älteren östlichen Provinzen,
wo vorwiegend Bauern mit Besitzrecht der besten Art vorkommen,
ist Niederschlesien, also der Theil von Schlesien, in welchem die
deutschen Ansiedlungen wie eine breite Brücke von Sachsen her nach
Polen hinüber reichten; etwas weiter abwärts an der Oder, schon
fast bei Frankfurt, liegen die Kreise Krossen und Züllichau, wo
die Domänenbauern[2]) bereits Eigenthümer waren, und ebenfalls
wohl auch die meisten Privatbauern[3]): wodurch jene Brücke noch
verbreitert wird; die genannten Kreise gehörten früher zu Schlesien.

In der zweiten Klasse der gutsherrlichen Bauern stehen die
Lassiten oder Laßbauern. Die Kürze erfordert, daß diese Bezeichnung, die in der Gesetzgebung geflissentlich vermieden wird,

---

[1]) Vergl. das Beispiel II 133 (so soll der Zweite Theil des vor-
liegendes Werks bezeichnet werden), wo unerbliche Laßbauern neben Erb-
bauern erwähnt werden.

[2]) Vergl. II 126.

[3]) Vergl. bei Meitzen, Der Boden und die landwirthschaftlichen Verhältnisse des preußischen Staats, Bd. IV S. 290 die geringe Zahl der
Regulirungen.

wieder in ihr Recht eingeſetzt werde: im Leben und bei den
Schriftſtellern hat ſich das Wort ohnehin lebendig erhalten.
Laſſit iſt derjenige[1]), welchem ein Grundſtück zur Kultur und Be=
nutzung gegen gewiſſe, dem Eigenthümer vorbehaltene Vortheile
eingeräumt iſt, worüber er in der Regel nicht frei verfügen kann,
ohne Unterſchied, ob der Beſitzer ein Recht zur Vererbung der
Grundſtücke habe oder nicht.   Alſo dem Laſſiten iſt ein ein=
geſchränktes Nutzungsrecht auf fremde Grundſtücke eingeräumt.
Die dem Eigenthümer vorbehaltenen Vortheile ſind: Dienſte,
Leiſtungen und Abgaben.   Das Nutzungsrecht muß nicht, doch
kann es erblich ſein; alsdann iſt aber die Verfügung von Todes
wegen doch nicht frei, indem der Eigenthümer wegen der Wahl
des Erben mitzureden, ja ſogar zu beſtimmen hat, welches Kind
des Nutznießers Erbe werden ſoll.

Die vorbehaltenen Dienſte ſind meiſt Dienſte für die guts=
herrliche Wirthſchaft des Eigenthümers.   Iſt eine Bauernſtelle
auf dieſe Weiſe „ausgethan", das heißt einem Nutznießer ein=
geräumt, ſo haben wir es mit einem Laßbauern zu thun; aber
auch Koſſäthen und noch kleinere Leute können ſo und pflegen
auf dieſe Weiſe zu beſitzen.

Das preußiſche Landrecht (Erſter Theil, Titel 21, Ab=
ſchnitt 4) handelt von dieſem Beſitz etwas flüchtig, indem es für
den Fall, daß ſchriftliche Verträge fehlen, auf die Provinzial=
rechte verweiſt, um den Inhalt des Rechtsverhältniſſes zu be=
urtheilen. .

Gegenüber dem ſchwankenden Sprachgebrauch, wonach oft
unter Laßbeſitzern nur die nicht erblichen, bald auch nur die erb=
lichen oben geſchilderten Nutznießer verſtanden werden, heben wir
hervor, daß „Laßbeſitz" beides zugleich umfaſſen ſoll.   Es ſind
alſo die erblichen und die nicht erblichen Laſſiten noch ausdrück=
lich zu unterſcheiden.

Eine zeitliche Grenze für das Nutzungsrecht der unerblichen

---

[1]) Dönniges, Die Land=Kulturgeſetzgebung Preußens, Bd. 1 (1843)
S. 257.

Lassiten ist im Allgemeinen Landrecht (und daher auch bei Dönniges) nicht angegeben. Dieser Umstand wäre also nach den Provinzial= rechten aufzuklären. Die Regel ist lebenslängliche Nutznießung.

Der erbliche Lassit ist von dem Erbpächter zu unterscheiden; der unerbliche Lassit von dem Zeitpächter.

Der Lassit ist nicht als solcher bereits Gutsunterthan; er darf das Gut zurückgeben: „Der Besitzer welcher kein Unterthan ist, kann das Gut, wenn er demselben ferner vorzustehen sich nicht getrauet, dem Grundherrn zurückgeben", sagt das Allgemeine Landrecht[1]. Thatsächlich trifft es sich allerdings meist so, daß die Lassiten Unterthanen sind und deshalb nicht zurückgeben dürfen.

Ueber die Verbreitung dieses Verhältnisses läßt sich nichts mit Sicherheit behaupten; stillschweigend nehmen Viele an, daß der größte Theil der gutsherrlichen Bauern Lassiten waren, sowie auch der größte Theil der kleinen Leute, in Privatgütern wie auf Domänen, wenn wir Niederschlesien ausnehmen. Im Kern der Mark Brandenburg findet man sehr viele erbliche Lassiten; in Oberschlesien, in der Neumark (also gegen Pommern hin), in der Uckermark (gegen Mecklenburg hin), in Pommern findet man hauptsächlich unerbliche Lassiten; ebenso in Preußen, doch ist, wie gesagt, keine Gleichförmigkeit vorhanden, und eingestreute bessere Besitzrechte sind fast überall in erheblicher Zahl nach= weisbar.

Wir kommen zur dritten und letzten Klasse: die gutsherrlichen Bauern können endlich auch Pächter sein: und zwar Pächter mit bestimmter Dauer der Pacht, wobei man sich nach dem Wirth= schaftssystem richtet, sodaß z. B. bei der Dreifelberwirthschaft die Pachtjahre durch die Zahl drei, bei Vierfelberwirthschaft durch die Zahl vier theilbar sind. Zwar ist eigentlich das Pacht= recht nicht mehr Bauernrecht; und der Pächter würde, rein rechtlich betrachtet, nicht mehr Bauer sein; aber er ist Bauer seiner Betriebsweise und Lebensart nach, was für uns nicht

---

[1] § 648 des angeführten Titels.

minder wichtig ist als das Recht, und die Gesetzgebung, welche
die Besitzrechte neu ordnet, erstreckt sich mit auf die bäuerlichen
Pächter, b. h. auf die Pächter, bei denen noch ein gutsherrlich=
bäuerliches Verhältniß erkennbar ist. Der Pächter hat in der
Regel einen schriftlichen Vertrag, worin die Pachtbedingungen
klar aufgezeichnet stehen; während der Laßit sehr häufig nur nach
Gewohnheitsrecht auf seinem Gute sitzt, obgleich auch bei ihm
(wie auch beim Erbpächter und Erbzinsmanne) Hofbriefe vor=
kommen, in denen aber wohl meist nur die auf dem Besitz
ruhenden Lasten und nicht der ganze Inhalt des rechtlichen Ver=
hältnisses aufgezeichnet war. Das Vorhandensein schriftlicher
Verträge beim eigentlichen Pächter ist so hervorstechend, daß es
mitunter geradezu als Kennzeichen angeführt wird[1]).

Sehr hinderlich ist das Schwanken des Sprachgebrauchs:
häufig wird sogar im amtlichen Verkehr der Ausdruck Pächter
in so weitem Sinne gebraucht, daß die Laßiten mit eingeschlossen
sind[2]); wie ja auch verwirrender Weise mitunter die Erbpächter
und Erbzinsleute zu den Eigenthümern gerechnet werden oder
wenigstens, was noch häufiger vorkommt, die Verleihung zu
Erbzins und Erbpacht als eigenthümliche Verleihung bezeichnet
wird[3]).

Die Leistungen, die der gutsherrliche Bauer dem Gutsherrn
schuldet, sind sehr mannigfaltig. Es kommen Naturalabgaben
vor, wie Eier, Hühner, gesponnenes Garn, doch sind sie ohne
große Bedeutung; auch Geldabgaben, ebenfalls in jährlicher

---

[1]) Vergl. II 379; da heißt es, man wolle die Regulirbarkeit den Bauern
entziehen, die auf schriftlichen Vertrag angenommen sind; gemeint sind die
Pachtbauern.

[2]) So ist wohl die Stelle II 109 zu verstehen: „so lange der Bauer
sich noch als Pächter des Grundes betrachtet", die ich bort irrthümlich auf=
gefaßt habe; daß übrigens bei Domänenbauern sogar nach 1777 noch das
eigentliche Pachtverhältniß vorkommt, bleibt wahr, denn es ergiebt sich aus
der ganz deutlichen Stelle II 193: „den Zeitpachtbauern beabsichtigen wir
. . . gleichfalls Eigenthum zu verleihen".

[3]) Vergl. II 121 über die gedruckten Formulare der Erbverschrei=
bungen.

2*

Wiederkehr, finden sich, aber nur bei den eigentlichen bäuerlichen Pächtern sind sie von erheblichem Betrage.

Der ganze Nachdruck liegt vielmehr auf den Diensten, die der Bauer zu leisten hat, und zwar zu leisten hat als Entgelt für den Besitz: mit diesen Diensten führt der Gutsherr zum größten Theil seine Wirthschaft. Der Gutsherr lebt nicht vom Bezug der Renten, die seine Bauern ihm schulden, sondern er ist selber Landwirth, hat einen ausgedehnten, weit über den bäuerlichen hinausgehenden Betrieb, lebt vom Ertrage des be= wirthschafteten Gutes und bezieht vom Bauer im wesentlichen nicht Geld und nicht Früchte, sondern — Arbeit, die erst in dem Einkommen aus der Wirthschaft verzehrbare Form annimmt. Das gutsherrlich=bäuerliche Verhältniß ist seinem innersten Sinne nach ein Arbeitsverhältniß, das besondere Arbeitsverhältniß jener Zeit für den landwirthschaftlichen Großbetrieb.

Die Dienste sind ihrer Art nach sehr verschieden. Sie zer= fallen vor allem in Spanndienste und Handdienste. Spanndienste leistet der Bauer, der eine spannfähige Nahrung, eine Bauern= stelle hat, zu deren Betrieb Spannvieh gehört; in der Regel macht ein Gespann, d. h. nicht nur ein Zugthier, sondern ein Paar Zugochsen oder Zugpferde, den Hof spannfähig, doch herrscht hierin örtlich manche Verschiedenheit. Der Bauer, der nur ein Zugthier oder gar keines hält, leistet Handdienste.

Beiderlei Dienste werden, jedoch mehr im Leben als in der Ge= setzgebung, auch Frohnen genannt; in der Provinz Preußen heißen sie Scharwerk; da wo die Bevölkerung slavisch ist, heißen sie Robot (zu deutsch Arbeit); manchmal hat sich dies slavische Wort auch in jetzt ganz deutschen Gegenden als Fremdwort erhalten.

Die Dienste braucht der Bauer nicht in Person zu verrichten; es genügt, daß sie von seiner bäuerlichen Stelle aus verrichtet werden. Darüber kann nach dem preußischen Allgemeinen Land= recht kein Zweifel sein, denn es heißt daselbst[1]), wo von den Diensten der Unterthanen die Rede ist: Es steht dem Unterthanen

---

[1]) Zweiter Theil, Titel 7, § 353.

frei, ob er die Hofarbeit selbst verrichten oder durch tüchtiges Gesinde oder bdiensttaugliche Kinder leisten wolle. So wird es auch vor dem 1. Juni 1794, an welchem Tage das Landrecht Geltung erhielt, gewesen sein.

Also der im Besitz eines Bauern = oder Kossäthengutes befindliche Bauer braucht die Frohne nicht persönlich zu ver=richten; ebensowenig der bäuerliche Pächter, der sehr häufig vertragsmäßig Dienste leistet.

Thatsächlich leistet der größere Bauer die Spannbienste nie selbst; der kleinere mag es zuweilen thun; der Kleinste, der nur zu Handbiensten verpflichtet ist, mag wohl häufig oder immer selber zu Hofe kommen.

Der Spannbienst ist übrigens so zu verstehen, daß mit dem Gespann auch die zur Bedienung nöthige Person gestellt wird. Auch kommt es vor, daß der spannpflichtige Hof auch noch Hand= bienste leisten muß.

Das Maß der Frohnen ist sehr verschieden; mitunter, jedoch seltner, ist die Bestellung bestimmter Ackerflächen vorgeschrieben (Planscharwerk); häufiger wird gesagt, wieviel Zeit in Frohne gedient werden soll: ist Werk oder Zeit bestimmt, so sind es gemessene Frohnen; ist keines von beiden bestimmt, so hat man ungemessene Frohnen. Die nach Zeit gemessenen Frohnen werden in wöchentlichen Arbeitstagen, seltener in jährlichen Arbeitstagen angegeben.

Gemessene Frohnen walten vor in den westlichen, unge= messene in den östlichen Theilen der von uns betrachteten Pro=vinzen. Der Versuch die ungemessenen Frohnen ganz zu beseitigen ist oft gemacht worden; gelungen ist er nur für die Domänen, nicht aber für die Privatgüter, da die Durchführung der „Urbarien", d. h. der Aufzeichnung und Mäßigung der bäuerlichen Lasten und insbesondere der Frohnen, bekanntlich unmöglich war[1]).

---

[1]) Die Ordnung des Dienstwesens auf den Domänengütern und die Versuche zur Einführung von Urbarien auf den Privatgütern sind nicht mit in den zweiten Theil dieser Schrift aufgenommen, da derselbe nur von der völligen Umgestaltung des gutsherrlich = bäuerlichen Verhältnisses handelt.

Die Frohnen sind theils Ackerdienste, theils Baudienste, theils Burgdienste, theils Forstdienste[1]).

Die feudale Bezeichnung Burgdienst ist das Gegenstück auf bäuerlicher Seite für den Ausdruck Rittergut auf Seiten des Grundherrn.

Der Gutsherr hat Unterthanen, das sind Leute hörigen Standes, im Gegensatze zu freien Leuten. Uebrigens ist nicht jeder Eigenthümer eines größeren Gutes schon als solcher fähig Herr über Unterthanen zu sein, es sind vielmehr größere Güter, sogar mit Lassiten denkbar, deren Eigenthümer nicht „Gutsherren", deren Bauern nicht „Unterthanen" sind. Nur die Besitzer von „Rittergütern", wozu die Domänengüter stillschweigend gerechnet werden, können in der Regel Unterthanen haben, und Bürgerliche können in der Regel keine Rittergüter besitzen. Gutsherr kann also außer dem König in der Regel nur ein Adliger oder eine Korporation sein. Wer im Gutsbezirk wohnt, ist nicht schon deshalb, ist aber doch, wenn er zu der ländlichen Bevölkerung gehört, in der Regel Unterthan.

Nicht die Bauern allein, sondern auch die übrige ländliche Bevölkerung pflegt unterthänig zu sein — aber nicht überall[2]).

Die Unterthänigkeit hängt nicht vom Besitz ab[3]), ebenso wenig von dem Besitzrecht; d. h. es giebt Unterthanen, die gar keinen ländlichen Besitz haben; es giebt Unterthanen, die ihren

Auch findet sich darüber genug bei Stadelmann, Preußens Könige in ihrer Thätigkeit für die Landeskultur, Leipzig 1878 ff., und bei L. Jacobi, Ländliche Zustände in Schlesien während des vorigen Jahrhunderts, Breslau 1884.

[1]) Vergl. II 122.

[2]) In der Provinz Preußen gab es z. B. in Samland adlige Güter ohne Erbunterthanen: II 105.

[3]) Das Allg. Landrecht im Zweiten Theil, Titel 7, § 88 redet zwar auch von „Gutsunterthanen", welche diese Eigenschaft nicht vermöge ihres Standes, sondern nur vermöge des Besitzes eines der Gutsherrschaft unterworfenen Grundstücks haben. Im § 89 werden dieselben aber persönlich freie Dorfeinwohner genannt: sie sind also wohl nicht Unterthanen, sondern heißen nur so.

Besitz sogar zu Eigenthum haben, oder zu Erbpacht, oder Erb=
zinsrecht, zu lassitischen Rechten oder zu Pachtrecht.

Die Unterthänigkeit, unabhängig wie sie ist vom Besitz des
Unterthanen, hängt dagegen ganz und gar davon ab, daß der
Herr ein Gut besitzt, worauf diese Verfassung herrscht: sie ist
also keine rein persönliche Abhängigkeit vom Herrn.

Man kann übrigens als Angehöriger des Bürger= und Bauern=
standes sich in einem Dorfe niederlassen ohne Unterthan zu werden;
alsdann ist man Schutzunterthan oder Einlieger.

Die Standeseigenschaft der Unterthänigkeit pflanzt sich auf
die Kinder fort. Freie, wenn sie bäuerlichen oder bürgerlichen
Standes waren, können auch durch Vertrag unterthänig werden.
Wenn ein Bauer bisher nicht Unterthan war, aber ein „zur
Unterthänigkeit verhaftetes" Gut, d. h. wohl ein Gut, welches
bis dahin von Unterthanen besessen war, ohne Vorbehalt, und
zwar schriftlichen, seiner persönlichen Freiheit übernimmt, der
wird unterthänig (offenbar weil die Uebernahme eines solchen
Gutes als Erklärung des Willens, unterthänig zu werden, auf=
gefaßt wird).

Die Gutsherrschaft ist schuldig sich ihrer Unterthanen in
Nothfällen werkthätig anzunehmen; sie muß den nicht ange=
sessenen Gelegenheit zum Unterhalt verschaffen, oder ihnen die
Erlaubniß geben auswärts ihr Brod zu verdienen; sie darf die
Lasten der Unterthanen nicht willkürlich erhöhen.

Dagegen sind die Unterthanen vor allem Treue, Ehrfurcht
und Gehorsam schuldig. Dann im besondern dürfen sie das
Gut, zu welchem sie geschlagen sind, ohne Bewilligung der Grund=
herrschaft nicht verlassen, sie sind „an die Scholle gebunden";
dafür aber dürfen sie auch nicht für sich veräußert werden, wohl
aber wechseln sie mit dem Gute den Herrn. Entwichene Unter=
thanen werden zurückgefordert. Heirathen dürfen die Unter=
thanen nur mit Erlaubniß der Herrschaft, doch darf diese Er=
laubniß rechtlich nur aus einigen aufgezählten Gründen ver=
weigert werden. Die Unterthanen dürfen nur mit gutsherrlicher
Erlaubniß ein bürgerliches Gewerbe erlernen. Alle Unterthanen

Kinder sind verpflichtet bei ihrer Herrschaft auf Verlangen derselben als Gesinde zu dienen, doch so, daß die Eltern dadurch
nicht zu sehr der Hülfe beraubt werden: z. B. einzige Kinder
darf die Gutsherrschaft nicht zum Dienst heranziehen. Dieser
Gesindedienst ist eine persönliche Last und hat mit den Frohnen nichts zu thun, die ja nur von Bauernhöfen geschuldet
werden.

Diejenigen Gutseinwohner, welche sich als Tagelöhner nähren,
sind ebenso persönlich verpflichtet, vorzüglich der Gutsherrschaft
zu dienen. Dies gilt für Unterthanen, aber es gilt auch für
Einlieger [1].

Die Gutsherrschaft hat über das Gesinde ein mäßiges
Züchtigungsrecht; auch unterthänige Wirthe, d. h. Inhaber von
bäuerlichen Stellen, kann sie durch mäßige Gefängnißstrafe oder
Strafarbeit zu ihrer Pflicht anhalten, doch muß sie bei der
Untersuchung die Dorfgerichte zuziehen.

Der Unterthan hat endlich die Pflicht, eine ihm übertragene
bäuerliche Stelle anzunehmen [2], und darf eine lassitische Stelle
nicht ohne besondere Erlaubniß der Herrschaft aufgeben [3]. Er ist
also gezwungen, auf Verlangen der Herrschaft Bauer zu werden
oder Bauer zu bleiben; denn der Unterthan ist zum Dienen da;
sei es daß er, dem Kindesalter entwachsen, als Gesinde dient;
sei es daß er, weil ohne Grundbesitz, um Lohn arbeitet; sei es
daß er, mit einer Stelle versehen, Spann- und Handdienste als
Frohnen leistet [4]. —

---

[1] Vergl. § 118 und 182 des 7. Titels des Zweiten Theils des Allg.
Landrechts.

[2] Vergl. II 175: auch II 172; ferner § 181 des A.L.R. a. a. O.

[3] § 300 des A.L.R. a. a. O.

[4] Der häufig vorkommende Zwang für die Einsassen eines Gutsbezirks, ihr Getreide auf der gutsherrlichen Mühle mahlen zu lassen und
das Bier und den Branntwein aus der gutsherrlichen Brauerei und
Brennerei zu beziehen, sei nur beiläufig erwähnt, wegen der Bestimmung
von 1808, daß die neu einzurichtenden Bauerstellen auch frei von Mühlen-
und Getränkezwang sein sollen (II 206 unten).

Der geschilderte Zustand der Bauern im Osten, besonders
in den schlechteren Gegenden, wird häufig als Leibeigenschaft
bezeichnet; durchgehends in Hinterpommern, häufig auch sonst.
Hier muß man sich aber durchaus verständigen, um Verwechslungen
auszuschließen.

Leibeigenschaft ist zunächst der deutsche Ausdruck für Sklaverei
und hat in diesem Sinne als Kennzeichen: der Leibeigene kann
nicht für sich selbst Vermögen erwerben (er erwirbt es dem Herrn);
und der Leibeigene kann, wie eine Sache, veräußert werden.
Dies ist jedenfalls nicht der Zustand, in welchem sich die Masse
der Bauern, selbst nicht in den schlimmsten Gegenden befindet: die
Unterthänigkeit der Bauern ist weder aus Sklaverei hervorgegangen, noch hat sie die genannten Züge der Sklaverei. Im
großen und ganzen ist auch die Unterthänigkeit in ihrer härtesten
Gestalt doch immer von der Art, daß der Bauer einen Zubehör
zum Gute bildet und also nur mit dem Gute, nicht als Mensch
schlechthin, veräußert werden kann; und daß er zwar nicht immer
seine bäuerliche Stelle, stets aber, was er an fahrender Habe
darüber hinaus erwirbt, an die Seinigen vererben darf.

Allerdings kommen vereinzelte Züge der wahren Leibeigenschaft vor. Selbst auf Domänen in Brandenburg finden sich
uns Jahr 1719 Bauern, „deren Person und Vermögen dem
Herrn zugehöret und die nicht sich, sondern dem Herrn erwerben";
und der Schriftsteller, welcher die Verhältnisse in der Mark
Brandenburg gegen Ende des 17. Jahrhunderts schildert, Müller,
in seiner Practica civilis, führt die Leibeigenschaft strengsten
Sinnes in seinem Werke an[1]).

Auch giebt es Fälle in Ostpreußen, die, wenn nicht auf
rechtlich bestehende, so doch auf thatsächlich durchgeführte Leibeigenschaft schließen lassen: der Herr sucht sich bei Sterbefällen
in Besitz des Privatvermögens zu setzen, was, da nicht in allen
Fällen die Obrigkeit eingeschritten sein wird, wohl häufig durchgesetzt wurde[2]).

[1]) Vergl. II 15 u. 21.
[2]) In einem Aktenbande des General-Direktoriums „Ostpreußen: Leib-

Dies erinnert an das benachbarte Polen. In einem Gut=
achten des westpreußischen Domänen=Beamten Bolte über die
Abstellung des Scharwerks, 1801, heißt es: „In Süd= und
Neuostpreußen war es auf den abligen Gütern ehedem kein seltener
Fall, daß der Gutsbesitzer den wohlhabenden Bauern ganz Alles
nahm, was er hatte, um sich dadurch zu bereichern und dann
wieder einen seiner Hofknechte in den Hof hineinsetzte[1])."

In Bezug auf Pommern könnte man vermuthen, daß dort
Leibeigenschaft im eigentlichen Sinne vorgekommen sei, denn die
Stände sagen 1763, daß ihre Bauern „nicht bloße Unterthanen,
sondern wirkliche Leibeigene seien[2])". In den folgenden Worten
aber wird unter den Kennzeichen keines der unsrigen aufgeführt,
weder Veräußerung von Leuten ohne Land, noch Unfähigkeit eignes
Vermögen zu erwerben. Auch der genau bekannte Zustand der

eigenschaft; Spezialfälle" sind unter anderm folgende Sachen, die bis an
den König kamen, verzeichnet:

Fol. 64. Eine Bittschrift, vom 8. Dez. 1746, wird dem König ein=
gereicht vom Schneidermeister Ludwig Schwartz in Königsberg.

Der Bittsteller erzählt, daß der Edelmann, welcher das Gut, worauf
Bittsteller geboren ist, gekauft hat, des Bittstellers Vater sowie ihn selbst
wegen Leibeigenschaft angreife, worüber der Vater aus großer Aergerniß
gestorben sei. Da habe nun der Edelmann die Verlassenschaft an sich ge=
zogen, so daß die Kinder nicht das Geringste bekommen haben. Den Bitt=
steller selber hat dann der Edelmann beim königsberger Magistrat verklagt,
worauf derselbe einen siebzehntägigen Arrest auf der Hauptwache hat aus=
halten müssen, da er sich weigerte, das Loslassungsgeld zu bezahlen.

Nach längerer Verhandlung wird entschieden, daß der Bittsteller
königsberger Bürger bleibt, aber 100 poln. Gulden Loslassungsgeld be=
zahlen muß.

Fol. 73. Der Leibeigne eines Edelmannes erzählt, daß der Edelmann
eine Erbschaft von 1000 Gulden an sich behält, nichts herausgeben will,
sondern die Erben mit Prügeln abweist und mit ewigem Zuchthaus bedroht,
indem er zu sagen pflegt: „Du Hund, das Hemd auf deinem Leibe ge=
hört mich."

Da es eine Justizsache ist, wird es an das Hofgericht abgegeben.

[1]) Vergl. Schlesische Registratur pars XI, sectio V, Nr. 36, Akten
betr. Reluition des Naturaldienstes der Amtsunterthanen, fol. 53 ff.

[2]) Vergl. II 55.

pommerischen Domänenbauern[1]) ist von Leibeigenschaft in diesem Sinne weit verschieden. Freilich versprechen im Jahre 1763 die Stände dem König: künftig solle, was der Bauer über die Hofwehr besitzt, sein eigen sein; sodaß man denken könnte, früher sei es nicht so gewesen. Indessen hatten die Stände damals allen Grund, sich den Anschein zu geben, als wenn sie ein Zugeständniß machten; denn es handelte sich darum, die Hauptsache, nämlich die Unerblichkeit der Bauerngüter, zu sichern. Daher scheint es wohl auch vorher nicht anders gewesen zu sein, als die Bauernordnung vom 30. Dezember 1764 (Titel III § 1) sagt: „Obgleich die Bauern in Pommern keine leibeigenen Sklaven sind, die da verschenkt, verkauft oder als res in commercio traktiret werden könnten und sie deshalb auch, was sie durch ihren Fleiß und Arbeit außer der Hofwehr erwerben, als ihr Eigenthum besitzen, darüber frei disponiren können und auf ihre Kinder vererben; so ist doch dagegen auch außer Streit, daß Aecker, Wiesen, Gärten und Häuser, welche sie besitzen, (wo nicht in einigen Dörfern ein Anderes durch Kaufkontrakte oder sonst ausdrücklich festgesetzt ist) der Herrschaft des Gutes als res soli eigenthümlich gehören[2]).“

Mithin sind die Fälle wahrer Leibeigenschaft nur ganz vereinzelt.

Der auf dem Gebiet des preußischen Staates so häufige Zustand der uneigentlichen „Leibeigenschaft“ ist ein ganz anderer: es ist die Verbindung von Gutsunterthänigkeit (die ja auch bei den besten bäuerlichen Besitzrechten mitunter gefunden wird) mit unerblich-lassitischem Besitzrecht in Bezug auf das Land — sei der Besitz nun lebenslänglich oder willkürlicher Kündigung unterworfen.

---

[1]) Vergl. II 22 u. 23.

[2]) Uebrigens wird von einem Kenner zum Jahre 1764 die Bemerkung gemacht: „Es waren damals noch nicht 50 Jahre verflossen, seit ein Pommerscher Edelmann eine ganze Bauern-Familie gegen eine Koppel Jagdhunde vertauscht hatte.“ Vergl. Hering, Die Agrarische Gesetzgebung Preußens, 1837, S. 28.

In diesem Sinne wird insbesondere von den preußischen Königen das Wort gebraucht, wenn sie die „Leibeigenschaft" abschaffen wollen, und in diesem Sinne wird in Folge dessen das Wort auch von uns gebraucht.

Es giebt also drei Abstufungen für die Abhängigkeit der Bauern: Gutsunterthänigkeit (Zwangsgesindedienst, Gebundenheit an die Scholle, Heirathsunfreiheit) bei erblichem Besitz; ferner: Gutsunterthänigkeit mit unerblich-lassitischem Grundbesitz oder Leibeigenschaft im uneigentlichen Sinn; endlich, jedoch nur spurenweise und wohl widerrechtlich vorkommend: wirkliche Leibeigenschaft, d. h. Gebundenheit an die Person des Herrn, Unfähigkeit zum Erwerb beweglichen wie unbeweglichen Vermögens.

Die uneigentliche Leibeigenschaft findet sich als üblichste Verfassung in Pommern, Preußen und Oberschlesien; ferner in der Uckermark und Neumark; in den innern Theilen der Mark Brandenburg seltner; in Niederschlesien gar nicht.

§ 2. Aeltere Geschichte.

Die Geschichte des Ritterguts läßt sich trotz einiger Dunkelheiten im einzelnen doch in ihren Hauptzügen deutlich genug erkennen. Man muß dabei in die Zeiten zurückgehen, als die Besiedelung der Länder rechts der Elbe durch Deutsche sich dem Abschluß näherte, also etwa bis zum Jahre 1250, und der wichtigste, für das Verständniß der Sache Ausschlag gebende Umstand ist der, daß es damals zwar Bauern, und auch Ritter gab, daß aber ein Rittergut im späteren Sinne des Worts noch nicht vorhanden war.

Die Dunkelheit in der Entwickelung liegt eigentlich nur ganz am Anfang, und betrifft durchaus nur die Frage, wie die Grundherrschaft entstanden ist und wie insbesondere der Ritter zum Grundherrn wurde. Dagegen ist die zweite Stufe der Entwickelung, wie nämlich der Grundherr zum Gutsherrn wurde, völlig klar. —

Blicken wir zunächst auf das eigentliche Deutschland, links

der Elbe, zurück, so hat es bekanntlich auch da Grundherrschaft
gegeben und zwar ist dieselbe auf zweierlei Weise entstanden:
erstens, wo freie Bauerngemeinden angesiedelt waren, erhielten
sie nachträglich einen Grundherrn; zweitens: der Grundherr ist an
vielen Orten vor den bäuerlichen Ansiedlern vorhanden und ruft
diese erst auf sein Herrschaftsgebiet herbei.

Da wo die Grundherrschaft nachträglich eintritt, pflegt man
dies so zu erklären: der Bauer, bisher völlig frei, muß eben
als freier Mann auch Kriegsdienst leisten; als die Feldzüge in
der Zeit Karls des Großen sich weit hinaus erstreckten und lange
dauerten, wird der Bauer dadurch erschöpft; er geräth in Schulden
oder er wird gar durch Feinde, die von Osten her ins Land einbringen,
geschwächt. Um seine wirthschaftliche Existenz zu retten, ergiebt
er sich einem Grundherrn, das heißt er bekennt sich als abhängig
von diesem; dadurch wird seine Freiheit gemindert, er wird hörig,
und der Kriegsdienst wird ihm durch den Herrn abgenommen;
sein Gut behält er zwar in den Händen, der Besitz also ändert
sich nicht, wohl aber der Besitztitel: der Bauer erkennt an, daß
er sein Gut vom Herrn zu Lehen trage. Ergiebt sich der Bauer
einem geistlichen Grundherrn, z. B. einem Bischof oder einem
Kloster, so erscheint ihm dies zugleich als ein gottgefälliges Werk.

Andererseits ist aber bei der spärlichen Besiedelung des
Landes eine Menge von Boden unbesetzt, große Strecken gebirgigen
und waldigen Landes liegen noch unberührt. Daß solches Land
einem Großen, sei er weltlich oder geistlich, zu Lehen gegeben
wird, kommt häufig vor, und es tritt hier der Fall ein, daß der
Grundherr zuerst da ist und der Bauer noch fehlt. Solches
Land kann dem Herrn wenig nützen, wenn er nicht Ansiedler
darauf setzt, die wieder, weil die Bevölkerung in den alt ein-
gesessenen Gemeinden wächst, von da leicht zu beziehen sind. Der
Grundherr ruft also solche Bauern herbei und verleiht ihnen
gleich von Anfang an das Land, das sie brauchen, um von den
vorbehaltenen Abgaben (wohl wesentlich aus Früchten bestehend)
mit den Ihrigen zu leben; da hat der Bauer also von Anfang
an abgeleiteten Besitz.

Wie auch die Grundherrschaft entstanden sei, stets braucht
der Grundherr Frohnhöfe, wo die Abgaben sich aufspeichern, und
er zieht auf denselben umher, da er selbst, bei unentwickelten
Straßen, leichter beweglich ist, als die Nahrungsmittel. —
Wenden wir uns zum neuen Deutschland, rechts der Elbe,
so hebt die Geschichte zu einer Zeit an, in welcher die Grundherrschaft als Einrichtung den Deutschen längst geläufig war;
wie denn auch der Markgraf, als Landesherr, sogleich in der
Rolle des Grundherrn auftritt. Hier ist also nicht die Entstehung
der Grundherrschaft als solcher zu erklären, sondern nur die Entstehung der kleineren Grundherrschaften.

Auch hiefür sind zwei Wege zu unterscheiden: die kleine
Grundherrschaft (im Gegensatz zu derjenigen die der Landesherr
von Anfang an in Anspruch nahm) erhebt sich nachträglich
über bisher freie, nur vom Landesherrn abhängig gewesene Bauern;
oder, daneben herlaufend, der kleine Grundherr ist vor den Bauern
dagewesen und zieht diese erst heran.

Im ersten Falle, d. h. bei nachträglich eintretender Grundherrschaft, ist aber im Osten die Art und Weise des Eintritts
eine andere, entsprechend den inzwischen veränderten Zeitverhält-
nissen. Von ursprünglich bäuerlichem Kriegsdienst ist nicht mehr
die Rede; die Kriegslast liegt schon von Anfang den Rittern
ob. Es fallen also die Hauptgründe der Ergebung des Bauern
in die Hörigkeit fort, und man hört überhaupt von einer solchen
Ergebung nichts. Statt daß sich der Bauer dem Herrn anbietet,
drängt sich vielmehr der Herr dem Bauern auf (was übrigens
auch im Westen wohl nicht so unerhört ist).

Diese Bauern sind nach der Abstammung zu unterscheiden:
ein großer Theil war niederdeutschen Ursprungs, ebenso eingewandert wie die Großen und die Ritter des Markgrafen; ein
andrer Theil, in viel niedrigeren Kulturverhältnissen lebend,
bestand aus eingeborenen Slaven, über deren Umstände man
nur wenig unterrichtet ist. Daß gerade die letztern einen deutschen
Grundherrn über sich bekommen konnten, ist leicht einzusehen,
da der Eroberer nicht allzu zart aufgetreten sein dürfte. Wie

aber dasselbe Schicksal mitunter auch dem eingewanderten Bauern bereitet wurde, bedarf einer genaueren Betrachtung [1]).

Man hatte in allen Gegenden rechts der Elbe zahlreiche Bauerngemeinden, aus deutschen Ansiedlern gebildet, und da= zwischen eingestreut zahlreiche Güter von Rittern, Güter kleinen Umfangs, ohne Verbindung mit den Gütern der Bauern. Bauern und Ritter hatten mit einander wenig zu schaffen: der Ritter war zunächst nur der Nachbar des Bauern.

Denn der Ritter war ein Kriegsmann, dem Markgrafen zur Heeresfolge verpflichtet; die Heeresmacht des Landesherrn setzte sich aus den Rittern und deren Gefolge zusammen, das aus vielleicht je drei oder vier berittenen Personen bestand. Für diesen Dienst trug der Ritter ein Gut vom Markgrafen zu Lehen, das für seinen Unterhalt ausreichte. Das Gut des Ritters betrug höchstens sechs Hufen an Umfang, war also höchstens sechs= mal so groß als man sich eine nothdürftige Bauernwirthschaft dachte; für den Knappen reichte ein Ackerwerk von höchstens vier Hufen aus. Mit dieser Ausstattung war die wirthschaftliche Grundlage gegeben. Ein reicher Mann war der Ritter nicht, noch weniger der Knappe; die Ehre des ritterlichen Dienstes war die Hauptbelohnung, bestehend in der engen Verbindung mit dem Landesherrn.

Der Ritter lebte auch nicht dauernd auf seinem Gute, wohin er vielmehr nur zeitweise zurückkehrte, wenn der Dienst am Hofe oder auf den markgräflichen über das Land zerstreuten Burgen oder im Felde ihn frei ließ. Die Sorge für das heimische Gut war den Seinigen überlassen. Gering an Umfang, wie das Gut war, diente es gerade dem heimischen Haushalt; es konnte durch Gesinde bestellt werden oder bedurfte nur ganz unbedeutender Hülfe von Seiten der bäuerlichen Nachbarn.

Die Bauern ihrerseits waren nun freilich nicht Eigenthümer

---

[1]) Wir folgen hier, bei der nachträglich eingetretenen kleinen Grund= herrschaft, der vortrefflichen Abhandlung von L. Korn, Geschichte der bäuer= lichen Rechtsverhältnisse in der Mark Brandenburg u. s. w., in der Zeit= schrift für Rechtsgeschichte Bd. 11, Weimar 1873.

ihrer Stellen im heutigen Sinne, aber einen Gutsherrn hatten
sie nicht, schon deshalb weil das große Gut gar nicht vorhanden
war; sie hatten nur einen Grundherrn über sich und dieser Grund=
herr war in der Regel der Landesherr, der Markgraf. „Sie
waren durchaus persönlich freie Leute, besaßen ihre Güter erblich
und unwiderruflich, durften sie frei und ohne Verpflichtung zur
Beschaffung eines Nachfolgers verlassen." (Korn.) Sie hatten
ihre eigenen Dorfgerichte mit dem Schulzen an der Spitze und
standen unter dem markgräflichen Landgericht.

Allerdings lagen ihnen gewisse Pflichten ob, die aus der
damaligen Landesverfassung hervorgingen: Pflichten gegen den
Grundherrn, Pflichten gegen den Landesherrn und solche gegen
die Kirche.

Dem Grundherrn schuldeten sie den jährlichen Ackerzins,
der hufenweise entrichtet wurde und in der Regel dem Mark=
grafen gebührte.

Dem Markgrafen in seiner Eigenschaft als Landesherrn
schuldeten sie die Bede, eine Steuer, deren Name daher kommt,
daß sie ursprünglich erbeten wurde.

Der Kirche schuldeten sie den Zehnten, einen Bruchtheil des
Ertrages ihrer Stellen, in Früchten zu entrichten.

Endlich hatten die Bauern, wenn sie auch nicht Kriegsleute
waren, doch für das gemeine Wesen gewisse Dienste zu leisten. Sie
mußten Fuhren und Vorspann stellen, wenn der Landesherr mit
seinem Gefolge sich von einer Burg zur andern begab. Sie mußten
bei der Befestigung der Burgen mithelfen, was man Burgwerk
oder Burgdienst nannte. Sie hatten bei Heereszügen die Wagen
zum Troß zu stellen, also den Wagendienst im Gegensatze zum
Wappendienst der Ritter: wenn sie auch im Heere nicht kämpften,
so dienten sie doch dem Heere.

Also der Ritter, durchaus Kriegsmann seinem Berufe nach,
war, was den Sitz seines Haushaltes betrifft, nur Nachbar des
Bauern. Es ist nicht genau bekannt, ob die ritterliche Aus=
stattung aus solchem Lande bestand, das durch Erledigung von
Bauerngütern dem Landesherrn anheim gefallen war, oder aus

solchem, das überhaupt nicht bäuerlich gewesen war. Im ersteren Falle könnte schon das ursprüngliche Rittergut im Gemenge mit dem Lande der bäuerlichen Nachbarn gewesen sein; im letzteren Falle braucht man dies nicht anzunehmen, es wäre möglicher= weise der Ritteracker alsdann abgesondert liegend zu denken — worauf aber zunächst wenig ankommt.

Nun ist es bekannt, daß die Landesherrn die ihnen zu= stehenden Rechte häufig an Andere abtraten. Es kam vor, daß dem Ritter, wenn sein Grundbesitz nicht ausreichte, noch der Ackerzins einer Anzahl ihm nahe liegender Bauernstellen an= gewiesen wurde; wie es auch nicht selten geschah, daß der Zehnte von der Kirche an Laien, vielleicht an den Ritter, abgetreten wurde. Auch der Wagendienst wurde vom Landesherrn mit= unter veräußert, und wenn der Ritter ihn erwarb, so konnte er denselben dazu verwenden, sich vom Bauern drei, vier, vielleicht sieben Tage im Jahr bei der Feldbestellung helfen zu lassen. Wenn es viele Bauern waren, so war, bei der Kleinheit des ritterlichen Ackerbesitzes, dabei schon eine merkliche Hülfe für die Bestellung des Bodens gewonnen, die auch dem Bauern schon deshalb nicht schwer wurde, weil seine eigenen Aecker mit denen des Ritters benachbart, wenn nicht gar im Gemenge lagen. Thatsache ist es ferner, daß die Landesherren auch gelegentlich die niedere Gerichtsbarkeit veräußerten; der Ritter konnte dieselbe erwerben; er erwarb noch dazu das Kirchenpatronat und hatte so einen Einfluß auf die Besetzung der Pfarreien.

Wenn aber der Ritter auf diese Weise Grundherr der Bauern (nicht Gutsherr!), Gerichtsherr, Kirchenpatron geworden ist, so hat er eine obrigkeitliche Stellung erlangt. Der Bauer steht nicht mehr, wie vorher, unmittelbar unter dem Markgrafen, er sieht im Ritter, der bis dahin sein Nachbar war, eine Obrig= keit, deren Macht wohl auch bald auf Regelung von Wald= und Weidenutzung Einfluß übt. Die Bauerngemeinde besteht zwar fort, aber ihr Wirken ist beschränkter.

So wird aus dem nachbarlichen Kriegsmann eine bürgerliche Obrigkeit. Der Kriegsmann hat ein örtlich nicht sehr ausge=

dehntes Herrschaftsgebiet errungen — wobei er aber Kriegsmann mit mäßigem Haushalt bleibt. Grundherr und Gerichtsherr ist er zwar geworden, aber ein großer Grundbesitzer ist er noch nicht. Er ist kein sehr begüterter, er ist nur ein sehr mächtiger Mann geworden, dessen Ehre noch immer auf dem Dienst zu Rosse beruht. Es will nicht viel bedeuten, daß der ritterliche Grund- herr gelegentlich eine Bauernstelle, die aus Mangel an Erben heimfiel, oder die der Inhaber, um in die aufkommenden Städte zu ziehen, um ein Geringes hingab, nun der eigenen Wirthschaft einverleibte.

„Man fing an, die Bauern als Privatunterthanen der Ritter zu betrachten, die nur durch die Mittelsperson des letztern in einem Zusammenhange mit dem Markgrafen (später Kurfürsten) standen. Die Ausbildung dieser Anschauung fällt in das fünfzehnte Jahr- hundert und im Anfange des sechszehnten Jahrhunderts ist dies schon zu einem feststehenden Grundsatz geworden." (Korn.) —

So wäre also die grundherrliche Stellung des Ritters erst allmählich erworben worden über bäuerliche Nachbarn, die ursprünglich auf nur markgräflichem Boden zu Erbpacht- oder Erbzinsrecht gesessen hätten.

Man kann sich auch denken, daß der Markgraf seinen Großen, bis zum Ritter herab, gelegentlich sofort die Grundherrschaft über eine Anzahl seiner Bauern verlieh, sodaß der Bezug von Ackerzins und Bede von Anfang an ihnen zur Bestreitung ihres Haushalts hätte dienen müssen: gleichgültig ob dabei auch ein Ackerwerk verliehen worden wäre oder nicht; auch hierbei wäre der Bauer erst nachträglich unter eine kleine Grundherrschaft gerathen. —

Die zweite, gewiß häufigere Entwicklungsart ist aber doch wohl die, daß der Bauer schon von Anfang an einen kleinen Grundherrn hatte[1]). Der Landesherr war umgeben von seinen Großen: Herzöge, Bischöfe, Aebte, Grafen, Ritter standen ihm zu Diensten und es mußte für deren Auskommen gesorgt werden.

---

[1]) Vergl. Riedel, Die Mark Brandenburg im Jahre 1250, II 198.

Daher wurden sie mit bedeutendem Grundbesitz, je nach der Wichtigkeit ihres Dienstes, belehnt, worauf sich dann wohl etliche Dörfer, besonders slavische, bereits befunden haben mögen; in der Hauptsache aber kam es darauf an, diese Grundherrschaft erst zu besiedeln, um sie nutzbar zu machen, was damals in anderer Weise kaum geschehen konnte. Da ließ nun der Grundherr erst deutsche Ansiedler kommen, die stets unter einem Unternehmer und Führer standen, dem Schulzen, mit dem der Herr allein verhandelte. Die vorgefundenen slavischen Dörfer wurden auf deutsche Weise eingerichtet, d. h. es wurden, vielleicht mit Erweiterung des Landes durch Rodungen, die Fluren nach der üblichen Weise vertheilt und deutsche Bauern neben den slavischen angesetzt, wohl auch neue, rein deutsche Dörfer begründet. Der Schulze erhielt einige Hufen Landes, sein Land und die Würde waren erblich, er hatte keine grundherrlichen Abgaben zu zahlen und bekam einen Theil der Einkünfte vom Gericht, das gleich zu Anfang ein grundherrliches war. Die Bauern erhielten, je nach der Zeit, die zur neuen Einrichtung, besonders zur etwa nöthigen Neurodung, erforderlich war, eine Anzahl Freijahre, nach deren Ablauf sie die an den Grundherrn zu zahlenden Abgaben entrichten mußten. Das bäuerliche Besitzrecht war minder gut als das des Schulzen, und wohl besonders dann, wenn die Besiedelung nicht auf völligem Neuland, sondern auf bereits urbarem, etwa von Slaven früher schon benutztem Boden stattfand. Da haben wohl früh bereits lassitische Verhältnisse stattgefunden, das heißt, Anweisung des Landes zur Nutzung in den verschiedensten, meist dem Lehnrecht nachgebildeten Formen, wohl meist erblich, wenn auch mit einiger Einwirkung des Grundherrn auf die Erbfolge. Man darf sich wohl auch denken, daß die im Besitz gelassenen Slaven zu minder gutem Rechte saßen als die neugekommenen, wohl auch mehr leistenden Deutschen. Die Hauptsache dabei bleibt dies: der Deutsche hatte da von Anfang an einen kleinen Grundherrn und besaß sein Land als ein von demselben verliehenes; er mag wohl wegen des abgeleiteten Besitzes als hörig in gewissem Sinne gelten, aber von

3*

einer ganz unfreien Stellung ist nirgends die Rede. Der Grund=
herr verlangte, wenn der Bauer wegziehen wollte, einen Gewährs=
mann, der den Hof mit allen darauf ruhenden Lasten übernahm;
war ein solcher gefunden, so konnte der Bauer abziehen.

Auch hier kann der Grundherr eine eigene Landwirthschaft
geringen Umfanges betrieben haben, zu welcher vom Bauern
geringfügige Dienste ausbedungen waren. In der Hauptsache
blieb jedoch das Verhältniß des Ritters zum Bauern das des
Grundherrn zu seinen Hinterfassen.

Ueberall wird von allen Kennern hervorgehoben, daß der deutsche
Kolonist persönlich frei war; als möglich wird hingestellt[1]), daß
Leibeigenschaft bei den Slaven vielleicht gebräuchlich und so mit=
unter stehen geblieben sei. Man sollte aber doch die Möglichkeit
deutscher Leibeigener, die damals im Westen ja unbestritten vor=
kamen, nicht so streng ausschließen; wenn auch die eigentliche
deutsche Bauernschaft im Osten aus Freien bestand, so konnten
doch Leibeigene mit herübergenommen und wohl auch gelegentlich
mit Land ausgestattet worden sein, wenn auch nicht mit Bauern=
hufen, so doch mit Grundstücken auf Hofesland, die sie dann
ganz widerruflich besessen hätten. Wahr bleibt es aber, daß
solche hie und da vielleicht vorgekommene Leibeigenschaft mit der
späteren Unfreiheit der Bauern außer allem Zusammenhange
steht. —

Wie nun auch die Grundherrschaft entstanden sein mag —
ob nachträglich den Bauern aufgedrungen, ob ursprünglich vom
Bauern angetroffen —: jedenfalls besteht sie bereits im fünfzehnten
Jahrhundert als Regel.

Hierbei ist nun die Frage, wer Eigenthümer sei, meist gar
nicht aufzuwerfen, daher auch nicht zu beantworten. Der Mark=
graf war so wenig Eigenthümer des ganzen Landes, wie es heute
ein Landesherr ist: er hatte ein Herrschaftsverhältniß, aber nicht
das im Eigenthum liegende, zum Lande. Die Großen trugen
Land zu Lehen, was auch wieder nicht Eigenthum ist. Der

---

[1]) So von Riedel a. a. O. II 276.

Bauer war seinerseits meistens nur belehnt, es genügte ihm, daß die Nutzung auf seine Nachkommen überging, und der Grundherr dachte nur an den Einfluß, den ihm das Recht der Ueberwachung dieser Erbfolge sicherte.

In unserem Sinne Eigenthum schrieb sich wohl nur derjenige Bauer zu, der seinen Boden selbst urbar gemacht hatte; und so mochte der Grundherr sich auch wesentlich nur als Eigenthümer desjenigen Bodens fühlen, den er in eigener Wirthschaft hatte oder einmal gehabt hatte (denn es kam auch vor, daß er dies Land wieder weggab).

Für die große Masse des Bodens aber, worauf Bauern saßen, die einen Grundherrn über sich hatten, war der Begriff des Eigenthums gar nicht vorhanden; wie es ja eine bekannte Erscheinung ist, daß Grundstücke nicht immer und nicht überall gerade in der Form des Eigenthums besessen werden.

Mag nun die Grundherrschaft so oder so entstanden sein, jedenfalls war sie anfangs eine Herrschaft wesentlich über Freie (im Gegensatz zu Leibeigenen) und der Herr war nicht Eigenthümer alles Landes.

Nun aber vollzieht sich eine tief greifende Aenderung, die um die Zeit der Reformation bereits merklich wird.

Die Kriegsverfassung ändert sich, die Landesherrn ziehen nach und nach geworbene Truppen heran, die Bedeutung des Fußvolkes steigt und der ritterliche Dienst geht zurück. Was soll aus dem Ritter werden, wenn der ritterliche Dienst entbehrlich wird? Giebt er etwa sein Gut auf und dient um Sold? Er behält es vielmehr und wird oft ein unruhiger, den Nachbarn und dem ganzen Verkehr lästiger Mann von rauher Lebensart, fehde- und beutelustig, eine Landplage, da seinem Thatendrang das gewohnte Ziel entzogen ist; noch öfter aber hängt er das unbeschäftigte Schwert an die Wand und besieht sich seine Felder. Aus dem Kriegsmann wird ein Landwirth.

Früher wäre ihm dies sehr hart geworden; er hätte darin fast einen Schimpf gesehen, so einfach vom edeln Dienst zu einer

gemeinen Beschäftigung herabzusteigen: nun aber fällt es ihm
leichter, denn zu seinem Troste bleibt ihm noch Ansehen genug:
er hat ja die obrigkeitliche Stellung. Er wird nicht Landwirth
schlechthin, er, der schon Grundherr war, wird nun Grundherr
mit größerem, dann mit großem, eigenem Betrieb, er wird Guts=
herr, wozu er allerdings noch vielerlei braucht.

Vor allem braucht der ritterliche Grundherr nun mehr Land;
nicht Ausdehnung seiner Grundherrschaft, sondern Ausdehnung
des Gutsbetriebs innerhalb des Herrschaftsgebietes durch neues
Land, aber nicht durch neue Rodung. Das Land, das der Ritter
seiner Wirthschaft einfügen will und einfügt, ist bisheriges
Bauernland. Das Rittergut wächst an, das Bauernland schwindet:
so beginnt die große Gutswirthschaft.

Der Erwerb von Bauernland kam allmählich, mitunter wohl
widerrechtlich, sehr häufig aber völlig rechtlich zu Stande.

Wie oft kam es im Mittelalter vor, daß große Seuchen,
wie der schwarze Tod im dreizehnten und vierzehnten Jahr=
hundert, wütheten, wodurch zahlreiche Bauernhöfe ledig wurden;
auf diese Weise, oder auch durch die Anziehungskraft der Städte,
kamen die Bauern in Abgang und ihre Stellen, wenn neue Be=
setzung schwer oder unräthlich erschien, fielen wieder dem Grund=
herrn anheim. Dasselbe geschah nun, wenn in Folge von Fehden
die Bauernstellen zerstört, die Bauern entlaufen waren; oder sollte
man die Stellen wüste liegen lassen? Dann hätten sich die Aecker,
zerstreut auf der Flur wie sie lagen, mit Unkraut und Strauch=
werk bedeckt und hätten allem Raubzeug einen willkommenen
Unterschlupf geboten. Höchstens hätte man sie an andre Bauern
„austhun" können, was ja häufig geschah; oft aber erschien es
einfacher und zweckdienlicher, sie „einzuziehen".

Also mit unbesetzten Hufen, um sie nicht wüste werden zu
lassen, wurde der Anfang gemacht; der Erwerb von besetzten
Bauernstellen kam jedoch ebenfalls vor, gewiß oft unter Zu=
stimmung der Bauern, etwa auf dem Wege des Kaufs; was aber
höchst bezeichnend ist: es gab auch Arten des Erwerbs besetzter
Stellen ohne Zustimmung des Inhabers.

Das konnte z. B. durch die sogenannte Relegation geschehen, das heißt durch die Absetzung widerspenstiger Bauern. In der Mark hat der Kurfürst Joachim II. 1540 „denen von Abel" gestattet, ungehorsame „muthwillige" Bauern zu relegiren, jedoch die Stellen derselben nach Würdigung dessen, was sie gelten, zu bezahlen. Das ist also zwangsmäßige Auskaufung, wobei der Bauer mit dem erhaltenen Gelde abzieht.

Eine ähnliche Art der Enteignung wird von den Kurfürsten Joachim II. und Johann Georg (1540 und 1572) für den Fall gestattet, daß der Gutsherr die Bauerngüter „selbst bewohnen", das heißt wohl dem Gute, das er bewohnt, einverleiben will:

„Da die von Abel in unserem Kurfürstenthum sich auf einen alten Gebrauch bezogen haben, daß ihnen zu ihrer Gelegenheit freiständе, einige Bauern auszukaufen, soll ihnen fortan solches auch freistehen, wenn sie der ausgekauften Bauern Güter selbst bewohnen wollen; doch sollen sie den Bauern, welche sie auskaufen wollen, ihre Güter nach Würdigung, was sie gelten möchten, bezahlen."

Der Gutsherr durfte aber so nur seine eigenen, nicht etwa fremde Bauern auskaufen, und nur soviele, als er zur Herrichtung seines abligen Hofes für erforderlich hält; der Gutsherr muß etwa auftretende Mitbieter mit seinem Angebot wenigstens erreichen, die Gemeindelasten der Stelle übernehmen und die Entschädigung an den Ausgekauften baar bezahlen.

Das Verfahren wurde von den römisch-rechtlich gebildeten Juristen als Expropriation aufgefaßt; zwar war kein Staatsinteresse im Spiel, aber der Ritter war ja Obrigkeit; des Ritters Privatinteresse wurde als obrigkeitliches Interesse hingestellt!

Daß der Bauer ein Kaufgeld erhält und die Hofwehr (die Ausstattung des Hofes mit Ackergeräth und Vieh) mitnimmt, zeigt ein gutes Besitzrecht an; ob dasselbe Erbzinsrecht oder erblich-lassitisches Recht gewesen sei, ist gleichgültig. Für die volks-

wirthschaftliche Betrachtung genügt es, festzuhalten, daß es jeden=
falls ein erbliches Besitzrecht war [1]). —

Hat nun der Gutsherr mehr Land, so will dies Land auch
bewirthschaftet sein. Der Gutsherr braucht zum Land auch Leute,
die für ihn arbeiten, er braucht Dienste. Und so wenig er das
Land, das er braucht, nur im freien Verkehr durch Kaufen er=
wirbt, so wenig verschafft er sich die Dienste durch freies Dingen:
er zwingt vielmehr, die in seiner Gewalt sind.

Von den beiderlei Zwangsdiensten (nämlich der heranwach=
senden, noch unangesessenen Bauernkinder als Gesinde, und den
eigentlichen von der Bauernstelle zu leistenden Frohnen) sind
sicher die Frohnen älteren Ursprungs. Daß dieselben stets oder
auch nur vorwiegend aus dem bäuerlichen Wagendienst, der früher
dem Landesherrn gebührte, sich entwickelt haben, braucht man
nicht anzunehmen; sie entstehen vielmehr ganz einfach in älterer
Zeit als kaum fühlbare Mehrbelastung der Bauernstellen, indem
das noch kleine Rittergut die wenigen Hofdienste, die es braucht,
auf die große Zahl der vorhandenen Bauern vertheilt. Der
Bauer, der sehr viel lieber etwas von seiner überflüssigen Zeit
und Kraft hingiebt als von seinen Früchten oder seinem wenigen
Gelde, mag wohl dafür einen Nachlaß seines Ackerzinses erhalten
haben: denn es schwinden die Geld= und Fruchtleistungen, offen=
bar im Zusammenhang mit den zunehmenden Frohnen, sichtlich

---

[1]) In der Abhandlung von Korn, der wir im Obigen wieder
dankbar folgen, wird der Laßbesitz stets dem erblichen Besitz gegenüber
gestellt, also der Ausdruck Laßsit in dem beschränkteren Sinne gebraucht,
sodaß der erbliche Kulturbauer des Allg. Landrechts, den wir als erblichen
Laßsiten bezeichnen, eine besondere Klasse bilden müßte. Dieser erbliche
Kulturbauer wird aber in Korns Abhandlung nicht vom Erbzinsmann
unterschieden. Das Allg. Landrecht unterscheidet den Erbzinsmann vom
erblichen Kulturbauern. Ohne einen strengen Beweis führen zu können,
möchte ich annehmen, daß Erbzinsmann nur der Bauer wurde, welcher
sich auf neugerodetem Boden niederließ. War der Boden bereits urbar
und gehörte derselbe einem Grundherrn, so scheint mir der darauf ange=
siedelte Bauer erblicher Kulturbauer geworden zu sein.
Wie Korn für Brandenburg, so hat Ferdinand von Bülow in seiner
Geschichtlichen Entwicklung der Abgabenverhältnisse in Pommern und Rügen,
1843, besonders S. 207 ff. für die genannte Provinz Vortreffliches geleistet.

dahin; wogegen der Bauer sich zu sträuben gar keinen Grund hatte. Noch heute hilft der Bauer zu Wegebauten oder anderen Gemeindezwecken lieber mit seinem Gespann und mit der Hand, als daß er Geld bezahlt, damit solche Arbeiten von der Gemeinde in Verdung gegeben werden können. Und der Gedanke, die Hof=dienste den Bauern zuzumuthen, lag um so näher, da in älterer Zeit die kleinen Leute — die Häusler und die Büdner — weit seltener waren und ganz landlose, nur auf ihre Arbeitskraft an=gewiesene Leute beinahe fehlten. Dem Bauern wurde die Sache auch dadurch leicht und beinahe selbstverständlich, daß er mit Wagen, Pflug und Egge nicht weit fahren mußte, um den Acker seines Ritters mit zu bestellen: die Aecker der Bauern und des Ritters lagen ja auf derselben Flur im Gemenge und die Zeiten sowie die Art der Bestellung waren in Folge dessen beiden Acker=arten gemeinsam. So setzt also der Anfang des Frohndienstes keine besondere Gewalt voraus.

Anders wird freilich das Bild, nachdem das Rittergut auf Kosten der Bauern mehr angewachsen ist: weit mehr Hofdienste werden erforderlich und eine verkleinerte Zahl von Bauernstellen muß dieselben leisten. Nun erst wird es dem Bauern schwer und der Streit ist nicht, ob der Bauer überhaupt dienen soll, sondern nur, ob er jede Steigerung der Dienstlast sich gefallen lassen muß. Der Ritter verlangte das als selbstverständlich; die Gerichte, in der Mitte des sechzehnten Jahrhunderts, nahmen an, daß nur gemessene (oder „gesetzte") Dienste zu leisten seien. Der Landes=herr, den Landständen zu Gefallen, und sich der Behauptung, als wenn dies von Alters her so gewesen sei, anschließend, spricht sich gegen die Bauern aus, indem er theils hohe gemessene, theils überhaupt ungemessene Dienste billigt (Korn S. 34).

Erst auf diese Weise und erst um jene Zeit (1550) wird der „ägyptische"[1] Dienst zur Plage des Landvolks. In der That, was hätte denn früher der Ritter, ehe er großer Land=wirth war, mit starken Frohnen anfangen sollen?

---

[1] Vergl. II 44.

Indessen ist auch hier zu beachten, daß nicht etwa durchweg ungemessene Dienste üblich wurden; sie kamen nur neben gemessenen vor, in dem Grade, wie sich das Rittergut an einem Orte mehr, am andern weniger ausdehnte.

Was den Gesindedienst der heranwachsenden Bauernkinder betrifft, so war auch dieser zunächst häufig nur thatsächlich vorhanden: denn es liegt nahe, daß die auf der Bauernstelle entbehrlichen Kinder beim Gutsherrn als Knechte und Mägde eintreten. Später, als die Bauernstellen geringer an Zahl wurden, verlangte der Ritter geradezu diesen Eintritt, und gewiß meist mit Erfolg. Noch später, und zwar wiederholt vom Jahre 1527 an bis 1572, wird von den Kurfürsten anerkannt, daß die Gutsherrschaft das Recht habe, unter Umständen jenen Eintritt zu verlangen. Es heißt da in väterlichem Tone: „welche Unterthanen in unserem Lande Kinder haben, deren sie selbst nicht zu ihrer Arbeit bedürfen und die sie zu Diensten bringen wollen, sollen diese vor allen andern ihrer Herrschaft zu Diensten anbieten und gönnen um billigen Lohn" — woraus dann der wirkliche, d. h. der unbedingte Zwangsgesindedienst sich bald, aber doch erst vom Ende des sechzehnten Jahrhunderts an, entwickelte. Ursprünglich lag derselbe im Unterthanenverhältniß keineswegs. —

Wenn aber nun der Bauer, unter dem Druck der Frohnen und des Gesindedienstes seiner Kinder, einfach abzog? Dann allerdings war dem Gutsherrn die ganze Grundlage seiner Wirthschaft zerstört. Der Abzug mußte also verhindert werden, um die Dienste aller Art zu sichern.

Sehr einfach war es, dem Bauern überhaupt den Abzug zu untersagen, die Freizügigkeit zu nehmen. Er durfte sich anderswo nur dann niederlassen, wenn er einen Entlassungsschein von seinem Gutsherrn vorwies, d. h. wenn der Gutsherr ihm schriftlich die Erlaubniß gab — die aber nicht leicht gegeben wurde! So wird es angeordnet in den märkischen Landtagsrezessen von 1536, 1538, 1589, 1572, 1602, in denen zugleich den Einwohnern eines Dorfes verboten wurde in andern Dörfern oder in Städten Grundstücke zu besitzen. Nun war der Unterthan wirklich an die

Scholle gebunden! Der Ritter war mehr als Obrigkeit des Bauern; er war zugleich der Herr von Hörigen, er war der Guts=herr, der mittels der Zwangsarbeiten seiner hörigen Bauern seine Landwirthschaft betrieb; die Gutsunterthänigkeit war fertig: sie hat ihre Ausbildung erst vom sechzehnten Jahrhundert an ge=funden.

Der Ritter ist nicht mehr Kriegsmann; er ist Grundherr, daneben Gerichtsherr und Patronatsherr, was er auch bleibt; und hat endlich als Gutsherr einen gewerblichen Großbetrieb, zu welchem Zwecke er den ursprünglich nur seiner obrigkeitlichen Gewalt untergebenen Bauern die Zwangsarbeit auferlegt hat, die sich nur bei Unfreiheit der Bauern durchführen läßt.

Wie die Landesherrn, solange sie Markgrafen und dann Kur=fürsten waren, eine solche Entwicklung ruhig mit ansehen konnten, erklärt sich wohl daraus, daß sie sehr froh waren, den Landadel zum landwirthschaftlichen Gewerbe übergehen zu sehen, damit Ruhe und Ordnung entstand. Das konnte freilich nur durch einen bis dahin unerhörten Druck auf die Bauern geschehen — aber was lag an den Bauern, mochten sie ihrem Junker gehorchen wie der Junker dem Kurfürsten. So trat also der Landesherr und besonders Joachim I. ganz auf die Seite des Landadels, und wenn die Klagen der Bauern zu ihm drangen, dann wollte er, daß mit der Klage des Bauern zugleich die Antwort des Edelmanns gehört werde (1527). Seine Nachfolger verordneten dann gar (1540 und 1572), daß der Bauer, wenn er seines Klagens gegen seine Herrschaft nicht genugsam Ausführung thäte, mit dem Thurme bestraft würde. Wobei es dann aller=dings tröstlich ist, daß damals die Landesherrn nicht entfernt im Stande waren, ihren Willen durchzusetzen — das Prozessiren der Bauern behielt trotz aller Erschwerungen des Rechtsweges seinen Lauf. —

Im westlichen Deutschland, und besonders im Süden, hat der Druck des Grundherrn auf die Bauern bekanntlich zu Anfang des sechzehnten Jahrhunderts ebenfalls eine unerträgliche Höhe erreicht; der deutsche Bauer in den alten Ländern wird unruhig,

die tiefsinnigen Gedanken der Kirchenreformation ergreifen ihn,
und merkwürdige Ahnungen von einem Reich unter dem Kaiser
breiten sich aus. Es sammelt sich der helle und der dunkle Haufe,
die sich drohend über die Gegenden des Schwarzwalds und Oden=
walds daherwälzen und in den zwölf Artikeln ihre Beschwerden
aufstellen. Wie treuherzig klingt ihre Klage über den beschränkten
Genuß des Waldes und über den Wildschaden: „Es ist bisher
Brauch gewesen, daß kein armer Mann — so nannte sich der
Bauer — Gewalt gehabt hat, das Wildpret, Geflügel, oder
Fische im fließenden Wasser zu fangen. Auch hegt in etlichen
Orten die Obrigkeit das Wild, uns zum Trutz und mächtigen
Schaden, weil wir leiden müssen, daß uns das Unsere, was Gott
dem Menschen zu Nutz hat wachsen lassen, die unvernünftigen
Thiere zu Unnutz muthwillig verfressen, und wir sollen dazu
stillschweigen. Wir sind auch beschwert der Beholzung halb,
denn unsere Herrschaften haben sich die Hölzer alle allein zu=
geeignet, und wenn der arme Mann etwas bedarf, muß er's ums
doppelte Geld kaufen.“

An die Klagen über die Grundherrschaft reihen sich die über
die Gutsherrn: „Es ist unsere harte Beschwerung der Dienste
halb, welche von Tag zu Tag gemehret werden und täglich zu=
nehmen. Wir begehren, daß man darin ein ziemlich Einsehen
thue und uns dermaßen nicht so hart beschwere, sondern uns
gnädig hierin ansehe, wie unsere Eltern gedient haben. Wir
wollen uns von der Herrschaft nicht weiter beschweren lassen,
sondern wie es eine Herrschaft ziemlicher Weise einem verleiht,
also soll er es besitzen laut der Vereinigung des Herrn und des
Bauern.“

Solche Forderungen, die, wie Ranke sagt, eigentlich über
das dem gemeinen Menschenverstand nahe liegende nicht hinaus=
gehen, wurden erhoben und auf bäurisch=rohe Weise geltend ge=
macht. Die Schlösser wurden erstürmt und verbrannt, die Herren
todtgeschlagen, bis die herrschenden Mächte sich vereinigten und
Gewalt mit Gewalt dämpften.

Von solchen Vorgängen ist im östlichen Deutschland fast

nichts bekannt[1]); der Bauer blieb ruhig und kein Ausbruch der Wuth setzte dem Fortschreiten der Gutsherrlichkeit Grenzen. —

Die Ausbreitung des Ritteracers auf Kosten des Bauernlandes und die zunehmende Unfreiheit der Bauern sind zwei mit einander eng verbundene Erscheinungen, neben denen noch eine dritte herläuft: an sehr vielen Orten verschlechtert sich im Laufe der Zeit das bäuerliche Besitzrecht von einem erblichen zu einem unerblichen, nicht allgemein, aber doch sehr häufig.

Daß es im Anfang gar keine unerblichen Lassiten gegeben habe, soll keineswegs gesagt sein: sie mögen stellenweise vorgekommen sein; dagegen ist sicher, daß z. B. in Pommern ursprünglich die Unerblichkeit nicht die Regel bildete, was doch im 18. Jahrhundert der Fall war. Es fragt sich nur, wie die Unerblichkeit so erstaunlich weit um sich griff.

Ein ziemlich frühes Auftreten der Unerblichkeit ist das bei Bauernstellen, die auf Ritteracer errichtet sind. Es erklärt sich etwa auf folgende Weise:

Das noch jugendliche Rittergut ist nicht unter allen Umständen durch Aufsaugung benachbarter Bauerngüter stets weiter gewachsen. Es sind wohl Verhältnisse denkbar, unter denen die eigene Wirthschaft des Ritters sich einschränkt, ohne daß der Umfang des rechtlich dazu gehörigen Bodens abnimmt: der Ritter überläßt beispielsweise, wenn er seine Wirthschaft verkleinern will, einen Theil des Ackerbodens an benachbarte Leute, damit dieselben sich darauf Bauernwirthschaften einrichten; oder der Ritter thut dasselbe mit überflüssigem Weidelande. Das so an Bauern ausgethane oder verheuerte Land wird dann oft von

---

[1]) In Ostpreußen jedoch kam es 1525 ebenfalls zu einem Bauernaufruhr: unter den Gründen wird angeführt: das übermäßige Scharwerk, welches durch die Verwüstung vieler Dörfer im Kriege für die noch vorhandenen Bauern stark vermehrt wurde: ferner die Verwüstungen der Felder durch das Wild. Vergl. J. Voigt, Geschichte des Bauernaufruhrs in Preußen im Jahre 1525, in den Preuß. Provinzialblättern, Bd. 3 (1847) S. 1 ff. — Ob vielleicht deswegen in Samland keine Erbunterthänigkeit bestand? Vergl. oben S. 22 Anmerkung 3.

ihnen nach verjährter Zeit als „Eigenthum", d. h. wohl als
erblicher Besitz (gleichgültig ob als erblicher Laßbesitz oder als
Erbzinsbesitz) angesprochen. Der Ritter hingegen, dem die Ueberlassung vielleicht wieder leid wird, möchte dem bäuerlichen Inhaber kündigen und behauptet daher, der Bauer sei nur unerblicher Lassit gewesen, dem man kündigen dürfe.

Diese Auffassung der Ritter wird in den Landtagsrezessen
von 1550 und 1572 landesherrlich gut geheißen (Korn a. a. O.
S. 22 ff.).

Somit wäre der unerbliche Lassit besonders da zu finden,
wo Ritteracker an Bauern ausgethan worden war — was gewiß
nur in den seltensten Fällen geschah. Doch bereitet sich so schon
früh die Grundlage für die Rechtsanschauung vor, als seien überhaupt die gutsherrlichen Bauern stets auf ursprünglichem Eigenthum des Ritters angesiedelt oder, wie man zu sagen pflegt,
„angesetzt" — und nicht auf Boden, der vielleicht ursprünglich
überhaupt keinen Grundherrn hatte; oder der, wenn auch einen
Grundherrn, doch sicher keinen Eigenthümer im heutigen Sinne
hatte.

Es mochte wohl der Einfluß des römischen Rechts (im sechzehnten Jahrhundert besonders) diese Auffassung bestärken, wonach sich der Grundherr als Eigenthümer nicht nur seines Hof-
landes, sondern des ganzen Herrschaftsgebietes fühlte und den
Bauern zunächst theoretisch nur ein Nutzungsrecht an fremdem
Eigenthum zugeschrieben wurde. Dies Nutzungsrecht war freilich
vorläufig in der Regel noch ein erbliches; aber ein schlimmer
Umstand bereitete den Umschwung vor. Die von Bauern an den
Grundherrn zu entrichtenden Abgaben insgesammt, welches Ursprungs sie auch waren, wurden schon seit dem 14. Jahrhundert
mit dem Ausdruck Pacht bezeichnet. So hieß jedoch ebenfalls
das, was der Pächter im römisch-rechtlichen Sinne seinem Verpächter jährlich zahlte, und da diese Pacht meist ein zeitlich be-
grenztes Verhältniß bedeutet, schloß man — allerdings höchst gewalt-
sam, eigentlich nur durch Vermittlung eines Wortspiels — auf die

zeitliche Begrenztheit der bäuerlichen Nutzungsrechte auch in den Fällen, wo von früherem Ritteracker nicht die Rede war[1]).

Nicht als ob dadurch nun alle Bauern in unerbliche Lassiten und zwar in solche, denen man kündigen konnte, verwandelt worden wären. Es blieb vielmehr der erbliche Besitz des Bauern vielfach anerkannt, nur wurde anderwärts auch häufig die Un=erblichkeit Regel. Und dies um so leichter, als es sich ja nur um die rechtliche Auffassung, nicht um die thatsächliche Vererbung handelte. Denn wie bekannt, hat bis zur neuesten Zeit auf unerblich=lassitischen Gütern thatsächlich Erbfolge stattgefunden, nur daß der Erbe dieselbe nicht erzwingen konnte.

Gründe wirthschaftlicher Natur waren aber allerdings ge=geben, um die Erblichkeit zu untergraben. Dieselbe hätte wohl unberührt weiter bestanden, wenn der Ritter nur Nachbar des Bauern gewesen wäre. Aber nachdem er Gutsherr geworden war, war der Bauer sein Arbeiter geworden. Somit war es dem Herrn nicht gleichgültig, wer auf der bäuerlichen Stelle nach=folgte. Allerdings, auch solange der Ritter nur Grundherr war, mußte er darauf achten, daß die hörigen Bauernstellen ihre Ab=gaben leisteten, denn davon lebte der Grundherr; jedoch waren diese Abgaben gering, wurden also leicht geleistet und gaben zu tieferen Eingriffen in das Rechtsverhältniß weniger Anlaß. Da=

---

[1]) Die obige Darstellung, bei welcher Korns vorzügliche Abhandlung mit benutzt ist (a. a. O. S. 22 ff.), weicht im einzelnen von derselben ab. Zunächst, da Ritter= und Bauernäcker auf der gleichen Feldmark lagen, sind die Bauernäcker nicht an ihrer Lage auf der „alten bäuerlichen Dorffeld=mark" erkennbar; die Ritteräcker sind nur durch die Zugehörigkeit zur Hof=wirthschaft und später durch die daran sich knüpfende Steuerlosigkeit kennt=lich. Zweitens, ob ursprüngliche Erbzinsgüter oder nur ursprünglich erb=liche Kulturbauerngüter (wie ich annehme) zu kündbaren Gütern geworden sind, lasse ich (vergl. oben S. 40 Anmerkung 1) dahingestellt. Drittens: das Wortspiel mit „Pacht" scheint mir nur für Unerblichkeit und Kündbarkeit, nicht für die Verwandlung in Zeitpacht erheblich zu sein, soweit das 16. Jahrhundert in Betracht kommt: denn damals war bäuerlicher Zeitpacht sehr wenig verbreitet und es handelte sich zunächst noch darum, das erbliche in ein unerbliches, das unerblich=lebenslängliche in ein beliebig kündbares Nutzungsrecht zu verwandeln. Wie die bäuerliche Zeitpacht entstand, wird sich weiter unten finden.

gegen, als der Gutsherr den Bauern immer steigende Arbeits=
leistungen aufbürdete, lag die Sache anders; je mehr Frohnen,
desto mehr kam die bäuerliche Wirthschaft in die Enge, desto
schwerer wurde es dem Erben sie anzutreten, desto genauer
mußte der Gutsherr darauf sehen, daß nur ein leistungsfähiger
Erbe antrat. Daher gutsherrliche Auswahl unter den Erben.

Ging aber die Bauernstelle sichtlich zurück und wurde der
Inhaber unfähig zu leisten, was er — besonders an Frohnen —
schuldig war (man nannte dies bei den gelehrten, mit der
lateinischen Sprache vertrauten Herrn „Prästanda prästiren"),
so war beim Gutsherrn die Auskunft eine schleunige: er ver=
klagte nicht etwa den Bauern und trieb es, um seine For=
derung an Diensten einzutreiben, bis zum gerichtlichen Verkauf
der Stelle an einen leistungsfähigeren Andern; sondern sagte so:
der Bauer ist der Dienste wegen da; er ist seiner Bestimmung
nach mein Arbeitsmann; diese Bestimmung erfüllt er nicht, also
wird er abgesetzt — die damalige Form für Entlassung. Wenn
die Gerichte den Bauern unzugänglich sind, läßt sich leicht eine
solche Auffassung des Verhältnisses gewohnheitsrechtlich zur Gel=
tung bringen, um so mehr, da ja der Gutsherr natürlich nur
so weit ging, wenn es von seinem Interesse geboten war, und
keineswegs aus Muthwillen an dem bäuerlichen Besitzrecht rüttelte.

So wird aus erblichem Besitz ein Besitz mit beschränktem
Erbrecht, dann ein solcher ohne Erbrecht aber mit thatsächlicher
Nachfolge der Kinder in den meisten Fällen; und dieser Besitz
wird nur, wenn der Inhaber untauglich ist, vom Gutsherrn auf=
gesagt; der taugliche Inhaber dagegen wird lebenslänglich darauf
gelassen.

Es ist ganz feststehend, daß die Lehnschulzengüter in Schle=
sien, die Freischulzengüter in Pommern, überhaupt die Schulzen=
güter im 18. Jahrhundert stets ein weit besseres Besitzrecht haben,
als die etwa bereits unerblich gewordenen Bauern ihres Dorfs.
Ob das aus den Zeiten der ersten Verleihung stammt? Oder
ob es nicht daher kommt, daß der Gutsherr wohlweislich den
Schulzen, der ja auch nie Frohndienste zu leisten hatte, schonte,

um in ihm einen sicheren Bundesgenossen zu haben, wenn die bäuerlichen Rechte herabgedrückt wurden? Jedenfalls dürfte ein Schulze, der unter der Verschlechterung nicht selber litt und dessen Abstand von den Bauern sich vielmehr vergrößerte, ein nicht übel gewähltes Werkzeug gewesen sein. —

Somit hat erst das 16. Jahrhundert die neuere Gutsver=faffung völlig vorgebildet: das Rittergut wächst, durch Heimfall erledigter, oder durch Auskaufen, oder endlich durch „Legen" be=setzter Stellen; der Bauer wird, damit er sich der Arbeit für den Gutsherrn nicht entzieht, unfrei; er wird, weil seine Arbeiter=eigenschaft vor allem interessirt, auch in seinem Besitzrechte herab=gedrückt, damit unter allen Umständen ein frohnfähiger Bauer auf der Stelle sitze.

§ 3. Neuere Geschichte.

Im folgenden Jahrhundert ist der dreißigjährige Krieg für die Entwicklung der gutsherrlich=bäuerlichen Verhältnisse von hoher Bedeutung. Er hat unzählige Bauern zum Sturz gebracht, von Haus und Hof vertrieben. Da wurden von neuem, und in reich=lichstem Maße, Bauernstellen frei, die dann in den Steuerrollen als wüste Hufen erschienen und lange so weiter geführt wurden. Hier nun bot sich dem Gutsherrn eine reiche Gelegenheit, ein=zugreifen.

Gewiß ist ein großer Theil der unbesetzten Stellen zum Rittergute eingezogen worden; aber es liegt auf der Hand, daß dies nicht mit allen geschehen konnte. Zuwachs an Land wurde leicht zur Verlegenheit, wo es dergestalt an Leuten fehlte, die, schon um den Fortbetrieb der alten Wirthschaft zu sichern, weit=aus wichtiger waren. Der andre Theil der unbesetzten Hufen[1] wurde theils an kleinere Leute, Kossäthen, Bübner und Käthner, ausgethan, um von ihnen Handdienste auszubedingen, theils den noch bestehenden Bauern zugelegt, um ihre Wirthschaft so zu er=weitern, daß sie desto mehr Spanndienste leisten konnten; theils

---

[1] Vergl. II 37 ff. von den wüsten Hufen.

Knapp, Preuß. Agrarpolitik. I.   4

an neu anzusetzende Bauern vergeben, die dann, um überhaupt die Wirthschaft beginnen zu können, vom Gutsherrn mit Hof= wehr ausgestattet wurden. Der kostbar, weil selten gewordene Bauer mußte mit um so strengeren Banden an das Gut gefesselt werden, und der unerblich-lassitische Besitz verstand sich wohl da von selbst, wo die Verleihung durch den Gutsherrn und zu dessen Vortheil — wegen der Arbeitskraft — so augenscheinlich war. Mehr und mehr konnte es in Vergessenheit gerathen, wenn ursprünglich der Bauer dagewesen; nun erschien der Guts= herr als der ältere Inhaber des Bodens und der Bauer war überall von ihm angesetzt; und zwar angesetzt, nicht damit es Bauern gebe, sondern nur, damit wieder Arbeitskräfte da seien.

In diese Zeit paßt vorzüglich der Rechtssatz: jeder Unter= than ist schuldig, auf Verlangen des Gutsherrn einen Bauernhof zu übernehmen; sowie der andre: kein unterthäniger Lassit darf sein Gut aufgeben. Das Gut ist dem Bauer durch die Rechts= ordnung aufgezwungen, damit der gutsherrliche Betrieb weiter gehen kann.

Wir haben also in der Hauptsache noch den Frohnbauer, und neben demselben in größerer Zahl als früher die kleinen Leute als die Arbeitskräfte des Gutsherrn zu denken; letztere jedoch in der Regel mit einem ihre Haushaltung stützenden Besitz versehen, wie es bei dem eingetretenen Menschenmangel und Bodenüberfluß fast selbstverständlich war.

Es scheint, daß nach dem dreißigjährigen Kriege das Bauern= legen stetig weiter um sich griff; sicher war es am Anfange des 18. Jahrhunderts allerwärts, auch auf den königlichen Domänen= gütern, noch im Gange, wie man aus dem Bericht des Herrn von Luben an den König (datirt aus Kleve den 14. Okt. 1710) deut= lich erkennt[1]). Die Verwaltungsbehörden, heißt es da, sind keines= wegs geneigt, die königliche Absicht, daß die Unterthanen geschont werden sollen, zu verwirklichen; daher pflegen die Vornehmsten

---

[1]) Vergl. R. Stadelmann, Preußens Könige in ihrer Thätigkeit für die Landeskultur, Erster Theil (1878) S. 212.

im Lande die besten Aecker, Wiesen und Holzungen zu ihren Rittergütern und Vorwerken einzuziehen und das Land sogar frei von der darauf ruhenden Kontribution (Grundsteuer) zu machen, was ihnen oft gelingt, wenn sie selbst in der Verwaltung Stellen haben. Auch besetzen sie die wüsten Feldmarken nicht mit Unterthanen, sondern machen Vorwerke daraus und legen die nöthigen Dienste den übrig gebliebenen Bauern auf, zu deren vollkommenem und ewigem Ruin. Oder wenn ja einmal neue Unterthanen darauf gesetzt werden, so werden diesen hohe Pächte, Dienste, Zinsen, Einquartirungslast und dergleichen auferlegt, daß die Leute kaum ihr Leben erhalten können, sodaß die Unterthanen, die vorher schon arm waren, noch ärmer werden und endlich gar davon gehen müssen.

Es ist kein Zweifel, daß der damalige Bestand an Bauern noch bedeutend verringert worden wäre, wenn nicht von Anfang des 18. Jahrhunderts an die preußischen Könige sich ein Ziel gesetzt hätten, das den Kurfürsten aus demselben Hause noch ganz fern geblieben war: das Ziel, womöglich wieder die Zahl der Bauern zu vermehren, jedenfalls aber die Zahl der Stellen und den Umfang des dazu gehörigen Landes von nun an durch Maß-regeln der Gesetzgebung festzuhalten.

Der Inhalt dieser Gesetzgebung läßt sich kurz als Schutz des Bauernlandes und des Bauernstandes bezeichnen: des Bauern-landes, damit es nicht weiter den herrschaftlichen Gütern, seien es nun Privatgüter oder Domänengüter, einverleibt werde; des Bauernstandes, damit für ihn stets die Zahl der Stellen min-destens ebenso groß bleibe, weshalb es auch verboten war, Bauern-güter zusammen zu schlagen, das heißt aus mehreren Bauern-gütern eins zu machen.

Man beachte, daß dies, wenn wir es auch kurz als Bauern-schutz bezeichnen, doch keineswegs ein Schutz des einzelnen Bauern in seinem Besitze war. Ob dieser oder jener Bauer auf der Stelle saß, war für die hier zu betrachtende Maßregel gleichgültig, wenn nur die Stelle besetzt war. Die Maßregel war polizeilich,

4*

sie wurde aus Gründen des gemeinen Wohls ergriffen; sie war aber nicht privatrechtlich.

Nicht als ob die Regierung nun überhaupt den privatrecht= lichen Schutz der Bauern, soweit ein solcher bestand, von sich ge= wiesen hätte; dies that sie keineswegs; wie aber die Verfassung ein= mal war, konnte die Regierung ihr Ziel viel schneller erreichen, wenn sie sich mit jener polizeilichen Maßregel vorläufig begnügte, denn es gab viele gutsherrliche Bauern, die mit Hülfe des damals gültigen Privatrechts gar nicht zu schützen waren. Ueberall näm= lich, wo (wie z. B. in Pommern) der Grundsatz galt, daß man dem unerblichen Lassiten unter Umständen aufkündigen könne, war mit privatrechtlichem Schutze durch die Gerichte nichts aus= zurichten. Verlangte aber die Regierung polizeilich die Wieder= besetzung der Stelle, so war zwar dem einzelnen Bauer nicht, wohl aber dem Bauernstande und Bauernlande einigermaßen geholfen.

Auch trat die polizeiliche Maßregel ein, gleichgültig ob das Einziehen oder Zusammenschlagen von Bauernstellen privatrecht= lich gerechtfertigt war oder nicht: es war nicht nur und blieb verboten, auf ungesetzliche Weise, sondern es war ebenso verboten, auf privatrechtlich = gesetzliche Weise Bauerngüter dem herrschaft= lichen Gute einzuverleiben oder sie zusammen zu schlagen, etwa durch Kauf, mit voller Entschädigung und klarer Zustimmung des bisherigen Inhabers.

Die Edikte, worin der Grundsatz des Bauernschutzes aus= gesprochen wird, sind ziemlich zahlreich, denn sie konnten nicht sofort zu voller Wirksamkeit gelangen. Wir übergehen die Edikte vom 22. November 1709 und vom 29. Juni 1714, und wenden uns den späteren ähnlichen Inhalts zu[1]).

Im letzten Regierungsjahr Friedrich Wilhelms I. erging unterm 14. März 1739 der bekannte Befehl: „daß kein Landes= vasall, von denen Markgrafen an bis auf den geringsten, er sei wer er wolle, einen Bauern ohne gegründete Raison und ohne

---

[1]) Vergl. II 33 ff.

den Hof sogleich wieder zu besetzen, aus dem Hofe werfe". In
der leidenschaftlichen Sprache zittert der Aerger des Königs über
seinen Verwandten, den Markgrafen von Schwedt, nach. Sogleich
erhob sich der Abel in Ostpreußen zum Widerstand, und führte
unter anderem an, daß auf den königlichen Domänen ganz dieselbe Wirthschaft mit dem Bauernlegen getrieben werde. In der
That gelang es den Vorstellungen des Abels in Ostpreußen —
offenbar weil die Herrn im Generaldirektorium ähnlich dachten —,
dem Befehl des Königs die Spitze abzubrechen: wenn der Gutsherr keinen geeigneten neuen Wirth auftreiben könne, so sei
es gut.

Merkwürdig ist der Versuch Friedrichs II., im Jahre 1748
in Pommern die Wiederbesetzung der wüsten Hufen und die
Theilung zu großer Bauernstellen durchzusetzen[1]). Beides geht
über die oben geschilderten Ziele des Bauernschutzes weit hinaus.
Die Wiederbesetzung wüster Hufen bedeutet nicht Erhaltung des
jetzigen, sondern Wiederherstellung des früheren Besitzstandes der
Bauern; die Theilung zu großer Bauernstellen bedeutet nicht Erhaltung, sondern Vermehrung der Zahl der Stellen. Beides
gelang nicht. Denn bei näherem Zusehen ergab sich, daß die
wüsten Hufen in Wirklichkeit längst nicht mehr unbenutztes Land
waren; sie waren nur nicht mehr mit besondern Bauern besetzt;
das Land aber war entweder andern Bauernstellen zugelegt
(„steckte unter den Bauern") oder herrschaftlichen Ackerwerken
längst einverleibt; man konnte gar nicht daran denken, diesen
Zusammenhang nun wieder rückgängig zu machen. Was aber
die Zerschlagung der zu großen Bauernstellen betrifft, so war
schon der Grund sehr auffallend und zeigt, wie der König damals
nur an seine Soldaten dachte; er meinte, wenn die Bauernsöhne,
aus dem Heer austretend, wieder aufs Land zurückkehrten, wäre
es nicht übel, wenn diejenigen, deren Väter recht große Bauernhöfe hätten, davon sogleich durch Abbau einen Theil erhielten,
damit sie sich besto leichter niederlassen könnten. Aber es gab

---

[1]) Vergl. II 87 ff.

erstens wenige Bauern von so großem Besitz; und zweitens wäre
dies doch ein höchst gewagter Eingriff gewesen: kurz, auch dies
unterblieb.

Der König begnügte sich vielmehr nun, mit dem Bauern-
schutze, wie er oben geschildert ist, Ernst zu machen; die früheren
Edikte hatten das Bauernlegen vor allem beklagt und die Hoffnung ausgesprochen, daß dies künftig unterbleibe; dann war
zwar ein wirkliches Verbot erlassen worden, aber die strenge
Handhabung hatte gefehlt. Friedrich der Große hat das Verbot
erneuert und die strenge Handhabung hinzugefügt, zuerst für
Schlesien und dann überhaupt fürs ganze Königreich 1749 [1]),
sodaß von da an der polizeiliche Bauernschutz gesichert erscheint.

Aber selbst unter Friedrich dem Großen leistet die Verwaltung noch nicht entfernt das, was der König verlangt.
Wieder war es in Ostpreußen, daß das Gesetz von 1749 gänzlich
in Vergessenheit gerieth, und zwar bis zum Ende des Jahrhunderts und darüber hinaus. Niemand bemerkte diesen Fall,
bis im Jahre 1806 die ostpreußische Kriegs- und Domänenkammer dahinter kam. Es blieb nichts übrig als für den Bestand der Bauerngüter ein weit späteres Normaljahr, 1772 statt
1749, festzusetzen und für alle Uebertretungen Amnestie zu ertheilen
(am 31. Mai 1806) [2]).

Nach dem siebenjährigen Krieg, 1764, hat dann der König
mit dem größten Ernst das Verbot durchgeführt, sowohl in
Schlesien als in den andern Provinzen, und wie früher Herr
von Münchow, so stand ihm in Schlesien nun Herr von Schlabrendorff zur Seite, letzterer mit einer bis dahin nicht erlebten
Strenge auftretend, ohne jedes Ansehen der Person, ohne alle
Rücksicht auf bestehende Wirthschaften. Wo mehr als eine Bauernstelle bei einem bäuerlichen Inhaber getroffen wurde, fand Trennung und gesonderte Besetzung statt. Wo ein Bauerngut im
Laufe des siebenjährigen Kriegs zum Herrschaftsgute eingezogen

---

[1]) Vergl. II 45 ff. — [2]) II 97 ff.

war, mußte es unweigerlich herausgegeben und ebenso wie die etwa wüste liegenden neu besetzt werden.

Dies war allerdings dadurch erheblich erleichtert, daß man sich mit der Herstellung des Zustandes vor dem Krieg, also des Jahres 1756, in der Hauptsache begnügte und die älteren Einziehungen auf sich beruhen ließ. Erwägt man dies, so wird es einleuchtend, daß auch nach dem Jahre 1764 noch viele steuerbare Aecker sich bei den herrschaftlichen Gütern befanden; und man wird es nicht gering finden, daß in Schlesien zum Beispiel die neu besetzten bäuerlichen Stellen 3½ Prozent aller bäuerlichen Stellen betrugen[1]).

Die Gesammtwirkung des Bauernschutzes im 18. Jahrhundert war folgende:

In Ostpreußen wurde er nicht durchgeführt; in Westpreußen, das erst 1772 erworben wurde, konnte er erst spät eintreten. In den anderen Provinzen (Brandenburg, Pommern, Schlesien) ist der Zustand des Jahres 1756, in Bezug auf den Besitzstand der Bauern, durch die Gesetze, die dann auch ins Allgemeine Landrecht übergingen, festgehalten worden, bis der Grundsatz des Bauernschutzes zuerst theilweise (1807) und dann gänzlich (1816) fallen gelassen wurde.

Dies, und nicht mehr, ist erreicht worden. Aber schon dies ist nicht wenig, denn es genügte den letzten und vielleicht heftigsten Anstoß zum Bauernlegen für den preußischen Staat unschädlich zu machen: den Anstoß, der nach 1763 durch den technischen Aufschwung des herrschaftlichen Gutsbetriebs gegeben wurde. Während damals in Holstein, in Mecklenburg und im schwedischen Theil von Vorpommern von neuem der Gutsherr massenhaft Bauern vertrieb, mußte im preußischen Staat der Gutsherr die weitere räumliche Ausbreitung auf Kosten des Bauernlandes unterlassen.

Man hat den Grund für den polizeilichen Bauernschutz mit-

---

[1]) Wegen der Wiederbesetzung nach dem siebenjährigen Kriege vergl. II 63 ff.

unter in dem Steuerinteresse der Regierung gesucht: damit nicht
die bäuerliche Steuer wegfalle, sei der Erwerb von Bauernstellen
durch die steuerfreien Ritter verboten worden. Das ist aber
offenbar falsch, denn die bäuerliche Steuer, als Grundsteuer, lag
dinglich auf dem Lande und würde einfach vom ritterlichen Inhaber
erhoben worden sein, der ja nur für seinen Ritteracker (nach dem
Bestande wie zur Zeit der Aufstellung des Katasters) steuerfrei
war. Sehr häufig erbietet sich, überflüssiger Weise, der Guts=
herr ausdrücklich, die bäuerlichen Lasten mit der Einziehung des
Landes auf sich zu nehmen. Es mag wohl vorgekommen sein,
daß durch Einziehung von Bauernstellen die Steuerverhältnisse sich
verdunkelten[1]), aber nicht aus Besorgniß hievor ist das Verbot
der Einziehung entstanden; sondern aus volkswirthschaftlichen
und militärischen Gründen.

Schon am Anfange des achtzehnten Jahrhunderts strebte
man nach Bevölkerung („Peuplirung") des Landes[2]), und wenn
man mehr Einwohner wollte, so sind nicht Menschen überhaupt,
sondern Menschen, die zu leben haben, gemeint. Selbst wenn
doppelt oder drei Mal so viele „kleine Leute" an Stelle der
Bauern getreten wären, würde dies nicht Bevölkerung des Landes
im Sinne Friedrichs des Großen gewesen sein[3]).

Ferner war zu fürchten, daß durch das Verschwinden eines
weiteren Theils der Bauern die übrig bleibenden in Bezug auf
ihre Hofdienste härter beschwert werden möchten; und mit den
gutsherrlichen Lasten wären auch die Nachbarlasten drückender ge=
worden: die Bullengelder, der Nachtwächter=, Hirten= und Schmiede-
lohn, die Kosten für Gehege und Feldgräben hätten sich vergrößert.

Hiezu kamen noch militärische Gründe: bei Aushebung von
Rekruten nahm man am liebsten Bauernsöhne (natürlich nur
solche, die daheim entbehrlich waren), da sie etwas zu vertheidigen
hatten. Und wenn Truppen einquartirt werden mußten, so boten

---

1) Vergl. II 46 unten.
2) Vergl. das Edikt vom 29. Juni 1714 wegen Revision der Catastrorum.
3) Vergl. II 65.

die Bauern mit ihren Stallungen wegen der großen Zahl und allgemeinen Verbreitung weit bessere Gelegenheit als die weniger zahlreichen und im ganzen weniger ausgiebigen Gutshöfe.

Aus diesen Gründen hat der Staat Friedrichs des Großen den ländlichen Kleinbetrieb geschützt und mit größter Rücksichts= losigkeit den Bestand, wo er gestört war, wieder hergestellt [1]).

Die wichtigste Wirkung war die: dem Gutsherrn wurde das eigene Nutzungsrecht der Bauernhöfe von da an ohne Wider= ruf entzogen; er mochte sich als Obereigenthümer oder als was er sonst wollte betrachten, aber Eigenthümer in dem Sinne, wie er es gern seit dem sechzehnten Jahrhundert hätte sein wollen, war er nicht mehr. Die spätere Entwicklung stellt sich ganz auf diese Thatsache.

Damit war aber noch keineswegs die weitere Entwicklung des Rittergutes verhindert, wenn auch der räumlichen Ausdehnung desselben Grenzen gesetzt waren.

Am deutlichsten tritt dies in Pommern hervor, und zwar offenbar mit deshalb, weil daselbst der Rechtsschutz der Bauern sehr gering war. Noch unter Friedrich dem Großen, gerade in der Mitte seiner langen Regierungszeit (1763) schreiben die hinterpommerischen Stände das inhaltschwere Wort nieder [2]): Das Hofgericht nimmt keine Klagen der Bauern an, sondern weist dieselben an ihre Erbobrigkeiten zurück. Ja, die Stände können sich gar keinen andern Zustand denken: der König, sagen sie, werde es wohl selbst unzulässig finden, den Bauer ordentliche Prozesse gegen seine Gutsherrschaft führen zu lassen; dann würde ja der Bauer, zu Streit und Unruhe geneigt, immer auf der Straße liegen und seine Hofwehr und alles Uebrige verprozessiren.

Also der polizeiliche Schutz des Bauernlandes hat nicht zur Folge, daß der einzelne Bauer auch nur Rechtsschutz genösse. Nur in Summa sollten so viel Bauernstellen wie bisher erhalten bleiben, während das Rechtsverhältniß des Inhabers zu seiner Stelle unberührt blieb.

[1]) Vergl. II 63—80. — [2]) Vergl. II 55.

Dies Rechtsverhältniß war aber im achtzehnten Jahrhundert in Pommern, in der Uckermark und Neumark, in Ostpreußen und in Oberschlesien vorwiegend das unerblich-lassitische; das Herkommen war allerdings lebenslänglicher Besitz, aber sehr häufig wurde der Bauer bei Lebzeiten abgesetzt: wobei ihm allerdings lebenslänglicher Unterhalt (Leibzucht) gebührte. Doch wurde dies nicht streng genommen, man hat den abgesetzten Bauer wohl öfter, ohne ihm eigentliche Leibzucht einzuräumen, als landlosen Arbeits=mann behalten. Nur mußte die Bauernstelle wieder besetzt und mit mindestens ebensoviel Land als bisher ausgestattet werden. Daß es dieselben Ackerstücke, Wiesenflecke und Weideplätze waren wie bisher, war nicht erforderlich. Ein neuer Annehmer der Stelle war leicht zu finden, da ja die Unterthanen zur Annahme rechtlich verbunden waren. Der Bauer mußte sich alle Aenderungen, welche die Herrschaft wegen der Wirthschaft nöthig fand, gefallen lassen — und der Staat verlangte nur, daß die Zahl der Bauernstellen und der Umfang des Bauernlandes unverändert bleibe.

Solche Aenderungen fanden natürlich nicht grundlos statt, sondern im Anschluß an die landwirthschaftlichen Bedürfnisse; aber es bildete sich doch der Brauch aus, daß man den lassitisch=unerblichen Bauern halbjährlich kündigen könne; und zwar neuer=dings und ganz unter der Hand hat sich dies entwickelt: so er=klärt sich der sonderbare Streit aus dem Jahre 1809, als der Oberpräsident der Provinz Pommern behauptete, der Bauer habe lebenslänglichen Besitz; und die Stände dagegen behaupteten, man könne den Kulturbauern halbjährlich kündigen[1]).

Es war also der unerbliche Lassit bereits zu einem Inhaber auf Widerruf geworden, den man nach Belieben absetzen durfte (wenn nur dadurch keine Stelle einging) und den man nach Belieben auch versetzen durfte.

Zum Absetzen kam es wohl wie früher wesentlich nur bei Widerspenstigkeit, Faulheit und Liederlichkeit des Bauern, an dessen

---

[1]) II 282.

Statt dann ein anderer Bauer, öfter wohl ein noch unangefeffener anderer Unterthan, zu treten pflegte.

Doch kam es häufig vor, daß überhaupt die Bauernftellen anders gelegt wurden; nicht als wenn die Haus- und Hofgebäude dabei abgebrochen und anderswo neugebaut worden wären: nur die auf der Flur liegenden Aecker werden gegen Aecker, die anderswo als bisher lagen, umgetaufcht.

Zu diefem Vorgang drängte das feit 1763 ftets wachfende Bedürfniß nach Separation der Bauernäcker von dem Ritteracker; denn feit eben diefer Zeit wird in Norddeutfchland die Land- wirthfchaft rationell, man macht fich von der überlieferten Drei- felderwirthfchaft frei und geht zu andern Betriebsweifen über, fei es zur Vierfelderwirthfchaft, fei es zu Feldgraswirthfchaft nach dem Beifpiel Holfteins oder Mecklenburgs. Hiezu war eine neue Eintheilung der Flur in Bezug auf die „Schläge" nöthig, wozu man vor allem freie Hand haben mußte: die Gemengelage mit den Bauern war das größte Hinderniß, das aber, bei den locker gewordenen Befitzverhältniffen der Bauern, nun auch leichter als früher zu überwinden war[1].

Der Gutsherr, fo weit wie möglich in aller Güte, ftellte den Bauern die Vortheile, die er felbft durch Separation feines Feldes vom Bauernfeld haben würde, lebhaft vor und fügte als Troft zweierlei hinzu: erftens, daß kein Bauer weniger Land als bisher erhalten follte; zweitens, daß die Bauern, wenn fie wollten, unter fich im Gemenge bleiben dürften; es follte nur die Flur, auf der bisher die gutsherrlichen mit den bäuerlichen Aeckern vermifcht gelegen hatten, in zwei Fluren zerfallen: auf

---

[1] Thaer hob dies als Vorzug der mecklenburgifchen Verfaffung vor der märkifchen ausdrücklich hervor. Vergl. Annalen des Ackerbaus, Bd. 4 (1806) S. 55 ff.:

Es fei dem mecklenburgifchen Gutsherrn gelungen, die Bauernwirth- fchaften von einander zu fepariren, weil der Bauer kein Recht zum Wider- fpruch habe: in der Kurmark dagegen fei nur der gutsherrliche Acker vom Bauernland feparirt, die Bauern haben ihr Land unter fich in Kommunion und feien viel zu mißtrauifch um fich auf Separation einzulaffen.

der einen würde der Gutsherr allein sein Pflugland haben, das er in beliebige Schläge theilen könne (während Gewanne und Ackerstreifen allerdings wegfallen); auf der andern Flur sollten sich die Bauern einrichten wie sie wollten: neue Gewanne bilden, Aecker mit der Stange[1]) abmessen, die Füllstücke den Kossäthen überlassen. Kurz es solle von nun an (durch sogenannte General= separation) eine gutsherrliche und eine bäuerliche Flur geben; ob die Bauern unter einander dies Beispiel nachahmen (d. h. zur Spezialseparation schreiten) wollten, ließ man dahingestellt.

Auf diese Weise sind nach dem siebenjährigen Kriege so viele Separationen des Gutsfeldes vom Bauernfelde vorgekommen, daß man am Ende des achtzehnten Jahrhunderts diesen neuen Zustand als die Regel, wenigstens für Pommern, betrachten darf.

Bei derselben Gelegenheit ließ sich noch manche Neuerung beifügen. Gerade bei der Lockerheit des bäuerlichen Besitzrechtes war es nahe liegend, die Bauern so mit Land zu versehen, daß sie jedenfalls bestehen konnten; oft wurden sie unter einander gleich gemacht, was ja leicht so geschehen konnte, daß der Gutsherr etwas hinzugab, damit keiner weniger bekam als vorher. Es wurden dann auch mitunter die Dienste neu geordnet, sodaß auch diese gleich wurden, woran den Bauern viel lag[2]).

So hat hier der lockere lassitische Besitz geradezu die technische Neuordnung erleichtert, ganz ähnlich wie in Holstein. —

Wir haben bisher wesentlich die Umwandlung betrachtet, wie sie sich vollzog, wo kleine Grundherrn zu eigener Wirthschaft übergingen.

Bei größeren Grundherrschaften, wie bei Klöstern und Stiftern oder auch bei weltlichen Herrn von bedeutendem Herrschaftsgebiet, konnte der etwa stattfindende eigene Gutsbetrieb so tief nicht eingreifen. Hier war es wichtiger, daß man zur Steigerung des Einkommens manche Dörfer in Ackerwerke umwandelte, die einem

---

[1]) Vergl. II 267, wo Krügers Bericht über Pommern gewiß so zu er-klären ist.

[2]) Vergl. die Vorschläge des Landraths von Böhn (am Schlusse des vorliegenden Bandes, in den Beilagen).

Verwalter unterstellt oder einem Gutspächter überlassen wurden;
wie es ja auch auf den königlichen Domänen häufig geschah.
Die Wirkung auf die übrig bleibenden Bauern ist dieselbe: was
dort der selbstwirthschaftende Ritter, das brachte hier der Verwalter oder der Pächter fertig. Daher auch die völlige Gleichheit
der Entwicklung auf königlichen und ritterlichen Grundherrschaften:
überall die Gebundenheit der Bauern, überall der bäuerliche
Zwangsdienst.

Indessen kamen auch Grundherrschaften, besonders bei Klöstern,
vor, wo weder beträchtliche eigene Wirthschaft, noch überhaupt
Einrichtung von Ackerwerken Platz griff; vielmehr war der Bestand
an bäuerlichen Wirthschaften ungestört. Häufung der Frohndienste
also ausgeschlossen, von Gesindedienst nicht viel zu merken. Die
Gebundenheit des Bauern dürfte sich hier darauf beschränkt haben,
daß man die im laffitischen Besitz liegende Stellung eines
Gewährsmanns forderte, und man könnte denken, daß hier der
Bauer in leiblichen Verhältnissen verblieb.

Aber auch hier hat sich häufig eine weniger sichtbare, aber
sehr fühlbare Aenderung zu Ungunsten der Bauern vollzogen:

Das laffitische Verhältniß, offenbar dem Lehnrecht nachgebildet, war ursprünglich, wie das Lehnwesen selbst, weitherzig
gedacht. Wie der Vassall und der Lehnsherr nicht auf gegen-
seitige Abrechnung standen, sondern unbedingte Treue und Hin-
gebung vergolten wurden durch Herrschaft über reichliches Land,
ohne daß man fragte, ob der Vasallendienst mit den eingeräumten
Vortheilen in einem preisähnlichen Verhältniß stehe — so war es
auch zwischen dem Grundherrn und seinen bäuerlichen Hintersassen:
der Bauer leistete was herkömmlich war, und der Grundherr
verlangte nicht mehr als er eben brauchte. Das war anfänglich
wenig, wurde später allerdings mehr; aber selbst im Anfange
der Gutswirthschaft fragte man noch nicht danach, ob das, was
der Bauer leistete, im Verhältniß stehe zu dem, was er für sich
genoß. Der Gutsherr fühlte sich als die von Gott verordnete
Obrigkeit; er lebte allerdings von den Bauern, im übrigen aber
hieß es: leben und lebenlassen.

Hierin tritt aber eine Wendung ein, und zwar sowohl bei den Grundherrschaften, die neben den Bauern auch Ackerwerke, wie bei denen, die nur Bauern haben: sobald als im sieb=zehnten und achtzehnten Jahrhundert ein gesteigertes Geld=einkommen wichtig wird. Das Bestreben, die Grundherrschaft nutzbarer als bisher zu machen, verwandelt die Lebensanschauung des Grundherrn: der Grundherr fährt fort, sich als Eigenthümer, nicht seiner Gutswirthschaft allein, sondern seines ganzen Bereichs zu fühlen, er will aber nun die Einkünfte aus seinem Eigenthum steigern.

Da rechnet er sich nun aus, wie wenig er eigentlich von denjenigen Bauern, die nicht viel Dienste thun, beziehe: und wer etwa, wie städtische Magistrate, Stiftungen, Klöster und der=gleichen Grundherrschaften, nur einen geringen eigenen Betrieb, dafür aber desto mehr lassitische Bauern hat, der denkt erst recht mit Bedauern daran, wie geringe Renten er von diesen erhebe.

Der Grundherr, sich als Eigenthümer fühlend, beschließt, sein Eigenthum, das Andern zur Nutzung hingegeben ist, doch wenigstens fruchtbringender zu machen, und verlangt vom bäuer=lichen Inhaber eine Erhöhung — der Pacht. Wenn der Bauer nun sagt, er sei ja gar nicht Pächter gewesen, er sitze zu Bauern=recht; dann antwortet der Gutsherr, dies sei ihm gleich; wenn der Bauer nicht Pächter sei, so solle er's eben werden; wenn nicht, so würden andre Leute zur Pachtung bereit sein: denn nächstens kämen die Bauernstellen zur „Licitation"; es sei am besten, die Bauern thäten ein ordentliches Angebot, dann würde man sie fremden Mitbietern vorziehen und auf ihren Höfen sitzen lassen.

Hier redet, wie man sieht, nicht mehr der Grundherr, sondern bereits der Eigenthümer.

Die Bauern überlegen sich den Fall: beträchtliches Pacht=geld, alljährlich zu zahlen; dafür aber ein Vertrag, auf drei, sechs, oder neun, wohl auch auf zwölf Jahre geschlossen; bei Verweigerung Abzug von der Stelle. Sehr häufig stimmen sie zu, und ändern damit das Rechtsverhältniß, das sie bisher hatten

— das laſſitiſche, mit faſt immer thatſächlicher Vererbung —
in Zeitpacht um; ſie erkennen durch Abſchluß des neuen Vertrags
ausdrücklich an, daß ſie nach Ablauf der Pachtjahre durchaus
nichts mehr zu verlangen haben. Kein Gericht kann ihnen mehr
zu beſſerer Stellung verhelfen.

Der Urſprung ſolcher Zeitpacht aus dem laſſitiſchen Ver=
hältniß verräth ſich häufig durch Beibehaltung mancher früherer
Laſten, z. B. durch Fortbeſtehen der bäuerlichen Dienſte für den
Gutsherrn, wenn dieſer ein Ackerwerk hat.

Häufig genug fühlt ſich der Bauer ſogar gehoben: dann
nämlich, wenn ihm vorher klar gemacht war, daß er ohne den
neuen Vertrag überhaupt nur auf Kündigung, etwa auf halb=
jährige, geſtellt ſei; nun iſt wenigſtens eine längere ſichere Friſt
vorhanden.

Die Lehre von der halbjährigen Kündigung bereitet alſo
den Uebergang des Grundherrn zum Eigenthümer, des bäuerlichen
Laſſiten zum Zeitpächter wirkſam vor.

Die Geſetze über den Schutz des Bauernlandes, die in
Pommern durchaus in Geltung und Uebung waren, können hie=
gegen nicht helfen: das Bauernland vermindert ſich durch dieſen
Vorgang nicht; auch die Zahl der Stellen wird nicht geringer,
denn es findet ja kein Zuſammenſchlagen ſtatt. Es ändert ſich
nur das bäuerliche Beſitzrecht, und zwar unter Zuſtimmung des
Betroffenen. Vielleicht, wenn dadurch die auf der Stelle ruhenden
bäuerlichen Laſten erhöht wurden, hätte von dieſem Standpunkte
aus Widerſtand geleiſtet werden können; aber durch entſprechen=
den Nachlaß an Dienſten oder mäßige Vergrößerung des Landes
war dem wohl vorzubeugen; und vor allem: wie leicht iſt der
Bauer einzuſchüchtern, und wie rathlos ſteht er einem geſchäfts=
kundigen Gutsherrn gegenüber!

Thatſache iſt, daß man um das Jahr 1780 in Pommern
zahlreiche Verwandlungen der Laſſiten in Pachtbauern findet[1]).

---

[1]) Vergl. den Bericht von Zimmermann aus dem Jahre 1810 in den
Beilagen. — Das Verdienſt, die Entſtehung der Pachtbauern aufgeklärt zu
haben, gebührt Scharnweber: vergl. II 385.

Hieburch ist die Entwicklung des Rittergutes abermals um
eine Stufe weiter geschritten: vorher war der Ritter Eigenthümer seines Hoffeldes, aber nur Obereigenthümer der stehen-
gebliebenen Bauernstellen gewesen; nun wird er auch Eigenthümer dieser Stellen; und da der Staat die technische Nutzung
derselben verbietet, so begnügt sich der Eigenthümer damit, dieselben ökonomisch zu nutzen — was nicht verboten war —, das
heißt aus denselben eine Pachtrente zu ziehen, deren Höhe je
nach Umständen von Zeit zu Zeit neu bestimmt wurde.

Man wolle nicht vergessen, daß der geschilderte Gang sich
nicht gleichmäßig bei allen herrschaftlichen Gütern vollzieht,
weshalb auch nicht eigentlich Zeitabschnitte gemacht werden
können. Vielmehr liegt es so: die Güter der verschiedensten
Verfassungsformen liegen am Ende des achtzehnten Jahrhunderts
neben einander; die neueren Formen sind aus den älteren entwickelt, aber die Entwicklung ist nicht überall eingetreten; und
so gab es denn, wie oben bereits aufgezählt wurde, herrschaftliche
Güter mit Bauern, die Eigenthümer, Erbpächter oder Erbzinsleute
waren; dann, ebenfalls alten Ursprungs, solche mit Bauern, die
als erbliche Lassiten saßen; ferner, bereits aus neueren Zeiten
stammend, solche mit lebenslänglichen Lassiten, oder mit kündbaren; und endlich als jüngste aber seltenste Form solche mit
bäuerlichen Zeitpächtern.

Das Rittergut mit der Verfassung, deren Grundzüge oben
flüchtig angedeutet sind, und die zu demselben gehörenden unterthänigen Bauern finden sich, wie bekannt, keineswegs blos in
den vier preußischen Provinzen, die wegen ihrer gemeinsamen
Reformgesetzgebung den Hauptgegenstand unserer Betrachtung
bilden. Vor allem bestand in der fünften östlichen Provinz, in
Posen, etwas ganz Aehnliches. Ferner ist die Lausitz zu erwähnen,
und zwar sowohl der Theil, welcher 1815 zu Preußen kam, als
auch derjenige, welcher sächsisch blieb — womit wir allerdings
die Grenzen der preußischen Monarchie überschreiten.

Nicht minder kommt unser Rittergut vor im östlichen Theile

Holsteins und Schleswigs: hievon hat Georg Haussen eine grund=
legende und auch für uns bahnbrechende Beschreibung geliefert;
ferner in Mecklenburg und in Neuvorpommern.

Mit andern Worten: im ganzen östlich der Elbe gelegenen
Theil des Deutschen Reichs; und wenn wir noch den österreichi=
schen Kaiserstaat hinzunehmen, so sind noch Böhmen und Mähren
zu nennen, von Galizien ganz zu schweigen.

Mithin trennt der Böhmerwald, das Erzgebirge und dann
der Lauf der Elbe das Gebiet, in welchem das Rittergut mit
seinen unterthänigen Bauern in reinster Gestalt sich findet, von
den westlichen Ländern, in denen zwar Rittergüter (besonders
im Norden) vorkommen, aber nicht vorwiegend solche, in denen
die Besitz= und Standesrechte der abhängigen Bauern so ganz
und gar zum Zwecke des reinen Arbeitsverhältnisses entwickelt sind.

Der angedeutete Zug der Grenze: Böhmerwald, Erzgebirge,
Elbstrom, ist im großen und ganzen auch die Markscheide
zwischen ursprünglich deutschen und slavischen Bewohnern, da,
wie bekannt, die jetzt ganz oder theilweise deutschen Länder im
Osten jener Linie erst durch spätere Besiedelung ganz oder theil=
weise deutsch geworden sind.

Das Rittergut in seiner reinsten Ausbildung ist also wesent=
lich zu finden in den spät von Deutschen besiedelten oder über=
haupt nur eroberten aber slavisch gebliebenen Landestheilen.

Das kann kein zufälliges Zusammentreffen sein, zumal auch
in überraschenden Einzelheiten beide Grenzen zusammenfallen: das
westliche Holstein war nicht slavisch, nur das östliche; und nur
im östlichen findet sich unser Rittergut; die Lausitz bildet heute
noch eine slavische Sprachinsel, und in der Lausitz ist die Hörigkeit
des Bauern strenger, sein Besitzrecht schlechter als in den an=
stoßenden Theilen Niederschlesiens, die ganz deutsch geworden sind.
Derselbe Gegensatz herrscht zwischen Niederschlesien einerseits und
dem slavischen Theil Oberschlesiens: auch im letzteren ist der
Bauer in einer ganz besonders harten Abhängigkeit. Man ver=
gleiche ferner die Länder, welche früher und dichter von Deutschen
besetzt wurden, wie die noch links der Elbe liegende Altmark,

wo das Rittergut die Beschaffenheit hat wie in Niedersachsen; oder den Kern der Mark Brandenburg rechts der Elbe aber links der Oder, mit der Neumark rechts der Oder: je weiter östlich desto schlimmer steht es um die Bauern; ebenso ist Vorpommern, links der Oder liegend, nicht so ungünstig für die bäuerlichen Verhältnisse wie das rechts der Oder liegende Hinterpommern.

Man wolle aber hieraus nicht etwa schließen, daß das Ritter= gut mit harter Hörigkeit schon aus den Zeiten vor der deutschen Einwanderung herstamme; dafür ist die ganze Erscheinung viel zu jung. Es ist auch nicht bewiesen, daß die slavischen Ein= wohner, als sie noch unvermischt waren, ein besonders schlechtes Besitzrecht gehabt hätten, das dann etwa beibehalten worden wäre; oder daß sie schon damals in ihrer Masse aus Unfreien bestanden hätten.

Gleichwohl hat die Verschiedenheit der Stämme einen un= verkennbaren Einfluß auf die Entwicklung ausgeübt. Der Slave ist nicht nur durch Besiegung im Feld unterlegen, er war zu= gleich der wirthschaftlich schwächere Theil: Leute, die vom Fisch= fang lebten oder sich mit dem schwachen Haken nur an die Bestellung des leichtesten Bodens wagten, konnten sich mit dem niederdeutschen Einwanderer nicht messen, der aus Niederungs= gegenden stammend seinen schweren Pflug mitbrachte und an weit härtere Arbeit gewöhnt war. So weicht der Slave zurück oder wird, wo er neben dem Deutschen wohnt, auch sprachlich überwältigt. Und in der Zeit als die Grundherrschaft streng zu werden begann, war der Druck am leichtesten durchführbar gegen den unterlegenen und noch garnicht oder erst halb germani= sirten Einwohner, gegen den der deutsche Ritter wohl noch härter auftrat als gegen den stammverwandten Ansiedler. Es kommt die schmiegsame Natur der slavischen Stämme hinzu, die in Polen und Rußland dem einheimischen Ritter ebenfalls keinen Wider= stand leisten konnten; nicht weil bei uns der Gutsherr ein Deutscher war, sondern weil der slavische Bauer überhaupt gefügiger ist, wird die Hörigkeit in slavischen Gegenden besonders hart.

§ 4. Bilder aus dem Bauernleben.

Im 18. Jahrhundert war es ganz ungewöhnlich, solche Dinge wie die Verfassung des Rittergutes geschichtlich zu betrachten; dagegen war die Betrachtung nach der Zweckmäßigkeit durchaus gebräuchlich, und in diesem Sinne sind alle Schilderungen gehalten, die darüber vorhanden sind. Man erhält daraus eine Vorstellung davon wie es damals in den schlimmeren Fällen war, und wie der Zustand empfunden wurde.

Stets wird der große Mangel an Menschen auf den Ritter=gütern beklagt; das kann nur davon herrühren, daß der Unterthan sich nicht frei verheirathen darf; die Zustimmung des Gutsherrn ist erforderlich. Zwar sagt das Gesetz (das Allgemeine Land=recht), daß die Zustimmung nur unter gewissen Bedingungen verweigert werden darf, aber wie viele Mittel stehen dem Guts=herrn zu Gebote, Schwierigkeiten zu machen! Besonders wenn er lediges Gesinde braucht, weiß er den Leuten die Lust zum Heirathen zu vertreiben [1].

Beim Zwangsgesindedienst ist zwar ein Lohn üblich; aber dieser Lohn ist so gering, daß er für eine Magd oft fürs ganze Jahr nur 3 Th. 8 Gr. beträgt; davon muß sich die Magd zunächst ihre Schuhe anschaffen, deren sie mindestens zwei Paare verbraucht; das Paar kostet einen Thaler; woher das Geld für die übrigen Bedürfnisse nehmen? Sie ist zur Untreue und Unzucht genöthigt [2].

Zu gewissen Jahreszeiten läßt die Herrschaft alle dienstfähigen Unterthanenkinder zusammenkommen und wählt die Tauglichsten für sich aus; mit Thränen in den Augen treten die Gewählten ihren Dienst an, den sie freilich mitunter auch nur mit Thränen wieder verlassen; kommt es doch vor, daß das Gesinde nach ab=gelaufener Zeit freiwillig weiter dient, besonders in der Mark [3].

---

[1] Aufhebung der Erbunterthänigkeit in Preußen, 1803, S. 10.
[2] Verlieren oder gewinnen die Gutsbesitzer u. s. w., Berlin 1812, S. 78.
[3] Nicolai, Hofedienste, besonders in der Mark, 1799, S. 29.

Anders in dem polnischen Oberschlesien, wo der Unterthan wie
ein Sklave behandelt wird. Denn die Herrschaft muß zwar das
Vieh mit großen Kosten aufziehen oder anschaffen; aber Unterthanenkinder, die von ihren Eltern herangezogen werden, braucht
man ja nur aufs Vorwerk zu fordern. Ein taugliches Pferd
kostet zehn, zwölf und mehr Dukaten; ein Hofknecht oder eine
Magd aber weiter nichts als die Worte: „Du mußt auf den
Hof." Das Unverantwortlichste dabei ist, daß einiges Gesinde
6 bis 8 Jahre, wohl auch 10 Jahre hinter einander auf einem
Vorwerk dienen muß und immer nur denselben Lohn erhält,
wofür man nicht einmal die Kleider anschaffen kann. Die Kost
ist folgende: 5 bis 8 Mal im Jahre Fleisch, oft von krankem
oder halb krepirtem Vieh; sonst Graupen, Hirse, Erbsen; nicht
immer satt zu essen. Wenn die Herrschaft den Widerspenstigen
mit Zuchthaus droht, wird ihr wohl frei ins Gesicht gesagt:
lieber zehn Jahre im Zuchthaus arbeiten, als zwei Jahre Ew.
Gnaden Unterthan sein[1]).

Wegen der Frohndienste, die der Bauer und der Kossäth zu
leisten haben, ist die ständige Klage die über den ungeheueren
Verlust an Zeit und Kraft, den dieselben nach sich ziehen.
Meilenweit kommt der Bauer herbeigefahren, spät erst kann die
Arbeit beginnen und früh hört sie bereits wieder auf, wenn der
Bauer auf einem fern liegenden Dorfe wohnt. Wohnt der
Bauer nah, so müssen erst alle beisammen sein und angewiesen
werden: Strafen gegen Säumige helfen wenig und vermehren
nur den Verdruß. Auch muß der Hofdienst am Abend vorher
angesagt werden: inzwischen ändert sich das Wetter, ein reitender
Bote muß über Land gejagt werden um die Ansage zu ändern.
Ist dies schon unbequem für die Herrschaft — wie erst leidet
der Bauer darunter, wenn er nicht weiß, wann er auf das Gespann rechnen darf, das er zwar des Dienstes wegen hält, das
aber auch in der eigenen Wirthschaft mit benutzt zu werden
pflegt. Daß mitunter das Dienstgespann und das dazu gehörige

[1]) Der gegenwärtige Zustand Oberschlesiens, 1786, S. 30—32.

Gesinde frei ist und zu Lohnfuhren verwendet werden kann, will bei dieser Unsicherheit nichts bedeuten.

Man denke sich die Menge der Streitigkeiten und Prozesse, die aus den Frohnen hervorgehen: der Bauer ängstlich darauf bedacht, gerade nur das Schuldige zu leisten; der Gutsherr und noch eifriger der Gutspächter stets dahinter her, um das Mögliche herauszuschlagen; Anfang und Ende des Dienstes, Ruhepausen, Verpflegung der Dienenden, Zustand von Wagen, Eggen, Pflügen: lauter Anlaß zu Streit und Zank.

Will der Gutsherr eine nützliche Aenderung in der Wirth= schaft versuchen, etwa Weizen oder Gerste bauen, wo bisher Roggen oder Hafer stand, und kostet dies im geringsten mehr Arbeit, so wird der Dienstbauer mißvergnügt; soll der Boden einen Zoll tiefer gepflügt werden als bisher, so murrt der Hof= diener. Immer herrscht gegenseitiges Mißtrauen, heimliche Spannung ist stets im Begriff in offenen Unfrieden auszu= brechen.

Die größte Verlegenheit entsteht in der Heu= oder Getreide= Ernte, wo alles darauf ankommt, daß das günstige Wetter aus= genutzt wird. Mit heimlicher Schadenfreude sieht der Hofdiener ein Wetter aufsteigen. Nichts in der Welt bringt ihn zur Eile. Will der Herr den Wagen, solange derselbe beladen wird, aus= spannen und die Pferde inzwischen an einen schon vollen Wagen aufspannen lassen, so verweigert es das Dienstgesinde: die Pferde müssen sich krumm und lahm stehen, bis der Wagen voll ist, denn auf Wechselfuhren läßt sich der richtige Hofdiener nicht ein[1]).

Wo wie in Pommern noch ungemessene Dienste üblich sind, ist es dem Bauer häufig unmöglich, neben dem Dienstgespann, das er für die Herrschaft hält, noch andre Pferde zu halten. Was bleibt dem armen Teufel übrig als mondhelle Nächte zu benutzen um mit dem müden Gespann den eigenen Acker zu

---

[1]) Nicolai, Hofedienste, besonders in der Mark, 1799, S. 7—13.

bestellen. Der Kammerrath Bolte, selbst aus Pommern stammend, bezeugt es, daß er dies auf seinen Reisen beobachtet hat[1]).

Und dabei wird allgemein behauptet, die Naturaldienste seien für die hinterpommerischen Gutsherrn ganz unentbehrlich: es gebe zu wenig kleine Einwohner und Tagelöhner, und wenn der Gutsherr zu eigener Gespannhaltung und zur Vermehrung seines freien Gesindes übergehen wollte, so würden seine Einkünfte kaum ausreichen, um nur die Wirthschaftskosten zu bestreiten. Das einzige, was Wohlmeinende vorzuschlagen den Muth haben, ist Uebergang von ungemessenen zu gemessenen Diensten, damit wenigstens die liederliche verdrossene Arbeit des Bauern aufhört und jeder Theil weiß was er zu leisten oder zu verlangen hat[2]).

Da wo eigentlich gemessene Dienste bereits herkömmlich sind, wird dem Bauern widerrechtlich oft mehr Dienst aufgebürdet als er nach dem Kontrakt zu leisten hat. Was anders kann die Folge solcher Plackereien sein, als Klagen und Prozesse, unaufhörliche Unzufriedenheit der Unterthanen, Faulheit beim Arbeiten, störriges, trotziges Wesen und Widerwille gegen alle vernünftige Neuerungen, weil der Bauer immer glaubt, es könne daraus für die Zukunft eine neue Last entstehen[3]).

All dies ist im polnischen Theile Oberschlesiens besonders schlimm; es giebt da große Herrschaften, zu denen 45 und mehr Dörfer gehören, die 2, 3, 4 Meilen aus einander liegen: wie weit muß da gefahren oder gegangen werden, ehe der dienst= pflichtige Bauer nur das Vorwerk erreicht!

Auch kommen dort neben den Ackerdiensten vielfach sogenannte Fischerei=Dienste vor. Die herrschaftlichen Teiche werden erst im Oktober oder November ausgefischt und liefern dann 70 bis 90

---

[1]) Boltes Gutachten über die Abstellung des Scharwerks, vom 1. September 1801: Schlesische Registratur, pars XI, sectio V, Nr. 86 betr. Reluition der Naturaldienste, fol. 53—85. Dasselbe in Holstein, vergl. Georg Hanssen, Aufhebung der Leibeigenschaft in Schleswig und Holstein, 1861, S. 25.

[2]) Vorschlag [zur Einrichtung der hinterpommerischen Land=Güther, 1782, S. 22. Dasselbe bei L. Krug, Leibeigenschaft, 1798, S. 109.

[3]) Richter, Der oberschlesische Landmann, 1797, S. 48.

Schock Karpfen. Die Unterthanen müssen ins Wasser steigen, das oft schon mit einer dünnen Eiskruste bedeckt ist und die Fische mit Netzen oder mit den Händen fangen. Wenn die Leute dabei völlig erstarren, werden sie heraus ans Feuer geführt und man gießt ihnen gewärmtes Bier, mit Pfeffer vermengt, ein; oft muß ihnen aber erst „das Maul aufgebrochen werden".

In Oberschlesien giebt es viele Grundherrn, welche nur auf das Gegenwärtige und nicht auf das Zukünftige sehen; sie muthen ihren Unterthanen und dem Zugvieh derselben so viele Roßdienste zu, daß beide ganz entkräftet und muthlos werden. Mancher Bauer ist nicht im Stande, sich die eingegangenen Pferde wieder anzuschaffen; viele sehen mit Verzweiflung, daß sie auf ihren Gütern nicht fortkommen können und werden flüchtig oder geben ihre Güter den Herrschaften zurück[1]).

Ebenfalls auf den großen Herrschaften in Oberschlesien werden den Bauern widerrechtlich die herkömmlichen Nutzungen stark beschränkt oder gar entzogen, besonders wenn die Güter zu theuer gekauft sind und wenn daher die denselben vorgesetzten Wirthschafts-beamten den Ertrag steigern wollen. Man legt neue Rodungen an, macht Büsche urbar, macht Weideland zu Wiesen. Daß die Bauern in den Büschen oder auf dem Weideland Hütungsrechte haben, danach wird nicht gefragt. Ebenso wird dem Bauer das Hütungsrecht in den Wäldern verkümmert, wenn daselbst, was forstlich allerdings zweckmäßig ist, Schläge zur Schonung des jungen Holzes eingerichtet werden. Niemand fragt danach, wo der Bauer nun hüten soll. Oder der Bauer hat Holznutzungen gegen eine geringe Abgabe, Wildhafer genannt; die Abgabe bleibt, aber das Holz wird nicht mehr geliefert, der Bauer muß es kaufen[2]).

Bekanntlich muß die Herrschaft, auch in der Mark Branden-burg, die Gebäude der Laßbauern im Stande halten; manchmal, aber nicht vorherrschend, läßt die Herrschaft sogar die Bau-

---

[1]) Der gegenwärtige Zustand Oberschlesiens, 1786, S. 128. 72. 67.

[2]) Richter, Der oberschlesische Landmann, 1797, S. 88. 39. 51.

materialien — Steine, Holz, Kalk, Lehm, Sand — heranfahren
und der Unterthan sieht zu; häufiger leistet der Unterthan dabei
Dienste. Das Haus und die Ställe betrachtet der Bauer daher
wie ein Miethling; er hütet sich ein Loch im Dache zu verstopfen
oder die Thür mit einem Brette zu flicken, denn es könnte eine
Verbindlichkeit daraus entstehen; jede Reparatur meldet er bei
der Herrschaft an, die auch nicht immer sofort eingreift, sodaß
die Baulichkeiten meist in schlechter Verfassung sind. Der Bauer
wird hiedurch so sorglos wie möglich: die Schwellen des Hauses,
der Scheuern und Ställe hält er von Erde und Mist nicht rein,
es ist ihm gleichgültig wie schnell sie vermodern. Nachts geht
der Bauer oder sein Gesinde mit unverwahrtem Licht zur Ab-
fütterung in den Stall oder raucht seine Pfeife ruhig weiter —
was geht ihn der entstehende Schaden an[1]?

Daß bei der Bewirthschaftung eines lassitischen Bauerngutes
für den Inhaber nichts herauskommt, und noch viel weniger für
den Inhaber eines Kossäthengutes, ist eine Thatsache, die von
allen Seiten immer neu bestätigt wird.

Für die Kurmark heißt es in der Mitte des 18. Jahr-
hunderts: es ist bekannt, daß der Bauer von der Hand in den
Mund lebt und bereits von Glück sagen kann, wenn er seine
Lasten, gutsherrliche und öffentliche, richtig abtragen kann. Der
Hof trägt besten Falles so viel ein, daß der Bauer gerade leben
kann. Fürs künftige Jahr etwas zu sammeln ist er außer
Stande. Tritt auch nur der geringste Unfall ein, unzureichende
Ernte oder gar Mißwachs, Verlust eines Stückes Vieh oder
größeres Viehsterben, Feuerschaden, Hagel oder dergleichen, so
muß dem Bauern Nachlaß (Remission) gewährt werden, und
zwar sowohl von Seiten des Gutsherrn als des Staates; der
Staat muß auf die Kontribution, der Gutsherr auf die Zinsen,
Dienste und dergleichen verzichten[2].

---

[1] Sebald, Spanndienste, 1803, S. 57—59.
[2] von Thile, Churmärkische Contributions- und Schoß-Einrichtung,
1768, S. 416.

Nähert sich die Gefahr, daß der Bauer die Staatssteuer nicht zahlen kann, so wird es dem Gutsherrn bange, denn dieser hat dafür einzustehen. In Pommern kommt es vor, daß der Gutsherr dem verschmitzten Bauer darin nicht traut: er schickt den Gerichtshalter und läßt nachsuchen, in welchen Winkeln der Bauer seine Pfennige versteckt hat, um sie nicht durch Steuerzahlen einbüßen zu müssen[1]).

In Oberschlesien hat eine Kommission ausgemittelt, daß eine Bauernstelle (Possession genannt) nach Abzug aller Lasten jährlich einen Ertrag von fünf Thalern gewährt — wofür der Bauer sich und die Seinigen noch kleiden muß; zwanzig Thaler reiner Ertrag wird als das höchste gerechnet. Wenn einer sich getraut, ein solches Gut ein oder zwei Jahre lang zu bewirthschaften, so giebt es ihm die Herrschaft umsonst. Die tägliche Erfahrung zeigt es, daß durch geringe Ernte oder Verlust eines Zugthieres sogleich einige Wirthe (so heißen die auf Kündigung stehenden Laßbauern) außer Stand gesetzt werden, weiter zu wirthschaften: denn Krebit hat der Bauer nicht. „Obendrein bekommt ein solcher ohne sein Verschulden unglücklich gewordener Unterthan noch zum Troste von unbarmherzigen Amtleuten eine Tracht Schläge und wird, weil er der Herrschaft die Roboten nicht mehr leisten kann, mit Gewalt von seinem Gute gejagt, und kann alsdann zusehen, wie er sich und seine Familie ernähren will." Er muß dann eine Hofgärtnerstelle annehmen oder, wenn er das nicht will, entlaufen. „Ein andrer Wirth, zum Beispiel ein Hofgärtner, der nur noch ein paar Kühe oder etwas Saamenund Brotgetreide hat, wird nolens volens auf ein solch verwüstetes Bauerngut entweder freiwillig oder mit Zwang gesetzt. Sehr oft ereignet es sich, daß ein solches Bauerngut in 2, 3 Jahren 3 bis 4 Besitzer bekömmt[2])."

Aehnlich wurde es gemacht, wenn nicht Unfälle, sondern Alter den Bauern minder leistungsfähig macht: „In den Orten,

[1]) Vorschlag zur Einrichtung der hinterpommerischen Land-Güther, 1782, S. 22.

[2]) Der gegenwärtige Zustand Oberschlesiens, 1786, S. 90.

wo der Bauer sein Haus und Hof nicht als Eigenthum besitzt,
wie oft wird da nicht der beßere, fleißigere Wirth in hohem
Alter von der Stelle, die er in Aufnahme gebracht, herunter-
geworfen und zum Einlieger gemacht, um einen rüstigeren, jüngeren
Arbeiter und neuen Wirth zu bekommen . . . Der Bauer in
solcher Lage denkt zum wenigsten, nach seiner Art des Lebens
froh zu werden und ersäuft in Branntwein Gesundheit und
Verstand[1]."

Nicht ersichtlich ist der Landestheil, auf welchen sich folgende
Stelle einer amtlichen Flugschrift aus dem Jahre 1811 bezieht:

„Ich kenne viele Fälle, wo Unterthanen, welche 2—300 Rthlr.
baares Geld besaßen, als sie auf einen solchen Dienstbauernhof
gezwungen wurden, dies in 2 bis 3 Jahren zusetzen mußten und
nun des Hofes, mit Verlust ihrer Gelder, entsetzt wurden oder
ihm freiwillig gern entsagten, weil sie voraus sahen, daß sie
nicht bestehen könnten[2]."

In der Mark sind vor allem die Kossäthen schlimm daran:
sie quälen sich von einem Jahr zum andern auf die erbärmlichste
Art durch, besonders wenn die Gegend schlecht ist; zu Weihnachten
haben sie bereits ihr Getreide verzehrt und müssen zum Bäcker-
brote ihre Zuflucht nehmen; oder die Herrschaft muß ihnen
Getreide und sogar — Salz geben[3].

Die Leistungen der Bauern und besonders der Kossäthen
werden nicht entfernt durch das vergolten, was sie an Vortheilen
aus dem Besitze der Laßgüter ziehen, vielmehr wird „unter ihren
Leistungen noch persönliche Dienstbarkeit angesprochen", das heißt
sie leisten bei weitem mehr, als was man als Gegenleistung für
den eingeräumten Besitz betrachten dürfte[4].

Von den Laßbauern der Kurmark sagt Thaer: Von dem

[1] Richter, Der oberschlesische Landmann, 1797, S. 48.
[2] An meine Mitbürger über das Edikt, welches im l. preuß. Staate
die künftigen Verhältnisse zwischen den Gutsherren und Bauern feststellet,
Berlin 1811 in 4°, S. 9.
[3] Gebald, Aufhebung der Spanndienste, 1809, S. 46 ff.
[4] Leuper, Die Eigenthums-Verleihung, Berlin 1820, S. 12.

Aderlande in der Kurmark gehört etwa ein Fünftel den Aemtern und dem Adel und vier Fünftel den bäuerlichen Wirthschaften an, aber diese große Masse der Bauern ist wegen der bestehenden Einrichtungen und Verhältnisse größtentheils außer Stande, sich aufzuhelfen. Der Ertrag ihrer Wirthschaften ist so gering, daß sie zum Verkauf nichts übrig behalten. Dieser ärmliche Zustand erregt Verwunderung, wenn man bedenkt, daß die Monarchen stets die Wichtigkeit des Bauernstandes anerkannt und für seine Erhaltung gesorgt haben. Das Uebel liegt tief in der gegen= wärtigen Verfassung, die den Bauer immer ärmer, stumpfsinniger und träger werden läßt. Das wird bald für die allgemeine Wohlfahrt unerträglich werden. Unser Laßbauer ist nämlich ein unseliges Mittelding zwischen einem leibeigenen und freien Menschen [1]).

Von den kurmärkischen Domänenbauern, als sie bereits erb= lich gemacht waren, heißt es 1789 in einem amtlichen Bericht [2]): die Lasten kommen nicht nur dem Ertrage gleich, sondern es läßt sich durch Ertragsschätzung nicht einmal herausbringen, wie der Bauer die Lasten erschwingen und zugleich leben könne. „Die äußerste Sparsamkeit, verständige Wirthschaft und strenger Fleiß sind einem solchen Unterthanen nöthig, um fertig zu werden."

In einem Gesetz von 1811 wird von einer auf erbliche Laßbauern bezüglichen Maßregel gesagt: sie „setzt das gewöhn= liche Verhältniß voraus, nach welchem anzunehmen ist, daß die Leistungen der Bauern bis zu dem Punkte getrieben sind, den ihre Kräfte zuließen" [3]). So urtheilt der Gesetzgeber!

Von den Adelsbauern in Pommern berichtet die pommerische Regierung im Jahre 1809 an das Ministerium des Innern [4]):

Wenn man die Nutzungen, welche die Herrschaft von den Bauerngütern bezieht: Dienste, Natural= und Geldabgaben und

---

[1]) Thaer, Annalen des Aderbaus Bd. IV (1806) S. 55.
[2]) Vergl. II 84.
[3]) Regulirungsedikt vom 14. Sept. 1811, § 30.
[4]) Vergl. die Akten Regulirungen 1, Bd. II.

insbesondere die ersteren, nach der Rücksicht, was sie die Be-
lästigten kosten, in Anschlag bringt und mit den Nutzungen vergleicht, welche die Inhaber der Stellen davon beziehen, so ist in
der Regel nichts gewisser, als daß die Herrschaften den größten
Antheil an den Produkten der Höfe haben, die Inhaber derselben aber nur als Dienstboten, welche mit einem kärglichen
Deputate ausgestattet werden, zu betrachten sind.

Auch J. G. Hoffmann, der bekannte Nationalökonom, der
damals als Beamter im Ministerium thätig war, bezeichnet im
Jahre 1810 die lassitischen Bauern schlechtweg als „angesiedeltes
Gesinde"[1]; und zwar handelte es sich dabei um die Bauern in
der Kurmark. Es ist hiermit das bezeichnende Wort gesprochen:
der lassitische Bauer erscheint nicht etwa blos seinem Gutsherrn,
sondern bereits den gebildeten Beamten als ein mit Land ver-
sehener Dienstbote; und daran knüpft sich bald die Ansicht, daß
dies immer so gewesen sei. —

Der Charakter des Bauern in den schlechteren Gegenden
war ganz verdorben: „Ueber die Tücke der Leibeigenen, über ihre
Sorglosigkeit, über das, was sie stets zu Grunde richten an Ge-
räthen, über ihre Faulheit, hört man stets Klagen. Eben darum
wollt Ihr ja auch »das Recht des Peitschenschlages als unentbehrlich« beibehalten wissen. Unverantwortlich sieht man leibeigene Knechte die ihnen anvertrauten Pferde mißhandeln, während
unsere freien Knechte diese Thiere fast mit Zärtlichkeit behandeln.
Selbst der Bauer, der bloßer Wirth ist, dem sein Haus und
häufig sein Vieh nicht selbst gehört, wie unglaublich vernachlässigt
er beides. Zu faul, ihm angewiesenes Holz aus dem Forst zu
seiner Feuerung zu holen, haut er einen Sparren aus seinem
eigenen Dache für seinen Heerd (ich erzähle selbst gesehene Geschichte) »weil ja der Herr das Dach bauen müsse, wenn es ein-
stürze«. Pferde werden schlecht gefüttert und unglaublich übertrieben, weil sie nur dem Herrn fallen (darum reiset man in
leibeigenen Gegenden schnell).

---

[1] Vergl. II 231.

Selten spart er für einen steten gleichen Genuß seines Lebens oder zur Verbesserung seines Zustandes. Und wer gespart hat, verbirgt sein Geld, auf daß niemand erfahre, er habe mehr als die äußerste Nothdurft. Ihm macht Gut nicht Muth. In freien Gegenden hält man es für Fabel und Lüge, daß Leibeigene auf vier Hufen gutes Landes kaum sich nähren und in großer Armuth stecken [1]."

Ueber die Unbildung der Bauern braucht man nicht erstaunt zu sein, wenn man sieht, wie es mit den Schulen stand. Freilich gab es Dorfschulen; aber der Lehrer war ein Schneider oder ein Leineweber, der nicht viel Zeit übrig hatte; oft übernahm seine Frau den Unterricht neben der Haushaltung. Es gab ganze Dörfer, in welchen nur Einzelne Gedrucktes und Geschriebenes lesen konnten. Die Einsetzung des Schullehrers war oft Sache des Patronatsherrn, der in der Stelle des Dorflehrers oft nichts weiter sah „als eine Versorgungsanstalt für einen alten Bedienten oder auch für denjenigen, der sich entschließen konnte, die Kammerjungfer der gnädigen Frau, nach wiederholter Niederkunft von einem Bastard, zu ehelichen".

Und so blieb denn der Bauer immer und ewig auf derselben Stufe, verworren in sich, finster, unzufrieden, grob, knechtisch, nur dem Vogt gehorchend; ein unglückliches Mittelding zwischen Lastthier und Mensch [2].

In Oberschlesien muß der Schulmeister den Sommer über in den Wald gehen und Klafterholz schlagen oder nebenbei ein Handwerk treiben; wer zu schwach ist oder keines gelernt hat, muß beim Spinnen sein Kummerbrot essen, falls er nicht einige Scheffel Aussaat oder sonst Emolumente bei seinem Schulhause hat [3].

---

[1] Schmalz, Erbunterthänigkeit, 1808, S. 33 u. 25.

[2] Gemählde des gesellschaftlichen Zustandes im Kgr. Preußen, Bd. 1, 1808, S. 14—18. — Auch in Holstein wurden zuweilen Hufner abgesetzt zu Gunsten eines Bedienten oder Kutschers, „der ein Kammermädchen zu heirathen sich entschloß und mit einer Hufe versorgt werden sollte". Vergl. G. Hanssen, Leibeigenschaft u. s. w., 1861, S. 18.

[3] Gegenwärtiger Zustand Oberschlesiens, 1786, S. 47.

Dabei ist der slavische Bewohner Oberschlesiens von großer Gewandtheit des Körpers und von schneller und richtiger Auffassung; geschickt zu allen Handwerken und Künsten, lernt er vieles ohne Unterricht, wird rasch ein vortrefflicher Soldat und ein unerreichbarer Kutscher. Durch Mangel an Bildung ist er aber so herabgesunken, daß er nur noch die ursprünglichen Regungen kennt: er wählt, was seinen Sinnen angenehm ist, und verabscheut, was ihm Ueberwindung kostet: völlige Sättigung mit Speise und Trank und darauf folgende vollkommene körperliche Ruhe ist, wie für das Thier, der Hauptwunsch eines solchen Halbmenschen; nicht zu vergessen die sinnliche Liebe, der er sich ohne Scheu und Scham überläßt. Keine Leistung kann ohne Androhung harter Strafe erlangt werden; daher das Kriechende und Sklavische in seinem Betragen, das aus Furcht vor körperlicher Strafe entsteht [1]).

Fast täglich gehen in Polnisch-Oberschlesien viele Diebstähle vor. Im Winter stehlen fremde und einheimische Unterthanen in den Wäldern, Scheuern und auf den Schuttböden, ingleichen aus den Fischhältern und im Sommer auf den Wiesen und da, wo sie etwas finden.

Viele Unterthanen sagen es laut, daß sie das Stehlen der herrschaftlichen Sachen nicht für Unrecht halten, nennen es nicht das Stehlen, sondern das Nähren bei der Herrschaft und haben ein Sprichwort, welches in deutscher Sprache etwa so lautet:

„Und wenn man gleich oft den Sperlingen ihre Eier wegnimmt, so legen sie doch immer wieder welche und haben Junge; und wenn wir gleich öfters bei der Herrschaft uns nähren, so wird doch unsre Herrschaft reich bleiben und wir werden arm bleiben."

Die vielen Kantschuhiebe, die besonders die Hofebauern und Hofegärtner, wegen ihrer Diebereien, auf den Hintern öfters erhalten, sind nicht im Stande, ihnen das Stehlen abzugewöhnen.

Zur Bewachung der Scheuern hat man auf jedem Vorwerk

---

[1]) Richter, Der oberschlesische Landmann, 1797, S. 7—21.

einen Scheuerwächter, der die Diebstähle verhindern soll. Ist der Scheuerwächter zu scharf, so hat er, wie schon einige Mal geschehen, zu gewärtigen, daß ihn die Hofegärtner mit dem Dresch= flegel halb todt schlagen, liegen lassen und alsdann davon und über die Grenze laufen.

Hamster, das Fleisch von krepirten und lebendig verbrannten mit Schutt bedeckten Kühen essen sie als eine Delikatesse auf der Stelle und suchen es unter dem Schutt hervor. Was sie nicht gleich verzehren können, laden sie auf ihre Wagen und verzehren es zu Hause.

Die meisten gehen das ganze Jahr hindurch ohne Strümpfe. Im Sommer haben die meisten nur ein grobes wergenes Hemd und ein Paar Beinkleider an.

„Ja, einige Weiber, junge und alte, gehen noch im Oktober, wie ich 1782 gesehen, ganz ohne Hemd und haben blos einen schlechten Weiberrock und eine Jupe auf ihrem Leibe, und auch diese nicht etwa zugemacht, folglich kann man die ganze bloße Brust und den Leib bis auf die Hüften sehen.“

Die meisten, wenn sie gestorben sind, werden in eine von Mistbrettern zusammengenagelte Kiste gelegt und alsdann be= graben[1]). —

Alle die einzelnen Züge, die hier mitgetheilt sind, mögen wahr sein — nur vergesse man dabei nicht, daß solche Zustände nicht gleichmäßig über das ganze Staatsgebiet ausgebreitet sind. Die schlimmsten Dinge werden stets nur aus Oberschlesien ge= meldet; Aehnliches würde sich wohl für Posen ergeben, wenn diese Provinz hier schon in Betracht käme. Von der Mark Brandenburg sind keine solchen Ungeheuerlichkeiten überliefert. Und selbst für die zurückgebliebenen slavischen Landestheile muß man im Gedächtniß behalten, daß der Tadel gesprächiger ist als das Lob. —

---

[1]) Gegenwärtiger Zustand Oberschlesiens, 1786, S. 81. 82. 120. 121. 40. 41. 38. Zu der Art des Begräbnisses macht ein „Beurtheiler“ S. 38 der Schrift die Anmerkung: „Dies kann ich bezeugen.“

Das Werk der Befreiung aus solchen Zuständen, wohin die Aufhebung der Unterthänigkeit, die Abschaffung des lassitischen Besitzrechtes und der Frohnen, sowie die Ablösung der Reallasten gehören, ist für den preußischen Staat etwas verwickelt. Es vollzieht sich zunächst für die Domänenbauern, während des 18. Jahrhunderts bis zum Jahr 1808; hierauf für die Privat= bauern, von 1807 bis 1857.

Bei den Domänenbauern sind die einzelnen Maßregeln, von 1777 an, stufenmäßig auf einander gebaut.

Bei den Privatbauern der Provinzen Preußen, Pommern, Brandenburg und Schlesien ist, nach Aufhebung der Erbunter= thänigkeit (1807), dies zu beachten: es werden zwei Anläufe zur Reformgesetzgebung genommen, und zwar jedesmal Anläufe zur völligen Bewältigung der Aufgabe.

Der erste Versuch enthält die sogenannten Regulirungsgesetze von 1811 und 1816, welche sich auf Laßbauern beziehen; und die Ablösungsordnung von 1821, welche nur für Eigenthümer, Erbzinsleute und Erbpächter gilt.

Die Provinz Posen hat eine besondere Gesetzgebung.

Der zweite Versuch, und zugleich die endgültige Lösung der Aufgabe für das Königreich Preußen, ist in der Gesetzgebung vom Jahre 1850 enthalten, welche sowohl die Regulirung als die Ablösung noch einmal in Angriff genommen hat.

Bei der Bauernbefreiung in dem angegebenen weiteren Sinne des Wortes handelt es sich gar nicht allein um Freiheit, sondern auch um die Frage, wem das Land zufallen und wer die Arbeit verrichten soll: dies wird sich aus der folgenden Dar= stellung ergeben.

Erstes Kapitel.

§ 1. Einführung des erblichen Besitzes bei den Domänen-bauern.

Die Leibeigenschaft, das heißt der Zustand, in welchem der Bauer unterthänig ist und kein erbliches Besitzrecht an seinem Lande hat, ist schon am Anfang des achtzehnten Jahrhunderts als öffentlicher Uebelstand empfunden worden; weniger jedoch, daß der Bauer unfrei war, als daß er ein ungenügendes Besitzrecht hatte, fiel den Beurtheilern dieser Dinge in die Augen.

Ueber die ältesten Versuche, dem abzuhelfen, ist man nur spärlich unterrichtet; auffallend deutlich tritt indeß der Befreiungsgedanke in den Schriftstücken hervor, die über die Vererbpachtung der Domänen handeln und sich an die Vorschläge Lubens anschließen. Luben hatte bekanntlich dem König gerathen, die Domänengrundstücke, die bis dahin als herrschaftliche Güter benutzt worden waren, in bäuerliche Wirthschaften zu zerschlagen und diese kleinen Stellen in Erbpacht auszuthun. Als Haupt-erfolg standen ihm dabei vor Augen: die bedeutenden Summen, welche von den Erbpächtern in die königlichen Kassen gezahlt werden müßten, theils als einmaliges Erbstandsgeld, theils als jährlich wiederkehrender Kanon. Zugleich, meint Luben (1703) mit Recht, würde sich dabei die Gelegenheit finden, die Leibeigen-schaft aufzuheben; denn die Bauerndienste, die bisher den In-habern der Domänenvorwerke zur Führung der großen Guts-wirthschaft zur Verfügung gestanden hatten, werden durch Wegsoll der Gutswirthschaft entbehrlich). Der wirthschaftliche Grund für die Unfreiheit der Bauern fällt also fort, und diesen Umstand könne der König zu einem unerwarteten Nebenzweck benutzen: man könne nun den Bauern erlauben, ihre Freiheit zu erkaufen, und die Hofwehr und was sonst ihnen vom Amte bisher wegen der Dienste zugestanden war, gegen Entgelt zu erwerben.

Der König ließ über den Plan Lubens ein Gutachten durch eine Kommission ausarbeiten, die unterm 21. Februar 1704 ihren Schlußbericht erstattete. Darin wird die Freilassung der Unterthanen durchaus als räthlich hingestellt, theils wegen der zu erwartenden Loskaufgelder, theils auch weil die Leibeigen= schaft „unter Christen billig nicht stattfinden sollte" [1].

Da aber später der ganze Plan der Vererbpachtung wieder aufgegeben wurde, so kam auch die damit verbundene Freilassung in Wegfall.

Das Merkwürdigste an dem ganzen Vorschlag ist, daß die Auflösung der herrschaftlichen Gutswirthschaft die Grundlage für die Befreiung der Bauern bilden sollte. Erst hundert Jahre später, und nicht auf preußischem Gebiet, sind Bauernbefreiungen in Norddeutschland auf diese Weise versucht worden [2]. Der Gedanke Lubens ist von erstaunlicher Kühnheit, wie denn über= haupt in seinem Kopfe alle Dinge wie im Fluß erschienen und so die unerhörtesten Projekte zum Vorschein kamen, während den gewöhnlichen Kammerräthen jener Zeit der augenblickliche Zustand schlechthin unveränderlich erschien. —

Ein andrer Versuch, ebenfalls unter Friedrich I., schon an= gedeutet in der Dorfordnung von 1702, geht von der Betrachtung des elenden Zustandes der Bauern, ihrer schweren Dienstelasten, ihrer Gebundenheit an die Scholle, ihres unerblichen Besitzes aus. Es sind für Pommern damals königlich preußische Kommissarien

---

[1] Riedel, Domänen=Administration Friedrichs I. Manuskript. Eine Abschrift dieser Abhandlung wurde mir von Herrn Prof. Dr. G. Schmoller in Berlin gütigst zur Verfügung gestellt.

[2] In Schleswig=Holstein; vergl. G. Hanssen, Aufhebung der Leib= eigenschaft, 1861.

ernannt worden, die auch eine Bekanntmachung erließen (1706),
daß ſie bereit ſeien, die Bauern, gegen Entſchädigung in Gelde,
in einen beſſern Zuſtand überzuführen; doch dürfte nur wenig
oder nichts erreicht worden ſein [1]). —

Endlich gab es noch einen dritten Anlaß: im Jahre 1708
wird aus dem Königreich Preußen ausdrücklich gemeldet, daß die
Domänenbauern in großer Zahl nach Polen zu entweichen anfangen [2]). Daſſelbe wird im Jahre 1718 aus Pommern berichtet [3]), und zwar ſcheint es da ebenfalls im Jahre 1708 begonnen zu haben, wie in Bezug auf die Privatbauern ausdrücklich bezeugt iſt [4]).

Ob es vielleicht durch Nothjahre beſonderer Art beförbert
wurde, daß unterthänige Bauern aus dem brandenburgiſch-
preußiſchen Staate in das benachbarte Polen flohen, um dort
ein erträglicheres Schickſal zu ſuchen, iſt hier gleichgültig: Thatſache bleibt es, daß die Beſorgniß, die Bauernſtellen möchten in
großer Zahl verlaſſen werden, zum Nachdenken über die Ver-
beſſerung des Zuſtandes der Bauern, und zwar zunächſt der
Domänenbauern, anregte.

Die Hofkammer in Berlin hatte aus dieſem Grunde den
Vorſchlag der Aufhebung der Leibeigenſchaft gemacht und der
König Friedrich I. befahl im Jahre 1709, im Königreich Preußen
einen Verſuch zu wagen. Da man aber dabei vorausſetzte, daß
der Bauer, ehe er freigelaſſen wurde, erſt ſein Beſitzthum erb-
und eigenthümlich zu erwerben habe, ſo führte auch dies zu
nichts [5]). —

Viel ausgiebiger fließen die Nachrichten aus der Zeit Friedrich
Wilhelms I., der die große Oberbehörde des General-Finanz-
Direktoriums ſchuf: von da an laufen die Akten ununterbrochen
und in der Hauptſache völlig genügend von Jahr zu Jahr weiter
und ſie ſind, ſoweit unſer Gegenſtand in Betracht kommt, lücken-
los erhalten. Unbequem freilich, aber wegen der damaligen
Verfaſſung ſelbſtverſtändlich iſt es, daß die Reformverſuche für

[1]) II 16. — [2]) II 3. — [3]) II 16. 17. — [4]) II 27. — [5]) II 3. 4.

6*

jeden Landestheil gesondert auftreten, obgleich es sich überall fast um dasselbe handelt.

Die treibende Kraft bei all den Reformversuchen ist stets der König selbst. Er will keine leibeigenen Domänenbauern mehr haben, das ist sein erstes und sein letztes Wort, das er Jahre lang allen Behörden gegenüber wiederholt. Während sein Vor= gänger sich von der Hofkammer antreiben ließ, ist es vielmehr jetzt der König, der das Generaldirektorium und die Kammern in den Provinzen aufzurütteln und mit sich zu reißen sucht.

Ferner tritt bei Friedrich Wilhelm I. die Hoffnung auf Entschädigungsgelder ganz beträchtlich in den Hintergrund, die bei seinem Vater in erster Linie zu stehen schien. Die Behörden müssen ihn, den sonst so haushälterischen Herrscher, stets er= innern, daß er nicht alles „gar umbsonst" [1] weggebe. Nur ein= mal hofft der König auf eine Einnahme von 50 bis 60 000 Thalern [2].

Was war nun wohl der innerste Beweggrund für des Königs leidenschaftlichen Wunsch nach Reform? Offenbar dies: er fühlte sich, wenn er auf Reisen nach Pommern oder Preußen kam, als Märker; die Mark Brandenburg schien ihm, und mit Recht, jenen Hinterländern weit voraus zu sein: sie ist vom östlichen Deutschland der westlichste, der dem übrigen gebildeten Europa nächstliegende und verwandteste Theil. Verglichen mit der Mark, hatten Pommern und Preußen eine halbwegs barbarische Bauern= verfassung. Daher antwortet der König, wenn ihn die Behörden fragen, wie es gemacht werden solle: „es soll alles auf den märkischen Fuß gesetzt werden"; oder: die Bauern sollen frei sein, „so wie in der Kurmark" [3]; oder, wobei allerdings an die Privatbauern gedacht wird: „sollen es so wie in der Kurmark einrichten, denn hier befinden wir uns besser als die Herren Preußen mit ihren Leibeigenen" [4].

[1] II 7. — [2] II 24 unten. — [3] II 7. 13. 28.

[4] Noch in einer Kabinetsorder von 1803 werden Pommern und Preußen im Vergleich zur Kurmark die unkultivirtesten Provinzen genannt. Vergl. II 128.

Daß der König nicht so genau mit dem Bauernrecht bekannt war, um sich stets der richtigen Ausdrücke zu bedienen, wird nicht Wunder nehmen; so z. B. spricht er von Leibeigenen in Preußen, während dort amtlich nur Erbunterthanen oder preußische Bauern bekannt waren[1]); offenbar weil in gewissen abgelegenen Theilen der Mark[2]) und in Pommern der Ausdruck Leibeigenschaft der übliche war. Ebenso ist der Ausdruck Freibauern für das, was werden sollte, vom König nicht gerade glücklich gegriffen[3]). Aber dies alles verhindert nicht, sich eine Vorstellung über das zu bilden, was der König meinte.

Der Bauer auf den Domänen soll künftig seine Stelle erb=lich besitzen; auch die dazu gehörige Hofwehr soll sein eigen sein; er soll das Erbe, wenn die Domänenkammer zustimmt, verkaufen dürfen. Dann hofft der König, daß der Bauer sein Besitzthum nicht mehr so vernachlässigen wird; der Bauer rührt nichts an, wenn es nicht sein eigen ist: er sagt, der König muß das Dach decken lassen, und so sehen die Amtsdörfer freilich so lieberlich aus, als wenn Krieg gewesen wäre. Das wird bei Erblichkeit des Besitzes anders werden.

Doch soll die alte Verbindung mit dem König als dem Gutsherrn nicht ganz und gar aufgehoben werden. Für fähig einer selbständigen Existenz hält der König die Bauern nicht. Wann sie abbrennen, will er ihnen Holz zum Neubau liefern und bei allen größeren Unfällen will er ihnen „als treuer Landesvater unter die Arme greifen"[4]).

Dafür muß freilich der Bauer eiblich versprechen, daß er auf seinem Hofe sitzen bleiben will, wenn ihm nicht der Abzug durch die Kammer bewilligt wird; auch die Kinder des Bauern, die dann als frei geboren betrachtet werden, müssen sich durch Eid verbinden, auf der Stelle zu bleiben, damit sie auf den Domänenwirthschaften in Gesindedienst treten und, wenn es ver=langt wird, einen lebigen Bauernhof übernehmen. Also es bleibt eine Gebundenheit an die Scholle, nur beruht dieselbe jetzt auf

---

[1]) II 28 unten. — [2]) II 8. — [3]) II 5. — [4]) II 5.

einem andern Rechtsgrund: auf eidlichem Versprechen, statt auf angeborener Unfreiheit.

Im wesentlichen schwebt also dem König die Verbesserung der Besitzrechte vor. Freizügigkeit gestattet er nicht. Von Abschaffung der bäuerlichen Dienste, die dem Domänengutspächter zu leisten sind, ist gar nicht einmal die Rede. Wenn nicht ganz besondres Unglück eintritt, sollen sich die Bauern selbst konserviren.

Dies ist der Zustand, den der König herbeiführen will.

Betrachten wir nun, was der Bauer für diese Wohlthat zu leisten hat. Einkaufsgeld für die erbliche Verleihung der Stellen hat er nicht zu geben, nur muß er allerdings verzichten auf die bisher übliche Lieferung von Saatkorn, Brotkorn und auf Ergänzung des Spannviehs, was alles auch ohne vorausgegangene Unfälle bisher vom Bauern fast regelmäßig in Anspruch genommen worden war.

In Bezug auf die Ueberlassung der Hofwehr, die in der Regel vom Amte geliefert worden war, zu Eigenthum schlägt der König einen Mittelweg ein: ist der Bauer wohlhabend genug, so soll er zahlen: ist er aber unvermögend, so soll er nicht zu sehr gedrängt werden, damit er nicht in seiner Wirthschaft soweit zurückkomme, daß er seine Pflichten nicht mehr erfüllen könne.

Gegenüber diesen Plänen, die unverkennbar die königliche Gesinnung ihres Urhebers verrathen, verhalten sich die Behörden wenig entgegenkommend. Zunächst fällt es auf, daß die Kriegs- und Domänenkammern durch ihre unterthänigsten Gegenvorstellungen dem König unaufhörlich in den Weg treten. Sie befürchten den Ausfall der bisher gehabten Einnahmen, sehen in der erblichen Hingabe der Bauerngüter nur Minderung, um nicht zu sagen Verschleuderung, eines Theils des Domanialvermögens und können sich gar nicht vorstellen, wie künftig — wenn der Zwang zur Annahme von Bauerngütern wegfällt — die erledigten Stellen besetzt werden sollen; denn daß der Bauer nur gezwungen auf einen Hof zieht, gilt als selbstverständlich; auch

vermissen sie die klar ausgesprochene Verpflichtung zu künftigen
Zwangsgesindebiensten [1]).

Alle diese Einwände bezeichnet zwar der König als „elendes
Raisoniren", aber er beseitigt sie dadurch nicht.

Etwas feiner angelegt ist eine andre Bekämpfung der königs
lichen Absichten, die auf ein Spiel mit Worten hinausläuft. Die
pommerische Domänenkammer findet in einem Werk von Müller
(Practica civilis marchica, 1678) eine Bestimmung des Be-
griffs Leibeigenschaft, wozu unter anderem gehöre: daß der leib=
eigene Bauer gar nichts, weder bewegliches noch unbewegliches
Gut, sein eigen nenne. Nun aber wird es in Pommern, fährt
die Kammer fort, gar nicht so gehalten, denn da gehört die
fahrende Habe dem Bauer und er darf über dieselbe sogar von
Todes wegen verfügen. Also — giebt die Kammer zu verstehen
— sind die Bauern hier gar nicht so ganz leibeigen; der König
ist in Bezug auf die thatsächliche Verfassung schlecht unterrichtet,
die Herren Kammerräthe verstehen es besser. Es sei in einzelnen
Aemtern Pommerns sogar jetzt schon ungefähr so wie in der
Kurmark, so z. B. im Amte Pyritz [2]).

Dies Amt 1724 anzuführen, war ein starkes Stück, denn
gerade in den Aemtern Pyritz und Kolbatz war die Einführung
des „märkischen Fußes" einige Jahre vorher, 1719, wirklich gelungen, während in andern, schwächeren Aemtern wie Naugarbten,
Massow und Friedrichswalde trotz des gemachten Versuchs die
Reform mißlungen und in den meisten Aemtern überhaupt gar
kein Versuch gemacht worden war. Im großen und ganzen
war also die pommerische Verfassung von der märkischen noch
sehr verschieden, und ob die Leibeigenschaft, wie der König sie
meinte, dasselbe sei wie das, was Müller unter diesem Worte
versteht, darauf konnte es in keiner Weise ankommen.

Allerdings haben auch die Bauern selbst Schwierigkeiten ge=
macht. In den meisten Aemtern wollten sie sich auf die neuen
Bedingungen, die wohl auch von den Kammerräthen nicht sehr

[1]) II 17—18. — [2]) II 24.

verlockend geſchildert wurden, gar nicht einlaſſen. Freizügigkeit trat ja nicht ein, dafür ſorgte der verlangte Eid; die dinglichen Laſten blieben beſtehen; Erblichkeit, wenn auch nur thatſächlich, fand in der Regel troß des mangelnden Rechtes ſtatt; die Hof= wehr zu bezahlen war ſchwierig und vor allem drohte dem Bauern, abgeſehen von Fällen beſondrer Noth, der Wegfall der landesüblichen Unterſtüßung. Das iſt dem Bauer doch zu be= denklich; unfähig zur Selbſtändigkeit, wie er iſt, erklärt er: „Wir haben immer einen Herrn gehabt und wollen einen behalten [1]).“

Da ſtand es nun freilich ſchlimm um die Pläne des Königs. Es kam hinzu, daß die Oberbehörde in Berlin ſich auffallend unthätig verhielt: ſie vermittelte nur den ſchriftlichen Verkehr zwiſchen dem Herrſcher einerſeits und den Domänenkammern andrerſeits. Daß der König kein Kenner aller Einzelheiten ſein konnte, verſtand ſich ja von ſelbſt; die Kammern hatten alſo einen großen Vortheil über ihn, ſie konnten ihm leicht eine Menge un= vorhergeſehene. Schwierigkeiten vorhalten, die dann den König nur reizten, ohne daß er ſie zu beſeitigen verſtand. Das wäre die Sache des Generaldirektoriums geweſen: in dieſer Behörde hätte ein Mann ſißen müſſen, der auf des Königs Abſichten ein= ging und mit Sachkenntniß einen Plan ausarbeitete, den man den Domänenkammern in der Provinz hätte aufzwingen müſſen. Ein ſolcher Mann fehlte in Berlin. Der König wollte vor= wärts auf ſeinem Schiff: daß er ſeine Matroſen ſchalt, half ihm nichts: was ihm fehlte, war der Steuermann.

Erſt ganz ſpät, im Jahre 1728, geht das Generaldirektorium aus ſeiner Zurückhaltung heraus und ſogleich trifft es mit ſeinem Urtheil den wahren Siß des Uebels: die Unfähigkeit der pomme= riſchen Domänenbauern, ſich ſelber zu helfen, kommt daher, daß die Bauern „überſeßt“ ſind: ihre Dienſte ſtehen nicht im richtigen Verhältniß zu dem ſchlechten Acker= und Wieſenwachs. Man ver= mindere zunächſt die bäuerlichen Laſten, dann wird nach und nach der Bauer erſtarken und vor der beſſeren Verfaſſung, be=

---

[1]) II 17.

sonders vor der Unabhängigkeit, wird er dann nicht mehr zurück-
schrecken.

Sehr wahr, aber zu spät! In dem Hin und Her des
Schriftwechsels waren die besten Kräfte längst verbraucht. Der
widerwillige, eigentlich nur scheinbare Gehorsam der Kammern
hatte die Wirkung eines stummen Widerstandes, und abgesehen
von einigen Bauern in den Aemtern Pyritz und Kolbatz blieb
die Sache beim Alten. Der König hat in Preußen, Pommern
und der Kurmark fast nichts erreicht. Er hat nur eine große
Anregung gegeben und den Grund gelegt zu einer Ueberlieferung
für sein Herrscherhaus. Die unbeschränkte Monarchie sieht sich
an Händen und Füßen gefesselt durch die Kollegien, denen die
Verwaltung anvertraut ist; die Kollegien sind durch die Beschäftigung mit dem alltäglich Nothwendigen an die Scholle gebunden:
zur Höhe ihres Königs können sie nicht hinan.

Friedrich der Große hatte, freilich ein halbes Jahrhundert
später (1777), mehr Erfolg bei weit geräuschloserem Auftreten.
Er sprach gar nicht von Aufhebung der Leibeigenschaft, obgleich
er im Grunde dasselbe wollte, was sein Vater unter dieser Bezeichnung erstrebt hatte; er überließ es den Registraturen, dies
Schlagwort auf die Aktendeckel zu schreiben[1]), und begnügte sich,
sachlich einzugreifen, als die Tochter eines pommerischen Domänenbauern, die den Hof ihres verstorbenen Vaters übernommen hatte,
vom Amt daraus vertrieben werden sollte. „Wider alles Recht
und Billigkeit" fand es der König; gegen das Recht war es
eigentlich nicht; gegen die Billigkeit aber verstieß es allerdings.

Damals erging die Kabinetsorder für Pommern, Kurmark
und Neumark und die übrigen Provinzen[2]): daß die Güter von

---

[1]) II 81 Anmerkung 1.

[2]) Dönniges I 244 nimmt an, daß die schlesischen Domänenbauern
durch die Deklaration von 1790 Erblichkeit erhielten. — Von Bedeutung
ist dies nur für Oberschlesien, denn im Bezirk der glogauer Kammer war
schon Erblichkeit: vergl. unten II 134—135.

den Eltern auf die Kinder kommen sollten. Es war nur ein
Hinweis auf die Rechtsentwickelung, keine ausreichende bäuerliche
Erbrechtsordnung, und eine Zeit lang begnügte man sich mit
dem deutlichen Wink, indem schwierigere Fälle — ob Söhne
stets einen Vorzug vor Töchtern haben; wie es mit Kindern
aus verschiedenen Ehen zu halten sei — von der Kammer vor die
obere Behörde, das Generaldirektorium, gebracht wurden.

Indeß konnte man mit einer so dürftigen Andeutung des
Grundzugs des bäuerlichen Erbrechts nicht immer haushalten:
eine Deklaration wurde dringend nöthig, und noch unter Friedrich
dem Großen (1785) wurde die Ausarbeitung derselben begonnen.
Sie hat sich wegen der eingeforderten Gutachten verschiedener
Behörden bis zum 25. März 1790 verspätet, so daß es dem
Nachfolger auf dem Throne, Friedrich Wilhelm II., vorbehalten
war, das Gesetz zu vollziehen.

Die Bedeutung der Maßregel von 1777 und 1790 ist keineswegs die, daß jetzt erst ein Kind den verstorbenen Eltern im Besitze des Hofes hätte folgen können; thatsächlich war das fast
immer der Fall[1]), schon weil auf diese Weise das Amt am
leichtesten der eingetretenen Erledigung abhelfen konnte. Nur
darum handelte es sich, daß nun das Recht der Kinder anerkannt
wurde oder vielmehr das Recht eines der Kinder, in den Hof
nachzufolgen.

Aber dies Erbrecht ist weit entfernt ein unbeschränktes
zu sein.

Zunächst wählt das Amt unter den vorhandenen Kindern
das tauglichste zur Uebernahme des Hofes aus, wobei allerdings
Rücksicht auf die Wünsche des Vorbesitzers genommen wurde.
Seitenverwandte kommen nicht in Betracht. Wenn Kinder fehlen,
wenn keine Wittwe und keine Geschwister hinterlassen werden, so
kann das Amt den Hof an einen Fremden geben.

Sodann hat das den Hof annehmende Kind nichts an seine
Geschwister herauszuzahlen; Hof- und Grundinventar erhält das

---

[1]) Für die Ukermark sogar, wo die Besitzverhältnisse am schlechtesten
waren, ausdrücklich bezeugt. Vergl. II 84.

erbende Kind unentgeltlich; eine Abrechnung mit den Geschwistern findet nur über dasjenige statt, was über das Grundinventar hinaus vorhanden ist. Jedoch muß der Annehmer die etwa vorhandenen unerzogenen Kinder des vorigen Besitzers erziehen und erhalten.

Der Besitzer darf seinen Hof nicht verschulden.

Also nicht Eigenthum, sondern ein „erblicher Besitz" gebührte von da an den Domänenbauern in jenen Provinzen, wenn es auch in der Kabinetsorder von 1777 hieß, daß die Höfe den Kindern „erb= und eigenthümlich" übergeben werden sollten. Auch hier ist auf die Wahl der Worte kein Gewicht zu legen. Nur auf der Erblichkeit des Besitzes liegt der Nachdruck.

Es widerstrebte völlig allem Herkommen und aller Lebenserfahrung, daß das Amt seine Einwirkung auf die Wahl des Erben aufgeben könne. Den Bauernhof allen Wechselfällen der Vererbung nach bestimmten Regeln auszusetzen, schien reine Thorheit zu sein: was konnte da nicht aus dem Hofe werden? Zersplitterung; Anfall an ein unfähiges Kind; Niedergang der Wirthschaft und Gefährdung oder gar Ausfall der auf dem Hofe ruhenden Verpflichtungen: dem durfte man sich nicht aussetzen. Auf die Erhaltung des Hofs im Zustande der Leistungsfähigkeit kam es an; zuerst der Hof und dann der Bauer.

Es braucht kaum gesagt zu werden, daß durch die so erlangte Verbesserung des Besitzrechtes noch nichts an den Lasten des Hofes und noch nichts an den Pflichten der Unterthanen geändert wurde: Scharwerk blieb und Erbunterthänigkeit blieb.

§ 2. Freiheit, Ablösung der Dienste und Eigenthum bei den Domänenbauern.

Nur in den östlichsten Landestheilen, zuerst in Ostpreußen und Litthauen, dann auch in Westpreußen, verschwand die Erbunterthänigkeit der Domänenbauern bald, und zwar auf eine überraschende Weise, durch eine fast unbemerkte Maßregel Friedrichs des Großen. Allerdings hatte sich aus den Zeiten Friedrich Wilhelms I. die Erinnerung lebendig erhalten, daß jener König seine Unterthanen gern zu freien Leuten erhoben hätte. Auch war aus jener Zeit das Patent von 1723 in Kraft geblieben[1]), wonach, wenn Unterthanentöchter durch Heirath aus abliger Herrschaft in königliche Herrschaft oder umgekehrt übergehen, keine Loskaufs= gelder zu zahlen sind, worin eine Annäherung an den Zustand der Freiheit erblickt wurde. Eine Aufhebung der ganzen Unter= thänigkeit lag noch nicht darin, sonst wäre damit zugleich auch die Privatunterthänigkeit weggefallen, deren Verbleiben außer allem Zweifel steht.

Hierzu kam nun im Jahre 1763 das praktisch höchst Wichtige hinzu[2]), daß der König den Domänenpächtern in den Verträgen verbot, von der Pflicht der Unterthanen zum Gesindedienst, welche ein Ausfluß der Unterthänigkeit war, Gebrauch zu machen. Diese sehr einschneidende Bestimmung wurde dann in der Ge= sindeordnung von 1767 so gefaßt, daß die Unterthanen nicht wider ihren Willen gezwungen werden können, auf den könig= lichen Vorwerken zu dienen.

Hiermit war die fürs Leben wichtigste Folge der Unter= thänigkeit beseitigt; denn andre Folgen, z. B. zwangsmäßige Uebernahme erledigter Höfe, kamen nur höchst selten vor; und es bildete sich, wohl hauptsächlich mit Anlehnung an die alte Ueberlieferung, die Ueberzeugung aus, daß die Domanialbauern in Ostpreußen und Litthauen freie Leute seien.

Nun ist es merkwürdig und nicht völlig aus den Akten auf= klärbar, daß der große König die wichtige, aber allerdings un= scheinbare Maßregel des Jahres 1767 alsbald vergaß und, nach Erwerbung von Westpreußen, im Jahr 1773 eine Verordnung für Ost= und Westpreußen erscheinen ließ, worin die Unter= thänigkeit der Domänenbauern — wieder eingeführt wurde.

Zwar wird die Unterthänigkeit nicht genannt, aber der Sache nach ist es entscheidend, daß die Kinder der „Unterthanen" dem Zwangsgesindedienst bei der Gutsherrschaft unterworfen werden,

---

[1]) II 14. — [2]) II 92 ff.

für den größten Theil Weſtpreußens zum erſten Mal, für Oſt=
preußen neuerdings troß der zehn Jahre vorher erfolgten Auf=
hebung dieſer Pflicht.

Die Verordnung von 1773 war von keinem Miniſter gegen=
gezeichnet und wurde wegen ihres auffallenden Inhaltes für
erſchlichen betrachtet.

Da zeigte ſich nun die Selbſtändigkeit der kollegialen Be=
hörden, die unter Friedrich Wilhelm I. der guten Sache hinder=
lich geweſen war, auch einmal dem Fortſchritt förderlich: die
Provinzialbehörden ließen die Verordnung unbeachtet, der Geſinde=
dienſtzwang wurde nicht verlangt und die Unterthänigkeit blieb
abgeſchafft, obgleich die Verordnung von 1773 dadurch umgangen
wurde.

Nur um den Uebelſtand einer zu Recht beſtehenden, aber
niemals befolgten Verordnung zu beſeitigen, wurde auf Antrag
des Herrn von Schön die bekannte Verordnung vom 29. Dezember
1804 erlaſſen, worin für Oſtpreußen, ebenſo wie kurz vorher
durch eine unveröffentlichte Kabinetsorder für Weſtpreußen, die
perſönliche Freiheit der Domänenbauern amtlich beſtätigt wird.

Die Befreiung ſelbſt iſt aber für Oſtpreußen weit älteren
Datums und geht auf Friedrichs des Großen Maßregel von
1763 zurück; in Weſtpreußen wurde bei der Beſetzung dieſes
Landestheils auf den Domänen keine Erbunterthänigkeit vor=
gefunden; ob ſich dieſelbe gar nicht entwickelt hatte oder ob ſie
zu polniſchen Zeiten bereits beſeitigt worden war, ergiebt ſich
aus unſern Quellen nicht, doch iſt die erſte Annahme wahr=
ſcheinlicher. —

Betrachten wir nun die anderen Provinzen, ſo iſt nur über
Schleſien nichts zu melden, hingegen für Pommern, Neumark
und für die Kurmark fand Aufhebung der Erbunterthänigkeit
zwar nicht allgemein aber doch in ſehr vielen einzelnen Fällen
bei Gelegenheit der Dienſtaufhebung ſtatt. Vorgreifend müſſen
wir dieſen wenig beachteten Vorgang bereits hier eingehend
ſchildern.

Als der Minister von Voß die Dienstaufhebung für Pommern in Gang gebracht hatte, schlug der Kammerpräsident von Jugersleben 1799 vor[1]), den Bauern, welche die Dienste abzulösen bereit seien, die persönliche Freiheit zuzugestehen. Man könne hiefür eine besondere mäßige Entgeltung fordern, ein Rekognitionsgeld, wie es an anderer Stelle heißt[2]); nachträglich ging man aber von dieser Bedingung wieder ab und ertheilte die Befreiung von der Amtsunterthänigkeit unentgeltlich[3]). Hingegen blieb man bei einigen andern Bedingungen stehen: die Amtsbauern mußten versprechen, sich in keine Privatunterthänigkeit — die ja noch fortbestand — zu begeben und durften ihre Kinder ohne Genehmigung des Amtes kein Handwerk oder städtisches Gewerbe betreiben, überhaupt den Landbau nicht niederlegen lassen. Offenbar sind diese Bedingungen auferlegt aus der Besorgniß, der freie Bauer möchte überhaupt nicht mehr Bauer bleiben und die Bauernkinder, befreit vom persönlichen Zwang des Gesindedienstes, möchten durch Wegzug auch dem vertragsmäßigen Gesindedienste aus dem Wege gehen.

Ganz deutlich tritt diese Besorgniß in der Neumark hervor: der Kammerpräsident Schierstädt fürchtet von der Aufhebung der Unterthänigkeit einen Gesindemangel bei den Domänenpächtern, da die Provinz viel zu dünn bevölkert sei. Er macht den Vermittelungsvorschlag, die Zwangsdienste beizubehalten, aber dafür den Lohn des freien Gesindes, wie er in der Gegend üblich sei, einzuführen, statt der höchst geringen herkömmlichen Vergütung für die Zwangsdienste; er will also den sogenannten „Fremdenlohn" auch dem gezwungen dienenden Gesinde zuwenden. Doch scheint auch in der Neumark so wie in Pommern verfahren worden zu sein[4]).

Für die Kurmark[5]) fiel ebenfalls die Amtsunterthänigkeit für diejenigen Bauern, welche auf Ablösung der realen Dienstpflicht eingingen, weg, wobei nur zur Erleichterung des Uebergangs festgesetzt wurde, daß in den ersten drei Jahren die

¹) II 119. — ²) II 120. — ³) II 121. — ⁴) II 129. — ⁵) II 132.

Minder der befreiten Bauern jedes noch auf je ein Jahr dem
Zwangsgesindedienst unterworfen blieben. Aehnliches ist auch in
Pommern und der Neumark mitunter verabredet worden. Im
Jahre 1808 verfügte der Freiherr vom Stein[1]), daß man von
der Erfüllung dieser vertragsmäßig übernommenen Verbindlich=
keit wegen gänzlicher Veränderung der Umstände aus Billigkeits=
gründen absehen solle: sodaß also Verträge dieser Art nicht
über das Jahr 1808 hinaus wirksam blieben. —

Gehen wir noch einen Schritt vorwärts, so finden wir die
bekannte Verordnung aus Memel von 28. Oktober 1807 für die
Mark Brandenburg, für Pommern und für Schlesien[2]), wodurch
alle auf Domänen noch etwa vorkommende Erbunterthänigkeit
(in offenbarer Anlehnung an das Edikt vom 9. Oktober 1807),
mit besonderer Erwähnung des Gesindezwangs, beseitigt wird.
Die Provinz Preußen, worin diese Reform längst vollendet war,
wird dabei nur beiläufig erwähnt. Für Pommern und Branden=
burg hat die Verordnung nur Bezug auf diejenigen Domänenbauern,
die noch nicht vertragsmäßig befreit waren, also für diejenigen,
welche aus irgend welchen Gründen die Ablösung der dinglichen
Hofdienste ausgeschlagen hatten; es mögen wohl die minder wohl=
habenden, wirthschaftlich schwächeren und zur Selbständigkeit am
wenigsten reifen Amtsbauern gewesen sein. Nur für die schlesischen
Domänenbauern scheint diese Verordnung zum ersten Mal, und zwar
sogleich durchgängig, die Befreiung von der Unterthänigkeit gebracht
zu haben.

Die Verordnung vom 28. Oktober 1807, die man meist als
den Anfang der Befreiung der Domänenbauern von der Amts=
unterthänigkeit auch für Brandenburg und Pommern betrachtet,
hat also diese Bedeutung keineswegs: sie vollendet für diese
Landestheile nur das schon seit 1799 begonnene, mit der Dienst=
aufhebung zusammenhängende Werk, dessen vollständiges Wesen
nun ins Auge zu fassen ist. —

—

[1]) II 172. — [2]) II 171.

Fast unbekannt sind in größeren Kreisen die Maßregeln
der Dienstaufhebung geblieben, die von 1799 an bis 1805 oder
1806 den König Friedrich Wilhelm III. lebhaft beschäftigten [1]).
Denn in den gedruckten Sammlungen der Edikte findet sich fast
nichts hieher Gehöriges, da bei der damaligen Verfassung ganz
leicht die weitgehendsten Reformen, wenn sie Domänenbauern
betrafen, so zu sagen unter der Hand begonnen und durchgeführt
werden konnten. Handelte doch der König als Gutsherr; weniger
sein Staat als sein Hausstand schien dabei betheiligt.

Und doch sind die Dienstaufhebungen, die nun betrachtet
werden sollen, weitaus das Großartigste, was der Staat des
18. Jahrhunderts — es wird erlaubt sein dies Jahrhundert
erst mit dem Jahre 1806 zu schließen — auf dem Gebiete der
bäuerlichen Verhältnisse geleistet hat: ganz geräuschlos tritt die
Reform auf, greift am tiefsten ein und bringt es zu einer —
nach damaliger Lage — makellosen Lösung.

Die Frage der Dienstaufhebungen kam in Fluß, als das
Generaldirektorium beim König anfragte, ob die Unterthanen
des Amtes Granzow in der Kurmark ihre Spanndienste ablösen
dürften. Der König erwiderte (1799), daß er diese Befreiung
durchaus billige, und befiehlt zugleich allgemein, daß die Dienste
der Bauern wo möglich abgelöst werden sollen. Der Befehl
wurde vom Generaldirektorium an die Provinzialbehörden weiter
gegeben, und auch für Schlesien, das nicht unter dem General-
direktorium stand, wird ähnliches angeordnet.

Es handelte sich dabei um die Dienste, welche als Lasten
auf den Bauernstellen ruhten; diese Dienste sollten von den
Bauern abgelöst werden. Die andern damit verbundenen Maßregeln lassen wir hier außer Acht.

All dies ist nun nicht bei allen Domänenbauern auf ein Mal,
sondern in jedem Landestheil nach und nach bei einem großen
Theil der Bauern ins Leben getreten, nämlich bei denjenigen,
die sich bereit finden ließen.

---

[1]) Einige Notizen darüber in Riedel, Der brandenburgisch-preußische
Staatshaushalt, 1866, S. 221 ff. Auch bei Vassewitz, vergl. unten II 132.

Die Verhandlungen wurden mit den Bauern eingeleitet, wann ein Domänenamt pachtfrei wurde. Da die Pachtverträge damals auf sechsjährige Zeiträume geschlossen wurden, so mußte im Laufe von sechs Jahren die Neuerung allerorts wenigstens zur Sprache kommen, wenn auch nicht überall die Bauern darauf eingingen: zugleich zweckmäßige Vertheilung der Geschäfte für die überwachenden Domänenkammern und für die ausführenden Beamten.

Freilich gab der Bauer, der sich die neue Einrichtung gefallen ließ, eine Entschädigung, in den allermeisten Fällen in Geld. Aber der Gedanke, als wenn fiskalische Interessen die leitenden gewesen wären, muß von vornherein abgewiesen werden. Der Minister von Schroetter sagt in seinem Bericht an den König (1799)[1]: der künftige bessere Wohlstand der Unterthanen ist mehr als die Belastung derselben mit Dienstgeld ins Auge zu fassen (wobei Dienstgeld das an die Stelle von Diensten tretende Geld bezeichnet).

Und wie Schroetter für Preußen, so sagt der Minister von Voß für die Neumark[2]: Nicht die Vermehrung der Einkünfte, sondern die Beförderung des Wohlstandes der dienstpflichtigen Unterthanen und die Aufnahme des Landbaues im allgemeinen ist die eigentliche Absicht, welche der Dienstaufhebung zu Grunde liegt.

Ebenso heißt es in der Anweisung für die kurmärkische Kammer[3]: der König läßt die Dienste der Amtsunterthanen nicht blos in der Eigenschaft als Besitzer der Domänen, sondern auch als Landesherr aufheben, um die Kultur einer lästigen Fessel zu entledigen.

Die einzige Bedingung fiskalischer Art, auf die streng gehalten wurde, war die: der Domänen-Etat sollte nicht geschädigt werden; doch galt dies nur vom Etat der ganzen Provinz, nicht für den eines jeden Amtes[4].

---

[1] II 108–109. — [2] II 125. — [3] II 130. — [4] II 119.

Die Umwandlung sollte sich also so vollziehen, daß der Fiskus keinen Schaden nehme: eine Bedingung, die noch verständlicher wird, wenn man sich erinnert, daß damals die Domänen einen weit beträchtlicheren Theil der Staatseinkünfte lieferten als heute.

Am lehrreichsten ist die Reform in der Provinz Preußen verlaufen.

In diesem Landestheil hatte sich nach dem Tode Friedrich Wilhelms II. unter den Scharwerksbauern das Gerücht verbreitet, daß die Scharwerkspflicht bald wegfallen werde, und daß alle Bauern in die Lage der kölmischen Besitzer, oder wie wir annähernd richtig sagen können, in die Stellung von Eigenthümern gebracht werden sollten. Das Gerücht war unbegründet, denn im Jahr 1798 dachte die Regierung noch nicht ernstlich an einen solchen Schritt. Es war nur ein Ausdruck des Vorgefühls der Massen, die damals sogar in den östlichen Theilen der Monarchie auf ihre Weise von den großen Strömungen ergriffen wurden, die seit 1789 durch die Welt brausten. Die preußischen Staatsbeamten, welche in den Kriegs- und Domänenkammern mit diesen Dingen geschäftlich zu thun hatten und die in den Ueberlieferungen der Monarchie grau geworden waren, konnten sich eine geistige Regung des Bauernstandes gar nicht erklären außer durch die Annahme, daß dieselbe das Werk eigennütziger Unruhstifter sei: als Anarchisten wurden diese Anstifter bezeichnet [1]), als Projektenmacher, und wer anders konnte dergleichen Gedanken in Umlauf setzen als Winkelkonsulenten und Supplikenschreiber; es war zu fürchten, daß Schulmeister, alte Invaliden, mißvergnügte Unterbeamte sich hineinmischen und die Massen bis zum Blutvergießen aufreizen möchten [2]); solche elende Freiheitsprediger [3]) fingen ja bereits an den Bauer aufzuhetzen und die Behörden zu behelligen.

Diesen Erscheinungen gegenüber hat der Minister Freiherr von Schroetter, in dessen Geschäftskreis die Verwaltung der

---

[1]) II 106. — [2]) II 104. — [3]) II 105.

Domänen in Preußen gehörte, nur das Gefühl gerechtester
Entrüstung, das auf dem Bewußtsein beruht, daß die Diener
des Königs stets aus eigenem Antrieb für das Wohl der Bauern
besorgt gewesen sind; eigene Regungen des Bauern sind durch
die Sachlage nicht geboten[1]): „man muß dem gemeinen Mann
Beweise geben, daß bei allen ihn betreffenden Neuerungen sein
wahres Wohl aufs sorgfältigste beherzigt wird — ohne erst durch
seine Beschwerden und Klagen darauf aufmerksam gemacht werden
zu dürfen".

Und so ist es denn höchst bezeichnend, daß in der Warnung
von 1799, die das General-Direktorium erließ[2]), um der unruhigen
Stimmung der Bauern zu begegnen, auf das strengste jede
Eigenmächtigkeit der Bauern, die sich in Versagung der Dienste
äußern könnte, verboten wird: solche widerspenstige Bauern würden
durch Urtheil und Recht ihrer Höfe entsetzt werden und hätten
zu gewärtigen, daß andre Bauern, pflichtgetreue, an ihre Stelle
gesetzt würden. Allerdings wurde hinzugefügt, daß der König
an eine weitere Verbesserung der Lage aller, insbesondere seiner
eigenen, Bauern ernstlich denke.

Dieser Warnung vom Januar folgten dann die ersten
Schritte zu durchgreifenden Neuerungen bereits im März 1799.

Um Erbunterthänigkeit konnte es sich in Preußen nicht mehr
handeln, da sie für die Domänenbauern, die uns hier allein
beschäftigen, nicht mehr bestand[3]) (und wenn die anarchistischen
Ruhestörer auch hiervon redeten, so konnten sie nur die Privatbauern meinen).

Man dachte vielmehr zunächst an Aufhebung der Dienste
der Bauern. Daß dieselben gerade in Preußen nicht leicht zu
beseitigen seien, pflegte man so zu erklären[4]): jenseits der Weichsel
ist durch spätes Eintreten des Frühjahrs und frühen Beginn des
Herbstes die landwirthschaftlich nutzbare Zeit des Jahres um
zwei Monate kürzer als in der Mark; wegen der gedrängten
Arbeit in dem kurzen Sommer müßte also der größere Land-

---

[1]) II 116. — [2]) II 107. — [3]) II 106. — [4]) II 103.

wirth — in unserm Fall der Domänenpächter — mehr Angespann
halten, als er das ganze Jahr hindurch beschäftigen kann. Deshalb ist es ihm so vortheilhaft, daß er großentheils mit Spann=
biensten der Bauern arbeitet.

Giebt man dies zu, so kann man doch an diesem Punkte der
Betrachtung unmöglich Halt machen, denn die ganze Ungunst
des Klimas wird dem Bauern aufgehalst: der Bauer kann den
Ueberschuß des Spannviehs doch ebenfalls nur das ganze Jahr
hindurch halten, wenn auch volle Beschäftigung desselben nur in
dem kurzen Sommer eintritt. Es ist bezeichnend, daß die Ver=
pflichtung des Bauern hiezu den Vertheidigern der alten Ver=
fassung als vollkommen selbstverständlich erscheint.

Der Freiherr von Schroetter denkt sich nun die vom König
angeregte Dienstaufhebung so, daß insbesondere die Spannbienste,
daneben aber auch Handbienste, letztere soweit sie von Bauern
geleistet werden, abgelöst werden sollen, sobald ein Domänenamt
pachtfrei wird.

Handbienste, die von Eigenkäthnern oder von Instleuten auf
Bauerngrund dem Domänenpächter geleistet werden, sowie die
Handbienste der etwa schon auf den Domänengütern vorhandenen
Insten bleiben .bestehen.

Wir stoßen hier zum ersten Mal auf den wichtigen Satz,
daß nicht die auf Grundbesitz überhaupt ruhenden Handbienste,
sondern nur diejenigen, welche von bäuerlichen Besitzern zu leisten
sind, wegfallen sollen.

Bei den Spannbiensten ist eine solche Unterscheidung minder
wichtig, da dieselben der Natur der Sache nach von den kleinen
Leuten — deren Besitz ja keine Spannhaltung erfordert — nicht
geleistet wurden.

Die in der Mitte stehenden Kossäthen, welche oft gerade
nur für die eigne Wirthschaft Spannvieh haben, werden nicht er=
wähnt; sie scheinen zu den kleinen Leuten gerechnet zu werden,
deren Handbienste bleiben, wenigstens heißt es ausdrücklich[1]), daß

---

[1]) II 112.

nur die Handbienste der Hubenwirthe — zu denen die Kossäthen nicht gehören — wegfallen sollen. Vielleicht auch gab es in Preußen nur wenige Kossäthen.

Um dem Domänenpächter die Sache zu erleichtern[1]), wurde ihm, wenn er durchaus nicht anders zufrieden war, das Recht gegeben, von jedem Bauern fünf Hand= und fünf Spannbiensttage jährlich zu verlangen, die wohl wesentlich zur Erntezeit gefordert werden sollten: sogenannte Dispositionstage, d. h. Dienste, nach Tagen gemessen, die zur Verfügung des „Beamten" blieben.

Die Bauern fanden dies unannehmbar. Sie konnten, nach ihrer Weise, gar nicht glauben, daß dies der Wille des Königs sei[2]). Dienste für die stille Zeit abzulösen, um dieselbe für die Erntezeit doch weiter leisten zu müssen hielten sie für wider= sinnig: sie drohten sogar mit Dienstverweigerung.

Nach einigem Sträuben mußte der Minister von Schroetter in diesem Punkte nachgeben[3]): im Jahre 1805 werden die Dis= positionstage abgeschafft und dadurch die Dienstaufhebung in ihrer ganzen Reinheit hergestellt.

Die Dienste werden den Bauern nicht einfach erlassen und dem Domänenpächter wird nicht zugemuthet auf eigne Rechnung Ersatz zu schaffen.

Vielmehr sorgt die Kammer zunächst für den Domänenpächter. Er hat zweierlei kostspielige neue Einrichtungen zu treffen:

Zum Ersatz der bäuerlichen Spannbiensste braucht er mehr Zugvieh, größere oder gar neue Ställe. Das hiezu erforderliche Kapital verzinst ihm die Kammer zu 6%[4]).

Zum Ersatz der Handbiensste braucht er Arbeiterfamilien; jede Arbeiterfamilie, die angesetzt werden muß, erhält einen Morgen Gartenland — offenbar nur zur Nutzung — und dies Land wird von der Morgenzahl des Pächters in Abzug gebracht; ferner sind „Instenhäuser" für die neuen Familien nöthig, und die Baukosten hiefür trägt die königliche Kasse.

Um nun die königliche Kasse für diese Aufwendungen schadlos

[1]) II 112. — [2]) II 113. — [3]) II 115. — [4]) II 112.

zu halten, wird dem Bauern an Stelle der Dienste eine Geld=
last, das sogenannte Dienstgeld, auferlegt, das er an die Kammer
zu zahlen hat. Wie hoch die Geldleistung ist, läßt sich nicht
allgemein sagen, weil die Dienste zu verschiedenartig sind. Mehr
wurde sicher den Bauern nicht abverlangt, als die Kammer
brauchte um sich für ihre Leistungen an den Domänenpächter
schablos zu halten, denn jede Auspreſſung der Bauern war ganz
entschieden von vornherein ausgeschloſſen.

Dagegen iſt aber wohl festzuhalten, daß von unentgeltlichem
Wegfall der Dienste nicht bie Rede iſt: es entſteht nur eine neue
Form der Reallaſt; ſtatt der Dienste treten jährliche Geld= ober
Körnerabgaben ein.

In ben anbern Provinzen vollzog ſich die Aufhebung der
Dienste im ganzen nach ähnlichen Grundſätzen, ſobaß es genügt,
die Abweichungen im einzelnen nachzuweisen.

Zunächſt wird für Pommern gerabezu ausgeſprochen [1]), baß
bie Handbienſte der Koſſäthen beibehalten werben, benn, heißt
es, die eigentliche Beſtimmung der Koſſäthen iſt es, bie Handbienſte
bei den Vorwerken zu leiſten; was ſollten bieſe Leute mit ihrer
frei geworbenen Zeit anfangen? Ihr Landbeſitz iſt ſo gering, baß
ſie von beſſerer Kultur doch nur wenig Vortheil zu erwarten hätten.

Auch ber Bauer ſoll zwar jebenfalls frei von Spannbienſten
werben, aber von Handbienſten nur bann [2]), wenn er das Eigen=
thum annimmt.

Für Pommern wird ferner beſtimmt, daß unter Umſtänben
der Bauer eine Entſchäbigung in Land ſtatt in baarem Gelbe
leiſtet. Der zunächſt ſehr auffallenbe Gebanke, baß ber Bauer
einen Theil ſeines Landes abtreten ſoll in bem Augenblick wo
er an menſchlichen unb thieriſchen Arbeitskräften einen Zuwachs
erhält, wird verſtänblicher, wenn man die Begründung hört.
Erſtens ſoll es nur geſcheßen, wenn die Ablöſenben einverſtanben
ſinb; zweitens wird überhaupt nur baran gebacht bei Bauern=
höfen, bie für bie Arbeitskräfte — alſo wohl auch für bie

[1]) II 118. — [2]) II 119.

künftigen — des Bauern zu groß sind, sodaß ein Theil des Ackers unbestellt, oder ein Theil der Wiesen blos als überflüssige Hütung liegen bleibt. Es ist also die Landabtretung, die allen Grund= sätzen der Domänenkammern widerspricht, hier nur als Hülfs= mittel in Ausnahmefällen zugelassen.

Ueberall wurde in Pommern bei der Entschädigung des Domänenpächters sehr haushälterisch verfahren: es gelang[1]), manche zu einem Verzicht auf die Entschädigung zu vermögen, die ihnen für die neu einzuführende eigene Gespannhaltung eigentlich gebührt hätte; und ganz allgemein war festgestellt worden, daß überhaupt dem Domänenpächter nur ein Theil[2]) der künftigen Mehrkosten seiner Feldbestellung ersetzt werden solle. Nicht als ob man den Bauern zum Nachtheil des Pächters hätte schonen wollen. Es hing dies vielmehr mit den Vortheilen zu= sammen, die bei der ganzen Neueinrichtung dem Domänenpächter nebenbei zufielen. So z. B. wurden seine Grundstücke aus der Gemeinheit gesetzt[3]), zweckmäßig zusammengelegt, zur Schlag= wirthschaft eingerichtet und ihm statt auf je sechs Jahre auf je achtzehn Jahre in Pacht überlassen. So gewaltige Vortheile, die neben der Aenderung der Dienstverfassung herliefen, konnten schon ins Gewicht fallen, und die Kammer war entschlossen, daraus nicht nur selbst durch höhere Pachtanschläge einigen Nutzen zu ziehen: auch der Bauer sollte, durch Verringerung des Dienst= geldes, einen Genuß davon haben.

Uebrigens ließ man auch hier den Bauern an sich heran= kommen[4]): „nur so lange der gemeine Mann der bittende Theil ist, kann man ihm Bedingungen machen". —

In der Kurmark, wo die Sache zu des Königs größtem Verdrusse etwas langsam ging, klärte sich die Verzögerung zum Theil dadurch auf[5]), daß dort der Domänenbauer überhaupt nur geringe Dienste leistete, also nicht gerade begierig war, eine wenig drückende Dienstverpflichtung in eine Geldabgabe zu ver= wandeln.

[1]) II 123—124. — [2]) II 118. — [3]) II 117. — [4]) II 121. — [5]) II 129.

Gelegentliche Abtretung von Land wird, nach dem Beispiele Pommerns, auch hier empfohlen[1]). Daß die Edikte, welche das Einziehen von Bauernland verbieten, in diesem Falle nicht zutreffen, weil die Bauerngrundstücke nicht unentgeltlich zu den Vorwerken gezogen werden[2]), ist ein Irrthum; auch Erwerb von Bauernacker gegen Entgelt war verboten. Dagegen ist es annehmbar, wenn es weiter heißt: der König habe ausdrücklich diese Maßregel für zulässig erklärt. Damit war den älteren Edikten eine Grenze ihrer Wirksamkeit gesetzt, aber nur für augenscheinlich zweckmäßige Fälle[3]).

Im deutlichsten Gegensatz gegen Pommern erscheint die Kurmark in der Frage ob auch die Dienste der Kossäthen und überhaupt der kleinen Leute aufhebbar sein sollten. In Pommern hieß es: nein; in der Kurmark lautete die Antwort[4]), freilich gegen die Vorschläge der Kammer: ja. Also auch der kleine Mann soll dienstfrei werden.

In Pommern sagte man, der Kossäth trage wenig oder gar nichts zu den allgemeinen Landeslasten bei[5]); in der Kurmark wird behauptet, der Kossäth trage der Art nach dieselben Lasten, nur in geringerem Maße. In Pommern weiß man nicht, was der vom Dienst befreite Kossäth mit sich anfangen soll; in der Kurmark erwartet man[6]), daß er in seiner freien Zeit auf Tagelohn gehen werde. Hat er bisher aus Mangel an Dienstboten die Dienste selber verrichtet, so wird ihm die Befreiung um so nützlicher sein. Sogar die Dienste der Bübner sollen ablösbar sein, während dies in Pommern und in Preußen nicht der Fall war.

Auch hat man in der Kurmark[7]) den Umfang der ablösbaren Dienste weiter gezogen: nicht Ackerdienste allein, wie in Preußen, sondern auch Marktfuhren, Reisefuhren, Holz- und Steinfuhren und dergleichen werden aufhebbar gemacht.

Ueberall demnach in der Kurmark ein weitherzigeres, man

---

[1]) II 130. — [2]) II 130. — [3]) II 131—132. — [4]) II 131. — [5]) II 118. — [6]) II 131. — [7]) II 130.

möchte sagen ein moderneres Vorgehen, eine tiefer greifende Ausrottung der Naturalwirthschaft, eine durchgängige Annäherung an die Verhältnisse des Westens.

Ueber Schlesien ist so Eingehendes nicht bekannt geworden. Der Präsident der gloganischen Kammer (Niederschlesien im alten Sinne, vor dem Zutritt lausitzischer Landestheile), wie auch der der breslauer Kammer sind beide nur für Ablösung von Spann= diensten, schon weil der Domänenpächter durch eigene Spann= haltung sicher gewinnt; dagegen müssen die Handdienste, also jedenfalls auch die der kleinen Leute, bleiben. —

So wurden also viele Domänenbauern dienstfrei gemacht; nicht alle, denn die Aenderung wurde als Wohlthat aufgefaßt und also niemals aufgedrängt; aber ein großer Theil; davon die meisten bereits vor der großen Umgestaltung des Staats im Jahre 1807.

Ein dabei betheiligt gewesener Kommissar, Lübecke, hat später geäußert[1]), daß dabei nicht allzu streng nach Regeln verfahren worden sei; man sah mehr auf die Leistungsfähigkeit des Bauern und stellte danach die Forderung des Dienstgeldes; sodaß die Kammer im ganzen schadlos gehalten, der Bauer in seiner Wirth= schaft nicht erdrückt wurde.

Die Verwandlung des bereits erblichen Besitzrechtes der Domänenbauern in Eigenthum oder wenigstens in wirkliche Erb= pacht oder in Erbzins schließt sich für Pommern, die Neumark und Brandenburg als Maßregel größeren Umfanges ebenfalls an die schon betrachteten Dienstablösungen an, mit denen, wie wir gesehen haben, auch die gelegentliche Aufhebung der Erbunter= thänigkeit in jenen Landestheilen verknüpft war.

In der Instruktion, die der Kammerpräsident von Ingers= leben im Jahre 1799 für die pommerischen Dienstablösungen entwarf, hieß es[2]):

---

[1]) Vgl. II 387—388. — [2]) II 118.

Die Verwandlung der Dienste in eine Geld= oder Körner=
abgabe genügt noch nicht: der Bauer muß auch Eigenthümer
werden, was er bis jetzt noch nicht ist. Man lasse ihn also
das Eigenthum erwerben, sodaß er letztwillig darüber verfügen,
den Hof an einen andern Ackerwirth verkaufen und denselben
im Nothfall — mit Genehmigung des Amtes — bis zum Betrag
einer aufzustellenden Grundtaxe verschulden kann. Man verlange
dafür vom Bauern, je nach der Güte der Gebäude und der Hof=
wehr, 100 bis 200 Thaler, die als Einkaufsgeld entrichtet
werden sollten.

Der Preis von 100 bis 200 Thalern, den der Bauer ein
Mal zahlen soll, um künftig Hof und Hofwehr als sein eigen
betrachten zu dürfen, erscheint nicht hoch; aber man würde fehl=
greifen, wenn man annähme, daß der Bauer nur dies Geldopfer
gebracht, die Kammer nur diesen Geldgewinn genossen habe.
Bei näherem Zusehen scheint es vielmehr der Kammer, und
zwar wegen ihres eigenen Interesses, sehr erwünscht gewesen zu
sein, den Bauern zum Eigenthümer zu machen.

So z. B. sollen nach Ingerslebens Vorschlag[1]) die so sehr
verhaßten Handdienste dem Bauern nur erlassen werden, wenn
er sich zur Annahme des Eigenthums bereit erklärt: die Kammer
übt also einen Druck aus, um die Annahme des Eigenthums
durch die Bauern zu befördern; ja es heißt sogar in der Kabinets=
order von 1799, die hierüber erlassen wurde: wo es der Wohl=
stand der Unterthanen zuläßt, soll die Annahme des Eigenthums
an den Höfen dem Bauern als unumgängliche Bedingung für
die Aufhebung der Dienste, und zwar aller Dienste, nicht der
Handdienste allein, gestellt werden.

Was konnte denn auf der Seite des Bauern gegen die
Annahme des Eigenthums eingewendet werden? Manchmal war
das so niedrig gegriffene Einkaufsgeld ihm dennoch zu hoch[2]),
wie besonders Herr von Schierstädt in Bezug auf die Neumark
behauptet. Häufiger, wenn nicht gar allgemein, war aber dem

---

[1]) II 119. — [2]) II 125.

Bauern sein erblicher Laßbesitz lieber, als das Eigenthum, denn so lange er seine Pflichten erfüllte, blieb er so wie so auf seinem Hof und war berechtigt zu bedeutenden Unterstützungen in Unglücksfällen oder in Zeiten der Noth[1]; seine Hofwehr und der Abgang des Zugviehs wurden ihm ersetzt, Saatkorn und sogar Brotkorn wurden ihm, wenn Mangel eintrat, ebenso wie auch Futter geliefert und aus dem Walde bezog er das Brennholz und Bauholz fast umsonst[2], gegen eine geringe Gebühr und gegen unerhebliche Forstdienste.

Alle diese Vortheile des Bauern reichten freilich nicht aus, ihn zu einem wohlhabenden Manne zu machen, denn er fristete auch hierbei nur nothdürftig sein Leben. Gerade der fortwährende Rückhalt am Gutsherrn untergrub jede Selbstständigkeit und verhinderte jede Gewöhnung an eigene Verantwortung, sodaß die Kammer über die „unerträgliche Zudringlichkeit"[3] der Bauern alle Geduld verlor. Lieber sollte der Bauer Eigenthümer werden, als daß diese Bittstellerei sich noch weiter fortschleppte. Und zugleich welche Ersparung stand für die Kammer in Aussicht, wenn alle jene Unterstützungen — denn so war es durchaus gemeint — nach Annahme des Eigenthums aufhörten. Das Interesse für die Einnahmen und das für die verminderten Ausgaben der Kammer ging Hand in Hand mit der Sorge für die sittliche Hebung des Bauernstandes, von der übrigens in dem Schriftwechsel, den die Behörden unter sich führen, begreiflicher Weise nicht viel gesprochen wird.

Für Pommern wird bemerkt[4], daß die Forsten, sowie der Bau- und Konservationsfond eine jährliche Ersparniß von 33 031 Thaler machen; in der Neumark 7875 Thaler; in Schwedt 3544 Thaler; für die Kurmark sind die betreffenden Summen nicht bekannt. Die Einkaufsgelder sind hierbei nicht mitgerechnet.

Nun sind zwar diese Summen nicht so bedeutend, daß man sagen könnte, das Ganze sei vor allem zum Vortheil

---

[1] II 119. — [2] II 83, 122. 123. 129. — [3] II 118. — [4] II 124. 126.

der Staatsfinanzen eingeleitet; wohl aber ist die Maßregel der
Dienstaufhebung, wobei die Kammer wenig oder nichts zu gewinnen hatte, durch die damit verbundene Eigenthumsverleihung
dem Fiskus in mäßigem Grade vortheilhaft geworden, was dem
Eifer der Kriegs= und Domänenräthe nicht wenig zum Sporn
gereichte. Die Zeit der Reform war offenbar gekommen: die
Bauern konnten Eigenthümer werden, was ja den kräftigeren
unter ihnen erstrebenswerth erschien, und der Fiskus als Gutsherr
gewann noch dabei.

Die Stimmung Friedrich Wilhelms I., der auch den Frei=
bauern noch „als treuer Landesvater unter die Arme greifen"[1])
wollte, hatte sich verloren: freier Eigenthümer sollte der Bauer
werden, aber die Kammer wollte dann auch ihrerseits vom Bauern
frei sein.

Was der Bauer bei Eigenthum gewann, war im wesentlichen
dies[2]): er konnte für die Auseinandersetzung zwischen seinen Erben
eine besondere Erbtaxe anordnen, während früher der Annehmer
des Hofs sich wegen des Werthes desselben überhaupt nicht mit
den übrigen Erben auseinanderzusetzen hatte; und die Auswahl
unter den Erben stand dem Vater, bezw. der Mutter zu. Ver=
schuldung des Hofes war nun gestattet, sowie auch Verkauf
desselben.

Wie in Pommern, so wird auch in der Kurmark als Be=
dingung für die Dienstaufhebung festgesetzt: Annahme des Eigen=
thums und Verzicht auf die Holzbenefizien, künftige Bezahlung
des Bauholzes nach der Forsttaxe[3]). —

Ganz eigenartig war die Entwicklung in der Provinz
Preußen.

Zunächst ergiebt sich aus einem Bericht des Frh. von Schroetter
aus dem Jahre 1798, daß Aufhebung des Scharwerks und Ein=
führung eines Dienstgeldes in Preußen schon früher gelegentlich
vorgekommen ist. Dabei hat man das Land den Besitzern erb=
und eigenthümlich überlassen[4]).

---

1) II 5. — 2) II 121. — 3) II 128. 129. — 4) II 103.

Da nun eine ausgedehntere Ablösung der Bauerndienste, oder wie man in Preußen sagte, des Scharwerks, erfolgen soll, so glaubt der Minister von Schroetter nicht anders [1]), als daß hiermit auch Ueberlassung zu Eigenthum zu verbinden sei. Wäre es hierbei geblieben, so wäre über die Provinz Preußen nichts besonderes zu berichten.

Aber der Kammerdirektor Frh. von Bubbenbrock legte in Anwesenheit des Ministers eine Denkschrift vor, worin vor der Eigenthumsverleihung gewarnt wird. Erst nach einigen Maß= regeln des Uebergangs könne man zu diesem Ziel, das er an sich keineswegs verwirft, gelangen. Dahin gehört, nach Aufhebung des Scharwerks, die Aufhebung der Gemeinheiten: sie sei viel leichter durchzuführen, so lange der Bauer sich noch als Pächter fühle, d. h. so lange er sich nicht als Eigenthümer ansehen könne [2]). Dem künftigen Eigenthümer komme dann auch freie Benutzung des Bodens zu statten. Für jetzt sei zu befürchten, daß alles Gesinde von den Vorwerken sich zu den bäuerlichen Eigenthümern wenden werde; auch fehle noch eine Gesinde=Ordnung, um die Auszehrung der Bauern durch ihre Hofleute und Instleute zu verhindern; der Bauer müßte vor Annahme des Eigenthums seinen Pferdestand verringern und lieber mehr Kühe halten. Mehr als zwei Hufen kulmisch sollte dem Bauern nicht verliehen werden: was er jetzt etwa darüber besitzt, müsse er herausgeben. Auch dann erwartet der erfahrene Geschäftsmann, daß der Bauer sofort Schulden macht und seinen Hof sehr bald durch Zwangs= verkauf verliert [3]).

Diese Warnung (abgesehen von der Rücksicht auf die Ge= meinheitstheilung) beruht ganz und gar auf dem tiefen Mißtrauen in die wirthschaftlichen Fähigkeiten des Bauern.

Nun beschloß der Minister von Schroetter [4]), daß die Dienst= aufhebung ohne gleichzeitige Eigenthumsverleihung durchzuführen sei; ohnehin könne der Bauer jetzt nicht das mäßigste Einkaufs=

---

[1]) II 104.
[2]) Mehr dürfte dieser Ausdruck hier nicht bedeuten; vgl. II 109.
[3]) II 110. — [4]) II 110.

geld zahlen. Der König gab zur Trennung beider Maßregeln seine Einwilligung[1]).

Hierdurch kam die Provinz Preußen gegen Pommern, Neu= mark und Kurmark einigermaßen in Rückstand und dies blieb so bis ins Jahr 1807, als die ohnehin so ärmlichen Bauern durch den Krieg von 1806 bis 1807 vollends zu Grunde gerichtet waren.

Da that der Kriegsrath Wloemer in Marienwerder den höchst ungewöhnlichen Schritt[2]), sich ohne Nennung seines Namens in einer Eingabe an den König zu wenden; die Sache sei ihm zu heilig, als daß er — denn man könnte es ihm als Eitelkeit anrechnen — seinen Namen nennen dürfte. Der Inhalt war: der König solle seinen preußischen Domänenbauern das Eigenthum verleihen, ohne ihnen schwierige Bedingungen vorzuschreiben. Denn nur dann werde der Bauer auf Grundlage des Kapital= werths seines Gutes Kredit erhalten können, ohne den die Auf= besserung seiner Wirthschaft unmöglich sei.

Gerade in der Kreditfähigkeit des Bauern sieht Wloemer die Rettung, Bubbenbrock den drohenden Untergang. Wloemer ist jugendlicher als Bubbenbrock, nicht frei von Empfindsamkeit. Bubbenbrock, an Erfahrung reicher als Wloemer, schüttelt un= gläubig sein graues Haupt; nicht wie der Bauer werden kann, sondern wie er ist, dies wenig schmeichelhafte Bild schwebt ihm vor. Der alte Geschäftsmann hatte historisch Recht; der jüngere hatte politisch Recht, denn mit ihm war die Zukunft.

Sehr beträchtlich sind ferner die Gründe, die Wloemer für das Kammerinteresse vorbringt. Die bisherige Verfassung ver= pflichtet die königliche Kammer, die Bauern wieder aufzurichten; Unterstützungen in die Millionen von Thalern würden zur Aus= theilung der Kriegsschäden gereicht werden müssen, und doch würde nur der alte, unsichere, Zustand wieder hergestellt. Viel besser, man verleiht den Bauern statt dessen das Eigenthum, macht sie kreditfähig und überläßt es ihnen selbst, sich durchzuschlagen.

[1]) II 113. — [2]) II 179.

Ein merkwürdiges Zwischenspiel bilden die Vorschläge des Herrn von Schön über die Ausführung des Wloemerschen Gedankens, als man das Gutachten der Immediat-Kommission einholte. Während Wloemer, der Provinzialminister von Schroetter und auch Herr vom Stein nicht anders dachten, als daß die im Besitze befindlichen Bauern zu Eigenthümern gemacht werden sollten, und zwar mit schonendem Uebergang, will Herr von Schön damit anfangen[1]), daß den vorhandenen Bauern alle bisher üblichen und in der Verfassung begründeten Unterstützungen entzogen würden. Wer von den Bauern trotzdem bestehen bleibt, soll Eigenthümer werden; wer von ihnen aber nicht mehr pünktlich seinen Zins zahlen kann, wird seines Besitzrechts einfach verlustig erklärt (obgleich sie seit 1777, beziehungsweise 1790 ein erbliches Besitzrecht hatten!), als wenn es sich um ein kündbares lassitisches Verhältniß handelte. Das so frei werdende Land wird von der Domänenkammer an beliebige Bewerber gegen Einkaufsgeld zu Eigenthum ausgethan. Das heißt also: alle schwachen Bauern werden vertrieben, und neue Annehmer werden eingesetzt; ein Gedanke, der geradezu das Gegenstück bildet zu dem, was bisher stets erstrebt worden war: nämlich die vorhandenen Besitzer in bessere Rechtsverhältnisse überzuführen. Man ging übrigens über Schöns Pläne, ohne viel Aufhebens davon zu machen, ruhig hinweg und hielt sich einfach an die Vorschläge Wloemers.

Der leitende Minister Herr vom Stein fand Wloemers Gedanken durchaus beachtenswerth[2]), denn wo der Bauer kein Eigenthum hat, da ist ihm jede Verbesserung zu viel: er zieht keine Gräben, wässert keine Wiesen ab, legt keine Baumpflanzungen an und thut zur Hebung der Viehzucht nichts. Der Staat könne vielleicht schadlos gehalten werden für das Opfer, das er bringt, durch Verzicht des Bauern auf Vortheile, die derselbe bisher genossen habe, insbesondere durch Verzicht auf Waldberechtigungen.

In dem Gutachten des Provinzialministers von Schroetter[3]) wird dieser Gedanke in seine endgültige Form gebracht: der

---

[1]) II 186. — [2]) II 182. — [3]) II 184.

Bauer soll kein Einkaufsgeld geben, weil er es nicht kann (auch
Grundstücke soll er nicht abtreten, was als selbstverständlich gar=
nicht erwähnt wird); sondern der Kaufpreis des Eigenthums
besteht nur darin, daß der Bauer Rechte aufgiebt, die bisher an
seinem Besitze hafteten: er verzichtet auf die Unterstützungen
(durch Saatkorn, Brodkorn, Zugvieh u. dergl.) und auf die
Nachlässe (an Dienstgeldern und dergleichen), die in Nothfällen
üblich waren; er verzichtet auf das bisher unentgeltlich aus den
königlichen Forsten bezogene Bauholz; er verzichtet auf die bisher
unentgeltlich genossene Waldweide.

Schon der von Servituten befreite Domanialwald bildete
einen außerordentlich im Werth gesteigerten Bestandtheil des
Staatsvermögens. Man dachte damals bereits an Veräußerung
der Domänenforsten[1]), um die ungeheueren Lasten, die der Tilsiter
Friede auferlegt hatte, leichter abzutragen. Verkauf eines von
Berechtigungen der Bauern freien Waldes versprach ganz andere
Ergebnisse, als wenn die Bauern als störende Gäste darin hätten
ihr Wesen treiben dürfen. Ob der Bauer etwa von uralten
Zeiten her zur Forstnutzung berechtigt war, kam nicht zur Sprache,
selbst da nicht, als der Freiherr vom Stein die Eigenthums=
verleihung durch die geschichtliche Notiz begründete, daß das
als „Erbe" bezeichnete Bauerngut wirklich ursprünglich erblich
und eigenthümlich verliehen gewesen sei[2]). Es war auch ohne
Erheblichkeit, wie man sich die bäuerlichen Waldberechtigungen
entstanden dachte: sie waren da, und das Eigenthum an den
Höfen sollte statt durch Zahlung von Geld vielmehr durch Auf=
geben anderer Rechte neu erworben werden.

Diese Grundauffassung ging in das Edikt vom 27. Juli 1808
über, wodurch die Eigenthumsverleihung in Preußen geregelt
wurde.

Daß der Frh. vom Stein noch einen zweijährigen Uebergang
zuließ[3]), während dessen der Bauer die herkömmlichen Unter=
stützungen und Berechtigungen behielt, war höchst wohlthätig,

---

[1]) II 185. — [2]) II 188. — [3]) II 189.

aber auch unumgänglich nöthig, um dem Bauern über die Kriegsschäden hinwegzuhelfen. Aehnliches war, freilich nur für die
Verabreichung von Bauholz aus den Forsten, auch für die Kurmark 1804 durch das General-Direktorium angeordnet worden[1]).
Daß es nun für Preußen in größerer Ausdehnung geschah, ist
weniger hiedurch wichtig, als vielmehr dadurch, daß nur so die
Eigenthumsverleihung ihre sonst kaum erträgliche Härte verlor.
Man denke sich den fast erdrückten Bauer, dem der Krieg eben
erst die Wirthschaft zerrüttet hatte, sofort aller Beihülfe durch
das Amt beraubt und von den herkömmlichen Waldberechtigungen
plötzlich ausgeschlossen: wäre ihm wirklich das zugleich erworbene
Eigenthum an Wiesen und Aeckern eine hinreichende Stütze
gewesen? Wäre nicht vielmehr das eingetreten, was Bubbenbrock
vorausgesagt hatte?

Die Sache lag also nach Steins Eingreifen so: zwei Jahre
lang wird der Bauer noch durchs Amt gehalten; dann erst hört
sein Recht auf Unterstützung und auf Waldnutzungen auf und
durch diesen Wegfall bezahlt er gleichsam das ihm nun zu-
gesprochene Eigenthum seiner Stelle; das Eigenthum an der
Hofwehr bezahlt er in Geld, nach der alten Taxe.

Trotz dieses glimpflichen Uebergangs ist es den preußischen
Domänenbauern sehr sauer geworden, sich zu halten. Der wackere
Wloemer empfand im Jahr 1810 beinahe Gewissensbisse[2]), daß
er die Sache in Gang gebracht hatte. Flehentlich bat er den
Staatskanzler, eine Deklaration[3]) zu erlassen, die den Bauern
theils die Zahlung, theils die Tilgung ihrer jährlichen Abgaben
erleichtern sollte; was denn auch geschah.

Dagegen waren die Kammern mit der Aenderung sehr zufrieden: in Litthauen erwartete man eine Mehreinnahme von
100 000, in Ostpreußen eine solche von 68 000 Thalern jährlich
„lediglich durch die Auflösung des bisherigen Verhältnisses"[4]).

---

[1]) II 182. — [2]) II 195.
[3]) Nach Dönniges Bd. 1 S. 106 steht diese Deklaration in den Akten:
Regulirungen 1ᵇ Bd. 4; ferner in Lemanns Provinzialrecht von Westpreußen Bd. 2 S. 650. — [4]) II 195.

Was aber Bloemer vor allem mit Stolz erfüllte, war, daß nun in Ostpreußen, Westpreußen und Litthauen 30 000 selbständige Grundbesitzer geschaffen waren.

Durch das Edikt von 1808 hat die Provinz Preußen den Rückstand hinter Pommern und der Kurmark in einen Vorsprung verwandelt; denn in Preußen wurden alle Bauern, die bisher nur erbliche Nutznießung gehabt hatten, genöthigt Eigenthümer zu werden oder mit Entschädigung abzuziehen; während in den beiden andern Provinzen die sonst ähnliche Eigenthumsverleihung nur denen zutheil wurde, die sich bei Gelegenheit der Dienst= aufhebung freiwillig darauf einließen.

Der Frh. vom Stein dachte daran[1]), die Nöthigung zum Eigenthumserwerb auch auf Pommern auszudehnen, doch kam es nicht mehr zu Stande.

Trotz der hervorgehobenen Unterschiede — in Preußen Zwang, in Pommern und der Kurmark nur Befugniß — steht das durch Stein und Schroetter unterzeichnete Edikt von 1808 für Preußen nicht so unvermittelt in der Geschichte, wie es nach der Gesetz= sammlung den Anschein hat; es ist doch nur zufällig, daß die Neuerungen für Pommern und die Kurmark ohne Edikt, gleichsam unter der Hand, von statten gingen. Auch kann man, nach Herstellung des sachlichen Zusammenhangs und nach Aufdeckung der Bestrebungen von 1799 bis 1806, nicht meinen, daß erst die Neubegründung des preußischen Staats nöthig gewesen sei, um die Eigenthumsverleihung an die preußischen Domänenbauern durch Stein im Jahre 1808 möglich zu machen: es ist dies vielmehr eine Maßregel, die längst durch Schroetter ins Auge gefaßt und vorbereitet war[2]) und die durch Nichts aus den Ueberlieferungen des alten preußischen Staats heraustritt.

[1]) II 198. — [2]) II 181.

Zweites Kapitel.

§ 1. Reformversuche bei den Privatbauern im 18. Jahrhundert.

Die Aehnlichkeit der Verfassung aller herrschaftlichen Güter, ob sie als Domänen dem König gehörten oder nicht, brachte es mit sich, daß dieselben Uebelstände wie bei den Amtsbauern sich auch bei den Privatbauern bemerklich machten. Aber die Abhülfe war bei den Privatbauern weit schwieriger; denn wenn dort Landesherr und Gutsherr in einer Person vereinigt waren, so treten hier die beiden Personen auseinander: der König kann nur als Landesherr auftreten; die Gutsherren sind meist Adlige und bilden den Ausschlag gebenden Theil der noch lebendigen Provinzialstände; ist es doch bis zum letzten Drittel des 18. Jahrhunderts noch durchaus gewöhnlich, die Zustimmung der Stände zu gewinnen, wenn in die herkömmliche Ordnung der Privatgüter eingegriffen werden soll. Die Stände aber sind schwer zu bewegen. Die landesherrliche Gewalt reicht gleichsam nur bis zur Gutsherrschaft hinab; den Privatbauer berührt sie nur mittelbar, denn der ist nicht Staatsbürger sondern Privatunterthan. Die Gutsherren fühlen sich noch als Vasallen des Königs, wie sie ja auch noch genannt werden [1]: ihre Gutsbezirke sind wie kleine Reiche; sie sind dem König und ihnen ist der Bauer unterworfen. In der Befreiung der Privatbauern spielt sich also ein Spiel zu dreien ab: König, Gutsherr und Bauer, nicht mehr König und Bauer allein, sind die handelnden Personen.

[1] II 30. 33.

8 *

Schon im Jahre 1708, als viele königliche Unterthanen nach Polen entwichen, geschah dasselbe bei den Privatunterthanen in Pommern, und der König ließ daher den Ständen von Hinterpommern und Kammin die Frage vorlegen, ob nicht die Leibeigenschaft auch auf den Privatgütern aufzuheben sei. „Unmöglich", lautete die Antwort der Stände und es ist bezeichnend, daß die pommerische Regierung, eine königliche Behörde, sich ganz und gar der ständischen Meinung anschließt. Auch hier steht der König (es war Friedrich I.) allein; seine Behörden gehen nicht mit, sie sind von der Richtigkeit der Weigerung des Adels, der Prälaten und der Städte überzeugt: sie alle halten die Leibeigenschaft für angemessen der pommerischen Landesart, für ein Hauptstück der pommerischen Landesverfassung, wie ja die vormaligen Herzöge Pommerns sie für ihr bestes Kleinod gehalten haben[1]).

Aehnliche Erfahrungen machte Friedrich Wilhelm I., als er im Jahre 1724 die Aufhebung der Leibeigenschaft in Preußen, die für die Amtsbauern bereits befohlen war, „general" machen, d. h. auf die Privatbauern erstrecken wollte, damit auch sie auf kurmärkischen Fuß gesetzt würden. Zwar werden die Stände nicht gefragt, aber die Meinung derselben wird auf meisterhafte Weise von der königlichen Regierung in Königsberg ausgesprochen und dem König erfolgreich entgegengehalten. Zunächst habe sich der König geirrt, wenn er von Leibeigenschaft rede; in Preußen giebt es diesen Ausdruck nicht, da giebt es nur Erbunterthänigkeit. In der Sache freilich ändert dies nichts, denn der Erbunterthan des Gutsherrn hat weder eigenes Land noch eigene Hofwehr[2]). Die Regierung hebt hervor, daß der Bauer nicht völlig rechtlos sei: er könne manches für sich erwerben, sogar über erspartes Geld oder selbst angeschaffte Stücke des Besatzes von Todes wegen oder unter Lebenden verfügen — was aber gar nichts besagen will gegenüber der Thatsache des unerblichen Nutzungsrechtes am Hofe, der wie zum Hohn „das Erbe" heißt.

---

[1]) II 28. 27. 16. — [2]) II 29.

Dann rückt die Regierung dem König vor[1]): er habe seine
Domänenbauern ja 1719 schwören lassen, für sich und ihre Kinder
die Güter nicht zu verlassen; ob das eine Befreiung sei? Wobei
aber übergangen wird, daß damals wenigstens der Besitz jener
Bauern ein erblicher werden sollte, was dem König die Haupt=
sache war.

Die Hauptgründe der Regierung gegen die Absichten des
Königs sind dem Interessenkreise der Gutsherren entnommen:
die Huben der Bauern gehören dem Adel erb= und eigenthümlich
an; der Landesherr darf niemandem sein Eigenthum abnehmen;
befreite Bauern ziehen sich in die Städte oder ins Ausland; die
Arbeitskräfte werden den Gutsherren entzogen und die Güter
bleiben wüste liegen, die Landwirthschaft sinkt dahin.

Daneben freilich verdiene noch ein anderes erwogen zu
werden[2]): „Eine vollkommene Freiheit, sonderlich wenn sie mit
Armuth verknüpft ist, können nicht alle Menschen wohl ver=
tragen, auch sind nicht alle Menschen von der Art, daß sie, ohne
von andern regiert zu werden, sich selbst oder dem gemeinen
Wesen nützlich zu sein trachten, etwas Gutes schaffen oder das
Ihrige in Acht nehmen." —

Ganz anders lautet unter Friedrich II. das Urtheil der
pommerischen Kammer in Stettin[3]) unter ihrem Präsidenten
von Schlabrendorff, dem eigentlichen Verwirklicher des Bauern=
schutzes, im Jahre 1748: zum ersten Mal spricht sich da eine
königliche Behörde für Befreiung der Privatbauern aus (wie in
Bezug auf die preußischen Amtsbauern die königliche Hofkammer
bereits 1708 gethan hatte). Mit Edikten zum Schutze des
Bauernstandes in seinem Besitz, also mit Verboten des Bauern=
legens sei es nicht genug, man müsse die Leibeigenschaft der
Bauern, auch der privaten, abschaffen: „alsdann werden die
Bauern nicht nur mehr Lust bekommen, etwas durch gute Wirth=
schaft vor sich zu bringen, sondern es werden dann auch nicht
leicht Höfe wüste werden". Aus den Nachbarländern strömen

---

[1]) II 30. 31. — [2]) II 31. — [3]) II 44.

dann die Leute zu uns und das Land bevölkert sich mit wohl=
habenden Leuten, deren Kinder, soweit sie im Landbau entbehrlich
sind, Handwerker werden und die Städte vergrößern helfen.

Der Vorschlag des stettiner Kammerpräsidenten wurde vom
General=Direktorium zu Berlin zwar weiterer Ueberlegung werth
erachtet, aber hiermit doch nur ehrenvoll bei Seite gelegt. —

In das Jahr 1763 fällt der oft erzählte Versuch Friedrichs II.,
die bäuerlichen Zustände in Pommern zu verbessern[1]): dem Ge=
heimen Finanzrath von Brenckenhoff hatte der König zu Kolberg, also
mitten in dem Lande, das er meinte, den Befehl diktirt: „Sollen
absolut und ohne das geringste Raisonniren alle Leibeigenschaften
von Stund an gänzlich abgeschaffet werden": ganz wie des Königs
Vater im Jahre 1718 in Königsberg die Abschaffung der preußischen
Leibeigenschaft befohlen hatte[2]): sogar das Wort „ohne Raisonniren"
hatte beim Befehl, die Leibeigenschaft aufzuheben, bereits Friedrich
Wilhelm I. gebraucht[3]), und wie die Einleitung, so erinnert auch
der Verlauf der Sache ganz und gar an die Zeiten des vorigen
Königs.

Zunächst sagt Friedrich II. zwar, was abgeschafft, aber nicht
was an die Stelle gesetzt werden soll. Ferner überläßt er die
Ausführung den Behörden, ohne sich die Hülfe eines Ministers
gesichert zu haben; und so erlebt er, ganz wie sein Vater, die
gebräuchliche Wendung, daß die Behörden sich mit den Ständen
ins Einvernehmen setzen und daß, trotz mancher entgegenkommender
Worte, sachlich Alles beim Alten bleibt.

Denn der Herr von Brenckenhoff war ein verschlagener Ge=
schäftsmann, der für des Königs ideale Ziele gar keinen, für des
Königs Geldinteresse und für das der Gutsbesitzer einen höchst
entwickelten Sinn hatte. Er war ohne alle höhere Bildung auf=
gewachsen und schrieb die Handschrift eines Bauern, weshalb
er seine amtlichen Schriftstücke einem Schreiber zu diktiren pflegte,
der den sehr kernigen Inhalt in die gehörigen Formen zu bringen
hatte. Bevor er vom König angestellt war, hatte er bei Liefe=

---

[1]) II 54. — [2]) II 5. — [3]) II 9.

rungen für das Heer große Summen verdient, und später, als
es galt, das eben erworbene Westpreußen zu besetzen, mußte er
mit einigen Dragonern den schwierigen Auftrag auszuführen; er
nahm für seinen König sogar einige Quadratmeilen mehr, damit
die Güter einer polnischen Gräfin, die bei Nacht und Nebel zu
ihm gereist war, noch unter preußische Herrschaft kamen [1]).

Diesem Manne war des Königs Auftrag zugefallen; bei
ihm mußte sich das Generaldirektorium Rath holen, was der
König denn eigentlich wolle; und er gab eine Auskunft, die
keinem Domänenpächter und keinem Gutsherrn weh thun konnte:
der König ziele nicht auf unbeschränkte Freiheit der Unterthanen
ab: nur den Mißbräuchen der Gutsherren solle ein Riegel vor-
geschoben werden; der Unterthan dürfe nicht aus Laune vom
Hof vertrieben werden (was doch nur selten geschehen war) und
er müsse künftig alles, was er über die ihm gegebene Hofwehr
erwerbe, sicher als das Seinige betrachten dürfen (was ebenfalls
durch Gewohnheit längst der Fall war).

Die Einzelheiten wurden dann durch Herrn von Brenckenhoff
mit den Ständen verabredet und ganz in deren Sinn festgestellt.
Zwar erklären die hinterpommerischen Gutsherren, daß sie aus
Treue gegen die Person des Königs die ihnen gebührende Leibeigenschaft der Bauern aufgeben wollen; aber sie verstehen
darunter nur die unbedingte Verfügung über die Person und
das Vermögen des Bauern (also Leibeigenschaft im strengsten
Sinne) und behalten sich das Fortbestehen der Erbunterthänigkeit mit unerblichem Besitz vor, das heißt: der Bauer soll kein
festes, noch weniger ein erbliches Besitzrecht erhalten und er soll
nach wie vor an die Scholle gebunden und der Gesindepflicht
unterworfen sein.

Der König hatte allerdings nicht genauer gesagt, was er
unter Abschaffung der Leibeigenschaft meinte; aber weniger als
sein Vater gewollt hatte, wollte er sicher nicht und schwerlich

---

[1]) Vergl. das Leben Franz Balthasars Schönberg von Brankenhof,
Leipzig 1782.

hätte ihm dies Ergebniß, das nun in die Bauernordnung von
1764 eingefügt wurde, genügt, wenn seine Aufmerksamkeit dieser
Angelegenheit ungetheilt gewidmet gewesen wäre; aber da Brencken=
hoff, die pommerischen Stände und die stettiner Kriegs= und
Domänenkammer einig waren, so blieb es dabei: von Abzugs=
freiheit der Bauern war nicht die Rede, auch nicht für die
Bauernkinder, die ein Handwerk lernen wollten; gemessene Dienste
traten nicht an die Stelle der ungemessenen; das Besitzrecht der
Bauern wurde nicht verbessert.

Der König war mehr als halb besiegt: noch einmal waren
die Behörden, geistig verbunden mit den Ständen, mächtiger als
der unumschränkte Herrscher gewesen. —

In dieselbe Zeit fällt ein Versuch Friedrichs II., den un=
erblich = lassitischen Landbesitz der Privatunterthanen in Ober=
schlesien in erblichen Besitz zu verwandeln[1]).

Schon durch eine Verordnung vom 8. Juni 1756 war den
oberschlesischen Gutsherrschaften anbefohlen worden, sich mit
ihren Unterthanen im Wege des Vergleichs dahin zu einigen,
daß die bisher unerblichen Bauerngüter in erbliche verwandelt
würden; der Ausbruch des Kriegs verhinderte aber die Durch=
führung. Erst durch zwei Zirkulare vom Jahre 1763[2]) wurde die
Sache von neuem in Erinnerung gebracht: die Landräthe sollten
darüber wachen, daß der Vergleich überall zu Stande käme.
Einigen Erfolg hatte dies in den Kreisen Leobschütz, Neustadt,
Falkenberg, Kosel, Oppeln, Pleß, Ratibor, Rosenberg, Lublinitz,
Beuthen und Groß=Strehlitz: die Besitzer der ländlichen Stellen
erhielten Kaufbriefe, und es sollte bei dem nun erworbenen erb=
lichen Besitz „für beständig und zu ewigen Zeiten“ sein Bewenden
haben; wobei zugleich die Landräthe darauf sehen sollten, daß

---

[1]) Das Folgende ist der vortrefflichen Abhandlung von Schück entnommen (Zeitschrift für die Landeskulturgesetzgebung der preußischen Staaten,
Bd. 2, Berlin 1849, S. 42 ff.): „Materialien zur Beurtheilung der Erfolge
des Regulirungsedikts“ u. s. w. — Vergl. auch Jacobi, Ländliche Zustände in
Schlesien, Breslau 1884, S. 141.

[2]) Datirt aus Breslau, den 15. Mai, und Glogau, den 13. Juni.

ben Unterthanen bie Kaufbriefe nicht wieber abgenommen unb
so bie Sache wieber in ben vorigen Stanb gesetzt werbe.

Aber ber Erfolg war kein allgemeiner; einerseits waren bie
Gutsherrschaften meist wiberspenstig ober verlangten boch von
ben Unterthanen unerschwingliches Einkaufsgelb; anbrerseits, wo
man sich mit bem leiblichen Kaufpreis von etwa 20 Thalern für
bie bäuerliche Stelle unb von 10 Thalern für bie Gärtnerstelle
begnügte, ber bamals üblich war, fanben es bie Unterthanen gar
nicht ihrem Vortheil entsprechenb, baß sie künftig, als Eigen=
thümer, auf bie Steuervertretung unb auf bie Bauhülfe ber
Gutsherrschaft verzichten sollten: lieber wollten sie, ohne Eigen=
thum, jene Vortheile weiter genießen.

Ja sogar wo bie Kaufbriefe schon ertheilt waren, wurbe
nach Friebrichs bes Großen Tobe alles wieber rückgängig ge=
macht, theils mit, theils ohne Zustimmung ber Unterthanen, unb
ber alte Zustanb, ganz wie ber König es gefürchtet hatte, wieber
hergestellt. Nur in ben beutschen Kreisen Reisse, Leobschütz,
Grottkau unb Falkenberg hatte bie neue Einrichtung wirkliche
Dauer, währenb in ben polnischen Kreisen keine nachhaltige Ein=
wirkung erzielt wurbe. So kam es, baß bas polnische Ober=
schlesien schließlich boch am Enbe bes 18. Jahrhunberts zu ben
schlimmsten Gegenben ber Monarchie gehörte[1].

------

[1] Nach Schück (a. a. O. S. 71) herrschte bei ben länblichen Stellen
Oberschlesiens bas uneigenthümliche Verhältniß vor in ben nachfolgenben
heutigen (1849) Kreisen:
1. Rybnik, 2. Groß-Strehlitz, 3. Tost-Gleiwitz, 4. Lublinitz, 5. Rosen=
berg, 6. Kreuzburg, 7. Beuthen, 8. Kosel, 9. Ratibor, 10. im nörblichen
Theile bes Kreises Neustabt, 11. im Kreise Oppeln ortschaftsweise unb
12. im nörblichen Theile bes Kreises Pleß in ber Gegenb von Myslowitz
unb Nicolai.
Das eigenthümliche Verhältniß bagegen bilbete bie Regel in ben vier
heutigen (1849) Kreisen:
1. Reisse, 2. Grottkau, 3. Falkenberg unb 4. Leobschütz; außerbem in
bem süblichen Theile ber Kreise Neustabt unb Pleß, sowie im Kreise Oppeln.
Man vergleiche hiermit bie Verbreitung ber Dreschgärtner — welche
Eigenthum haben — mit ber ber uneigenthümlichen Robotgärtner: II 393 ff.,
besonbers 396.

Der Mißerfolg erklärt sich wohl mit daraus, daß der König
zwar das Ziel sehr deutlich bezeichnet, über die Zwangsmittel
aber und über das Verfahren keine ausreichenden Vorschriften
gegeben hatte.

Obgleich der geschilderte Versuch amtlich nicht als Aufhebung der Leibeigenschaft bezeichnet wird, ist er doch seinem
Wesen nach durchaus dasselbe für die Privatbauern Oberschlesiens
wie das, was bei den Domänenbauern Aufhebung der Leibeigenschaft heißt; denkt man doch im 18. Jahrhundert stets zuerst an
die Verbesserung der Besitzverhältnisse; erst im 19. Jahrhundert
tritt die Forderung persönlicher Freiheit in den Vordergrund. —

Eine Stelle im Allgemeinen Landrecht für die preußischen
Staaten, das vom 1. Juni 1794 an Geltung hatte, scheint auf
den ersten Blick von großem Einfluß auf die Stellung der Bauern
gewesen zu sein. Es heißt darin[1]):

„Unterthanen werden, außer in Beziehung auf das Gut, zu
welchem sie geschlagen sind, in ihren Geschäften und Verhandlungen als freie Bürger des Staats angesehen.

Es findet daher die ehemalige Leibeigenschaft, als eine Art
der persönlichen Sklaverei, auch in Ansehung der unterthänigen
Bewohner des platten Landes nicht statt.

Sie sind fähig, Eigenthum und Rechte zu erwerben und
dieselben gegen jedermann, auch gerichtlich, zu vertheidigen.

Sie dürfen das Gut, zu welchem sie geschlagen sind, ohne
Bewilligung ihrer Grundherrschaft nicht verlassen.

Sie können aber auch von der Herrschaft, ohne das Gut,
zu welchem sie gehören, nicht verkauft, vertauscht oder sonst an
einen Andern wider ihren Willen abgetreten werden.“

Vollkommen einleuchtend ist hiernach, daß das Allgemeine
Landrecht die eigentliche Leibeigenschaft nicht gestattet: diese Art
persönlicher Sklaverei, die insbesondere den ihr Unterworfenen
unfähig macht, für sich Vermögen zu erwerben, findet nicht statt.

Heißt dies nun so viel als: findet nicht mehr statt? Darf

[1]) Theil II, Titel 7, § 147 ff.

aus der zweifellosen Ablehnung dieses Instituts geschlossen werden,
daß dasselbe auch bestanden habe? Ist durch die angeführten
Sätze eine vorhanden gewesene Leibeigenschaft im schlimmsten
Sinne des Worts abgemildert worden in den erträglichen Zu=
stand der Erbunterthänigkeit, wie man häufig behaupten hört?

Die Bedeutung der oben angeführten Stellen ist jedenfalls
nicht die, als wäre erst mit dem Jahr 1794 Erbunterthänigkeit
an die Stelle von Leibeigenschaft getreten. Vielmehr war Erb=
unterthänigkeit während des ganzen 18. Jahrhunderts der weit=
aus vorherrschende Zustand; Ansprüche der Gutsherrschaft auf
das bewegliche Privatvermögen ihrer Unterthanen waren wohl
widerrechtlich, wo sie erhoben wurden[1]); nur aus dem Anfang des
18. Jahrhunderts ist eine Gruppe von Bauern erwähnt, die nicht
für sich Vermögen erwerben konnten — und daß deren Verfassung
noch unverändert bestand, als das Allgemeine Landrecht erschien,
ist unwahrscheinlich. In den Bildern aus dem Leben, soweit sie
dem Ende des 18. Jahrhunderts entsprechen[2]), ist nicht ein Beispiel
davon enthalten, daß der Gutsherr auf das bewegliche Privat=
vermögen seiner Unterthanen Ansprüche erhoben hätte; auch kein
Beispiel davon, daß Unterthanen gegen ihren Willen ohne das
Gut, zu dem sie gehören, veräußert worden wären. Mithin hat
jene Stelle des Landrechts jedenfalls nicht die Bedeutung eines
Wendepunktes und wahrscheinlich für die Wirklichkeit gar keine
Bedeutung: sie ist eine bloß wissenschaftliche Kundgebung im
Sinne des Naturrechts.

Insbesondere ist festzuhalten, daß die vom Landrecht vor=
gefundene und bestätigte Verfassung der Erbunterthänigkeit dem
Bauern keineswegs ein festes Recht an seiner Hufe zusicherte;
ebenso blieb die Gebundenheit an die Scholle: also blieb die Leib=
eigenschaft im uneigentlichen Sinne. —

Aber einige Jahre nach dem Erlaß des Allgemeinen Land=
rechts kam die Erbunterthänigkeit ins Wanken. Im Jahre
1798, als der König in Königsberg eine unglaublich große

---

[1]) Vergl. oben S. 25 ff. — [2]) Vergl. oben S. 67 ff.

Anzahl von Beschwerden gutspflichtiger Unterthanen erhalten hatte [1]), wurde dem Provinzialminister v. Schroetter aufge= tragen, über den Zustand der Erbunterthänigkeit zu berichten. Der Minister that dies unterm 12. Juli 1798 [2]) und gab zu, daß die Erbunterthänigkeit (die sich in der Provinz Preußen nur noch bei Privatbauern vorfand) sehr verbreitet sei und einen großen Druck auf das physische und moralische Befinden aus= übe. Die Aufhebung sei sehr schwer: soweit die Unterthanen kein Land besäßen, also Losleute wären, würden sie sogleich von ihrer alten Herrschaft wegziehen; die Güter in den schlechteren Gegenden würden, aus Mangel an arbeitenden Händen, in der ersten Zeit öde und wüst liegen bleiben; der Adel werde seine Güter im Werthe sinken sehen, denn ein Gut mit unterthänigen Leuten wird besser bezahlt als eines mit Freien. Vielleicht, wenn man eine politisch ruhige Zeit abwarte, schrittweise vorgehe und den Gutsherren eine Entschädigung biete, könne man den Zu= stand beseitigen.

Die Ueberzeugung, daß die Erbunterthänigkeit sichelreif sei, spricht trotzdem der König in einer Kabinetsorder (Charlotten= burg 25. Juli 1798) aus [3]): Zwar habe er alle Gedanken an die Möglichkeit der Dienstaufhebung durch Gesetz fahren lassen; denn, wo die Dienste den Herrschaften entbehrlich sind und die Unterthanen einen Ersatz in Gelde bieten können, werde das wechselseitige Interesse von selbst eine Aenderung herbeiführen; an andern Orten würde Dienstaufhebung durch Gesetz ein Eingriff in das Eigenthum der Gutsherren sein und die Folge haben, daß ein Theil der Gutsäcker unbebaut liegen bliebe.

Aber die Aufhebung der Leibeigenschaft, Erbunterthänigkeit oder Gutspflichtigkeit, sagt der König, würde wohl möglich sein. Andre Staaten sind damit vorangegangen und einzelne Gutsbe= sitzer haben bei uns das Beispiel gegeben. Die erbliche Fort= pflanzung dieses Verhältnisses ist nicht zu rechtfertigen, da doch

[1]) II 102. — [2]) II 105.
[3]) Zeitschrift für Landeskulturgesetzgebung, Bd. 4, 1851, S. 138.

der Staat sogar, indem er Auswanderung gestattet, die ihm ge=
bührende Unterthänigkeit auflöslich sein läßt.

Man könnte nach der Ansicht des Königs den Zustand der
über 15 jährigen Unterthanen bestehen lassen, dagegen alle jüngeren
und alle später erst zur Welt kommenden für frei erklären. Damit
wäre für einen schonenden Uebergang gesorgt und somit auch
Rücksicht auf die Gutsherren genommen.

In diesem Sinne befiehlt der König dem General=Direktorium
und dem Großkanzler von Goldbeck, die Frage der Aufhebung
der Erbunterthänigkeit „in seinen gesammten Staaten" zu unter=
suchen und eine entsprechende Verordnung zu entwerfen. Eine
solche wurde vielleicht vorgelegt, aber sicher nicht vollzogen.

Hiernach steht es fest, daß im Jahre 1798 die Tage der
Erbunterthänigkeit gezählt waren. —

So ging der alte preußische Staat seinem Ende entgegen,
ohne in der Verfassung der Privatbauern etwas erreicht zu haben,
was mit den Erfolgen bei den Domänenbauern nur entfernt
verglichen werden könnte. Beim Privatbauern bestand die Erb=
unterthänigkeit, wenn auch unter Mißbilligung des Königs und
der Minister, fort; die Aufhebung der Hofdienste war erwogen,
aber als vollkommen unmöglich erkannt worden; der Gedanke,
den Bauern durch Gesetz zum Eigenthümer zu machen, war amt=
lich nicht aufgeworfen, nicht einmal angedeutet: man würde darin
den Umsturz aller Dinge erblickt haben. Die häufig angeführten
Bemühungen der Regierung, sogenannte Urbarien durch Kom=
missäre aufstellen zu lassen, d. h. aufzeichnen zu lassen, was auf
Privatgütern Rechtens war, zur Klärung streitiger Fälle, hat
nicht Klarheit und Einigkeit gestiftet, sondern Prozesse und Miß=
vergnügen hervorgerufen, sodaß der Versuch 1809 auch amtlich
aufgegeben werden mußte. Auch die häufig ausgesprochene Ueber=
zeugung der Regenten, daß der erbliche Besitz bei Privatbauern
sich nützlich erweisen werde, war ohne Wirkung.

Also bleibt es dabei, daß während des 18. Jahrhunderts
eigentlich nur der Schutz des Bauernlandes und des Bauernstandes,
d. h. die Befestigung einer Grenze für die räumliche Ausdehnung

des herrschaftlichen Gutes auf Kosten des Bauernlandes und die
Aufrechthaltung der gegebenen Zahl von Bauernstellen, wirklich
erreicht worden ist.

§ 2. Das Edikt vom 9. Oktober 1807.

Die Erbunterthänigkeit war, wie wir gesehen haben, bereits
im Jahre 1798 sowohl vom preußischen Provinzialminister
von Schroetter als auch vom Könige selbst als überlebt bezeichnet
worden und es bedurfte nur eines Anstoßes, um dieselbe zu Fall
zu bringen. Der Anstoß ergab sich nach dem Frieden von Tilsit,
als es galt den völlig besiegten, auf vier östliche Provinzen
beschränkten Staat wieder aufzurichten. Daß zu dem inneren
Verfall — wenn von einem solchen die Rede sein darf — der
Monarchie Friedrichs des Großen etwa die Unfähigkeit der bis
dahin leitenden Männer, die bäuerlichen Verhältnisse überhaupt
umzugestalten, mitgewirkt hätte, läßt sich schwerlich behaupten.
Gerade Herr von Schroetter hatte in den letzten acht bis neun
Jahren auf dem Gebiet der Domanialreformen Hervorragendes
geleistet und die Minister für die andern Provinzen hatten es
ihm gleich gethan. Nicht einmal durch den Ausbruch des Kriegs
im Jahre 1806 hatte sich das General-Direktorium in der Dienstaufhebung der Amtsbauern stören lassen; im Gegentheil, die
Sache sei gerade deswegen um so bringlicher zu betreiben[1]): so
lautete der Bescheid auf die ängstliche Anfrage eines der kurmärkischen Räthe. Man war nur, nach fast völliger Erledigung
der Neuerungen für die Domanialbauern, an einen wichtigen Ab-
schnitt gelangt: es galt, für die Privatbauern etwas Entscheidendes zu thun; und dieser Schritt wurde allerdings erst
nach dem schlimmen Ausgang des Kriegs gewagt, obgleich seit
dem Jahre 1763, also seit 44 Jahren, die Frage bereits ernstlich aufgeworfen war. Es würde gewiß für den Ruhm des
Staates Friedrichs des Großen ein beträchtlicher Zuwachs gewesen

[1]) II 132.

sein, wenn in Sachen der Privatbauern mehr geleistet worden wäre; doch ist der plötzliche Sturz dieses Staates im Jahre 1806 und 1807 offenbar lediglich ein Kriegsereigniß, das durch einige tiefer greifende Maßregeln der inneren Politik nicht hätte verhindert werden können, und das nun der Anstoß zum Nachholen des Versäumten wurde.

Zunächst wäre man versucht, an die große That der Rückschau und Abrechnung mit der Vergangenheit zu denken, die sich in der durch Hardenberg und Altenstein zu Riga ausgearbeiteten Denkschrift vollzog. Die Staatsmänner sammeln da durch Einkehr in sich selbst für die Zukunft neue Kräfte[1]). Man denkt nicht an Wiederherstellung des Alten, eine neue Schöpfung ist nothwendig, eine durchgreifende Umbildung „ausgehend von einer beherrschenden Idee". Diese Idee müsse, mit Aufrechthaltung von Moralität und Religion, die Ziele der Revolution sich aneignen und so dem preußischen Staate wieder zur Ueberlegenheit verhelfen: „demokratische Grundsätze in einer monarchischen Regierung".

Gewiß waren ähnliche Empfindungen unter den hochgebildeten Männern jener Zeit, besonders unter jüngeren, verbreitet, aber die angeführte Denkschrift selbst, da sie erst vom 12. September 1807 datirt ist, kann nicht von Wirkung auf die Aufhebung der Erbunterthänigkeit gewesen sein, denn diese Frage war schon im Juli und August in Fluß gerathen.

Zum Theil war, wie die Immediatkommission sowohl als der Provinzialminister von Schroetter ausdrücklich hervorheben und der König anerkennt, der Vorgang des benachbarten Großherzogthums Warschau daran schuld[2]): durch die dortige Konstitution war die Gutsunterthänigkeit aufgehoben worden, und Preußen konnte schwerlich zurückbleiben, selbst wenn Schroetters Befürchtung, daß sonst die preußischen Unterthanen dorthin auswandern würden, übertrieben war.

[1]) L. von Ranke, Hardenberg (Sämmtliche Werke Bd. 48 S. 57).
[2]) II 152. 155. 160.

Wichtiger noch war ein anderer Umstand: die große Zer=
rüttung des bäuerlichen und des gutsherrlichen Wohlstandes durch
den Krieg schien gerade durch Aufhebung der Erbunterthänigkeit
geheilt werden zu können. Die Maßregel sollte der „Aufnahme"
des Landes dienen, die Wiederherstellung wirthschaftlicher Ord=
nung, das „Retablissement" sollte dadurch beförbert werden.

Der Minister von Schroetter, bereits eine ältere erprobte
Kraft, und das Mitglied der Immediatkommission, Herr
von Schön[1]), damals eben aufstrebend, hatten gleichzeitig diesen
Gedanken[2]), der eine zu Königsberg, der andere zu Memel
(17. August 1807); der eine äußert ihn ruhig und geschäfts=
mäßig, der andere mit Selbstbewußtsein und Schwung. Beiden
ist das Mißtrauen in die alte Verfassung und der Glaube an
die günstige Wirkung der Freiheit gemeinsam: daher wollen sie
auch noch andere Fesseln sprengen: die Indultgesetze, wodurch
die Gutsherrn damals vor ihren Gläubigern geschützt waren,
sollen fallen; die Gesetze, daß nur der Abel adlige Güter, nur
der Bauer bäuerliche besitzen dürfe, seien wegzuräumen. Der
Staat ziehe seine Vormundschaft zurück und überlasse das länd=
liche Erwerbsleben sich selber[3]).

Wenig kommt darauf an, daß Herr von Schön seinen Rath
an Schroetters Vorschlag, die verarmten Domänenbauern mit
Vieh auszustatten, anknüpfte und Herr von Schroetter an eine

<hr>

[1]) Herr von Schön pflegte sich das Edikt vom 9. October 1807 allein
zuzuschreiben: gewiß mit Unrecht: ebenso eifrig lehnt er das Regulirungsedikt
vom 14. Sept. 1811 ab. Vergl. seinen Brief aus Gumbinnen vom 23. Ott.
1811 an den Staatsrath Gruner (Regulirungen I¹ Bb. 1, Bl. 61):
„Man weiß, daß ich das Edikt vom 9. October 1807 wegen Auf=
hebung der Erbunterthänigleit veranlaßte und abfaßte. Das neue Gesetz
[vom 14. September 1811] betrachtet man als Folge jener habeas corpus-
Alte" — wogegen sich aber Herr von Schön verwahrt: im ersten Edikte
sei nur das heilige Recht des Menschen auf seine Person angesprochen; das
zweite Edikt aber gehe weiter.
Hiemit ist seine Stellung zur Sache richtig gelennzeichnet: er will
persönliche Freiheit der Bauern; in der Frage, wie der Besitz geregelt
werden soll, steht er auf der Seite der Gutsherren.
[2]) II 148. 153. — [3]) II 148. 155.

aufzunehmende Anleihe: da wo es sich um Hebung des Wohlstandes handelte, konnte damals die Aufhebung der Erbunterthänigkeit nicht übergangen werden; dieser Gedanke „stand längst
bei allen Wohlgesinnten fest"[1]) und überraschte auch den König
ganz und gar nicht, der vielmehr schon am 23. August erklärte[2]):
„Die Aufhebung der Erbunterthänigkeit ist seit meinem Regierungs-
antritt das Ziel gewesen, nach dem ich unverrückt gestrebt habe."

Es konnte sich also nur noch um die Art und Weise handeln.

Der vorsichtige Minister von Schroetter hatte darüber bereits
mit den Mitgliedern der preußischen Stände Fühlung gesucht[3])
und sich in der Hauptsache deren Auffassung angeeignet. Der
Abel verlangte nicht gerade, aber erwartete bestimmt eine Schad-
loshaltung:

„Die erste Bedingung würde die sein, daß jedem Gutsbesitzer
die freie Disposition über seine Bauernhuben, ohne Einmischung
der oberen Behörden, gesetzlich überlassen . . . und von ihm nur
verlangt werde, für jeden eingehenden Bauern wenigstens eine
Familie mit 2 oder 3 magdeburgischen Morgen Acker anzusetzen[4])".

Also der Abel Ostpreußens stellte sich zur Sache so: wir
lassen uns die Aufhebung der Erbunterthänigkeit gefallen, wenn
der Staat dafür den Bauernschutz aufgiebt. Dem Bauern gönnen
wir die Freiheit, wenn der Staat uns das Land gönnt. Der
Bauer gehe wohin er will; sein Land läßt er, da und dies Land
wollen wir. Und weil die Regierung etwa fürchten könnte, daß
dann die Bevölkerung sich stark vermindere, erbietet sich der Abel,
für jeden abgehenden Bauern eine Tagelöhnerfamilie anzusetzen;
die Familienzahl bleibt dann dieselbe, nur daß es künftig Tagelöhner statt der Bauern sind.

Herr von Schroetter nahm diesen Gedanken auf, als er die
Verordnung zum Retablissement der Provinzen Ost- und Westpreußen entwarf[5]): die Gutsherrschaft dürfe die nicht erblich aus-
gethanen Bauerngüter ohne Entschädigung, und die erblichen

---

[1]) II 152. — [2]) II 156. — [3]) II 157. — [4]) II 158. — [5]) II 163.

nach geschehenem Rückkauf, zu Vorwerksland einziehen oder zu größeren Bauerngütern zusammenschlagen; wo ein Bauer ver= schwunden ist, muß ein Kätner angesetzt werden. Ferner wird vorgeschlagen: Die Gutsunterthänigkeit hört mit einigen Ueber= gängen auf. Der frühere Unterthan kann mit Weib und Kind und mit seinem unstreitigen beweglichen Eigenthum abziehen ohne Loskaufsgeld. Die Gutsherrschaft ist ihrerseits berechtigt auf den Abzug zu bringen — nur darf sie von diesem Recht gegen Altersschwache und Kranke, die sich ihr Brod nicht selbst ver= dienen können, keinen Gebrauch machen.

Sogar der König, der sich über die Zustimmung des preußischen Adels sichtlich gefreut hatte, fand es billig, daß der Adel einen Ersatz für die wegfallende Erbunterthänigkeit erhalte „durch freiere Disposition über seine Güter und über die Bauernhöfe"[1]), setzte aber wohlweislich hinzu: „soweit letzteres ohne Nachtheil der Cultur und Bevölkerung geschehen kann". So stand es in der Kabinetsorder vom 3. September 1807.

Die abligen Herrn hatten übrigens noch eine Bedingung gestellt; sie baten um eine Gesindeordnung, wie sie von den Ständen bereits „nach sehr liberalen Grundsätzen" vor einigen Jahren entworfen sei. Darin sollte — für die befreiten Leute — ein fünfjähriger Zwangsgesindedienst festgesetzt werden, der strenge einzuhalten sei, damit Ordnung, Fleiß und Industrie erhalten und befördert werden.

Also Aufhebung der Erbunterthänigkeit; aber eine Haupt= folge des abzuschaffenden Zustandes, der Zwangsgesindedienst, soll sofort, wenn auch nur durch eine Gesindeordnung, gesetzlich wieder eingeführt werden. Man will also zu dem Lande des Bauern auch noch fünf Jahre seiner Arbeitskraft; dann erst kann der Bauer gehen.

Dies war denn doch mehr als Herr von Schroetter erwartet hatte; er antwortete trocken und treffend[2]), daß der vorgeschlagene Dienstzwang auf eine neue temporäre Unterthänigkeit hinauslaufen

¹) II 160. — ²) II 161.

werde und also nicht stattfinden könne; womit die Sache ab=
gemacht war und blieb.

Aber das Zugeständniß wegen der freien Verfügung des
Adels über das Bauernland hatte Herr von Schroetter persönlich
sich entreißen lassen; es fragte sich nur noch, ob es gesetzliche
Kraft erhalten würde. —

Aehnliche Ansichten vertrat im Grunde auch Herr von Schön,
das Mitglied der Immediat=Kommission: Einführung der Freiheit
zu Gunsten des Adels.

Herr von Schön erklärte sich nämlich ebenfalls für einen
Gegner des Bauernschutzes: „staatswirthschaftlich betrachtet"
(d. h. nach den neuen Ansichten über das Waltenlassen der
wirthschaftlichen Interessen) sei gar kein Grund vorhanden, warum
man nicht dem Gutsherrn freistellen sollte, seinen Boden als
Vorwerksland oder als Bauernland zu bewirthschaften.

Nach seiner — geschichtlich unzutreffenden — Meinung ist
der Bauernschutz innerlich zusammenhängend mit der Erbunter=
thänigkeit und es gilt ihm für selbstverständlich, daß nach auf=
gehobener Erbunterthänigkeit dem Gutsherrn nichts mehr im
Wege stehen darf, mit den bäuerlichen Stellen beliebige Aenderungen
eintreten zu lassen.

Bis aber die Aufhebung erfolgt, also für den nicht allzu
lang gedachten Zeitraum des Uebergangs, soll nach Herrn von
Schön ein Zustand eintreten, welcher dem Adel die schweren
Pflichten der Wiederherstellung der Bauernhöfe erleichtert und
zugleich an die Stelle der vielen kleinen lassitischen Bauern eine
geringere Zahl größerer Bauern, die im Zeitpachtverhältniß
stehen, zu setzen erlaubt.

Er begründet diese Ziele so[1]): zunächst ist es offenkundig,
daß viele Gutsbesitzer gar nicht im Stande sind, die Bauernhöfe
ihrer Güter, denen es zum Theil an Gebäuden und in der Regel
an Inventar fehlt, wieder aufzurichten. Gehört doch hiezu viel
mehr Kapital, als zur Wiederherstellung einer Vorwerkswirthschaft

---

[1]) II 150. 151.

von gleicher Fläche. Es geht einfach nicht an, daß der Staat hier das geltende Recht zur Durchführung bringt: er würde dann die Gutsherrn in den Untergang treiben.

Erlaubt man aber dem Gutsherrn, statt alle zu Fall gekommenen Bauern einzeln wieder aufzurichten, vielmehr deren Land in eine geringere Zahl größerer Bauernhöfe zusammenzuschlagen, so hat dies den Erfolg: erstens, daß das Bauernland als solches erhalten bleibt, denn es ist nicht Vorwerksland geworden; zweitens, daß große, lebensfähige Bauern, freilich in geringerer Zahl, an die Stelle der kleinen treten; drittens, daß an Stelle des lassitischen Besitzrechtes die Zeitpacht tritt.

Herr von Schön will also die gegebene Gelegenheit benützen, um in die ländliche Verfassung, zunächst der Provinz Preußen, die großen bäuerlichen Zeitpachtgüter an Stelle der kleinen lassitischen Stellen einzuführen: er will den letzten Schritt der Entwicklung nach dem Muster Neuvorpommerns und Mecklenburgs herbeiführen.

Dies kann natürlich nur durch Vertreibung einer Menge von Bauern geschehen, deren Land zur Vergrößerung der zu errichtenden Pachthöfe dienen soll. Natürlich soll der vertriebene Bauer für sein Besitzrecht nach Festsetzung der Kriegs- und Domänenkammer entschädigt werden; um seine Zustimmung wird der zu vertreibende Bauer nicht gefragt, doch erhält er vor dem Scheiden noch ein Geschenk, nämlich die Freiheit: ohne daß er sich loskauft wird ihm die Gutsunterthänigkeit erlassen[1]).

Herr von Schön freut sich, daß die kleinen Bauern, von etwa zwei Hufen magdeburgisch und darunter, verschwinden[2]), denn deren Dasein beruht auf Vorurtheilen des Adels, der Staat muß diesem Uebelstande abhelfen; Bauernstellen zu vier Hufen daraus zu bilden soll die Kammer stets erlauben; noch größere Stellen dann, wenn Zeitpachtverträge auf wenigstens 12 Jahre geschlossen werden.

Für Schonung der vorhandenen Bauern hatte Herr von

[1]) II 151. — [2]) II 153.

Schön auch etwas später, im April 1808, als es sich um die preußischen Domänen handelte, kein Verständniß[1]): er ist durchaus der Mann der damals neuen „staatswirthschaftlichen" Richtung und steht dabei, ohne es vielleicht zu ahnen, ganz im Interessenkreis der Gutsherrn.

Durch die beiden eröffneten Möglichkeiten, nämlich jetzt schon viele kleine Bauernpachtungen in große zu verwandeln, und später die Bauernstellen sogar, nach Erledigung des Besitzrechtes, überhaupt einziehen zu dürfen, werden die Gutsherrn wohl mit dem Verschwinden der Erbunterthänigkeit versöhnt werden: sie werden dann „gern auf die angemaßte Herrschaft über ihre Mitunterthanen Verzicht thun, um nur auf der andern Seite eine unbeschränkte Verfügung über ihr Eigenthum zu erlangen"[2]).

Ein anderes Mitglied der Immediat-Kommission, Staegemann, konnte sich zwar ebenfalls dem Gedanken nicht entwinden, daß eigentlich mit Aufhebung der Erbunterthänigkeit auch der Bauernschutz fallen müsse[3]); aber die unbeschränkte Anwendung dieses Grundsatzes „möchte in diesem Augenblick nachtheilig und ungerecht sein".

„Es gab in Ostpreußen, selbst zu den abligen Gütern, sehr wohlhabende Bauerndörfer, deren Wirthe der Krieg ruinirt hat. Zum Theil sind die Herren schuld, die die Last der Kriegsfuhren über Gebühr ihnen auflegten. Diese Wirthe zu Tagelöhnern heruntergedrückt zu sehen, stößt um so mehr zurück, wenn man erwägt, daß sehr viele, vielleicht die mehrsten Gutsherren noch genug Kredit finden werden um die Bauernhöfe zu retabliren[4])."

Es schwebt ihm ein Plan vor[5]), die Einziehung der Bauernhöfe auch für die Folge nicht unbeschränkt, sondern nur bis zu zehn magdeburgischen Hufen jährlich dem Gutsherrn zu gestatten; und wo jetzt Bauerngüter so darnieder liegen, daß der Gutsherr sie nicht wieder aufrichten kann, soll zunächst untersucht werden,

---

[1]) Vergl. oben S. 111 u. II 186. — [2]) II 152. — [3]) II 153. — [4]) II 153. — [5]) II 154.

ob der Bauernwirth selbst die Wiederherstellung versuchen könne,
ehe er mit einer Geldsumme abgefunden und vertrieben wird.

Als die Sache zum zweiten Mal bei der Immediat-Kommission
zur Begutachtung vorlag, erklärte Herr von Schön[1]): Erstens
müsse der zu vertreibende Bauer im Stande sein sich anderweitig
zu ernähren (was auch Herr von Schroetter[2]) bereits verlangt
hatte); und zweitens müsse derselbe für sein etwa stattfindendes
Besitzrecht entschädigt werden: das eine versteht sich aus dem
Armenwesen, das andere aus dem bürgerlichen Recht eigentlich
von selbst und beides ist keineswegs eine theilweise oder bedingte
Fortführung des Bauernschutzes als einer Maßregel der Landes-
polizei. Aber Herr von Schön fügte hinzu, auf beide Punkte
habe die Kammer künftig zu achten: „dann werden nicht mehrere
Familien auf einmal von ihren Hufen kommen"[3]). Und dies machte
den Eindruck, als habe Herr von Schön schlechthin gefordert, die
Kammer habe darauf zu achten, daß nicht zu viele Familien auf
einmal von ihren Hufen kommen.

Nur so ist Niebuhrs lebhafte Zustimmung zu verstehen, die
er „seinem geehrten Freunde" zutheil werden ließ[4]): „die vom
Herrn von Schön geforderte Aufsicht der Landespolizeibehörde
bei Niederlegung von Bauernstellen scheint mir in jeder Hinsicht
höchst nothwendig", damit die Bauern nicht zu sehr unter diesem
Vorgang leiden. Niebuhr denkt sich die Aufsicht viel umfassender
als Schön sie gemeint hatte. Ferner war auch Niebuhr ein
Freund von großen bäuerlichen Pachtstellen, statt der kleinen
lassitischen Güter, und sah in Schöns Vorschlag eine Begünstigung des Entstehens von solchen.

Noch zwei Mitglieder der Kommission gaben ihre Stimmen
ab. Staegemann will nur die Einziehung der durch den Krieg
veröbeten Bauernhöfe gestatten und die gänzliche Aufhebung des
Bauernschutzes mit Modalitäten umgeben, die noch zu finden
seien[5]). Altenstein räth, die Stände nicht zu fragen und die Ver-

[1]) II 165. — [2]) II 161. — [3]) II 166. — [4]) II 167. — [5]) II 167.

ordnung für die ganze Monarchie, nicht für die Provinz Preußen allein zu erlaffen¹). —

So stand es, als der Freiherr vom Stein die Leitung der Geschäfte übernahm. Er entschied sich sofort, am 8. Oktober, das Edikt (wie auch die Immediat=Kommiffion und sogar der König bereits im August²) gewollt hatten) auf die ganze Monarchie auszudehnen, (die Stände selbstverständlich nicht zu fragen) und in Bezug auf den Bauernschutz folgende Grundsätze³) walten zu laffen:

1. die im letzten Kriege veröbeten Bauernhöfe sollen, wenn sich die Kammer von dem Unvermögen des Gutsherrn überzeugt hat, und wenn der Bauernwirth die Wiederherstellung auf eigene Kosten ablehnt, vom Gutsherrn eingezogen werden dürfen gegen eine von der Kammer festzustellende Entschädigung (nach Staege= mann).

2. das Zusammenschlagen kleinerer Bauernhöfe in größere (worin immer noch, weil es keine Einziehung ist, eine Beschränkung des Gutsherrn zu Gunsten des Bauerstandes liegt), also Schöns Vorschlag, wird als wohlthätig anerkannt.

Im übrigen wird „eine gesetzliche Einschränkung der freien Disposition über das Eigenthum bleiben müffen, diejenige nämlich, welche dem Eigennutz des Reicheren und Gebildeteren Grenzen setzt und das Einziehen des Bauerlandes zu Vorwerksland ver- hindert", um so mehr als „der steigende Kaufwerth die neuen Besitzer" — denn voraussichtlich werden viele Besitzänderungen eintreten — „immer mehr reizen wird, ihren Vortheil zu suchen".

Hienach ist es klar, daß Herr vom Stein ganz und gar nicht daran dachte, nach Aufhebung der Erbunterthänigkeit dem Gutsbesitzer allgemein die freie Verfügung über das Bauernland einzuräumen. Es ist vielmehr die fortbestehende Staatsaufficht, damit nicht Bauernland eingezogen werde, gerade der von Stein allein ganz entschieden ausgesprochene Gedanke, während alle

andern im Grunde ihres Herzens den Bauernschutz als nicht mehr
zeitgemäß betrachteten.

Als aus dem Entwurf für die Wiederherstellung Ost- und
Westpreußens das berühmte Edift vom 9. Oftober 1807 geworden
war, welches sich auf die ganze Monarchie bezog, so war darin
endlich ausgesprochen, daß die Erbunterthänigkeit stufenweise, je
nach dem Besitzrechte der Bauern, aufhören müsse; sofort für
diejenigen Bauern, welche erbliche Lassiten oder Besitzer zu noch
bessern Rechten sind; und vom Martinitage 1810 an für die un-
erblich-lassitischen sowie für die Pachtbauern und gleichermaßen
für alle übrigen Unterthanen, auch diejenigen, welche keinen
Landbesitz hatten.

Aber die vom Herrn vom Stein angedeuteten Grundsätze
wegen des Einziehens und Zusammenschlagens der Bauerngüter
standen nicht ausführlich darin; offenbar wollte man den Ver-
schiedenheiten der einzelnen Landestheile gerecht werden und begnügte sich daher mit dem Satze, daß hierüber die Kriegs- und
Domänenkammern mit genauerer Instruktion versehen werden
sollten. Soviel allerdings ist deutlich erkennbar, daß man den
Gutsherren nur für den Fall Erleichterung des Einziehens und
Zusammenschlagens gewähren wollte, daß sie die unerblich-lassi-
tischen sowie die Pachtbauerstellen „nicht wieder herstellen oder
erhalten zu können meinen"[1]. Man muß darin eine Hindeutung
auf die Wirkungen des Kriegs erblicken, wie ja auch Herr vom
Stein früher ausgesprochen hatte, daß er für diesen Fall den
gesetzlich bestehenden Zwang der Wiederherstellung aufheben wolle[2].

---

[1] II 178.
[2] Der Vorschlag des Geheimen Kriegsraths Willens vom 16. Juli
1807, vergl. II 147, die Erbunterthänigkeit aufzuheben, ist zwar der früheste,
hat aber keinen Einfluß auf den Gang der Maßregel gehabt. Der Grund,
den Willens anführt: „daß ein großer Theil der Gutsbesitzer durch die
neuerlichen Ereignisse seine Unterthanen zu ernähren ganz außer Stand
gesetzt ist", klingt sehr hart, wenn man ihn so versteht, daß der Gutsherr
sich um den freigelassenen Unterthanen auch dann nicht weiter zu bekümmern habe, wenn derselbe der Armenunterstützung bedarf. Ob Willens
dies gemeint hat, bleibe dahin gestellt; wahrscheinlich ist es nicht und

§ 3. Die Verordnungen wegen des Einziehens und Zusammenschlagens.

Unmittelbar nach dem Edikt vom 9. Oktober 1807 wurde das kleine Werk von Schmalz[1]) geschrieben, worin mit sichtlichem Behagen — etwas vorschnell — die Aufhebung des Bauernschutzes gefeiert wird: es war ein Eingriff in das Eigenthum, daß der Gutsbesitzer das einmal an Bauern verliehene Land nie mehr einziehen durfte; jetzt, sobald er nicht mehr Leibeigene hat, ist dem Gutsherrn das Recht, das in seinem Eigenthume liegt, wieder gegeben: schon darin hat er Ersatz, wenn einer nöthig wäre, für die Aufhebung der Leibeigenschaft. Zugleich wehrt der Verfasser mit dem Scharfsinne der Interessenvertretung einen Gedanken ab, der damals noch gar nicht amtlich ausgesprochen war: der Staat, sagt er, konnte nicht weiter gehen, er konnte nicht die Bauerngüter in Eigenthum oder in Erbzinsgüter ver= wandeln, sondern er mußte jetzt den Eigenthümern (d. h. den Gutsherren) überlassen, ihre Privatangelegenheiten durch freie Verträge zu ordnen.

Merkwürdig, wie bei Schmalz (ebenso wie beim Herrn von Schön) die neue Lehre der wirthschaftlichen Freiheit, des Walten= lassens der Erwerbsinteressen, von England her über Königsberg einbringend, so schnell Wurzel schlägt; denn diese Lehre, wie sie Korn erzeugenden Gutsbesitzern, die auf ausländischen Absatz

---

jedenfalls ist bei der Aufhebung der Unterthänigkeit die Pflicht, die früheren Unterthanen im Falle völliger Verarmung zu unterstützen, nicht aufgehoben worden; vergl. II 164 in dem Entwurf der Verordnung den bezeichnenden Satz: „Uebrigens versteht es sich von selbst, daß die Guts= herrschaften von der durch das gegenwärtige Gesetz ertheilten Aufkündigungs= befugniß nur gegen diejenigen Gebrauch machen können, welche nicht durch Altersschwäche oder Krankheit sich ihr Brod zu verdienen außer Stande sich befinden." Vergl. ferner a. a. O. S. 174—175 die einzeln aufgezählten Folgen der Aufhebung der Unterthänigkeit; es ist dabei nicht gesagt, daß die Pflicht der Armenunterstützung aufhöre.

Nur die Pflicht der Wiederherstellung der Höfe in leistungsfähigen Stand und die Pflicht der Wiederbesetzung ist unter gewissen Bedingungen dem Gutsherrn erlassen worden.

[1]) Schmalz, Ueber Erbunterthänigkeit, 1808, S. 48 u. 54.

rechnen, in der Gestalt der Handelsfreiheit willkommen ist, schmeichelt sich auch in der Gestalt der Vertragsfreiheit gegenüber den Bauern ein, wenn es möglich erscheint, dadurch die frei= gewordenen Bauern außer Besitz zu bringen oder wenigstens sie in Zeitpächter zu verwandeln.

Regsamer noch als die Schriftsteller waren aber die Guts= besitzer selbst. Sie ersahen sofort ihren Vortheil und meldeten sich wegen Bauernlegens an. Zwei Beispiele mögen dies erläutern.

Ein Herr von L. meldet aus Westpreußen, daß ihm auf seinen drei Rittergütern die Bauern durch den Krieg völlig zurück= gekommen seien; sie können nicht mehr bestehen und er, der Guts= herr, kann ihnen nicht helfen, denn ihm selber ist ein Vorwerk nebst sieben Bauernhöfen abgebrannt. Daher trägt er darauf an, sämmtliche 29 Bauernhöfe, die bei jenen Gütern sind, einziehen und dagegen zwei neue Vorwerke anlegen zu dürfen. Er ist er= bötig, 30 Gärtnerfamilien, jede mit 3 Morgen Acker= und 1½ Morgen Gartenland, anzusetzen. Daß seine Bauern kein erb= liches Besitzrecht haben, stehe fest[1]).

Aehnlich trägt ein Herr von W. seine Lage vor. Er hat zwei Rittergüter in der Neumark; von seinen Bauern haben vier schon während des Kriegs ihre Höfe verlassen; die andern zwölf Bauern sind so entkräftet, daß unausbleiblich die meisten ihre Wirthschaften niederlegen müssen. Jene vier ledigen Höfe hat der Gutsherr während der Anwesenheit der französischen Truppen verschenken wollen, aber niemand wollte dieselben annehmen wegen der großen Lasten und der schlechten Beschaffenheit des Landes und der Gebäude; es wurde daher eine kleine Wirthschaft darauf errichtet (ein gutsherrliches Ackerwerk) und der Gutsherr trug die Einquartierungs=, Lieferungs= und Vorspannlasten. Von den noch bestehenden 12 Bauern haben die meisten nur noch 1 Pferd, 2 Ochsen und 1 Kuh oder 2 Pferde und 1 Kuh; der Gutsherr kann ihnen nicht helfen und bittet daher um die Erlaubniß, aus

---

[1]) Die westpreußische Kammer an den Minister von Schroetter, Marienwerder, 22. Januar 1808. Vergl. die Alten Regulirungen 1, Bd. 1.

3 bezw. 4 Bauernhöfen je eine kleine Wirthschaft errichten zu dürfen, die er zu abligen Rechten an zwei seiner Brüder ab= geben will [1]).

Der amtliche Bescheid lautete in diesem und in allen ähn= lichen Fällen: die verheißene Instruktion für die Kammern wegen des Einziehens stehe unmittelbar bevor. —

Und in der That sind zur Ergänzung des Edikts vom 9. Oktober 1807 bald drei Verordnungen erlassen worden [2]), die fast ganz übereinstimmend die Vorschriften ertheilen, nach denen die Kammern zu verfahren haben: für Preußen vom 14. Februar 1808; für Schlesien vom 27. März 1809; für Pommern und die Marken vom 9. Januar 1810.

Die früheste dieser Verordnungen fällt noch in die Zeit des Herrn vom Stein und hat den späteren zum Muster gedient; in ihr ist also Steins Agrarpolitik für die Provinz Preußen ent= halten.

Zunächst hatte der Provinzialminister von Schroetter den Auftrag erhalten, die noch fehlenden Vorschriften für die Kammer zu entwerfen. Er hat inzwischen die neue Ansicht, „daß jedes Individuum sein wahres Interesse leichter selbst auffinden wird, als es ihm von der Regierung vorgeschrieben werden kann", nur noch stärker erfaßt [3]) und weiß nichts weiter vorzuschlagen, als daß die Kammer darauf achten müsse, daß der zu vertreibende Bauer nicht auch noch zivilrechtlich geschädigt werde [4]); und ferner: für jeden eingehenden Bauernhof sei eine Häuslerfamilie anzusetzen.

Bei dem Gedanken, daß die Bauern verschwinden und Häusler an deren Stelle treten sollen, verlor der Freiherr von Stein die Geduld: sein „cessat in totum" am Rande und der unmittelbare Entschluß, lieber der Immediat=Kommission den Entwurf aufzutragen, sind deutliche Beweise, wie wenig ihn der Herr von Schroetter befriedigt hatte.

---

[1]) Eingabe an den König vom 16. August 1809. Vergl. die Alten Regu= lirungen 1, Bd. 2.
[2]) II 197. — [3]) II 199. — [4]) II 200.

Hieburch bekam Herr von Schön, als Mitglied der Immediat-Kommission, die Sache in die Hand. Obgleich er, wie bekannt, eigentlich gleicher Ansicht war wie Herr von Schroetter, so konnte er nun nicht anders als sich dem Standpunkte des Herrn vom Stein annähern.

Herr von Schön machte eine wichtige Unterscheidung, die hier zum ersten Male auftritt; er will die Bauernstellen neueren Ursprungs (in Ostpreußen nach 1752, in Westpreußen nach 1774 entstanden) anders behandelt wissen[1]) als die älteren Bestandes; denn die neueren seien gewiß erst die Folge eines seit jenen Jahren eingetretenen erhöhten Wohlstandes, könnten also nur dann weiter bestehen, wenn so günstige Verhältnisse geblieben wären; jetzt aber, nach dem Kriege von 1806 bis 1807, kann doch niemand mehr von besonderem Wohlstande reden und die neueren Bauernstellen haben damit die Voraussetzung ihres Bestehens eingebüßt. Man entziehe also den neueren Bauernstellen, die ohnehin die Minderzahl bilden, den Bauernschutz ganz und gebe sie der Einziehung oder dem Zusammenschlagen ohne weiteres preis, natürlich unter Wahrung der Gerechtsame eines Jeden, d. h. unter Entschädigung für das etwa bestehende Besitzrecht.

Es ist nicht zu sehen, weshalb die allgemeine Verminderung des Wohlstandes gerade so hart auf die Inhaber von Stellen neueren Ursprungs fallen soll: sie sind doch daran völlig unschuldig. Es kann der ganze Vorschlag nur begriffen werden, wenn man ihn als ein Zugeständniß an die Gutsherren auffaßt, dem nach Schöns Art eine gemeinnützig sein sollende Begründung beigegeben wird: er will die auf Ritteracker angelegten Bauernstellen der freien Verfügung der Gutsherren überlassen.

Mit den Bauernstellen älteren Bestands wird es anders gehalten (wobei nur an die unerblichen gedacht worden ist; die erblichen, allerdings wohl selten vorkommenden, sind übersehen), nämlich so:

Sie dürfen in größere Höfe zusammengeschlagen werden, die

---

[1]) II 201.

jedoch nicht größer sein sollen als je 4 Hufen in der Niederung und 8 Hufen magdeburgisch in der Höhe; ferner:

Verwandlung in Vorwerksland darf dann eintreten, wenn zu gleicher Zeit eine ebenso große Fläche Bauernlandes, als zu Vorwerksland gemacht werden soll, in große erbliche Bauerngüter, frei von Dienstzwang, Mühlenzwang und Getränkezwang, geformt und wenn für dieselben Annehmer nachgewiesen werden.

Es ist vollkommen klar, daß hiedurch der Bauernschutz bedeutend an Umfang und Kraft verliert. Nur noch ein Theil des Bauernlandes, und dieser Theil nur unter gewissen Bedingungen, soll geschützt bleiben. Die Bedingungen sind, nach Schöns bekannter Auffassung, von der Art, daß dabei größere Bauernhöfe als bisher üblich — allerdings jetzt zu erblichen Rechten — aus einem Theil der unerblichen kleinen Höfe entstehen sollen. Das Bauernland im ganzen würde bedeutend an Umfang abnehmen, wie Schön selber zugiebt[1]), aber der Rest würde zu größeren Wirthschaften gehören und zu besserem Recht als bisher besessen werden.

Man beachte auch hier den Umstand, daß die gegenwärtigen Besitzer ganz außer Betracht bleiben: sie sollen nicht etwa im Besitze geschützt, sie sollen nur im Falle der Vertreibung entschädigt werden; sie sollen nicht etwa zu Eigenthümern gemacht werden, sondern sie sollen künftig eintretenden Erwerbern weichen.

Dies sind die Vorschriften der Verordnung von 1808 für Preußen.

Hiemit war offenbar die ursprüngliche Meinung des Herrn vom Stein nicht getroffen; denn dieser hatte noch im Dezember 1807 gesagt[2]), er wolle die Einziehung von Bauernland nur zugegeben wissen, „wenn der Gutsherr unvermögend ist, die devastirten Höfe wieder herzustellen oder zu erhalten", während die von Schön entworfene Verordnung von Bauernhöfen überhaupt, nicht nur von

---

[1]) II 202; es ist II 222 Zeile 6 zu lesen: also so, daß das übrig bleibende Bauernland sich, was Größe und Verfassung der Stellen betrifft, verbessert.

[2]) II 193.

bevasirten, spricht und also viel weiter geht; wie sie denn auch von der Verwaltung in dem weiter gehenden Sinne ausgeführt worden ist[1]). Es ist nicht undenkbar — bei der Flüchtigkeit, mit der damals gearbeitet wurde —, daß dies auf einem Versehen beruht, denn die Worte des Edikts vom 9. Oktober 1807: „Wenn ein Gutsbesitzer meint, die auf einem Gute vorhandenen Bauern= höfe nicht wieder herstellen oder erhalten zu können", scheinen an den Zustand nach dem Kriege sachlich anzuknüpfen; und zur Erläuterung dessen, was dann die Kammer zu thun hat, wurden die von Schön entworfenen Vorschriften gegeben. Deshalb war der Oberpräsident Sack sozusagen politisch ganz im Recht[2]), als er für die Marken und für Pommern wieder nur die im Krieg unhaltbar gewordenen Bauernhöfe der Einziehung preisgeben wollte; während allerdings juristisch genommen die Verordnung für Ost= und Westpreußen unzweifelhaft von den Bauern über= haupt, nicht von den bevasirten, handelt.

Auch in einem andern Punkte noch ist Stein nicht durch= gedrungen: als er sich Schöns Vorschläge gefallen ließ, erhob er doch wenigstens den Einwand, daß keine Unterscheidung nach Normaljahren (in Bauernhöfe neueren und älteren Bestandes) statt= finden solle[3]); gleichwohl ist diese Unterscheidung stehen geblieben.

Es ist nicht so leicht verständlich, wie der Herr vom Stein schließlich die Verordnung vom 14. Februar 1808 dem König zur Vollziehung vorlegen und sie selbst gegenzeichnen konnte, da dieselbe das Bauernlegen zwar nicht in vollem aber doch in er= heblichem Umfange gestattet. Vermuthlich that er es aus zwei Gründen: einmal, weil denn doch wenigstens einige Einschränkungen für den Gutsherrn, gegenüber Schroetters früheren Vorschlägen, geblieben waren; und dann, weil ihm die Möglichkeit, auf diese Weise einen Theil der unerblichen kleinen preußischen Bauern= stellen in größere erbliche Stellen verwandelt zu sehen, lockend war.

Sehr bezeichnend ist nun, wie die ostpreußischen Gutsherren selbst mit diesen überaus weitgehenden Zugeständnissen noch un=

---

[1]) II 205. — [2]) II 218. — [3]) II 203.

zufrieden sind[1]). Sie fühlen sich gekränkt, daß sie — jedoch nur wenn sie Bauernland einziehen wollen — einen ebenso großen andern Theil des Bauernlandes zu erblichen Rechten austhun sollen. Zu erblichen Rechten — das wollen sie nicht; höchstens an Zinspachtbauern, d. h. wohl an Pachtbauern, die statt Diensten Zins zahlen; oder noch lieber an Instleute. Damit wäre aber der einzige, an sich bereits höchst magere Gewinn des Staats aus der Verordnung vom 14. Februar 1808 verschwunden, und es erfolgte daher einfache Zurückweisung, die aber die Bittsteller nicht beruhigte. Immer wieder erschienen sie in derselben Angelegenheit, sobaß zuletzt die Minister Altenstein und Dohna grob wurden[2]): Wie nothwendig auch jetzt noch der Schutz der Bauern sei, sagten sie, werde am besten bewiesen durch die „Zubringlichkeit", mit der sich die Gutsherren dagegen auflehnen. Mithin hatte die Regierung keinen Dank für die weitgehende Schonung der Gutsherren: die schlummernden Ansprüche wurden nur geweckt und gesteigert. —

Die Wirkung der drei Verordnungen findet sich in zahlreichen älteren Schriften und Aktenstücken besprochen.

Ein ungenannter Schriftsteller sagt im Jahre 1812[3]): Die allgemein vorherrschende Vergrößerungssucht der Gutsbesitzer sei durch die Verordnung vom 9. Januar 1810 unglaublich verstärkt worden. Die Ländereien der eingezogenen Bauernhöfe sind, soweit es geschehen konnte, den großen Gütern zugeschlagen worden; und die aus Bauernland neu einzurichtenden Stellen hat man so groß als möglich gemacht, sobaß also auf dem übrig gebliebenen Bauernland die Zahl der Stellen sich entsprechend vermindern mußte. Es gab nur eine Hemmung für diese Entwicklung: nämlich, daß die Gutsbesitzer nicht Kapital genug hatten, um auf allem Bauernland die beiden mit einander verbundenen Aenderungen durchzuführen: sonst „würden sich die größeren Güter schnell zu un-

---

[1] II 207. — [2] II 211.
[3] Vergl. die Schrift: Verlieren oder gewinnen die Gutsbesitzer des preußischen Staates durch die Edikte vom 14. September 1811? Berlin 1812, S. 22 ff.

förmlichen Massen gehäuft und die achtbare Klasse der kleinen
Ackerbauer schon verschlungen haben".

In einem amtlichen Bericht an den Staatskanzler sagt der
Kriegsrath Scharnweber 1816[1]):

Die Folgen der drei Verordnungen konnten sein: daß das
Bauernland um die Hälfte vermindert wurde und auf der übrig
bleibenden Hälfte die Zahl der Stellen sich stark verringerte, da
man viele kleine zu einer großen Stelle zusammenschlagen durfte.
Der größte Theil des Bauernstandes wäre verschwunden, die
meisten Bauern hätten Tagelöhner werden müssen und die Inhaber der neu gebildeten großen Stellen wären „aus der Last
der Dienste in die Last der Abgaben gerathen", da keine Grenze
für die Belastung derselben vorgeschrieben war. Die Vortheile
der Aufhebung der bisherigen bäuerlichen Verhältnisse hätten
dann nur auf Seiten der Gutsherren gelegen. Alle Vermehrung
der kleinen Leute und Erhebung derselben zu Eigenthümern wäre
ausgeschlossen geblieben, man hätte vielmehr neben einer großen
Zahl von Tagelöhnern nur noch wenige Besitzer von sehr großen
Stellen (bis zu 400 Morgen) erhalten; letztere würden ein Mittelding zwischen Bauern und Gutsherren geworden sein.

Endlich sagt der bekannte Schriftsteller von Bülow-Cummerow,
1821[2]): Unter die Fehlgriffe sei besonders die Verordnung vom
14. Februar 1808 zu rechnen, indem sie die Existenz der adlichen
Bauern in der Monarchie bedrohte, da die in diesem Gesetze den
Gutsbesitzern gegebene Erlaubniß, die Bauernhöfe einzuziehen, zu
vortheilhaft für selbige war, als daß sie nicht ganz allgemein
davon hätten Gebrauch machen sollen, und nur der damaligen
Geldnoth und Verwirrung ist es zuzuschreiben, daß dieses Gesetz
so wenig Folgen gehabt hat[3]).

---

[1]) Bericht vom 20. Januar 1816 über den Entwurf zur Deklaration
des Regulirungsgesetzes vom 14. September 1811: in den Alten: Regulirungen 1a Bd. 3 Blatt 66.

[2]) Vergl. von Bülow-Cummerow, Ein Punkt auf's J. 1821, S. 63.

[3]) Wie leicht die drei Verordnungen zu umgehen waren, indem nur
Annehmer für die neuen Stellen nachgewiesen zu werden brauchten, wofür

Nach all dem Beigebrachten kann über die möglichen Folgen der drei Verordnungen kein Zweifel sein.

Wenn man blos die im Kriege 1806 bis 1807 wirklich zu Grunde gegangenen Bauern fallen lassen und ihre Stellen dem Gutsherrn preisgeben wollte — wie Steins eigentliche Absicht war —, hätte man doch den Schutz für die übrigen Bauern bestehen lassen können. Dieser Gedanke liegt so nahe, daß er in einer Schrift vom Jahre 1808 bereits Ausdruck gefunden hat [1]):

„Da die Bevölkerung des Landes für den Staat von großer Wichtigkeit ist, so dürfte es in vielen Provinzen rathsam sein, die Einziehung derjenigen Bauergüter zu verbieten, die noch jetzt wirklich mit einer Bauerfamilie besetzt sind, damit nicht mehr der Gutsherr, in der Hoffnung, durch eigene Bewirthschaftung des Gutes mehr zu gewinnen, den Besitzer durch unbillige Behandlung des Gutes nöthige, es zu verlassen."

Statt dessen wurde der unbedingte Bauernschutz fallen gelassen. Mithin ist der bis zum Jahr 1807 streng festgehaltene bäuerliche Besitzstand, entsprechend dem Umfange, wie er ungefähr im Jahre 1756 gewesen war, nicht mehr bis zu Hardenbergs Zeit so geblieben. Vielmehr sind unter dem Ministerium des Freiherrn vom Stein und dann unter Altenstein und Dohna die Schutzdämme durchbrochen worden und das eindringende feindliche Element hat einen Theil des Bauernlandes verschlungen.

Man sah damals freilich mehr die andre Seite der Sache: wenn man die Ansprüche des Adels, besonders des ostpreußischen, verglich, die auf ungehemmten Gebrauch des Bauernlandes zum Vortheil des Gutsherrn hinausliefen, so erschienen die drei Verordnungen — da sie immerhin gewisse Bedingungen fürs Einziehen und fürs Zusammenschlagen aufstellten — als Beschränkungen des Adels, und die Regierung konnte 1810 mit einigem

man wohl Strohmänner nahm, folgt aus der Geschichte, die bei Hering, Agrarische Gesetzgebung in Preußen, 1837, S. 99, so vorzüglich erzählt wird; gerade wegen dieses Vorzugs wage ich nicht dieselbe hier aufzunehmen.

[1]) Vergl. F. E. Klein, Begünstigung des Bauernstandes, 1808, S. 18.

Recht (von diesem Standpunkte aus gesehen) behaupten, daß sie dadurch den Bauernstand habe retten und stufenweise der natür= lichen Freiheit zuführen wollen[1]).

Aber ganz anders liegt es, wenn man mit der bis 1807 gültigen Gesetzgebung vergleicht: da ergiebt sich ein beträchtliches Zurückweichen der Regierung vor dem Adel, zur Entschädigung für die aufgehobene Erbunterthänigkeit.

Ein Versuch grundsätzlichen Neubaues kann in den drei Verordnungen schon deshalb nicht gesehen werden, weil alles beim Alten blieb, sobald der Gutsherr weder einziehen noch zu= sammenschlagen wollte[2]).

Das Ganze ist ein Erfolg des Herrn von Schön; durchaus weder der früheren noch der späteren preußischen Gesetzgebung, am wenigsten aber dem Sinne des Freiherrn vom Stein ent= sprechend.

Doch war der Druck jener Zeiten, 1808 bis 1810, auch für die Gutsherren so fühlbar, daß sie in der Vertilgung des Bauern= standes nicht soweit, als sie gern gemacht hätten, gehen konnten. Es blieb noch eine beträchtliche Anzahl lassitischer Bauern übrig, und für diese bestand — wenn der Gutsherr die für eine Aende= rung vorgeschriebenen Bedingungen nicht erfüllen wollte oder konnte — die alte Verfassung fort: Wiederbesetzung erledigter Höfe und Unterstützung in Unglücksfällen war, wie früher, Vorschrift.

---

[1]) II 221. — [2]) II 222 mit der oben S. 141 Anmerkung I gegebenen Berichtigung.

Drittes Kapitel.

---

§ 1. Die öffentliche Meinung über die Lösung der Bauernfrage.

Was man heutzutage öffentliche Meinung nennt, war am Anfang des 19. Jahrhunderts nur in schwachen Spuren vorhanden und konnte sich insbesondere auf dem Gebiete wirth= schaftlicher Verwaltung nur ganz gering entwickeln, da ja die reichhaltige Thätigkeit des Staats nur innerhalb der engen Kreise der betheiligten Beamten bekannt war.

Trotzdem haben sich damals schon einzelne Flugschriften an die Erörterung der Frage herangewagt, was nach Aufhebung der Erbunterthänigkeit mit den frei gewordenen Bauern ge= schehen solle.

Den Standpunkt der Gutsherrn vertrat ohne alle Um= schweife der Geh. Justizrath Schmalz im Jahre 1808[1]): es sollten so viele Bauernstellen, als der Gutsherr wolle, eingezogen und der frei gewordene Bauer zum Tagelöhner gemacht werden. Hier ist uns dieser Vorschlag, den wir schon kennen, nur deshalb werthvoll, weil Schmalz darin eine Versorgung der Bauern er= blickt: das was dem Herrn vom Stein und dem Oberpräsidenten Sack[2]) als das äußerste Ziel einer Entartung im Sinne Mecklen= burgs und Vorpommerns erschien, hielt Schmalz für eine Maß=

---

[1]) Vergl. dessen Schrift: Aufhebung der Erbunterthänigkeit, 1808.
[2]) II 205. 218.

regel, die den davon Betroffenen höchlich befriedigen würde: er schreibt:

„In freien Ländern wird man es kaum glauben, daß viele leibeigene Bauern gern ihre Höfe aufgeben werden, um als freie Tagelöhner zu leben: aber in der That, die meisten werden dadurch beträchtlich gewinnen."

Vielleicht war dies nichts anderes, als was der Fuchs den Enten predigt; aber es kann auch mehr als das, es kann ernst= haft und in gewissem Sinne wohlwollend gewesen sein; denn Schmalz steht mit dieser Auffassung nicht allein.

Man liest in einem Gutachten des Landraths von Dewitz[1]), auf Pommern bezüglich, vom 22. Februar 1808:

Pommern sei an Kultur und Wohlstand hinter dem be= nachbarten Mecklenburg zurückgeblieben, offenbar weil die preußische Staatsverwaltung bisher die freie Nutzung des Landes durch ihren Bauernschutz gehindert habe.

Man hält das Fortbestehen der Bauern für ein untrüg= liches Mittel zur Vermehrung des allgemeinen Wohlstandes. Hat aber durch die Erhaltung der Bauern wirklich die Kultur und hat der Wohlstand der Bauern zugenommen? Nein. Die Bauern sind in der Kultur zurück, die Bauern sind arm, sie sind ungleich ärmer als die Drescher und Gärtner und sonstigen Be= wohner des platten Landes: Dürftigkeit findet sich auf dem Lande vorzüglich bei den Bauern.

Daß durch Einziehung der Bauernhöfe die Bauern arm und nahrungslos würden, ist nicht zu befürchten. Denn die nun vergrößerten Gutswirthschaften verlangen mehr Menschen= hände. Ueberall ist jetzt die größte Noth um Tagelöhner und Drescher, die deshalb auch alle einen großen Grad von Wohl= stand besitzen. Die früheren Bauern werden sich also, wenn sie fleißig sein wollen, leicht ihr Brod verdienen.

---

[1]) Regulirungen 1, Bd. 2; das Gutachten handelt über die für Pom= mern zu entwerfende Instruktion betr. Zusammenschlagen und Einziehen der Bauernstellen.

Ebenso wie Dewitz denkt der bauernfreundliche Oberpräsident Sack (1809), aber allerdings spricht er nur von den soweit herabgekommenen Bauern, daß sie — was so häufig war — gutsherrliche Unterstützung brauchten[1]):

„Der Bauer, welcher auf dem Bauernhofe sich nicht ohne Unterstützung zu erhalten vermochte, ist als Büdner weit besser daran."

Und endlich hat man das Zeugniß des hochgebildeten, edeldenkenden Meisters der Landwirthschaft, A. Thaers, welcher 1806 sagt[2]): Man sollte solche Bauernahrungen, welche schwer bestehen können, und besonders solche Kossäthennahrungen, lieber ganz einziehen (was damals gesetzlich noch nicht erlaubt war) und durch Büdnerstellen ersetzen. Wie oft kommt es vor, daß solche Bauern oder Kossäthen das Schicksal eines Büdners beneiden! Der einzige Grund, weshalb solche Leute elende Kossäthenhöfe annehmen, ist die Entlassung vom Militärdienst, welche ihnen dadurch erreichbar wird. Hat er einmal die Stelle, so trägt er allen Jammer geduldig und stumpfsinnig, weil ihn die Herrschaft, wie er denkt, ja doch im Nothfalle ernähren muß. Wie viel besser würde er sich auf einer freien Büdnerstelle befinden, mit wenigen Morgen Landes, worauf er eine Kuh halten kann!

Sack und Thaer waren keineswegs für allgemeines Bauernlegen; sie waren Bauernfreunde. Ihre Meinung soll hier nur zur Erläuterung angezogen werden[3]), daß es denkbar war (wie Schmalz und Dewitz thun), in der Verwandlung des Bauern in einen Tagelöhner einen Fortschritt zu sehen: man brauchte nur recht jämmerliche Bauern vor Augen zu haben und sie mit wohlhabenden Büdnern zu vergleichen.

Eine allgemeine Lösung der Bauernfrage in gleichem Sinne (freilich für Süd- und Neuostpreußen, also Gebiete, die streng

[1]) II 218.

[2]) Vergl. A. Thaer, Annalen des Ackerbaus, Bd. 4 (1806) S. 66.

[3]) Wegen Sack vergl. II 218; wegen Thaer vergl. Annalen der Fortschritte der Landwirthschaft, Bd. 3 (1812).

genommen nicht hieher gehören, da sie 1807 verloren gingen)
schlägt der Kammerrath Bolte, der dort in Diensten gewesen
war, im Jahre 1801 vor[1]):

Man sollte nach englischem Muster die Bauern ganz eingehen lassen und bloße Chalupner (Bübner) und Instleute aus
ihnen machen, die nur allein mit Handdiensten, ungefähr drei
Tage die Woche, den Herrschaften verpflichtet wären, 18 magdeburger Morgen Land erhielten und zwei Ochsen im Stalle hätten.
Das übrige Land könnte der Gutsherr zum Vorwerk einziehen
und alles durch eigenes Gespann bearbeiten. Zu diesem neuen
Zustande würde sich der Bauer weit besser befinden, indem er
nicht weiter Knechte und Pferde zu halten brauchte.

Man sieht demnach aus Schmalz, Dewitz und Bolte, daß
man sogar im Interesse der Bauern daran denken konnte, sie
ganz in Bübner, in eine Art von Tagelöhnern, aber freilich mit
Grundbesitz ausgestatteten, zu verwandeln.

Es wäre hiebei wenigstens der Vortheil gewesen, daß man
die im Besitz befindlichen Bauern zwar nicht als Bauern, aber
doch als landbesitzende Bübner beibehalten hätte; während in den
vom Herrn von Schön ausgehenden drei Verordnungen gar
keine Rücksicht auf den Verbleib der vorhandenen Bauern genommen wird. —

Wenden wir uns nun zu den Verhältnissen der Bauern, die
da bleiben sollen, so ist die Verurtheilung der Frohndienste sehr
verbreitet und es genügt, den bedeutendsten Schriftsteller über
Landwirthschaft, A. Thaer, hierüber anzuführen, wie er den
Staat zur Abhülfe herbeiruft.

Er spricht sich bereits 1802 über die bäuerlichen Frohnen
folgendermaßen aus[2]):

Gewiß sind Frohnden oder Hofedienste nächst dem Natural-

---

[1]) Gutachten über die Abstellung des Naturalscharwerks in den Akten:
Schlesische Registratur, Pars XI Sectio V Nr. 86 betr. Resuition der
Naturaldienste der Amtsunterthanen, Blatt 53 ff. (breslauer Staatsarchiv).
[2]) Thaer und Benele, Annalen der niedersächsischen Landwirthschaft,
4. Jahrg. 9. Stück (1802).

zehnten das größte Hinderniß einer verbesserten Landwirthschaft. Sie sind gleich nachtheilig für den Acker des Pflichtigen wie für den des Berechtigten.

Für den berechtigten Gutsbesitzer sind sie dann noch einigermaßen erträglich, wenn der Bauer, wie in Mecklenburg, mit Haus, Hof und Acker, mit Vieh und Geräth dem Gutsherrn eigenthümlich zugehört. Dann ist der Bauer völlig Knecht und unbedingt vom Herrn abhängig. Wenn der Bauer das Vieh nicht gut wartet und schlecht damit arbeitet, so sagt ihm der Gutsherr: ich kann dich als Bauer nicht mehr brauchen; geh' mit Sack und Pack aus dem Hause, leg dich in jene Hütte, denn von morgen an bist du Schweinetreiber. Hier hat der Gutsbesitzer die Sache ganz in der Hand.

Wo aber die Hofedienste mäßiger sind, wo die Bauern eine bestimmte Zeit arbeiten müssen oder ein bestimmtes Maß der Arbeit haben: wie schwierig ist da für den Gutsbesitzer jede Verbesserung der Wirthschaft, die Wahl anderer Werkzeuge oder anderer Früchte und jede Umänderung der Felder, da sich der Bauer jeder Neuerung widersetzt. Bei der Unsicherheit dieser Dienste kann nirgends der rechte Augenblick wahrgenommen werden.

Anders freilich liegt es für den Bauern. Bei ersterer Einrichtung, wie in Mecklenburg, bleibt ihm fast keine Zeit für die eigne Wirthschaft, bei der zweiten Einrichtung dagegen fühlt er sich etwas freier.

Aber hier wie dort befördert der Frohndienst beim Bauernstand Trägheit, Nachlässigkeit und Verdrossenheit, und die wenigen Hofknechte, die der Gutsherr hält, nehmen bald den Takt der Frohnarbeiter an. Welche Verschwendung der Kraft von Menschen und Vieh! Welcher Verderb für den Charakter des ganzen Volks! Welche Quelle von Unzufriedenheit, Groll und Streitsucht!

Die gesetzgebende Macht des Staates ist berechtigt, die Aufhebung der Frohndienste zu bewirken, trotz der Eigensinnigen und Kurzsichtigen. Freilich ist es ein Eingriff ins Eigenthum, aber daraus folgt nur, daß der Gutsherr entschädigt werden muß.

Man glaubte früher, große Wirthschaften könnten ohne Hofedienste gar nicht betrieben werden, aber seitdem der König von England auf den landesherrlichen Domänen des Kurfürstenthums Hannover die Dienste gegen ein mäßiges Dienstgeld erlassen hat, kann davon nicht mehr die Rede sein und ebenso ging es in Holstein: welcher Lärm erhob sich, als dort die Leibeigenschaft und die Hofedienste abgeschafft werden sollten; und jetzt schätzen sich dort die Gutsbesitzer glücklich, seitdem sie die Bauerndienste los sind, und der Werth der Güter ist unendlich gestiegen.

Vier Jahre später, 1806, spricht Thaer in Bezug auf die Kurmark folgenden Gedanken aus[1]):

Die Laßbauern wären in Eigenthümer ihrer Höfe zu verwandeln, und wegen ihrer Pflichten gegen die Herrschaft hätten sie Entschädigung zu geben. Am leichtesten wäre der Uebergang dann, wenn man die herrschaftlichen Ackerwerke in kleine Wirthschaften zerschlüge oder vielmehr, mit Schonung eines Kernes, kleinere Wirthschaften davon abtrennte. Dann würde mit dem großen Betrieb auch der Frohndienst wegfallen. Bei Gelegenheit der Neuordnung könnten die so nöthigen Separationen durchgeführt werden.

Es ist derselbe Gedanke, den bereits am Anfang des 18. Jahrhunderts Luben in Bezug auf die Befreiung der Domänenbauern geäußert hatte[2]). —

Ueber die für Preußen wichtigere Art der Neugestaltung, bei Fortbestand der großen Gutswirthschaften, handelt eine Schrift von Sebald aus dem Jahre 1803[3]).

Im wesentlichen werden darin die Verhältnisse der Mark

---

[1]) A. Thaer, Annalen des Ackerbaus, Bd. 4 (Berlin 1806) S. 58 ff.
[2]) Vergl. oben S. 81 u. 82.
[3]) Vergl. Sebald, Aufhebung der Spanndienste, besonders in der Mark, 1803.

Brandenburg besprochen; der Verfasser — was uns hier sehr
wichtig ist — wird nicht in erster Linie durch naturrechtliche Forderungen geleitet; er hat nicht vor allem die persönliche Freiheit
im Sinne, so wenig, daß er sogar für die Zukunft das Fortbestehen des Zwangsdienstes der Bauernkinder fordert[1]).

Die Vorschläge Sebalds gehen demnach weniger von der
Anhängerschaft an ein Lehrgebäude, als vielmehr von rein wirth-
schaftlichen Erwägungen aus, wobei ihm das Fortbestehen der
Bauern nach der Neuordnung die wichtigste Rücksicht ist.

Nach Sebald ist eine Stufenfolge einzuhalten, und zwar in
folgender Weise:

Zunächst wird der Laßbauer zum Eigenthümer gemacht, und
zwar des ganzen bisher innegehabten Gutes (sollte dieser Besitz
nicht ausreichend sein, so wird ihm derselbe sogar vergrößert,
worauf wir später zurückkommen); dann werden die Spannbienste,
und nur diese, aufgehoben; beides geschieht gegen Entschädigung
des Gutsherrn in Gelde.

Sollte der Gutsherr, z. B. für die Zeit der Ernte, wegen der
Handdienste in Verlegenheit kommen, was an manchen Orten (der
Mark Brandenburg) der Fall sein dürfte, so werden vertrags-
mäßig Hülfsdienste mit den bäuerlichen Eigenthümern verabredet.

Nun fragt es sich zuerst, wieviel der Bauer für den Erwerb
des Eigenthums zahlen soll. Hierüber läßt sich nichts Allgemeines sagen, es muß nach eines jeden Ortes Lage und nach
der Beschaffenheit des Bodens beurtheilt werden. Am sichersten
geht man, wenn man die gewöhnlichen, für jede Provinz bestimmten Abschätzungsgrundsätze dabei annimmt, die Lasten und
Abgaben davon abzieht und so den Werth des ganzen Besitzes
feststellt. Keineswegs verzichtet der Bauer auf Wald- und Weide-
gerechtsame. Kann der Bauer den Werth der Besitzung nicht
auf einmal bezahlen, so werden ihm billige Fristen gestellt, auf
deren Einhaltung aber mit Strenge geachtet wird.

Der neue Eigenthümer löst nun die Spannbienste ab. „Soll

---

[1] A. a. O. S. 80.

dem Unterthanen hiebei wahrhaft geholfen werden, soll er dadurch glücklicher werden und Gelegenheit erhalten in der Kultur
seines eigenen Ackers mit fortzuschreiten, und sollen zugleich seine
häuslichen Umstände verbessert werden: so muß man die künftigen
Geldleistungen nicht mit den bisher geleisteten Naturaldiensten,
sondern nur mit den wahren Bedürfnissen des Hauptgutes in das
richtigste Verhältniß setzen. Nur hiedurch allein kann dem
Unterthanen geholfen und sein wahrer Wohlstand befördert
werden[1].“ Also es ist auszumitteln, was künftig auf dem herrschaftlichen Gute mehr aufzuwenden ist für menschliche Arbeitskraft und für Zugvieh, und dafür allein hat der Bauer durch
Dienstgeld aufzukommen.

Wenn aber nun die bäuerliche Wirthschaft so klein ist, daß
sie losgelöst aus dem bisherigen Verband und insbesondere des
Rechtes auf gutsherrliche Unterstützung baar, nicht für sich würde
bestehen können — was dann? Für diesen Fall macht Sebald
einen ganz einzig bastehenden Vorschlag, der sich übrigens nur
auf unerbliche Güter bezieht (während Eigenthumserwerb und
Ablösung der Spanndienste auch bei erblichen Bauerngütern
stattfinden sollen).

Es sollen nämlich vor der Reform die unerblichen Bauern
in Bezug auf ihre Besitzgrößen unter einander ausgeglichen
werden, so, daß vom großen Besitze abgenommen und dem kleinen
Besitze zugelegt wird. Wenn der durchschnittliche Besitzstand zu
gering wäre, um bei gleicher Auftheilung eine zweckmäßige Größe
der Bauernstellen zu bewirken, so müßte nach Sebald der Gutsherr von seinem Rittergut einen Theil in die Theilungsmasse
werfen. So wird jedem Bauern ungefähr gleichviel Acker, Wiese-
wachs und Hütung zugewiesen und jedem dann vorgeschrieben,
wieviel Vieh er halten darf, „damit nicht einer den andern bei
der Hütung bevortheilen [d. h. übervortheilen] kann“.

Dies soll nicht etwa geschehen, damit die Bauern einander
nicht beneiden und ihren Gleichheitsdrang befriedigen, sondern

[1] A. a. O. S. 13.

damit nicht die kleinen unter ihnen hülflos in die Freiheit und
in das Eigenthum eintreten. Sie sollen jedenfalls genug haben,
um als Bauern fortzubestehen. Ausgesprochen ist es nicht, aber
jedenfalls gemeint, daß sie nicht in die Gefahr kommen sollen,
als zu kleine Eigenthümer zu Lohnarbeitern herabzusinken.

Der nächstliegende Einwand: daß der Gutsherr sich wohl
hüten werde, Land herauszugeben, wird von Sebald voraus-
gesehen und auf folgende Weise bekämpft.

Zunächst haben viele Rittergüter neben dem freien Ritteracker auch steuerbare (sog. kontribuable) Aecker, wie allbekannt,
unter ihrem Pfluge. Diese Aecker tragen Kontribution, Kavallerie-
geld, Fourageliefeningen und Nachschuß — lauter drückende,
weil in baarem Gelde zu entrichtende Abgaben, so daß der Gutsherr von diesem Theil seiner Aecker nicht viel Vortheil genießt:
und gerade diesen Theil kann er dann, wenn nicht ganz, so doch
ein ausreichendes Stück davon, an die Bauern hingeben. Die
Bauern übernehmen dann freilich auch die Lasten, aber sie können
es weit eher, weil sie zu ihrem eigenen Unterhalt weit weniger
brauchen. Dafür wird dann der Gutsherr frei von der Pflicht
die Bauern in Unfällen zu unterstützen und ihre Steuern zu
vertreten; das verkleinerte Rittergut braucht weniger Zugvieh,
kann besser gedüngt und überhaupt sorgfältiger behandelt werden.

Wäre solcher steuerbare Acker bei einem Rittergute nicht
zur Verfügung, so sind doch gewiß sogenannte Außenländereien
da, sechsjähriges oder neunjähriges Land, zu dessen Düngung
und regelmäßiger Bestellung die Kräfte nicht ausreichen: hievon
könnte dann, mit ähnlichem Vortheil für den Gutsherrn, ein
Theil an die Bauern abgegeben werden.

Ein ganz merkwürdiger Vorschlag! Wie locker ist der
bäuerliche Besitz, wenn man daran denken kann, sie unter einander
gleich zu machen; und wie stark ist Sebalds Glaube an die Gut-
müthigkeit der Gutsherrn[1] und an die Allmacht des Staats,
dem er zumuthet, den Plan zu verwirklichen.

[1] Ueber deren wahre Interessen vergl. II 220, wo J. G. Hoffmann
die Gründe der Gutsherrn für weiteren Landerwerb darlegt.

Aber lehrreich bleibt das Ganze doch, denn deutlicher kann man die Forderung nicht stellen, daß bei der wirthschaftlichen Neuordnung vor allem der künftige Fortbestand der Bauern zu sichern sei. —

Etwas später und bereits nach Aufhebung der Erbunterthänigkeit, erschien 1808 eine Schrift von Weber[1]); es ist, wie es scheint, zum ersten Mal, daß ein Gelehrter in die Erörterung der schwierigen Fragen eintritt.

In den Grundzügen stimmt Weber mit Sebald fast ganz überein: auch er will zuerst die Bauern zu Eigenthümern oder Erbpächtern machen und dann sollen die Frohndienste aufgehoben werden.

Beim Eigenthumserwerb ist zu unterscheiden, ob die Bauern bisher schon erbliche Besitzer waren oder nicht. Im ersteren Falle werden die augenblicklichen Besitzer zu Eigenthümern gemacht; im andern Falle dagegen steht es dem Gutsherrn frei, an wen er die Bauerngüter veräußern will, und es genügt die bestimmte Aussicht, daß in den meisten Fällen die bisherigen Inhaber sich vor allen anderen dazu melden werden, denn sie kennen die Güter am besten und trennen sich schwerlich von denselben.

Ein erhebliches Einkaufsgeld hat nur die letztere Klasse zu entrichten; denn bei der ersteren Klasse hat der Gutsherr fast nur Vortheile, wenn er das Obereigenthum fahren läßt. Die Vortheile bestehen darin, daß nun die Bauern nicht mehr nach jedem Unfall dem Grundherrn beschwerlich werden: die Verpflichtung zum Aufbau und zur Reparatur der Gebäude, zur Lieferung von Vieh, von Saat- und Brodgetreide fallen weg, und schon dies muß den Grundherrn lieb und werth sein.

Endlich ist nicht zu vergessen, daß der Gutsherr ja auch bisher die leeren Bauernstellen nicht an sich ziehen durfte, sondern sie stets neu besetzen mußte.

Dann erst wäre an die Aufhebung der Frohndienste zu

[1]) Weber, Friedrich Benedikt, der Land- und Staatswirthschaft ordentlicher Professor zu Frankfurt a. O., Ueber den Zustand der Landwirthschaft in den preußischen Staaten und ihre Reformen, Leipzig 1808.

gehen. Dies müßte mit Vorsicht und allmählich unter Beihülfe
des Staats, der die Ausführung überwacht, ins Werk gesetzt
werden. Zuerst wären ungemessene Frohnen in gemessene zu verwandeln und dann wären auch diese, soweit sie unzweckmäßig
sind, in einem Zeitraum von 4 bis 6 Jahren zu beseitigen, aber
es würde nichts schaden, wenn ein Rest auch länger bestehen
bliebe, denn größere Güter würden ohne Hülfsdienste kaum bestehen können.

Als Grundsatz für die vom Bauern zu leistende Entschädigung empfiehlt Weber ganz wie Sebald den Satz, daß der Bauer
nur für das aufzukommen hat, was der Gutsherr zur Beschaffung des Ersatzes ausgeben muß.

Freilich würde der Bauer übel stehen, wenn er diesen Ersatz
in Kapital oder in festem, jährlichem Dienstgelbe zu leisten hätte.
Statt dessen empfiehlt Weber — und hierin ist er selbständig —
zwei andere Wege:

wo möglich eine jährliche, entsprechend hoch festgesetzte
Naturalabgabe an Früchten aller Art: Korn, Hafer, Stroh, Heu
und dergleichen, beziehungsweise den entsprechenden Werth nach
marktgängigem Preise;

oder — und hier erscheint ein sehr wichtiger Gedanke —
der Bauer tritt einen Theil seines Landes an den Gutsherrn
ab, vorausgesetzt daß ihm dann noch eine genügend große Fläche
zur Bewirthschaftung übrig bleibt.

Die Entschädigung in Land soll aber nicht die allgemeine
Regel sein, sie soll nur gewählt werden für den häufig vorkommenden Fall, daß der Bauer mehr Land inne hat, als er
mit seinen Kräften wirklich gut bestellen kann.

Diese Auseinandersetzung wird dem Bauer nur schwer ein-
leuchten, denn der Bauer will immer nur mehr Land haben, ob
er es nun gut bestellen und büngen kann oder nicht. Von selbst
wird der Bauer nicht auf Verkleinerung seines Hofes verfallen,
aber durch diese Art der Dienstablösung wird er in den Fällen,
wo es ihm heilsam ist, zur Verkleinerung und zu intensiverer
Wirthschaft genöthigt.

Hieburch tritt Weber keineswegs durchgehends in Gegensatz zu Sebalb. Nach Sebalb sind die Bauerngüter, wenn sie zu klein sind, auf Kosten der zu großen Bauerngüter oder des Ritter= gutes zu vergrößern; nach Weber sind die zu großen Bauern= güter zu verkleinern. Nur in Bezug auf das Rittergut ist der Gegensatz vollständig: nach Sebalb sollen die Rittergüter häufig verkleinert werden, nach Weber werden sie in vielen Fällen ver= größert.

Die spätere Entwicklung zeigt, daß Weber den Sinn der Gutsherrn getroffen hat, und deshalb verdient er hier als wich= tiger Rathgeber Erwähnung. —

Beide Schriftsteller, Sebalb sowohl als Weber, stehen offen= bar unter dem Einfluß der Domanialbauerreform: sie empfehlen, was dort bereits in der Durchführung war, Frohnaufhebung und Verleihung von Eigenthum; sie haben für das Dienstgeld den Grundsatz, der dort ebenfalls leitend war: der Bauer soll nur aufkommen für die Kosten, die der Gutsherr zum Ersatz der Bauerndienste aufwenden muß. Selbst Webers Vorschlag des gelegentlichen Ausgleichs durch Abtretung von Land war in der Kurmark und in Pommern bereits auf den Domänen manch= mal zur Ausführung gekommen.

Mithin darf man wohl sagen: auch Fachleute hatten da= mals nichts anderes für die Privatbauern vorzuschlagen, als was bei den Domänenbauern bereits verwirklicht war. —

Endlich ist noch eine Flugschrift zu nennen, die wegen ihres umfassenden Inhalts und ihres staatsmännischen Geistes weitaus über die vorigen hinausragt: sie ist aus Rendsburg, November 1807 datirt, von C. U. D. Freiherrn von Eggers[1]) unterzeichnet und nennt sich „Preußens Regeneration; an einen Staatsminister," also ein offener Brief, wohl an den Freiherrn vom Stein gerichtet,

---

[1]) G. Hanssen, Leibeigenschaft in Schleswig=Holstein S. 49 nennt einen Eggers als Mitglied der deutschen Kanzlei in Kopenhagen. — Es giebt ein Werk: C. D. von Eggers, Memoiren über die dänischen Finanzen, 2 Bde. 1800—1801.

der im Oktober die Leitung der Geschäfte ergriffen hatte. Der Verfasser sagt:

Es möchte parteiisch erscheinen, Ew. Excellenz bei der Auf=hebung der Erbunterthänigkeit unsere Veranstaltungen in Schleswig und Holstein zu nennen — aber ich muß es darauf wagen. Noch ist in keinem Lande das wahre Erbübel so vollständig gehoben als bei uns. Es ist nicht genug — wie ich ehemals glaubte — das persönliche Band zu lösen. Die Regierung muß schlechter=dings dafür sorgen, daß die Befreiten auch in ihrer bisherigen Lebensweise nicht gestört werden. Man muß ihnen ihr Brod sichern, indem man ihnen ihre Freiheit wieder giebt; man muß dafür sorgen, daß sie Landbesitzer bleiben, nicht Tagelöhner werden. Dies ist bei uns geschehen. Unsere Verfügungen verbinden den zum gemeinen Besten unvermeidlichen Zwang mit der möglichsten Schonung. Die Erfahrung hat sie bewährt. Schon sind beinahe drei Jahre verflossen, seit die große weiteingreifende Veränderung ausgeführt ward: und man hat nirgends gegründete Klagen vernommen, keine irgend erhebliche Unzuträglichkeit bemerkt. Gleichwohl war Ihre Erbunterthänigkeit bei uns als Leibeigen=schaft ihrem ganzen Umfang nach so fest begründet als nur irgendwo sonst. . . .

Die Aufhebung der Erbunterthänigkeit muß nothwendig nach sich ziehen eine allgemeine Bestimmung wegen der Frohn=dienste. Unbestimmte oder ungemessene Frohndienste können mit persönlicher Freiheit nicht bestehen. Immerhin mögen die einzelnen Bestimmungen verschieden sein nach den örtlichen Verhältnissen. Diese unvermeidliche Verschiedenheit hindert nicht die Festsetzung einer allgemeinen Regel. Kein Landbesitzer darf dem andern mit Gespann oder Handarbeit so viel dienen, daß er dadurch behindert wird, seinen eigenen Boden zu bearbeiten. Selbst sein eigener Wille darf ihn nicht dazu verpflichten. Die Regierung ist der geborene Vormund aller Unmündigen, und die Freige=lassenen sind bürgerlich unmündig so sehr [als] irgend einer.

Ueberhaupt wünschte ich Ihnen eine Einrichtung wie unsere Kredit=Kasse, um den gordischen Knoten zu lösen. Eigenthum ober Erbpacht, mit gar keinen, [ober] höchstens unbebeutenben Frohnen, ist ja anerkannt die vortheilhafteste Verfassung für ben Staat wie für ben einzelnen Landmann. Um biese Lage möglichst schnell herbeizuführen, haben wir ben Bauern, bie bem Gutsherrn bas Eigenthum ihrer Stellen auf billige Bebingungen ablaufen, bie zwei Drittheile bes Kaufschillings als erstes Gelb geliehen. Diese Schulb zahlt er allmählich zurück, nach bem Zinsfuß von vier Prozent, inbem er in 28 Jahren jährlich sechs Prozent als Zinsen unb Kapitalabtrag entrichtet; auch lassen wir ihn wohl bie ersten Jahre blos Zinsen zahlen, ohne Abtrag. Die Vortheile für ben Schulbner sinb einleuchtenb; unb bie Kasse verliert nichts babei, weil sie bie Gelber wieber zu bemselben Zinsfuß auf= nimmt. Nur wirb vorausgesetzt, baß ber Bauer nicht bei bem Kauf übervortheilt wirb. Dafür muß bann bie Direktion möglichst sorgen. Daß bies thunlich ist, weiß ich aus Erfahrung. In Dänemark hat biese Kasse schon seit zwanzig Jahren be= trächtliche Summen auf biese Weise ausgeliehen unb bei Anleihen an Bauern auch nicht ben minbesten Verlust erlitten.

Statt bes Kaufschillings möchte ich noch lieber, ganz ober zum Theil, bie Entrichtung eines jährlichen Natural=Kanons, in Früchten ober nach bem Marktpreis, als Bebingung bes Eigen= thums annehmen. Wenn Gutsherr unb Bauer ihren gegenseitigen Vortheil verstehen, zumal jener, so wählen sie selbst biesen Weg. Dann bebürfte es auch weniger bes Zutritts ber Regierung. Allein erzwingen läßt sich bies nicht. Aufklären unb Beispiele geben ist alles, was bie Regierung thun kann.

Eggers geht noch weiter, inbem er bie Grenze bes rein Wirthschaftlichen überschreitet: es soll sogleich bie Patrimonial= gerichtsbarkeit aufgehoben werben, überhaupt sollen bie privi= legirten Gerichtsstänbe fallen unb angemessene geographische Ge= richtsbezirke eingeführt werben; bie gutsherrliche Polizei unb obrigkeitliche Gewalt ber Gutsherrn ist abzuschaffen. Endlich benkt er auch nicht allein an bie länbliche Verfassung; er forbert bessere Strafanstalten, eine neue Armenorbnung, Vereinfachung bes Geschäftsganges bei ben Behörden, größere Verantwortlichkeit der Beamten, Erhöhung ihrer Gehälter, Abschaffung des Accise-systems, Wegfall der üblichen Unterstützung der Fabriken und eine liberalere Zollverfassung.

Der Aufruf — denn das ist eigentlich der offene Brief des Freiherrn von Eggers — zeichnet aufs deutlichste den Weg vor, der zu betreten war und in vollem Bewußtsein hiervon schließt der Verfasser mit den Worten:

„So wird aus dem alten Preußen ein neues Preußen auf-erstehen."

§ 2. Das Regulirungs-Edikt vom 14. September 1811.

Bei so reicher Vorarbeit der öffentlichen Meinung sollte man denken, daß die Regierung, ausgerüstet mit den Erfahrungen, die man bei den Domänenbauern gemacht hatte, mit einem festen Plan zur Neuordnung der Verhältnisse der Privatbauern ge-schritten wäre.. Eine Anknüpfung an die geltenden drei Ver-ordnungen ließe sich ebenfalls voraussetzen, entweder so, daß man dieselben als ungenügend ausdrücklich beseitigte, oder so, daß man das Brauchbare daraus bestehen ließ. Aber all' dies trat nicht ein. Die Vorgänge bei den Domänenbauern waren genauer nur wenigen, die dabei mitgearbeitet hatten, aus den Akten bekannt. An leitender Stelle folgten auf den Freiherrn vom Stein, ebenfalls nur kurz im Amte bleibend, Altenstein und Dohna. Die Be-hörden wurden im Jahre 1808 völlig neu eingerichtet, und so entstand, theils durch den Wechsel der Männer, theils den der Behörden, eine gewisse Unsicherheit, die sich am deutlichsten darin kund thut, daß die treibende Kraft nicht bei den Ministern, sondern bei einer Provinzialbehörde, der kurmärkischen Regierung in Potsdam, zu finden war.

Es waren die Regierungsräthe von Raumer und Heinsius, die von Potsdam aus (29. April 1810) mit Nachdruck die Forderung erhoben: daß die Stellen der im Besitze befindlichen Privatbauern in dienstfreies Eigenthum zu verwandeln seien; und der Minister von Dohna erkannte darin das was nöthig sei „um

im Geiste des Edikts vom 9. Oktober 1807 konsequent fortzuschreiten" [1]). Man muß, wie man von da an sagte, die Regulirung
der gutsherrlich = bäuerlichen Verhältnisse vornehmen; und der
rühmlich bekannte J. G. Hoffmann, damals im Ministerium beschäftigt, erhielt den Auftrag, über die Art und Weise dieser Regulirung einige Paragraphen in den Entwurf der Gemeinheitstheilungsordnung, mit dem man bereits beschäftigt war, einzu-
fügen [2]) (15. Juni 1810).

Nun aber trat der Staatskanzler Freiherr von Hardenberg
an die Spitze der Geschäfte. Er berief den rührigen und geistvollen
Herrn von Raumer aus Potsdam in seine unmittelbare Um-
gebung [3]) und ließ ihn in Verbindung mit Borsche, Beuth und
Labenberg einen besonderen Gesetzentwurf über die Regulirung
ausarbeiten, sodaß also zum Glück dieser Gegenstand von der
langsam reifenden Gemeinheitstheilungsordnung wieder losgelöst
und einer schnelleren Erledigung zugeführt wurde.

Und zwar einer Erledigung völlig neuer Art: der Raumerische
Entwurf wurde, das erste Beispiel in der preußischen Geschichte,
den Nationalrepräsentanten vorgelegt und mit ihnen, die freilich
nur eine berathende Stimme hatten, wurde der Inhalt des späteren
Gesetzes gleichsam vereinbart [4]).

Hören wir, was der Raumerische Entwurf enthielt, der nach
heutiger Redeweise als Regierungsvorlage zu bezeichnen wäre.

Zunächst werden die Bauern in zwei Klassen getheilt, die
verschieden behandelt werden sollen: 1. Bauern, denen erbliche
oder auch lebenslängliche Besitzrechte an ihren Stellen zustehen,
und ihnen gegenüber 2. die Zeitpachtbauern.

Für die erblichen sowie lebenslänglichen Besitzer wird
gefordert, daß sie sofort zu Eigenthümern gemacht werden; sind
sie das, so darf sowohl der neue Eigenthümer, als auch der Gutsherr, vollständige Auseinandersetzung wegen der noch bestehenden
Lasten und Rechte fordern; die Lasten werden gegen die Rechte
abgewogen, und wegen des sich ergebenden Ueberschusses wird

---

[1]) II 237. — [2]) II 235. — [3]) II 238. — [4]) II 241.

Ausgleichung gegeben, gleichgültig ob in Land, in Rente, in Naturalien oder in Geld; und, wohl zu merken, gleichgültig auf welcher von beiden Seiten eine Mehrforderung sich herausstellt, ob auf Seiten des Gutsherrn oder des Bauern. Erst wenn diese Auseinandersetzung geschehen ist, tritt Freiheit des Verkehrs mit den Grundstücken ein, d. h. nach Herstellung des dienstfreien Eigenthums der Bauern fällt auch der letzte Rest des Bauernschutzes weg.

Anders werden die Zeitpachtbauernstellen behandelt; sie werden nicht zu Eigenthum gemacht, sondern bleiben wie bisher, und insbesondere müssen sie stets mit bäuerlichen Wirthen besetzt und in wirthschaftlichem Zustande erhalten werden. Dies ist eine Pflicht des Gutsherrn, von der er sich unter gewissen Bedingungen befreien kann: nämlich wenn er die Hälfte des Zeitpachtbauernlandes an beliebige Annehmer zu Eigenthum abgiebt, darf er die andere Hälfte einziehen oder beliebig veräußern (natürlich nur unter Erledigung der zeitlichen Besitzrechte).

Hienach geht Raumers Entwurf nur in Bezug auf die erste Bauernklasse ganz selbständig vor: die erblich und die lebenslänglich besitzenden sollen Eigenthümer und nach geschehener Abrechnung auch dienstfrei werden. Dagegen die Zeitpachtbauern werden so weiter behandelt, wie die unerblichen Bauern nach den drei Verordnungen, deren älteste aus der Zeit des Freiherrn vom Stein sich herschreibt.

Der Raumerische Entwurf ist kühner als er uns heutzutage erscheint. Es ist zum ersten Male, daß der Staat mit der Forderung an die privaten Gutsbesitzer herantritt, daß sie das Obereigenthum über ihre Laßbauern (nicht über die Pachtbauern) aufgeben und die Dienste ablösbar machen sollen. Wenn früher von Dienstablösung der Privatbauern die Rede war, so bezog sich dies nur auf den Fall, daß der Gutsherr es wollte, und selbst für diesen Fall bestand kein allgemein gültiges Gesetz[1]). Der König hatte sogar im Jahre 1798, in der schon erwähnten

---

[1]) II 227.

Kabinetsorder vom 25. Juli[1]), in Bezug auf gesetzliche Dienstablösung der Privatbauern einen Verzicht geleistet, der nicht deutlicher ausgesprochen werden kann als in den Worten:

„Ich habe mich überzeugt, daß an Aufhebung der Dienste,
die durch das Gesetz bewirkt werden soll, nicht gedacht werden
kann . . . Ich habe daher alle Gedanken hieran fahren lassen."

Dies muß man im Gedächtniß haben um dem Entwurf, den
der Staatskanzler am Anfang des Jahres 1811 den Landesrepräsentanten vorlegen ließ, gerecht zu werden.

Die Vertretung des Entwurfs in der Versammlung wurde
dem Kriegsrath Scharnweber anvertraut, der von da an in den
bäuerlichen Angelegenheiten als andres Ich des Staatskanzlers
erscheint. Er hat sich mit vielem Geschick der neuen Aufgabe
unterzogen, indem er in seiner Rede[2]) vor allem die großen Vortheile hervorhob, welche der Gutsherr selbst durch Aufhebung
des Obereigenthums über die Laßgüter erlange. Die so lästige
Pflicht des Gutsherrn, seine Laßbauern in Nothfällen zu unterstützen und die Steuern derselben zu vertreten, würde dann wegfallen; nicht minder würde die Pflicht, die Bauernhöfe besetzt zu
erhalten, aufhören, und wirkliche Freiheit des Verkehrs mit Grund
und Boden eintreten.

Für den Staat sei die Reform hauptsächlich deshalb nöthig,
weil bäuerliches Eigenthum in viel höherem Grade steuerkräftig
sein werde, da ja der Bauer nach der Dienstaufhebung ganz sich
selber gehöre.

Seinen eigenen Lieblingswunsch, daß auch die Zeitpachtbauern Eigenthümer werden möchten — was in dem Entwurf
noch nicht vorgesehen war —, deutet Scharnweber nur ganz leise
an[3]), denn er spricht ja nicht in eigenem Namen; dann schließt er
in der Hoffnung, die Gutsherrn würden sich des bisher unmündigen Bauern väterlich annehmen. —

In den Verhandlungen, die nun eintreten, werden seitens
der Landesrepräsentanten fast lauter neue, vom Regierungs-

---

[1]) Vergl. oben S. 124. — [2]) II 248. — [3]) II 255.

entwurf abweichende Vorschläge gemacht. Die Durchberathung
vollzog sich nicht in den jetzt üblichen Formen sondern war mehr
ein freier Meinungsaustausch, wobei jeder seine Vorschläge,
nachdem er sie verlesen hatte, schriftlich einreichte. Zu Ab-
stimmungen ist es nicht gekommen. Die Regierung nahm die
Vorschläge entgegen und arbeitete darnach ihren früheren Entwurf
völlig um, fast nach den Wünschen der Mitglieder der Versammlung, die meist Gutsherrn waren. Nicht als ob diese sich
überhaupt der Reform geradezu widersetzt hätten; das getrauten
sie sich noch nicht, die Regierung war zu ernsthaft aufgetreten
und galt noch für allmächtig. Aber es blieb, wenn man auch
dem Ziele der Regierung zustimmte, noch ein weiter Spielraum
der Wirksamkeit, indem man andere Wege der Reform, besonders
andre Arten der Ausgleichung, durchsetzte.

Die Vorschläge der Landesrepräsentanten wurden also von
der Regierung so weit als möglich berücksichtigt und das Edikt dann
durch Scharnweber entworfen. Der Entwurf erhielt mit nur
wenigen Abänderungen schließlich als sogenanntes Regulirungsedikt vom 14. September 1811 die königliche Unterschrift; er ist
keineswegs auf den ursprünglichen Raumerischen Entwurf, sondern
wesentlich auf die Vorschläge, die aus dem Schoße der Versammlung hervorgingen, begründet.

Man vergleiche den Inhalt des Edikts, so wird man finden:

Das Edikt macht den Eigenthumserwerb erst von der Auseinandersetzung abhängig (§ 1); während nach Raumers Entwurf
das Eigenthum sofort verliehen worden wäre, und der neue
Eigenthümer nur wegen der Lasten und Pflichten sich mit dem
früheren Obereigenthümer auseinandergesetzt hätte.

Das Edikt wirft die lebenslänglichen bäuerlichen Besitzer
mit den bäuerlichen Zeitpächtern in eine Klasse, und zwar in
die ungünstiger zu behandelnde Klasse; während Raumers Entwurf die lebenslänglichen Besitzer in die günstiger zu behandelnde
Klasse gesetzt hatte. Damit ist der Wunsch des Landesrepräsentanten Dewitz erfüllt[1]). Die Eintheilung war nämlich diese:

[1]) II 257.

Nach Raumers Entwurf gehören

in die erste Klasse:	in die zweite Klasse:
die erblichen Laßbauern	die Pachtbauern,
die unerblichen Laßbauern	

nach dem Edikt von 1811 hingegen:

die erblichen Laßbauern	die unerblichen Laßbauern
	die Pachtbauern.

Der Uebertritt der unerblichen Laßbauern in die zweite Klasse ist von größter Bedeutung, da diese Art von Bauern in Preußen, in Pommern, in der Uckermark und Neumark, sowie in Oberschlesien die Hauptmasse bildete; statt mit den erblichen Laßbauern gleich behandelt zu werden, werden sie nun wie die Pachtbauern behandelt.

Das Edikt stellt den Grundsatz auf, daß jedenfalls der Bauer dem Gutsherrn etwas herauszugeben habe, während der Raumerische Entwurf[1]) in § 6 eine Abrechnung verlangte und den Fall für möglich erklärte, daß der Bauer etwas herausbekomme.

Das Edikt stellt für die Höhe der vom Bauern zu leistenden Entschädigungen Normalsätze auf, geht also von dem Gedanken ab, daß der einzelne Fall zu Grunde zu legen sei, und zwar folgende Normalsätze: für erbliche Bauerngüter Abtretung eines Drittels, für unerbliche (d. h. lebenslängliche Laßbauern und Zeitpachtbauern) Abtretung der Hälfte des Landes. So hatten es bei den Nationalrepräsentanten Herr von Golbbeck, von Zülow und Wistinghausen verlangt.

„Am zweckmäßigsten ist offenbar eine Theilung des Landes zwischen den Berechtigten und den Verpflichteten", meinte Herr von Golbbeck[2]). Herr von Zülow wünscht, daß die Bauern von den drei Feldern das eine, also ein Drittel des Landes, abtreten[3]). Nach Wistinghausen soll der Laßunterthan (im engeren Sinne) ein Drittel, der Pachtbauer (im weiteren Sinne) die Hälfte seiner Aecker abtreten, dann werde der Gutsherr voll entschädigt sein[4]).

---

[1]) II 245. — [2]) II 258. — [3]) II 259. — [4]) II 261.

Normalentschädigung heißt also Entschädigung auf Grund einer allgemeinen Norm, nicht auf Grund besonderer Ausmittelung. Es kann kein Zweifel sein, daß nicht die Regierung, sondern die Nationalrepräsentanten diesen Gedanken aufgebracht haben.

Dagegen hat die Regierung, verglichen mit dem Raumerischen Entwurf, eigentlich nur folgendes neu erreicht: die Regulirbarkeit der bäuerlichen Zeitpächter wurde festgesetzt, allerdings gegen Abtretung der Hälfte des Landes (wie bei den unerblichen Laßbauern), aber immerhin war dies ein Schritt von hoher Bedeutung, den man wohl als Scharnwebers eigenstes Werk betrachten darf. Denn Scharnweber hatte schon im November 1810, als er den Raumerischen Entwurf kennen lernte, sein Gutachten in diesem Sinne abgegeben. Die Schwierigkeit lag darin, daß bei Pachtbauernhöfen die Gutsherrn offenbar Eigenthümer sind (während bei Laßbauernhöfen der Begriff des Eigenthums nicht recht anwendbar ist). Soll man sich darüber einfach hinwegsetzen, den Pächter zum Eigenthümer machen, dem Verpächter sein Recht geradezu nehmen? Scharnweber antwortet mit ja; es muß geschehen im Interesse der Landeskultur und es lassen sich folgende Gründe dafür anführen.

Der Gutsherr hatte, auch nach Ablauf der sechs oder zwölfjährigen Pachtzeiten, nie die freie Verfügung über diese Bauernstellen, denn er war genöthigt, dieselben stets besetzt und in ihrer bisherigen Verfassung zu erhalten. Wegen der großen Lasten, die darauf ruhten, meldeten sich auch bei Neuverpachtungen niemals vermögende Leute, und so waren also diese Bauernstellen für den Gutsherrn nicht ergiebig: es handelt sich nur um ein wenig verwendbares Eigenthum, ein Schade für den Gutsherrn ist also nicht vorhanden, besonders da Entschädigung geboten wird.

Trotz dieser Nützlichkeitsgründe hat damals Scharnweber sein Gutachten mit den bezeichnenden Worten geschlossen [1]): „Eine

---

Kommunikation mit dem Justizdepartement scheint mir in diesem Falle keineswegs räthlich."

Einige Jahre später sagte er: die unerblichen Bauern (worunter auch die bäuerlichen Zeitpächter sich befinden) haben auf Verleihung des Eigenthums keinen rechtlichen Anspruch, sondern diese Verleihung entspringt aus religiösen, moralischen und politischen Rücksichten. Und daß man zwischen unerblichen Laßbauern und Zeitpachtbauern keinen Unterschied macht, ist dadurch gerechtfertigt, daß die Verhältnisse dieser Bauernklassen früher im ganzen gleich gewesen sind und die jetzt eingetretene Verschiedenheit nur aus der Willkür und Spekulation der Gutsherrn entsprang [1]).

Wenn nun aus der Mitte der Landesrepräsentanten selbst sich der Gedanke erhebt, auch die Pachtbauern zu Eigenthümern zu machen, und zwar die jetzt im Besitze befindlichen, so ist dies nur zu verstehen, wenn auf die geforderte Entschädigung geachtet wird: der Bauer soll die Hälfte des jetzigen Besitzes abgeben; der Rest soll natürlich dem Gutsherrn — was bisher nicht der Fall gewesen war — zur freien Verfügung zufallen. Das letztere ist der entscheidende Punkt. Wer sieht es nicht, daß hier eine Entschädigungsart gefordert und erreicht worden ist, bei der sich die Gutsherrn über allen Kummer, daß ihnen Eigenthum genommen sei, ohne weiteres hinweg setzen konnten.

Ueber die Normalentschädigung hat sich Scharnweber in einer amtlichen Rede, die er am 16. September 1811 (zwei Tage nach der Unterzeichnung des Edikts) in der Versammlung der Landesrepräsentanten hielt [2]), so ausgesprochen: der Gutsbesitzer erhält offenbar mehr als ihm nach strengem Recht gebühren würde; der Staat ist es, der hiebei den Schaden trägt, da nun die Bauern weniger steuerkräftig sind; und insbesondere bei

---

[1]) Scharnwebers Gutachten an den Staatskanzler vom 25. Dezember 1815. Vergl. die Akten: Regulirungen I. Bd. 2 Blatt 159.
[2]) Die Rede ist abgedruckt in Thaers Annalen der Fortschritte der Landwirthschaft Bd. 2 (1811) S. 237 ff.

den unerblichen Bauern — welche die Hälfte des Landes abtreten
sollen — erweist sich der Staat höchst liberal zu Gunsten des
Gutsherrn.

Dies war so sehr das Gefühl der Regierung, daß sie
für den Fall, daß ausnahmsweise die Leistungen der Bauern
nicht bis zu dem Punkte getrieben seien, den ihre Kräfte zuließen,
dem erblichen Bauern im § 30 des Edikts erlaubte, die Pro=
vokation auf eine geringere Entschädigung als die zu einem Drittel
der Gutsnutzungen zu stellen (freilich nur, wenn das Gutachten
zweier Kreisverordneten sich dafür ausspricht). Daß aber der
Gutsherr in besonderen Fällen etwa gar noch mehr als das
Drittel bezw. die Hälfte des Bauernlandes verlangen könne, daran
denkt das Gesetz von 1811 gar nicht, woraus man deutlich sieht,
daß der Normalsatz bereits von der Regierung als Zugeständniß
an die Gutsherrn gemeint war.

Wie konnte die Regierung auf den Gedanken der Normal=
entschädigung eingehen, nachdem ihr eigener erster Entwurf nur
an Ermittlung in jedem besondern Fall gedacht hatte? Das
erklärt sich etwa auf folgende Weise. Die Regierung dachte im
Jahre 1811 an eine sehr rasche Durchführung der ganzen Reform.
Nach dem Edikt[1]) selbst sollte zunächst einmal eine zweijährige
Frist für gütliche Vereinigung stattfinden; erst für diejenigen
Gutsherrn und Bauern, welche davon keinen Gebrauch gemacht
haben würden, sollte die Auseinandersetzung nach Vorschrift des
Edikts geschehen, d. h. durch Vermittlung staatlicher Behörden,
auf Antrag eines der beiden Theile. Wenn ein solcher Antrag
nicht erfolgte, sollte der Staat eingreifen um die Lösung von
Amts wegen durchzuführen.

Hiebei kam nun viel auf Einfachheit des Verfahrens an,
da nur dann die Behörden des Staats die ungeheure Geschäfts=
last überwältigen konnten. Normalsätze sind aber leichter zu
handhaben, als Abrechnung in jedem einzelnen Fall. Der Vor=
schlag, im Interesse der Gutsherrn gemacht, hatte also auch für

---

[1]) Regulirungsedikt vom 14. September 1811 § 5.

den Staat manches Annehmbare: lieber ein schnelles und etwas
gewaltsames Ende der bisherigen Zustände, als größere Rücksicht
auf die Bauern bei Langsamkeit des Verfahrens. —

Eine weitere Frage ist die, weshalb die Regierung so bereit-
willig auf die Entschädigungsart durch Abtretung von Land einging, die früher ganz verabscheut worden war [1]), die aber im Edikt
sehr im Vorbergrunde steht. Denn hierdurch wird der unbeugsam
bis 1807 festgehaltene, dann freilich gelockerte Grundsatz, daß
das Rittergut nicht weiter auf Kosten des Bauernlandes anwachsen
darf, abermals geschwächt, und zwar nicht durch Zulassung
gelegentlicher Ausnahmen, sondern durch Aufstellung einer vorwiegenden Regel. Die Regel war allerdings den Gutsherrn,
die damals noch stark nach Vergrößerung strebten, willkommen;
aber wie wirkte die Landabtretung auf die bäuerliche Wirthschaft
ein? Scheunen und Ställe werden plötzlich zu groß, nachdem ein
Drittel oder die Hälfte des Landes abgetreten ist; die Dienstboten
sind nicht mehr voll beschäftigt, das Zugvieh wird nicht mehr
ausgenützt, oft selbst dann wenn man einen Knecht weniger
hält oder — wozu sich der Bauer nur ungern entschließt — die
Zahl der Zugthiere vermindert. Als einmal davon die Rede
war, daß die kurmärkischen Laßbauern nur ein Viertel (nicht ein
Drittel oder gar die Hälfte) ihres Landes abtreten sollten, schrieb
die kurmärkische Regierung [2]): mit drei Vierteln der Grundfläche
könne in der Regel kein Lassit bestehen, es würden die Verhältnisse aller Bauernfamilien umgestürzt und sie seien in Gefahr
Tagelöhner zu werden.

Hierauf ist wohl zu antworten: Land hat nun einmal der
Bauer unbedingt, und ebenso sicher ist es, daß er kein Geld hat;
es bliebe noch der Fall denkbar, daß man als Entschädigungsart
eine Rente in Naturalien, etwa eine Körnerrente, vorschrieb;
aber davon hatten die Gutsherrn nicht gesprochen. Die von den
Gutsherrn 1811 gewünschte Landabtretung war also, wenn sie
auch die bäuerliche Wirthschaft noch so schmerzlich traf, dennoch

---

[1]) II 143 ff. — [2]) II 233.

leicht und schnell zu bewerkstelligen. Der Gutsherr wollte es so; der Bauer überlebte vielleicht den tiefen Schnitt — also wurde zu diesem Mittel gegriffen. Denn daß der Bauer, wenn er dienstfrei werden und Eigenthum am Boden erwerben wolle, dafür den Gutsherrn jedenfalls ausreichend entschädigen müsse, stand nun so fest, daß dagegen die andre Frage, was nach der Entschädigung aus dem Bauern wird, minder wichtig erschien.

Die Einzelheiten des ersten Regulirungsedikts übergehen wir, da es ja nur so kurz in Geltung blieb und während dieser kurzen Frist des Krieges wegen in den Jahren 1812, 1813, 1814 und 1815 nur wenig angewendet werden konnte. Es ist das erste, aber es ist nicht das hauptsächlichste Regulirungsedikt. Sein Ruhm ist, daß überhaupt hiemit der Weg der Regulirung er-öffnet war. In diesem Sinne war es zutreffend, was einer der Landesrepräsentanten im Gefühl, daß ein schweres Werk voll=bracht sei, dem Staatskanzler schrieb:

„Was selbst Friedrich der Einzige nicht vermochte" ist nun erreicht [1]).

Die rührenden Zeugnisse über den Eifer der Bauern in Pommern [2]), sich zu dienstfreien Eigenthümern halber Bauern-höfe machen zu lassen, beweisen nur, wie hohe Zeit es war, die Aufgabe in Angriff zu nehmen.

---

[1]) II 265. — [2]) II 266.

Viertes Kapitel.

§ 1. Entwicklung von 1812 bis 1815.

Das Regulirungsgesetz, obgleich es mit weitgehender Rücksicht auf die Wünsche der Gutsbesitzer abgefaßt war, fand alsbald starken Widerstand von Seiten andrer Gutsbesitzer. Manche Einwände beruhten allerdings nur auf gekränkter Empfindlichkeit, so z. B. der: wenn die Bauern Eigenthümer werden und also nicht mehr wegen Widersetzlichkeit ermittirt werden können, „so geht die Annehmlichkeit des Aufenthaltes auf dem Lande für den Gutsbesitzer verloren"[1]); oder: „alsdann werden wir in unsern Gütern bei jedem Tritt auf fremdes Eigenthum treffen"; oder: alsdann „werden unsere Güter für uns eine Hölle werden"[2])..

Aber auch ernsthaftere Einwendungen werden gemacht; die aus Preußen, noch vor dem Erlaß des Gesetzes, gehen darauf hinaus, daß man die Neubegründung der Wirthschaft auf freie Arbeitskräfte nicht haben will, weil es umständlich und kostspielig ist; woher Geld und Menschen nehmen, wenn einem zugleich als Ersatz noch ein Zuwachs an Land aufgedrungen wird[3])?

Andre greifen aufs heftigste die Gerechtigkeit der Regulirung überhaupt an und verdammen die ganze moderne Richtung der Hardenbergischen Gesetzgebung[4]) in einem Tone, der auf dem Staatskanzleramte als Frechheit bezeichnet wurde. Daß gerade die Gutsbesitzer Ostpreußens dem Gesetz von 1811 so heftigen Widerstand leisten, kommt daher, daß dort der Bauernschutz praktisch

---

[1]) II 257. — [2]) II 274. — [3]) II 270. — [4]) II 276—282.

nicht durchgeführt war; sie hatten daher das Gefühl nicht, daß ihnen die Bauernstellen ohnehin gesetzlich beinahe entfremdet seien.

Soweit die Regulirung überhaupt als berechtigt anerkannt und nur die Art und Weise getadelt wird, sind die Vorschläge wohl die wichtigsten, daß die Bauern statt Landes lieber Dienst=geld[1]) geben und daß die Handdienste der kleinen Bauern, besonders der Kossäthen, fortbestehen sollen[2]).

Die Behauptung, daß der Bauer zu wenig Ersatz leiste, tritt eigentlich nirgends auf; es wird nur zuweilen eine andre Art des Ersatzes gewünscht: gewiß ein Zeichen, wie günstig das Gesetz vom 14. Sept. 1811 den Gutsherrn war. —

Eine Reihe von Verbesserungsvorschlägen wurde bald nach dem Erscheinen des Gesetzes von Praktikern gemacht[3]): es war bei der Abfassung mancher wichtige Umstand übersehen worden, unter andern fehlte auch der Anschluß an die zu Recht bestehen=den drei Verordnungen, die damals nicht beliebt, aber deshalb doch in Geltung waren.

Alle die Erfahrungen und anerkennbaren Wünsche sollten als Deklaration zum Regulirungsgesetz nachgetragen werden, wozu man schon zu Anfang des Jahres 1812 entschlossen war. Be=reits der erste Entwurf[4]) zeigt unerwartet große weitere Zu=geständnisse an die Interessen der Gutsbesitzer; es scheint beinahe, als wollte der Staat nur auf sie, aber nicht auf die Bauern weiter achten, indem für die Regulirbarkeit lauter beschränkende Bedingungen aufgestellt werden, sodaß nur noch ein weit engerer Kreis die Vortheile des Gesetzes genießen kann. Der Entwurf zeigt die genaueste Kenntniß der bäuerlichen Verfassung und rührt in der Hauptsache von Bethe her, dessen sachlich trockene gründ=liche Behandlung unverkennbar ist.

Aber diesen ganz unverkennbaren Zugeständnissen an die Gutsherrn gegenüber, zu denen sich der Staatskanzler entschloß, und die wir später betrachten werden, steht ein wenig beachteter, weil nicht völlig bekannt gewordener Gesetzentwurf aus dem Jahr

---

1) II 276. — 2) II 274—275. — 3) II 283. — 4) II 286.

1812, das sogenannte Interimistikum[1]), dem Stile nach zweifellos von Scharnweber herrührend, worin andrerseits auch den Bauern bedeutende Vortheile gewährt werden.

In dem Interimistikum (Entwurf vom Frühjahr 1812) wird nämlich gefordert:

Die Eigenthumsverleihung soll sogleich eintreten und erst nachher soll die Auseinandersetzung wegen der noch vorhandenen gegenseitigen Verpflichtungen folgen. (So war es bei den Domänenbauern in Preußen 1808 gemacht worden). Dafür hört allerdings auch sofort die gutsherrliche Unterstützung auf. Die Absicht ist: Ausschluß möglicher Verschleppungen, denn im Edikt vom 14. Sept. 1811 war Provokation von der einen oder andern Seite die Voraussetzung, und wenn auch in deren Ermangelung mit dem Eingreifen des Staats gedroht wurde, so war doch für diesen Eingriff kein Zeitpunkt angegeben.

Zweitens: damit der neue Eigenthümer sich halten kann, wird sofort von den bisherigen Abgaben und Diensten ein bestimmter Bruchtheil ganz erlassen; der Bruchtheil ist ein andrer bei jeder der beiden Bauernklassen: bei den unerblichen Bauern beträgt er zwei Neuntel, bei den erblichen Bauern drei Neuntel, also ein Drittel. Also eine Herabsetzung der Dienste und Abgaben durch den Staat, und Auseinandersetzung nur wegen des Restes.

Der Gutsherr kann sich dieser Eigenthumsverleihung entziehen, wenn er ungesäumt auf Auseinandersetzung nach dem Edikte provozirt[2]): also hat das Interimistikum den Sinn, die ganze Entwicklung, sei es im Sinne des alten Ediktes oder der neuen Bestimmungen, jedenfalls zu beschleunigen.

Es bleibt auch von dem Normalsatz, d. h. von der Auseinandersetzung durch Abtretung eines Drittels bezw. der Hälfte des Bauernlandes, nicht mehr viel übrig, da schon das Edikt selbst den Bauern erlaubt hatte, auf eine geringere Entschädigung anzutragen, während der Deklarationsentwurf[3]) nun den Guts-

---

[1]) II 287. — [2]) II 315. — [3]) II 304.

herrn erlaubt, den Antrag auf eine höhere als die Normal=
entschädigung zu stellen. —

Daraus ergiebt sich, daß die Politik Hardenbergs im Früh=
jahr 1812 eine nicht ganz einfache war. Er giebt in gewissen
Punkten den Gutsherrn allerdings gewaltig nach, indem er (nach
dem Deklarationsentwurf) nur die spannfähigen, katastrirten
Bauernstellen alten Bestandes regulirungsfähig sein läßt; dafür
aber will er (nach dem Interimistikum) die ganze Neuordnung
aufs äußerste beschleunigen, indem die Gutsherrn, wenn sie nicht
sofort in Gemäßheit des Edikts provoziren, in den Nachtheil
kommen, einen Bruchtheil der Dienste und Abgaben ohne weiteres
zu verlieren ($^2/_9$ bezw. $^3/_9$ bei den unerblichen bezw. bei den
erblichen Bauern) und die Bauern den Vortheil genießen, sogleich
Eigenthümer zu werden, wenn sie auch noch mit dem Reste
der Abgaben und Dienste belastet bleiben; wofür allerdings
die gutsherrliche Unterstützungspflicht, die nach dem Edikt erst durch
die Regulirung beseitigt worden wäre, ebenfalls sofort wegfällt.

In den Beweggründen, die das Interimistikum rechtfertigen
sollen, giebt Scharnweber an [1]): neue Steuern, neue Einquartirungs=
lasten, Fuhrlasten und Lieferungen aller Art müssen dem Lande,
und auch den Bauern im Lande, aufgebürdet werden. Das wird
der Bauer eher tragen können, wenn er theilweise entlasteter
Eigenthümer ist, während man vom Gutsherrn augenblicklich nicht
die Leistung der Unterstützungspflicht an die Bauern verlangen
oder gar bei ihm durchsetzen kann. Wohl aber wird die vermehrte
Staatslast beiderseits getragen werden können, wenn die veraltete
Dienstverfassung möglichst schnell verschwindet; daher um jeden
Preis beschleunigte Regulirung wenn nicht aller, so doch der
meisten Bauerngüter. —

Gleichzeitig mit Deklaration und Interimistikum wurde 1812
ein Entwurf für die Regulirung der Domänenbauern ausgearbeitet,
der, obwohl er Entwurf blieb, von hohem Interesse ist, denn hier
war keine Rücksicht auf Gutsherrn zu nehmen.

---

[1]) II 288.

Zunächst ist daran zu erinnern, daß das Ebikt vom 14. Sept. 1811 auch für Domänenbauern galt, d. h. es war denjenigen Domänenbauern, welche von den früheren Reformen unberührt geblieben waren, die Möglichkeit gegeben, das Ebikt durch Provokation auf sich anwenden zu lassen; während dem Staate eine gütliche Auseinandersetzung dadurch nicht benommen war. Diese gleichmäßige Behandlung der Domänen= und Privatbauern sollte nun im Frühjahr 1812 wieder aufhören und es wird wegen der Regulirung der Domänenbauern festgesetzt:

Den Domänenbauern wird sofort das Eigenthum an ihren Gütern und zwar in deren ganzem Umfange verliehen[1]), wogegen die Unterstützung wegfällt; die Dienste werden in ein Dienstgeld verwandelt. Die kleinen Bauern werden ebenso wie die großen behandelt.

Also kein Normalsatz, sondern ein für jeden Fall berechneter Ersatz; keine Landabtretung, sondern Dienstgeld; kein Aufschub, sondern augenblickliche Reuordnung.

Hieburch bestätigt sich von neuem, daß der Normalsatz und die Landabtretung im Gesetz von 1811 ein Erfolg der Guts= herrn gewesen ist, denn wenige Monate darauf sollen die Domänen= bauern aus der Einwirkung dieses Regulirungsebikts heraus= genommen und ohne feste Sätze sowie ohne Landabtretung, also wie früher behandelt werden. Für die Privatbauern aber wird dies nicht so eingerichtet, denn da wollte man ja den Guts= herrn ihre errungenen Vortheile lassen, sogar noch etwas hinzu= fügen, unter der einzigen Bedingung, daß dafür die Regulirung für den Haupttheil der großen Bauern rasch, fast augenblicklich, zu Stande komme. —

Die Nationalrepräsentanten hatten sich bereits für die Deklaration und für das Interimistikum erklärt (der Entwurf wegen der Domänenbauern war für sie ohne Bedeutung): das heißt, sie hatten anerkannt, daß die Regierung einen genügenden Preis geboten habe für die ungesäumte Durchführung der im

---

[1]) II 321.

Umfange allerdings beschränkten Reform; die Regierung war schon mit der letzten Ueberarbeitung des neuen Gesetzes fertig, es fehlten nur noch die Unterschriften der Beamten, die an diesem Geschäfte theilgenommen hatten [1]) — da erklärten die Abgesandten des Justizministers, ihr Vorgesetzter sei mit der augenblicklichen Eigenthumsverleihung, also mit dem Inhalte des Interimistikums, nicht einverstanden. Unter den angeführten Gründen ist nicht vieles was überzeugen könnte; so z. B. ist fortwährend völlig übersehen, daß die Eigenthumsverleihung mit erst nachher folgender Auseinandersetzung längst bei den Domänenbauern erprobt war. Am meisten leuchtet der von Altenstein [2]) vorgebrachte Grund ein: die Gutsherrn wollen nicht die ganze Bauernstelle abtreten, da sie nach dem Edikt vom 14. Sept. 1811 nur einen Theil (zwei Drittel, bezw. die Hälfte) abtreten müssen — und dieser Auf-fassung schließt sich der Justizminister an. Sogar Hippel, der eine Abgeordnete des Staatskanzlers, fürchtet vom Interimisti-kum sichere Verluste der Gutsbesitzer und allgemeines Geschrei derselben gegen die Regierung [3]), und so bleibt denn Scharnweber, der andre Abgeordnete Hardenbergs, als der einzige Freund, weil Vater, des Entwurfes allein. Welche Unsicherheit des Auftretens, wenn der Staatskanzler zwei Abgeordnete zu einer Berathung schickt, von denen der eine den Entwurf vorlegt, der andre aber dagegen stimmt!

Es gelang Scharnweber noch einige Deputirte des Bauern-standes auf seine Seite zu ziehen (Februar 1813) und er beschwor den Staatskanzler mit schillerischer Beredsamkeit, in dieser Frage sich von den Gutsherrn nicht wieder, wie frühere Regenten, das Heft aus der Hand winden zu lassen [4]): „Man kann nicht genug eilen das vom Gesetz verheißene Eigenthum in ein vertragmäßiges zu verwandeln und hierdurch den Rückschritt in dem angefangenen Guten unmöglich zu machen." „Geruhen Sie, gnädiger Herr, das Werk der Rettung und Erhaltung [des Bauernstandes] zu vollenden!"

---

[1]) II 342. — [2]) II 343. — [3]) II 344. — [4]) II 345.

Sogar der Graf Hardenberg — nicht mit dem Staatskanzler Freiherrn (später Fürsten) von Hardenberg zu ver-
wechseln —, der die Verhandlungen bei den Nationalrepräsentanten leitete, trat für gleichzeitige Publizirung der Deklaration
und des Interimistikums, also für Scharnwebers Pläne, ein und
fürchtete, wenn man dies nicht thue, Unruhe und Tumulte von
Seiten der bewaffneten Bauern, der Bauern, die zur Verteidi-
gung des Staats zu den Waffen gerufen waren. Aber der
Justizminister war dagegen und meinte, es genüge an der Deklaration; das heißt, er wollte, daß alle Zugeständnisse an die
Gutsherrn allerdings Gesetz würden, aber alle im Interimistikum
stehenden Begünstigungen der Bauern wegbleiben sollten.

Jn diesen Streit hat sich der Staatskanzler Hardenberg
nicht eingemischt: er tritt völlig zurück und gewiß nicht blos
scheinbar durch den vorwiegend mündlichen Verkehr, den er mit
Scharnweber (wie mit ihm der König) pflog. Es findet sich auch
keine Nachwirkung einer mündlichen Weisung vor. Daher kommt
alles ins Stocken: die Entwürfe bleiben liegen, denn die Aufmerksamkeit des Staatskanzlers gehörte ganz und gar dem aus-
gebrochenen Krieg.

Die in den Provinzen beschäftigten General-Kommissare,
welche die Regulirungen leiteten, sahen in den schlimmen
Wirkungen des Kriegs durchaus keinen Grund, die Regulirungen
zu unterbrechen[1]); im Gegentheil, sie wollen nun erst recht, ehe
der Bauernstand wieder die größten Einbußen erleidet, die Gelegenheit zur Rettung ergreifen: fast nirgends sind die Gutsherrn im Stande, dem Bauern die verfassungsmäßige Unterstützung zu gewähren; der Bauer, in der Hoffnung auf baldige
Ausführung des Edikts, quält sich durch und erfüllt seine Verpflichtungen gegen den Staat wie gegen den Gutsherrn nach
Möglichkeit, während er sonst besser thäte, davon zu laufen.
Eine große Menge von Stellen sind bereits verlassen und liegen,
wie nach jedem einheimischen Krieg, wüste: man kann und darf

[1]) II 348.

dem Bauernstand nicht die versprochenen Vortheile des Edikts vom 14. September 1811 wieder entziehen.

Aber der Minister des Innern, Herr von Schuckmann, hörte auf die Rathschläge der Praktiker nicht[1]). Er benutzte vielmehr im Februar 1815 eine ganz harmlose Kabinetsorder, worin der selbstverständliche Satz vorkam, daß alles beim Alten bleibe, so lange keine Neuordnung nach dem Edikt erfolgt sei, um durch Rundschreiben an sämmtliche Regierungen und General-Kommissariate die Meinung zu verbreiten, als sollten vorläufig keine Provokationen, sondern nur Neuordnungen durch gütlichen Vergleich zugelassen werden. Hieburch war den Regulirungen nach dem in Geltung gebliebenen Gesetz von 1811 Stillstand geboten. Der König hat dann in einer Kabinetsorder aus Paris vom 7. Sept. 1815 einem Bittsteller gelegentlich erwidert: „daß die Ausführung des Edikts [von 1811] vor der Hand im Allgemeinen noch ausgesetzt bleibt"[2]).

Als der Krieg im Frühjahr 1814 eine günstige Wendung genommen hatte, kam die Bauernfrage wieder in Fluß und zwar durch eine Eingabe[3]) der Gutsbesitzer des ostpreußischen Kreises Mohrungen an den König. Die Gutsherren beklagen sich in der bekannten Weise über den Eingriff in ihr Eigenthum, den das Gesetz vom 14. Sept. 1811 zur Folge habe; sie fürchten, daß ihre eigenen Güter nicht mehr bestellt werden können, und behaupten, der Eigenthumserwerb werde dem Bauern nur schaden, die Bauern würden aus Angst davor schon jetzt ihr Erbe verlassen oder es später thun, da sie den Verbindlichkeiten des Eigenthümers nicht auf die Dauer gewachsen sein würden. Durch das Gesetz wird also „eine Menge unglücklicher broloser Menschen erschaffen werden, und auf der andern Seite eine große Anzahl von Grundstücken [der Gutsherrn] wüste liegen bleiben".

Mehr Eindruck als diese Klage machte wohl eine allgemeine politische Anspielung: die Gutsherren gaben dem König geschickt zu verstehen, daß das Regulirungsgesetz unter dem

[1]) II 352. — [2]) Vergl. die Akten: Regulirungen 2, Bd. 2. — [3]) II 353.
12*

„giftigen Hauch der französischen Gesetzgebung"¹) Hardenbergs
entstanden sei; wohin aber die französischen Grundsätze führen,
möge der König daran erkennen, daß jetzt die französische Nation,
ohne Gemeingeist, machtlos darniederliege: Preußen werde nur
so lange groß sein als es seine alte Verfassung beibehalte und
pflege.

Sicher waren solche Andeutungen nicht ausreichend, um den
König wankend zu machen: aber bei seiner fast peinlichen Liebe
zur Gerechtigkeit befahl er doch, daß die Grundsätze der Regu=
lirung nochmals geprüft werden sollten, und der Staatskanzler.
wies in Folge dessen den Minister des Innern an, von den ver=
sammelten Landesrepräsentanten ein Gutachten darüber zu ver=
langen²).

Vorsichtig fügte der Staatskanzler hinzu: „es kann gar keine
Rede davon sein, das Edikt vom 14. September 1811 in seinen
wesentlichen Theilen aufzuheben oder abzuändern"; nur wenige
Punkte dürften neu zu ordnen sein: der Gutsherr soll unter
Umständen auf eine höhere als die Normalentschädigung provo=
ziren dürfen; der Bauer soll, wenn er eine Rente übernommen
hat, dieselbe nach und nach ablösen; und die Frist zur gütlichen
Auseinandersetzung, die ohnedies bereits abgelaufen war, soll ver=
längert werden.

Das klingt freilich ganz ungefährlich, denn es greift in der
That dem Edikt von 1811 nicht an die Wurzel. Gleichwohl ist
es ein Schritt von auffallender Nachgiebigkeit. Dem Staats=
kanzler war vom Könige nur aufgetragen, die Grundsätze des
Edikts von 1811 nochmals zu prüfen und dann darüber Vortrag
zu erstatten³). Es hätte genügt, dem König zu sagen, daß die
mohrunger Eingabe schlechterdings keine neuen, geschweige denn
haltbare Gründe gegen das Regulirungsedikt vorbringe und
nichts weiter sei als eine Kundgebung von Männern, die in ihrer
ländlichen Abgeschiedenheit kein Verständniß für die politischen
Aufgaben der Zeit hätten. Statt dessen legt der Staatskanzler

¹) II 355. — ²) II 357. — ³) II 356.

das Gesetz von neuem den Landesrepräsentanten vor, erkennt dadurch — nicht mit Worten aber durch die Handlung selbst — an, daß er es nicht aufrecht halten wolle, und eröffnet den Weg neuer, langwieriger, schwieriger Berathungen unter Führung einer Immediat-Kommission, worin die beiden Minister der Justiz und des Innern saßen, die bereits 1812 den Fortgang der Gesetz-gebung gehemmt hatten[1]).

In der That ergreifen die Landesrepräsentanten mit Freude die gebotene Gelegenheit: sie geben nicht etwa ein Gutachten ab, sondern arbeiten einen neuen Gesetzentwurf aus, gerade als ob noch gar kein Gesetz vorläge. Als diese verwickelte Arbeit sich dem Ende näherte, sah der Herr von Schuckmann voraus, daß eine Begutachtung von Seiten der Regierung unvermeidlich sei und daß der Staatskanzler dieselbe muthmaßlich dem Staats-rath Scharnweber übertragen werde. Diesen Mann aber kannte er gut genug als einen Freund des Regulirungswerkes: der durfte seine Hand nicht im Spiele behalten, und so wurde denn, damit die Prüfung möglichst „parteilos" geschehe, durch Herrn von Schuckmann der Ausschluß Scharnwebers auf geschickte Weise vorbereitet, was nicht schwierig war, da der Staatskanzler sich in Wien befand[2]).

Also der einzige Mann, der die neuen Forderungen der Landesrepräsentanten im Sinne der älteren Hardenbergischen Auffassung beurtheilt haben würde, ward von der Theilnahme an der Prüfung ausgeschlossen, und Hardenberg selbst, der wohl von der vorausgegangenen Berathung des Staatsministeriums[3]) keine Ahnung gehabt, befahl den Zusammentritt einer Prüfungs-kommission, in welcher Scharnweber nicht saß.

Offenbar waren der Krieg in Frankreich und der Kongreß in Wien Ereignisse, hinter denen die Regulirung der gutsherr-lich-bäuerlichen Verhältnisse dem Staatskanzler völlig in den Hintergrund trat. Aber die Landesrepräsentanten und die den gutsherrlichen Interessen sich zuneigenden Minister waren keines-

---

[1]) II 358. — [2]) II 377. — [3]) II 376.

wegs in dieser Stimmung: sie ersahen vielmehr ihren Vortheil; und wenn auch der Staatskanzler zu entschuldigen sein mag, so bleibt es doch wahr, daß er seine früheren Pläne fallen ließ.

Das ist auch ganz begreiflich bei seiner geschmeidigen, jeder Schroffheit unfähigen Natur und bei den wesentlich diplomatischen Zielen, die er von 1812 bis 1815 in Krieg und Frieden im Auge behalten mußte. Man darf wohl auch sagen, daß er kein tieferes Verständniß für die verwickelte Angelegenheit der Bauern hatte; er war liberal genug, um ihnen im allgemeinen Befreiung zu wünschen, wie er ja auch liberal genug war, eine Versammlung der Landesrepräsentanten einzuberufen. Aber ein genaues Verständniß dessen, worauf es im einzelnen ankam, hatte er wohl nicht; er brauchte nicht Fachmann zu sein und war keiner: wie er ja auch schon aus Mangel an Erfahrung nicht verstand, die sofort auftretenden Klasseninteressen seiner Landesrepräsentanten niederzuhalten. Aus angeborener und anerzogener Rücksicht ließ er Gegenströmungen unter den Ministern aufkommen. Wie ihm gegen Ende seiner Laufbahn die Leitung aller Geschäfte fast aus der Hand entschlüpft, so verliert er den Faden dieser inneren Reform schon, als er noch auf der Höhe seines Wirkens stand: mag er sonst die größten Verdienste haben, in dieser Sache fehlt ihm Kraft und Nachdruck.

Ganz anders steht Scharnweber da. Er hätte sich, da sein Vorgesetzter, der Staatskanzler, seine Dienste nicht weiter in Anspruch nahm, als Beamter in seinem Gewissen ruhig fühlen können, mochte die Regulirungsgesetzgebung weiter laufen wie sie wollte. Sein Name würde doch nicht zur Unterzeichnung gedient haben; seine Wünsche und Meinungen würden bald vergessen worden sein. Das war aber seine Art nicht. Die Kränkung, daß er die gute Sache den Händen des Ministers Schuckmann überantworten müsse, der im Jahre 1812 schon verhängnißvoll gewesen war, ertrug er nicht. Dem weichen, liebenswürdigen Staatskanzler schrieb er zu Weihnachten 1815 einen Brief[1]), worin die helle Entrüstung aufschäumt: ob es erhört sei,

---

[1]) II 378.

daß die Ausführung des Regulirungsgeſetzes eigenmächtig durch
den Miniſter des Innern gelähmt werden konnte; jetzt bringe man
die ganze Geſetzgebung, nicht allein die Ausführung derſelben,
wieder neu in Frage, obgleich alles längſt durchberathen ſei, und
rüttle an den eigentlichen Grundlagen; das dürfe der Staatskanzler, der durch die Kriegslaſt ſeit 1812 von dieſen Geſchäften
abgezogen ſei, nicht dulden; die Grundſätze müßten bleiben; nur
in geringen Nebenſachen dürfe man nachgeben.

Wenige Tage darauf erſchien wirklich eine Verordnung in der
Geſetzſammlung, worin der Staatskanzler den König ſagen ließ:
daß das Edikt von 1811 beſtehen bleibe und nur „diejenigen Be-
ſtimmungen desſelben, von welchen die Erfahrung gezeigt hat,
daß ſie entweder die Ausführung erſchweren oder mißverſtanden
worden ſind", durch eine nächſtens zu erlaſſende Deklaration ver-
vollſtändigt werden ſollen[1]).

Was aber zu Anfang des Jahres 1816 geſchah, war viel
mehr als dies. Die Deklaration, nicht in ihrer Geſtalt von
1812, ſondern in der Geſtalt, wie ſie von den Landesrepräſen-
tanten 1815 entworfen und dann durch eine Miniſter-Kommiſſion
überarbeitet worden war[2]), wurde erſt im März 1816, als keine
großen Aenderungen mehr möglich waren, an Scharnweber zur
Abſtattung eines Gutachtens übergeben, und ſo gelang es ihm
nur noch in einigen Punkten, ſeinen Rath zur Geltung zu
bringen: im großen und ganzen geſchah, was die Landesrepräſen-
tanten und mit ihnen der Miniſter des Innern wollte.

Daß die Deklaration vom 29. Mai 1816 nur dem Namen
nach eine Deklaration, der Sache nach ein ganz neues Geſetz iſt,
wird von allen Kennern zugegeben.

Wie anders war es früher, ſo lange die Könige perſönlich
regiert hatten, gegangen! Da war der feſte, umbeugſame Wille
oben ſtets vorhanden, und wenn die Bauernbefreiung nicht gelang,
ſo lag es an dem Mangel eines einſichtigen Miniſters, der dem
zähen Widerſtand der untern Behörden gewachſen war. Nun

---

[1]) II 379. — [2]) II 308.

liegt die Regierung in den Händen des aufgeklärten, modern empfindenden Staatskanzlers; dem aber fehlt das derbe einfache Wollen, und so kommen unter ihm die Interessen der Guts= herren fast einseitig zur Geltung und die Fachminister helfen dazu.

§ 2. Inhalt der Deklaration vom 29. Mai 1816.

Die Deklaration vom 29. Mai 1816, deren Entstehung uns bisher beschäftigt hat, ist das Hauptgesetz für die Regulirung der gutsherrlich-bäuerlichen Verhältnisse, denn sie stand von 1816 bis 1850 in Geltung und nach ihren Bestimmungen ist die Hauptmasse der Regulirungen vollendet worden. Der Inhalt des Gesetzes von 1816 ist daher von ausschlaggebender Bedeutung, wenn man in den Kern der Reformen eindringen will.

Vor allem wird in der Deklaration der Umkreis der regulir= baren Bauerngüter stark eingeschränkt; nicht mehr alle Kultur= und Pachtbauern, wie es 1811 gemeint war, sondern nur be= stimmt bezeichnete Arten der noch vorhandenen b. h. der be= setzten Bauernstellen sollen regulirbar sein.

Erstes Erforderniß ist: die bäuerliche Stelle muß „eine Acker= nahrung sein, b. h. sie muß zur Hauptbestimmung haben, ihren Inhaber als selbständigen Ackerwirth zu ernähren"; ob dies der Fall, wird daran erkannt, daß von der Stelle bisher Spann= dienst geleistet oder auf ihr Zugvieh gehalten worden ist. Also in Kürze: spannfähig muß die bäuerliche Stelle sein. Alle nicht spannfähigen bäuerlichen Stellen werden als Dienstfamilien= Etablissements bezeichnet, es wird ihnen also ein Name beigelegt, der den Zweck derselben andeuten soll; sie bleiben in der alten Verfassung.

Die erste Andeutung, daß man vielleicht die Handdienste bestehen lassen könne, findet sich bereits in Scharnwebers Rede vom 23. Februar 1811[1]); Scharnweber dachte hiedurch die

---

[1]) II 248.

Gutsherren geneigter für die Reform zu machen, was unzweifel=
haft richtig war. Als dann das Gesetz vom 14. Sept. 1811
von einer Ausnahme der kleinen Bauern nichts brachte, erhoben
sich schon 1811 unter den Landesrepräsentanten gewichtige
Stimmen[1]), die den Ausschluß der Kossäthen von der Regu=
lirung forderten, weil diese in vielen Gegenden die wichtigsten
Träger der Handdienste waren. Ebenso hat die Mehrheit der
Landesrepräsentanten bei der neuen Berathung 1815 den Aus=
schluß der Kossäthen von der Regulirung verlangt[2]). Dies ge=
schah nun in der Deklaration von 1816 zwar begrifflich nicht;
auch wurde nicht etwa gesagt, daß die blos zu Handdiensten ver=
pflichteten Bauern nicht regulirbar seien; aber es trifft doch un=
gefähr dahin, wenn gesagt wurde: die nicht spannfähigen Stellen
bleiben in der alten Verfassung; denn unter diesen befanden sich
die meisten Kossäthen, von denen die meisten nur Handdienste
leisteten. Die nicht spannfähigen Bauern gehören keineswegs zu
den Büdnern oder gar zu den Tagelöhnern; sitzen doch z. B. auch
die Kossäthen zu Bauernrecht[3]). —

Die zweite Einschränkung ist: die bäuerliche Stelle muß in
den Steueranschlägen der Provinz überhaupt als bäuerliche Be=
sitzung katastrirt sein. Dadurch verengert sich wieder der Kreis
bedeutend; insbesondere werden Ackernahrungen, die aus Vor=
werksland gebildet sind, ausgeschlossen, denn diese, weil sie nicht
die bäuerlichen Steuern trugen, werden im Kataster auch nicht
unter den bäuerlichen Stellen angeführt.

Schon im Anfang des Jahres 1812 war auf diese Unter=
scheidung aufmerksam gemacht und die Frage aufgeworfen worden,
ob nur die „kontribuablen" Bauernhöfe regulirbar seien[4]). Im
Deklarationsentwurf von 1812 war dann für die Bauernhöfe
auf Vorwerksland, falls sie erblich verliehen sind, eine besondere,
dem Gutsherrn günstigere Art der Regulirung vorgeschrieben
(§ XV a)[5]); erst die Deklaration von 1816 schloß die Regu=
lirung aus. Und zwar erklärt sich dies wohl auf folgende

---

[1]) II 258. — [2]) II 363. — [3]) II 369. — [4]) II 283. — [5]) II 296.

Weise[1]): der frühere Bauernschutz war zwar wohl allgemein gemeint, aber durchgeführt hatte er nur werden können für die
Bauernstellen, von denen der Staat amtlich Kenntniß hatte, d. h.
für die katastrirten; nicht der Steuer wegen wurde jener Schutz
geübt, aber an der Steuer erkannte man den zu schützenden
Gegenstand. Der Staat wagte nun nicht, die Bauernstellen, blos
weil sie bestanden, regulirbar zu machen, sondern beschränkte sich
auf diejenigen, welche früher auch thatsächlich unter dem polizeilichen Schutze gestanden hatten: weil diese dem Gutsherrn bereits
mehr entfremdet waren. Dadurch wurde die Maßregel da vermieden, wo sie am empfindlichsten getroffen hätte; da aber, wo
sie noch traf, wurde die Gehässigkeit abgemildert, indem man die
Verantwortung auf die Strenge des Bauernschutzes unter Friedrich
dem Großen zurückschob. Auf eigene Faust die strenge Maßregel des Bauernschutzes auszudehnen, ging nicht wohl an, da
man seit 1807 mit diesem Grundsatz eigentlich innerlich gebrochen hatte[2]). —

Die dritte Beschränkung lautet in Kürze so: die spannfähige,
steuerbare Stelle muß auch alten Bestandes sein. Es macht sich
hier die Einwirkung der „drei Verordnungen“ geltend, die wir
oben genauer kennen gelernt haben. Darin waren Normalzeiten
aufgestellt, die nun in der Deklaration wiederholt werden: die
Bauernstellen müssen zu jenen Zeitpunkten mit besondern bäuerlichen Wirthen besetzt gewesen sein; waren sie dies nicht, d. h.
hatte im Bestehen der bäuerlichen Stellen damals eine Unterbrechung stattgefunden, so findet jetzt keine Regulirung statt.
Eine Unterbrechung war auf mancherlei Weise möglich: wenn
die Bauernstelle damals mit einer andern vereinigt oder wenn
sie damals zum Rittergut eingezogen war, oder von da aus be-

---

[1]) II 359. Uebrigens vergl. auch II 453—454, wonach kleinere Stellen
oft nicht im Kataster stehen, weil der Gutsherr die Steuern abliefert, die der
Inhaber schuldet und an den Gutsherrn zahlt.

[2]) Die in Pommern mit königlichen Meliorationsgeldern angesetzten
bäuerlichen Wirthe, soweit sie überhaupt nicht schon Eigenthümer 2c. waren,
gehören zu den Bauern auf Ritteracker und sind deshalb nicht regulirbar.
Dönniges Bd. 1 S. 263.

wirthschaftet wurde, oder wüste lag. Solche in ihrem Bestehen unterbrochene Bauernstellen wieder zu selbständigem Leben zu bringen, war gerade der Zweck der harten und streng durch= geführten Gesetze Friedrichs des Großen gewesen, die erst nach jenen Normalzeitpunkten gründlich wirksam wurden. Die Dekla= ration von 1816 bestimmt also nichts andres, als daß die durch Friedrich den Großen mühsam wieder hergestellten Bauerngüter so betrachtet werden sollen, als wären sie auf Ritteracker errichtet, obgleich darunter gewiß vor allem katastrirte gewesen sind. Mit andern Worten: auch die katastrirten Bauern werden nur dann zur Regulirung zugelassen, wenn ihre Stellen damals, als der Bestand an Bauern am kleinsten war, mit dazu gehört haben.

Als der Bestand der Bauern am kleinsten war: denn das war er für die Marken und Pommern am 15. Februar 1763 (Schluß des siebenjährigen Krieges, dessen Verwüstungen erst 1764 wieder beseitigt wurden); für Schlesien am 14. Juli 1749 (an welchem Tage dort der Bauernschutz eigentlich erst begann)[1]; für Westpreußen und Ermeland am Anfang des Jahres 1774: da Westpreußen erst 1772 erworben worden ist, so konnte der Bauernschutz im Jahre 1774 noch nur wenig Wirkung geübt haben[2].

---

[1] II 48.

[2] Etwas anders steht es mit dem Normaljahr 1752, das für Ost= preußen, nach der alten Begrenzung, gewählt ist. Für diesen Landestheil ist der Bauernschutz bis zum Jahre 1806 durchaus unwirksam, so gut wie gar nicht vorhanden gewesen (vergl. das Kapitel hierüber II 97 ff.). Nur die im siebenjährigen Kriege verwüsteten Bauernhöfe, deren Anzahl übrigens gering war, sind bald nach 1764 wieder hergestellt worden (II 78 ff.). Von Herstellung der aus anderen Anlässen eingezogenen Bauernstellen findet sich nichts. Es läßt sich daher nicht behaupten, daß die Zahl der im Jahre 1752 besetzt gewesenen katastrirten Bauernhöfe geringer gewesen sei, als die Zahl der katastrirten, die im Jahr 1816 bestanden. Das Normaljahr für Ostpreußen scheint vielmehr bei 1752 auf Ritteracker entstandenen, also nicht katastrirten, Bauernhöfe ausschließen zu sollen: die aber bereits durch die zweite Einschränkung ausgeschlossen sind; daher ist das Normaljahr für Ostpreußen sachlich ohne Wichtigkeit.

Der Grund, warum die Regulirung den Bauernstellen neuen Bestandes nicht zu gute kommen sollte, war der: in den zu Recht bestehenden drei Verordnungen war für die Bauernstellen neuen Bestandes jede polizeiliche Beschränkung des Gutsherrn in Bezug auf Benutzung derselben bereits aufgegeben, nur die privat= rechtlichen Ansprüche des Inhabers waren gewahrt. Die Stellen neuen Bestandes befanden sich also seit 1808 bezw. 1809 und 1810 bereits außerhalb des Bauernschutzes, und zwar unbedingt [1]); sie waren als Eigenthum der Gutsherren, das (einerlei ob zur erblichen oder unerblichen, jedenfalls) zur zeitweiligen Nutzung an andere weggegeben war, anerkannt.   Da nun der Gesetzgeber im Jahre 1816 die Verantwortung für die Regulirung nicht selber auf sich nehmen, sondern auf den Bauernschutz zurück= schieben wollte, so war es ganz folgerichtig, die Stellen neuen Bestandes, auch wenn sie katastrirt waren, denen auf Ritteräcker gleich zu stellen und ihnen damit die Regulirung zu versagen. Aber es war zugleich ein Rückgang auf dem Gebiete der Politik und eine Deckung dieses Rückzugs durch Gründe der Rechts= gelehrtheit. —

Endlich ist noch eine vierte Einschränkung zu erwähnen: die spannfähigen katastrirten Stellen alten Bestandes mußten noch mit der Verpflichtung für den Gutsbesitzer, dieselben mit be= sondern Wirthen besetzt zu erhalten, belastet sein.   Das heißt zum Beispiel: wenn die Regierung (gemäß den drei Verord= nungen) für Bauernstellen alten Bestandes bereits den Konsens, dieselben einzuziehen oder zusammenzuschlagen, ertheilt hat, so haben diese Stellen die Regulirbarkeit verloren.   Hierin ist nichts anders gesagt, als daß bereits in Gang gekommene Neuordnungen im Sinne der ältern (Steinischen) Gesetzgebung durch die Ge= setzgebung Hardenbergs nicht berührt werden sollen; nur wo jene älteren Vorschriften noch unbenutzt sind, treten die neueren an ihre Stelle.

Es mögen nicht sehr viele Bauernhöfe gewesen sein, die

---

[1]) II 206. 221.

gerade damals in der Umwandlung nach dem ältern Gesetz be=
griffen waren. —

Fassen wir zusammen, so ergiebt sich, daß die Deklaration
vom 29. Mai 1816 nur diejenigen Laß= und Pachtbauern zur
Regulirung zuläßt[1]), welche

spannfähig, katastrirt, alten Bestandes und dem Besetzungs=
zwange unterworfen sind.

Daraus folgt, daß die Regulirung versagt ist:

allen unspannfähigen Bauernstellen; ferner:

denjenigen spannfähigen, die nicht katastrirt sind; ferner:

denjenigen spannfähigen katastrirten, die neuen Bestandes
sind; endlich:

denjenigen spannfähigen katastrirten alten Bestandes,
welche nicht unter dem Besetzungszwange stehen.

All dies gilt von den besetzten Bauernstellen; was über die
unbesetzten, auf welche niemandem ein Recht zustand, verfügt
wurde, soll später betrachtet werden[2]).

Die Bauernstellen können durch gütliche Auseinandersetzung
des Gutsherrn mit dem Inhaber in die neue Verfassung ge=

---

[1]) Nach Artikel 7 waren auch Pfarr= und Kirchenländereien, wenn sie
gleich in Kultur gegeben oder verpachtet sind, desgleichen Pfarrbauernhöfe
ausgeschlossen. Sie haben für uns keine Bedeutung.

[2]) Folgende Uebersicht möge das Verständniß erleichtern:

Die besetzten Laß= und Pachtbauernstellen sind:

	entweder spannfähig — oder nicht spannfähig
	entweder katastrirt — oder nicht katastrirt
entweder alten — oder neuen Bestandes	
entweder oder nicht unter Be= unter Be= setzungs= setzungs= zwang zwang	

Diese sind   Diese sind nicht regulirbar.
regulirbar.

Eine Statistik über die Anzahl der in diese Klassen gehörenden Bauern=
stellen giebt es nicht.

bracht werden; nur ist dabei die Förmlichkeit vorgeschrieben, daß
der Auseinandersetzungsrezeß[1]) gerichtlich vollzogen und den Be=
hörden zur Prüfung und Bestätigung eingereicht werden muß.
Indessen ist die gütliche Auseinandersetzung selbstverständlich: das
eigentliche Wesen der Regulirbarkeit besteht darin, daß der Ueber=
gang in die neue Verfassung herbeigeführt wird ohne beiderseitige
Uebereinstimmung, nur auf Antrag des einen der beiden Inter=
essenten, gleichgültig ob des Bauern oder des Gutsherrn, also
auch gegen den Willen desjenigen von beiden, gegen welchen der
Antrag (die sog. Provokation) erhoben wird. Der Antrag ist an
die besondere Behörde zu richten, die den Namen „General=
Kommission" trägt. Dort werden Kommissare ernannt, welche
die Auseinandersetzung vornehmen.

Ein Zeitpunkt, von welchem an erst der Antrag gestellt
werden könnte; oder ein solcher, bis zu welchem der Antrag ge=
stellt sein müßte, besteht nicht. Die früher (Gesetz von 1811
§ 5) ausgesprochene Drohung, daß die Auseinandersetzung, in
Ermangelung einer Provokation, von Seiten des Staats er=
folgen werde, ist in der Deklaration Artikel 9 ausdrücklich zurück=
gezogen worden.

Hiedurch ist also folgender Zustand begründet:

Wo der regulirbare Bauer, unzufrieden mit den alten Ver=
hältnissen, eine Neuordnung für vortheilhafter hält, kann er die=
selbe herbeiführen; ebenso der Gutsherr.

Wo beide Theile die alten Verhältnisse vortheilhaft oder
erträglicher als die neuen finden, bleibt es beim Alten.

Dem Rechte nach ist hiebei die Gleichstellung der beiden
Parteien zweifellos eine vollkommene. Doch ist zu vermuthen,
daß die Machtstellung des Gutsbesitzers seinen kleineren Nachbarn
gegenüber es ihm viel leichter macht, gegen den Willen der
Bauern die Regulirung einzuleiten, als es dem Bauern wird,
dasselbe gegen den Willen des Gutsherrn zu thun: ein mißver=

---

[1]) Nicht Prozeß, wie es in der Deklaration Artikel 9 irrthümlich heißt.

gnügter Bauer ist dem Gutsherrn gleichgültig, aber ein grollender Gutsherr ist dem Bauern sehr unangenehm.

Durch den Mangel jeder Frist und durch die Abhängigkeit vom Antrag einer der Parteien ist die Reform eine so allmähliche und schleppende geworden. Es war dies einer der großen Erfolge, den die Gutsherren bei den Berathungen im Jahre 1815 er= zielten[1]) und wozu sie zuletzt sogar Scharnwebers Beistimmung erlangten[2]), während im Jahre 1811 eine Durchführung der Reform von Amts wegen — allerdings ohne Zeitangabe — in Aussicht gestellt und 1812 sogar ein Entwurf vorhanden war, die Bauern sogleich, mit Vorbehalt späterer Auseinandersetzung, zu Eigenthümern zu machen. Also ganz und gar nicht war es von Anfang an die Absicht des preußischen Staats, ein so schleppendes Verfahren zuzulassen. In der Nachgiebigkeit gegen die Wünsche der Gutsbesitzer im Jahre 1816 liegt der Grund, weshalb das Jahr 1848 noch so viel Reste der alten Verfassung und damit so viel Anlaß zu Mißvergnügen der mittleren und unteren Klassen auf dem Lande vorfand. —

Wenn nun von einer oder andrer Seite ein Antrag auf Regulirung stattgefunden hat — was ist der Inhalt dieses An= trags, d. h. was bedeutet Regulirung? Hierüber bleibt das Gesetz von 1811 in Geltung, welches (im § 6) Folgendes be= stimmt:

Der Gutsbesitzer giebt gewisse Rechte auf, die er gegenüber dem Bauern hatte, und der Bauer giebt gewisse Rechte auf, die er gegenüber dem Gutsherrn hatte.

Die Rechte, die der Gutsherr aufgibt, sind:

1. Er ist von da an nicht mehr Eigenthümer, oder wie die amtliche Sprache in der Kurmark es bezeichnender ausdrückt[3]), nicht mehr Obereigenthümer der bäuerlichen Stelle. Vielmehr wird der bisherige Inhaber nun Eigenthümer.

2. Die Dienste der Bauern, und zwar sowohl die Spann= dienste als die Handdienste, sind dem Gutsherrn nicht mehr zu

---

[1]) II 363. 371. — [2]) II 380. — [3]) II 233.

leisten; es versteht sich, daß hier nicht von den Handdiensten
überhaupt, sondern nur von denen, die auf regulirbaren Stellen
ruhen, die Rede ist.

3. Die bis dahin üblichen Geldabgaben und Naturalabgaben
(Eier, Hühner u. dergl.) der Bauern fallen weg.

4. Die Hofwehr, wo sie bisher dem Gutsherrn gehört hat,
geht nun an den Bauern über, der ja ohne dieselbe nicht wirth=
schaften könnte.

5. Die Berechtigungen oder Servituten, die der Gutsherr
auf den Grundstücken der Bauern ausübte, fallen weg; so z. B.
darf der Gutsherr nicht mehr die bäuerlichen Aecker durch seine
Schafheerde beweiden lassen, was in Brach= und Stoppelzeiten
zu geschehen pflegte.

Die Rechte, die der Bauer aufgiebt, sind:

1. Der Anspruch auf Unterstützung in Unglücksfällen.

Es war selbstverständlich, daß der Bauer, im Augenblick,
als er wirthschaftlich auf eigene Füße gestellt wurde, auch
keinen Rückhalt mehr beim Gutsherrn suchen durfte.

2. Der Bauer giebt auf: den Anspruch auf Raff= und Lese=
holz, oder sonstige Waldberechtigungen (worunter wohl Bezug
von Bauholz und Waldstreu zu verstehen ist).

Hieburch wird der Wald frei von der herkömmlichen Mit=
benutzung durch die Bauern; aber das Recht der Bauern, wo es
bestand, Brennmaterial zu eigenem Bedarf zu beziehen, wird
ihnen (§ 30 des Edikts von 1811) ausdrücklich gewahrt, wo=
gegen auch die Walddienste bleiben.

3. Das Recht, sich durch den Gutsherrn die Gebäude auf=
bauen und repariren zu lassen[1]).

4. Das Recht, bei entstehendem Unvermögen die Steuern
und andern öffentlichen Abgaben und Leistungen dem Gutsherrn
zuzuschieben.

---

[1]) Neubauten und Hauptreparaturen müssen übrigens bereits vor der
erfolgten Auseinandersetzung vom Besitzer der bäuerlichen Stelle geleistet
werden. Edikt von 1811 § 32.

5. Die Hütungs= und Waldgerechtsame; dahin gehört wohl das häufig vorkommende Recht der Bauern, ihr Vieh in den gutsherrlichen Wald zu treiben [1]).

Nach dem Gesetz von 1811 sollten die Guthaben und Forderungen als ausgeglichen gelten, wenn der Bauer ein Drittel bezw. die Hälfte seiner Ländereien an den Gutsherrn abtritt. Nur bei Gütern unter 50 Morgen kommen die Gärten mit zur Theilung, „da sie eine bedeutende Größe haben und oft den Hauptbestandtheil derselben ausmachen". Es ist dies keine Benachtheiligung, sondern eine selbstverständliche Rücksicht auf die Natur der Kossäthengüter, deren Land meist aus Wörthen besteht, während sie auf offener Flur fast keine Grundstücke haben.

Uebrigens wird die Landabtretung bereits 1811 als Regel nur für die Bauernhöfe über 50 Morgen aufgestellt; für die kleineren Höfe wird eine entsprechende Körnerrente empfohlen; auch war Regulirung durch Kapitalzahlung oder durch Geldrente nicht ausgeschlossen.

Die Deklaration von 1816 legte weniger Nachdruck auf die Landabtretung, als das Gesetz von 1811, § 34, gethan hatte; insbesondere wurde (Art. 47 der Deklaration) bestimmt, daß die Gutsherrschaft ihre Entschädigung in Rente nehmen muß, wenn die Bauernstelle nach der Landabtretung nicht groß genug bleiben würde, um zulängliche Arbeit für ein Gespann von zwei Zugochsen zu gewähren — wodurch übrigens nur die Art näher bestimmt, nicht die Höhe der Entschädigung begrenzt wird.

Die Deklaration von 1816 hat, streng genommen, mit dem Grundsatz der Normalentschädigung gebrochen und dafür festgesetzt, daß die Entschädigung nach dem besonderen Fall zu bemessen sei.

Allerdings war bereits 1811 dem erblichen Bauern gestattet worden, wenn der Normalsatz für ihn augenscheinlich verletzlich sei, auf eine geringere Entschädigung zu provoziren (§ 30). Die Neuerung im Jahre 1816 bestand darin, daß es nun auch dem

---

[1]) Dönniges erläutert diese Bestimmung nicht.

Gutsherrn gestattet wurde, allen Bauern, erblichen wie unerb=
lichen gegenüber, auf eine höhere als die Normalentschädigung
anzutragen.

Es war dies ein Zugeständniß an die Gutsherrn; Herr
von Dewitz[1]) hatte es 1814 erbeten, „nur um den Klagen der
Rittergutsbesitzer allen Grund zu entziehen"; und die Regierung
hatte es nur in diesem Sinne eingeräumt[2]), obgleich man in
der Praxis fast nirgends bemerkt hatte, daß der Normalsatz
unzureichend gewesen wäre[3]).

Wenn nun auf Antrag der einen oder andern Seite die
besondere Ausmittlung der Entschädigung (statt der Anwendung
des Normalsatzes) für zulässig erklärt worden ist, so leistet der
Bauer erstens, was sich aus der etwas verwickelten Abrechnung
als seine Schuldigkeit ergiebt; zweitens giebt der Bauer — und
dies ist eine Neuerung — noch 5 % bezw. 7$\frac{1}{2}$ % (je nachdem
er erblichen oder unerblichen Besitz hat) des ganzen Rein=
ertrags des ihm nach der Regulirung[4]) verbleibenden Hofes
einschließlich des Gartens.

Die erwähnte Rente von 5 bzw. 7$\frac{1}{2}$ % des Reinertrags der
regulirten Stelle ist ein Zugeständniß, das sich die Gutsherrn
bei der neuen Durchberathung im Jahre 1815 gesichert haben[5]).
Sie wollten dadurch Entschädigung für das wegfallende Ober=
eigenthum erlangen, da nun kein Heimfall erledigter Bauern=
güter mehr zu erwarten sei. Vom Standpunkte der alten Ver=
fassung aus, als erledigte Bauerngüter stets wieder besetzt werden
mußten, konnte der Heimfall von keiner großen wirthschaftlichen
Bedeutung sein. Da aber die Regierung mit dem Grundsatze
des Bauernschutzes gebrochen hatte, so zogen die Gutsherrn
daraus eine für sie höchst nützliche Folgerung: sie ließen sich
wegen des Heimfalls noch besonders entschädigen.

Hierdurch ist die Anwendung des Normalsatzes, der ja nur
die Schnelligkeit des Verfahrens für sich hatte, praktisch weg=
gefallen. Der Gutsherr wird, wenn irgend möglich, auf spezielle

---

[1]) II 266. — [2]) II 357. 381. — [3]) II 268.
[4]) Dönniges Bd. 1 S. 196; daselbst ist die Abrechnung erläutert.
[5]) II 375.

Ausmittelung antragen. An sich wäre diese Art der Abrechnung gerechter, und der Wegfall des Normalsatzes wird von Freunden des Bauernstandes vielleicht nur deshalb beklagt[1]), weil das Geschäft nun viel verwickelter wird. Von der Gefahr, die bei besondrer Abrechnung dem Bauern droht, daß er, als der minder mächtige, in den Abschätzungen übervortheilt wird, soll hier, weil sie außerhalb des Gesetzes liegen würde, nicht die Rede sein. Es genügt völlig, daß der Gutsherr bei besondrer Abrechnung jene Rente wegen des verlorenen Obereigenthums, noch abgesehen von dem Ausgleich der gegenseitigen Leistungen, bezieht: hierdurch wird der Gutsherr in einen neuen, der Gesetzgebung von 1811 fremden, Vortheil gesetzt.

Die Regulirungsgesetze enthalten endlich noch sehr bedeutsame Bestimmungen in Bezug auf den polizeilichen Schutz des Bauernlandes.

Fragen wir zunächst nach dem, was für die regulirbaren Höfe gilt. Man ist in Bezug auf sie anfangs von dem bestehenden Recht der drei Verordnungen wieder abgegangen, denn diese lassen bedingungsweise die Einziehung zu, während das Edikt von 1811 (§ 32) sagt: So lange die Auseinandersetzung nicht geschehen ist, bleibt der Gutsherr verbunden die Höfe mit besonderen Wirthen besetzt zu erhalten; er darf dieselben also weder zusammenschlagen, noch einziehen. Erst wenn die Auseinandersetzung vollzogen ist, also wenn der Bauer Eigenthümer geworden ist, dann erst kann der Gutsherr die Bauernstellen ganz oder theilweise durch Vertrag oder auf andere gesetzliche Weise erwerben und mit seinem Gute vereinigen. Danach hat also das Gesetz von 1811 das nachgeholt, was bereits am 9. Oktober 1807 hätte ausgesprochen werden sollen: der Schutz für die besetzten Stellen dauert bis zur Neuordnung.

Aber die Deklaration von 1816 (Art. 77) hebt diesen höchst wichtigen Grundsatz wieder auf; sie gestattet dem Gutsherrn, sich

---

[1]) II 389.

von den landespolizeilichen Einschränkungen, denen er unterworfen
ist, vor der Auseinandersetzung frei zu machen, wenn er sich mit
den zeitigen Inhabern der Höfe wegen der Aufhebung ihrer
Rechte und Ansprüche einigt. Also der Gutsherr darf vor der
Auseinandersetzung, ehe seine Bauern Eigenthümer geworden
sind, mit denselben unterhandeln, um welchen Preis sie ihre
Rechte aufgeben.

Mit andern Worten: der Bauernschutz wird im Jahre 1816
aufgehoben für die besetzten, regulirbaren aber noch unregulirten
Stellen. Der Gutsherr hat also alle privatrechtlich erlaubten
Mittel in der Hand, den Bauernstand zu vermindern, wo der
Bauer von seinem Recht auf Regulirung keinen Gebrauch macht;
das Auskaufen von Bauernstellen, deren Inhaber die Regulirung
z. B. nicht vortheilhaft finden, ist also von 1816 an gestattet.

Der Gedanke von 1811, daß einmal vorerst, ehe die Ver=
kehrsfreiheit eintritt, die besetzte Bauernstelle Eigenthum ihres
Inhabers werden muß, tritt zurück und die Verkehrsfreiheit wird
zugelassen noch unter der alten Verfassung; wonach also dem
regulirbaren Bauern eine Reihe von Vorschlägen gemacht werden
konnten um ihn zum Verzicht auf die Regulirung zu bewegen;
genommen wurde ihm allerdings die Regulirbarkeit nicht. —

Wegen der nicht regulirbaren Bauernstellen ist zu unter=
scheiden, ob sie dahin gehören, weil sie wüste sind, oder obgleich
sie besetzt sind.

Die wüst liegenden Bauernhöfe sind schon nach dem Gesetz
von 1811 außerhalb des Schutzes gestellt, da der Vorbehalt
wegen der Annehmer wohl nicht viel bedeutete. Das Edikt sagt
nämlich (§ 33): Wo während dem letzten Kriege oder auch
nachher bis zu Trinitatis 1809 ein Bauernhof wüste geworden
oder gegenwärtig [14. Sept. 1811] ohne Wirth, auch sonst nie=
mand vorhanden ist, welcher rechtliche Ansprüche an denselben
hat, soll der Gutsherr befugt sein, solchen zu seinem Gute ein=
zuziehen; jedoch soll erst bei der in einem einzigen Termine
abzuhaltenden Subhastation festgestellt werden, daß sich kein An=
nehmer findet. Die Deklaration von 1816 erweitert diese Be=

fugniß: jene Ausbietung, um etwa einen Annehmer zu finden, wird beseitigt, also die Einziehung wüster Höfe ohne weiteres erlaubt; und auch die Zeitbestimmung wird beseitigt: „Es macht hierbei keinen Unterschied, ob die Höfe zu den Gütern eingezogen, vor, während oder nach dem Kriege von 1806 und folgenden Jahren erledigt und wüst geworden sind, oder ob dieselben den Gutsherrn fernerhin anheimfallen."

Der Minister Schuckmann gab als Grund für die erleich= terte Einziehung wüste gewordener Stellen an: daß jetzt nicht mehr, wie 1811, die Tendenz der Gutsherrn zur Einziehung der Bauernhöfe vorherrschend sei, da jetzt (1816) die Kapitalien der Landwirthschaft nicht mehr zuströmen[1]).

Also im Jahre 1811 war diese Tendenz noch vorherrschend!

In diesen Bestimmungen ist nichts andres ausgesprochen, als daß der Staat weder für die Gegenwart noch für die Zu= kunft die Wiederherstellung der wüst gewordenen Bauernhöfe ver= langt; auch nicht die Wiederherstellung solcher, die zu den Gütern bereits eingezogen sind, obgleich dies nicht hätte geschehen dürfen. Es ist also auch der Schutz für die durch die Kriegs= läufte von 1806 bis 1815 zu Fall gekommenen Bauernhöfe und zwar ohne Bedingung vom Staat aufgegeben. Der Grundsatz, nach welchem Friedrich der Große mit so merkwürdigem Nach= druck gehandelt hatte, um die Verwüstungen des siebenjährigen Kriegs zu beseitigen, ist für die Verwüstungen der Kriege im 19. Jahrhundert nicht mehr angewendet worden[2]). —

---

[1]) Regulirungen 1ᵃ Bd. 4 Bl. 74.

[2]) Es sollen im Jahre 1815 in Pommern gegen 700 Höfe und zwar allein im abligen Dominium, wüste gewesen sein (vergl. II 369).

In einem Bericht der pommerischen Regierung, datirt Stargard, 10. Juni 1809, an das Ministerium des Innern (vergl. die Akten: Regu= lirungen 1 Bd. 2) heißt es:

Die bäuerlichen Untersassen des Adels sind in hiesiger Provinz noch bei weitem zum größten Theile Laßbesitzer. Nach der Verfassung hiesiger Provinz, daß die öffentlichen Lasten auf dem kontribuablen Hufenstande ruhen, sind es die Gutsbesitzer gewohnt, diesem, und namentlich ihren bäuer= lichen Untersassen alles aufzubürden, was dahin gehört. Während des Kriegs mit Frankreich und zur Uebertragung der hieraus entsprungenen Leistungen

Wie aber stand es mit dem polizeilichen Schutze der Stellen, welche besetzt, aber nicht regulirbar waren?

Auffallender Weise fehlt es hierüber an einer klaren Bestimmung. Die Regulirungsgesetze schweigen und man sollte daher meinen, daß für diese unregulirbaren Stellen die älteren Vorschriften, d. h. die drei Verordnungen, in Geltung bleiben.

Indessen giebt ein Kenner der Praxis folgende andere Entscheidung. Dönniges[1]) sagt, daß die drei Verordnungen, die man für anwendbar halten könnte, nicht weiter Anwendung gefunden haben, und meint, der § 33 des Edikts von 1811 und die zugehörigen Artikel der Deklaration handelten von der Befugniß der Gutsherrschaften zur Einziehung der Bauernhöfe überhaupt, nicht nur der regulirbaren Höfe; wonach also unregulirbare Stellen ohne polizeiliche Beschränkung, natürlich ohne Verletzung des Privatrechts, einziehbar wären.

Er begründet diese Meinung auch durch Hinweis auf das gleichzeitig mit dem ersten Regulirungsgesetz ergangene Landeskulturedikt vom 14. September 1811, welches sich auch auf unregulirbare Stellen bezieht: dasselbe hebt im § 1 die verfassungsmäßig bis dahin bestandenen Einschränkungen des Grundeigenthums auf.

Da wir hier nur wissen wollen, was geschehen ist, so genügt es, aus Dönniges zu entnehmen, daß der polizeiliche Schutz auch

---

hat man zwar, was die Kriegslasten betrifft, manchmal durchgesetzt (z. B. in Hinterpommern), daß auch die in gewöhnlichen Zeiten freien Besitzungen, ebenso wie die kontribuablen, zur Mitleidenschaft gezogen wurden. Aber der Bauer hat eben doch die auf seine Besitzungen fallenden Lasten tragen müssen, als ob er Eigenthümer derselben wäre.

Hin und wieder haben billige Herrschaften das Ungerechte davon gefühlt; andere sind ihren Unterfassen zu Hülfe gekommen, weil sie ohnedem davon gelaufen sein würden; einige, welche nicht so billig dachten oder, selbst bedrängt, nicht des Vermögens waren sie zu unterstützen, haben es darauf ankommen lassen und wirklich hat eine beträchtliche Zahl der abligen Unterfassen, den eingezogenen Nachrichten zufolge über 500 Wirthe, ihre Höfe verlassen.

[1]) Dönniges Bd. I S. 85—87.

für die unregulirbaren besetzten (wie unbesetzten) Bauernstellen jedenfalls nach 1816 aufgehört hat.

Eine Reihe andrer Streitfragen, die hieher gehören, entsteht aus der mangelhaften Unterscheidung des privatrechtlichen vom polizeilichen Schutze der Bauernstellen. Es war natürlich stets unerlaubt, Bauern — regulirbare wie unregulirbare — aus ihrem Besitze zu verdrängen, ohne daß man sich mit ihnen über Abfindung wegen ihrer Rechte einigte. Daß der Versuch solcher widerrechtlicher Bauernverdrängung, d. h. mit Verletzung des Privatrechts, nach der Regulirungsgesetzgebung häufig und mit Erfolg gemacht worden ist, steht fest[1]).

Ebenso steht fest, daß dies niemals vom Staate gebilligt worden ist, wenn auch oftmals die Verdrängten es versäumt haben, die Gerichte anzurufen. Dieser Vorgang, seiner Natur nach widerrechtlich, liegt außerhalb des Gebietes des vom Staate Gewollten, ist nicht ein Theil der Politik, kann also auch nicht dieser Gesetzgebung selbst zum Vorwurfe gereichen. —

So ungünstig für den Bauernstand die Regulirungsgesetzgebung von 1816, im Vergleich zu der von 1811, geworden ist, so hatte Scharnwebers Einschreiten in letzter Stunde doch einigen Erfolg:

Es wurden die Erschwerungen, welche nach dem Ministerialentwurf durch die Forderung völliger Separation[2]) bei Gelegenheit der Regulirung entstanden wären, vermieden; und es wurde die von den Gutsherrn[3]) und der Ministerialkommission[4]) — entgegen dem Edikt von 1811, § 29 — lebhaft befürwortete Freiheit der Verschuldung der Bauernhöfe dennoch ferngehalten; vor allem aber rettete Scharnweber die Regulirbarkeit der Pachtbauern, die wieder in äußerster Gefahr stand, da die Landesrepräsentanten und die Ministerialkommission die Pachtbauern minder günstig[5]) als die lebenslänglichen Laßbauern behandeln wollten. Er zeigte nämlich, daß die Pachtbauern erst aus den

---

[1]) Wir kommen darauf zurück.
[2]) II 381—382. — [3]) II 367. — [4]) II 382. — [5]) 384.

Laßbauern entstanden sind, und daß also diejenigen Gutsherrn, welche die Bauern in der alten Verfassung, d. h. als Laßbauern, behalten haben, dann für dies ihr gesetzliches Verhalten benach=theiligt würden (da die Laßbauern regulirbar sind) im Vergleich zu denjenigen Gutsherrn, die bereits Pachtbauern aus den Laß=bauern gemacht haben, und nun für diesen Schritt, durch die Unregulirbarkeit der Pachtbauern, auch noch belohnt werden sollten. Es gelang ihm, die gleiche Behandlung der lebens=länglichen Laßbauern und der Zeitpachtbauern, wie im Jahre 1811, durchzusetzen.

Mehr freilich konnte der einzeln stehende Mann nicht er=reichen [1]).

---

[1]) Die Regulirungsgesetzgebung, wie sie oben geschildert ist, und die wir die altländische nennen wollen, wurde auf die meisten neu erworbenen Gebietstheile rechts der Elbe ausgedehnt; zwar auf das Hauptgebiet, die Provinz Posen, nicht, denn hier griff ein besondres Gesetz (vom 8. April 1823) tiefer ein; wohl aber auf das Landgebiet der Stadt Danzig (auch am 8. April 1823), und vor allem auf die vom Königreich Sachsen er-worbenen Landestheile, welche zur Erweiterung des schmalen Streifens dienten, der den Uebergang der Mark Brandenburg zur Provinz Schlesien bildete.

Ein Theil dieser neuen Erwerbungen war schon früher preußisch ge-wesen: der Kreis Kottbus; ein andrer Theil hatte zur sächsischen Ober- bezw. Niederlausitz gehört; und ein dritter Theil endlich bestand aus dem sächsischen Amte Senftenberg.

Für den Kreis Kottbus fand die Einführung der Regulirungsgesetz-gebung statt durch Verordnung vom 18. November 1819; für die Ober- und Niederlausitz und das Amt Senftenberg durch Gesetz vom 21. Juli 1821. Die Kennzeichen der Regulirbarkeit sind ein wenig anders angegeben, indem für die neu erworbenen Landestheile natürlich keine Bezugnahme auf frühere preußische Gesetze stattfinden konnte; doch wird durch diese Besonderheiten nichts Wesentliches geändert, insbesondere sind überall nur die Ackernahrungen regulirungsfähig.

Man kann also die altländische Gesetzgebung in ihren Hauptzügen als gültig für die Provinzen Brandenburg, vorläufig auch Schlesien nach dem neueren Umfang, Preußen und Altvorpommern sowie Hinterpommern an-sehen: Neuvorpommern blieb ausgenommen (vergl. II 463 ff.).

Fünftes Kapitel.

§ 1. Die Ablösungs-Ordnung vom 7. Juni 1821 [1]).

Die Regulirungsgesetze beschäftigen sich nur mit den Laß- und Pachtbauern; für sie werden zweierlei Ziele durch den Vorgang der Regulirung zugleich erstrebt: erstens Aenderung der Besitzrechte, zweitens Aufhebung der Dienste und der übrigen Leistungen, die dem Gutsherrn zustanden.

Die Bauern mit besserem Besitzrecht — Eigenthümer, Erbzinsleute und Erbpächter — kommen also bei dieser Gesetzgebung gar nicht in Betracht, wie im Artikel 2 der Deklaration von 1816 nochmals ganz ausdrücklich gesagt wird. Es wird aber dort auch hinzugefügt, daß die Naturaldienste dieser Bauernklassen ablösbar gemacht werden sollen: „nach den Grundsätzen der baldigst bekannt zu machenden Gemeinheitstheilungs-Ordnung".

Die Verheißung ist im Jahre 1821 in Erfüllung gegangen, und es hat sachlich keine Bedeutung, daß das Gesetz über Ablösungen aus dem ursprünglichen Zusammenhang mit der Gemeinheitstheilungs-Ordnung herausgenommen und, unter gleichem Datum wie die Gemeinheitstheilungs-Ordnung, unterm 7. Juni des genannten Jahres besonders verkündet worden ist.

Die Ablösungs-Ordnung vom 7. Juni 1821 gilt übrigens nicht nur für bäuerliche, sondern überhaupt für landwirthschaft-

---

[1]) Vergl. die Erläuterungen bei Dönniges Bd. 2 S. 295 ff.

liche Stellen; und sie bezieht sich nicht auf Dienste allein, sondern auch auf andere Naturalleistungen und auf Geldleistungen. Für uns kommt dieselbe nur soweit in Betracht, als dadurch die Befreiung der mit besserem Besitzrechte versehenen bäuerlichen Stellen von Diensten und allen anderen Leistungen, die dem Gutsherrn gebühren, erreicht wird.

Vor allem ist daran festzuhalten, daß bei der Ablösung gar nichts am Besitzrechte geändert wird, auch wo dies noch nicht Eigenthum ist; die Erbzinsleute und Erbpächter bleiben auch nach der Ablösung das, was sie sind.

Die Grundsätze sind verschieden, je nachdem es sich um Ablösung von Diensten oder von andern Leistungen handelt.

Betrachten wir zunächst die andern Leistungen, so macht es keinen Unterschied, ob dieselben jährlich fällig sind, wie z. B. viele Naturalabgaben, besonders Abgaben in Körnern; oder ob sie nur in gewissen Fällen eintreten, wie Besitzveränderungs= abgaben. Sowohl der Berechtigte wie der Verpflichtete kann verlangen — ohne Zustimmung des anderen Theils —, daß solche Leistungen zunächst in eine jährliche Rente verwandelt werden; und von dieser Rente kann der Verpflichtete sich be= freien, wenn er auf einmal den 25fachen Betrag entrichtet. Es ist dabei gleichgültig, ob der Verpflichtete zur Klasse der bäuer= lichen Wirthe gehört oder nicht.

Wichtiger sind die Dienste, die wie bekannt ebenfalls häufig als Reallast auf Stellen ruhen, welche zu Eigenthum, Erbzins= oder Erbpachtrecht besessen werden. Es handelt sich hiebei mit um die bäuerlichen Frohndienste auf solchen herrschaftlichen Gütern, bei welchen besseres Besitzrecht der Bauern vorhanden ist: sehr zahlreich sind die Bauern dieser Art, nur wird weniger von ihnen gesprochen, da sie in weit befriedigenderer Ver= fassung stehen, als der Laßbauer, und besonders als der unerb= liche Laßbauer; sie finden sich streuweise in allen vier Provinzen, die wir zunächst im Auge haben (Preußen, Pommern, Branden= burg, Schlesien), sind aber in Niederschlesien dergestalt vor=

herrschend, daß in vielen Kreisen daselbst gar keine Laß= und Pachtbauern neben ihnen vorkommen[1]).

Die Hand= und Spanndienste der Bauern mit besserem Be= sitzrecht können nicht allgemein abgelöst werden, sondern nur dann, wenn die Stelle im Sinne der Deklaration von 1816 eine Ackernahrung ist, d. h. wenn von der Stelle bisher Spanndienste geleistet worden sind oder auf ihr Zugvieh gehalten worden ist. Also nur die spannfähigen bäuerlichen Nahrungen können sich durch Ablösung von den Spann= und Handdiensten befreien. Mithin gilt für die Ablösung dasselbe, was seit 1816 für die Regulirung gilt: nur den größeren Bauern kommt dieselbe zu statten; für die kleineren, die auch im Ablösungsgesetz als Dienstfamilienstellen bezeichnet werden, ist die Ablösbarkeit nicht vorhanden. Was bei der Regulirung eine spätere Einschränkung war, tritt bei der Ablösung von vornherein auf: sie tritt nur für die spannfähigen Bauern ein.

Für die spannfähigen Bauern tritt aber die Ablösung der Dienste nur ein auf Antrag eines der Betheiligten; sowohl der zur Leistung des Dienstes Verpflichtete, als auch der zur Forde= rung des Dienstes Berechtigte kann den Antrag stellen, und was eben das Wesentliche ist: die Zustimmung des andern Theils ist nicht erforderlich. Der Verpflichtete giebt an Stelle des Dienstes eine Entschädigung, in Rente oder in Land; welche Art der Ent= schädigung gegeben werden muß, hat derjenige zu bestimmen,

---

[1]) Nach Meitzen, Der Boden und die landwirthschaftlichen Verhältnisse des preußischen Staats Bd. 4 (1869) S. 292 ff. sind unter den 16 Kreisen des Regierungsbezirks Oppeln folgende 3 gewesen, worin bis zum Ende des Jahres 1848 gar keine Regulirungen, dagegen sehr zahlreiche Ablösungen stattgefunden haben: Falkenberg, Grottkau, Neisse; das gleiche findet sich in 20 Kreisen des Regierungsbezirks Breslau (nämlich in allen 22, ausge= nommen Namslau und Wartenberg); und in 16 Kreisen des Regierungs= bezirks Liegnitz (nämlich in allen 19, ausgenommen Görlitz, Hoyerswerda, Rothenburg). Im ganzen sind es also 39 Kreise Schlesiens, worin gar keine Regulirungen, dagegen sehr viele Ablösungen stattgefunden haben. Dazu kommen noch eine Anzahl von Kreisen, worin zwar Regulirungen, aber nur in ganz unbedeutender Zahl stattgefunden haben, neben zahlreichen Ablösungen.

gegen den der Antrag gerichtet ist. War Rente bestimmt, so ist dieselbe durch den 25fachen einmal bezahlten Betrag ablösbar.

Bei den kleineren, nicht zur Ablösung zugelassenen Bauern können die Dienste nur mit beiderseitiger Einwilligung aufgehoben werden — womit die Ablösungs=Ordnung nichts zu thun hat.

Die Art und Weise wie die Höhe der Entschädigung für die abzulösenden Dienste bestimmt wird, führt zu weit ins Tech= nische hinein; nur sei der Grundsatz erwähnt, daß es nicht darauf ankommt, wieviele Dienste bisher geleistet worden sind, sondern darauf, welche Kosten der Berechtigte aufwenden muß, um bei der bisherigen Feldeintheilung und Wirthschaft die wegfallenden Dienste anderweitig zu beschaffen.

In den meisten Fällen wird der Gutsherr für die Bauern= dienste, die ja so unzureichend verrichtet wurden, ohne große Kosten Ersatz schaffen können: wobei dann der Grundsatz, wonach abgerechnet wird, dem Bauern vortheilhaft ist.

Ist bisher für die Dienste eine Vergütung geleistet worden, so ist der Betrag derselben in Abzug zu bringen von der Ent= schädigung, die der Berechtigte zu verlangen hat. Aber: „sollte hiebei der Werth des Dienstes niedriger, als der Betrag dieser Vergütung ausgemittelt werden, so können die Pflichtigen den= noch für letzteren keine größere Entschädigung als den Erlaß des Dienstes fordern" (§ 12).

Innerhalb der Klasse der spannfähigen Bauern sind keine weiteren Unterscheidungen gemacht; hierin ist also die Ablösungs= Ordnung weitherziger als die Deklaration von 1816.

Eine Frist, bis zu welcher der Antrag auf Ablösung gestellt werden muß, ist nicht gesetzt.

Bei der Schwierigkeit, die es für den Bauern hat, eine Kapitalzahlung zu leisten, ist offenbar die Hauptwirkung der Ablösungsordnung die gewesen, daß an Stelle von Diensten und Naturalabgaben da, wo sie für den einen Theil besonders drückend waren, Entschädigung in Rente oder in Land geleistet wurde.

Die Ablösung kann übrigens auch stattfinden für die Hülfs= dienste, die bei der Regulirung mitunter vorbehalten wurden;

insofern also sind die Ergebnisse des Ablösungsgeschäftes mit beeinflußt durch Geschäfte in Bezug auf regulirte Bauern. Auch ist nicht zu vergessen, daß zu den Ackernahrungen auch andere als bäuerliche Landwirthschaften gehören, insbesondere Rittergüter, die ja mitunter auch zu Diensten verpflichtet sind.

Die Ablösungs-Ordnung wurde nicht für Neuvorpommern eingeführt; auch zunächst nicht für Posen.

Sozialpolitisch ist der Hauptpunkt der: wie die Regulirung seit 1816, so wurde nun im Jahre 1821 die Ablösung nur denjenigen Bauern ermöglicht, welche spannfähig waren. In den Verhältnissen der weit zahlreicheren spannlosen bäuerlichen Nahrungen, insbesondere bei den niederschlesischen Dreschgärtnern, soweit sie spannlos waren, ändert sich also nichts.

§ 2. Die Regulirung und Ablösung in Posen[1]).

Wir betrachten nun die fünfte östliche Provinz, Posen.

Als im Tilsiter Frieden (vom 9. Juli 1807) ein großer Theil der polnischen Gebiete Preußens verloren ging und zur Bildung des Herzogthums Warschau verwendet wurde, erhielt dies neu geschaffene Land bereits am 22. Juli 1807 eine Verfassung, welche in ihrem Artikel 4 bestimmte, daß die Leibeigenschaft aufgehoben sei[2]). Was hiemit gemeint war, setzte eine Verordnung vom 21. Dezember 1807 außer Zweifel: nicht etwa blos Leibeigenschaft im Sinne der Sklaverei, sondern auch Unterthänigkeit fiel weg. Zwangsgesündebedienst, Gebundenheit an die Scholle, Loskaufgelder und dergleichen gab es nicht mehr, es gab nur freie Leute.

Den freigewordenen Leuten wurde in derselben Verordnung erlaubt, noch ein Jahr weiter da zu wohnen, wo sie bisher gewohnt hatten, wenn sie nur dieselben Verpflichtungen erfüllten, die ihnen bisher obgelegen hatten; der Erbherr war während dieser

---

[1]) Dönniges Bd. 1 S. 313 ff.

[2]) Die Nachricht von diesem Ereigniß trug mit bei zur Aufhebung der Erbunterthänigkeit in der preußischen Monarchie. Vergl. II 152 u. 155.

Zeit nicht berechtigt, die früheren Unterthanen zum Abzuge zu
nöthigen oder ihre Verpflichtungen zu erhöhen.

„Während dieser Zeit"; aber nach Ablauf derselben, also
vom 21. Dezember 1808 an, waren die früheren Unterthanen,
nun ganz freien Leute, wenn sie ihre Besitzungen nicht erblich
und nur auf unbestimmte Zeit inne hatten, nicht weiter geschützt;
der frühere Erbherr konnte ihnen kündigen, und es dürfte dafür
ein schlechter Trost gewesen sein, daß sie auch ihm kündigen
durften. Sie waren frei und zugleich entwurzelt.

Hieburch hatten die polnischen Gutsherrn gerade das erreicht, was die der Provinz Preußen um jene Zeit ebenfalls er-
warteten, aber nicht so unverkürzt erlangen konnten: den Bauern
Freiheit, aber uns das Land.

Nicht als ob sie sofort alles Bauernland in Besitz genommen
hätten; sie thaten es nur je nach Bedarf.

Als nun im Jahre 1815 ein Theil des Herzogthums
Warschau unter dem Namen des Großherzogthums Posen wieder
zur preußischen Monarchie kam, wurde dieser rechtliche Zustand
zunächst bestätigt. In einer Kabinetsorder vom 3. Mai 1815
(gleichzeitig mit dem Vertrag über die Theilung des Herzogthums
zwischen Preußen und Rußland) hieß es: daß das gegenwärtige
Verhältniß zwischen dem Gutsherrn und den auf den Gütern
befindlichen nicht erblichen Bauern und Landleuten aufrecht erhalten werden solle. Einerseits bleibt die Freiheit der Leute bestehen, andrerseits aber steht es auch beiden Theilen frei, kon-
traktmäßig oder, wenn Kontrakte fehlen, ein Jahr vor dem Zeit-
punkte der gewünschten Trennung zu kündigen.

Als nun die Wiedereinführung der preußischen Gesetze im
Großherzogthum Posen zur Sprache kam, wurde in dem betreffenden Patent vom 9. November 1816 eine Hindeutung auf
die möglicher Weise eintretende Regulirung der gutsherrlich-
bäuerlichen Verhältnisse nach dem Beispiel der Gesetze von 1811
und 1816 gemacht, indem es hieß: darüber werde eine besondre
Verordnung erscheinen.

Da nun die altländischen Gesetze auch die Eigenthumsver-

leihung nicht erblicher bäuerlicher Besitzungen möglich machen,
so sahen sich die posener Gutsherrn einer für sie bedrohlichen
Maßregel gegenüber; doch konnte man sich derselben entziehen:
es brauchte nur von der erlaubten Kündigung Gebrauch gemacht
zu werden. Und so geschah es: „Viele Gutsbesitzer nahmen
hieraus Veranlassung, ihren nicht erblichen Einsassen die Höfe
zu kündigen. Die Beschwerden der vertriebenen Familien häuften
sich"; die Provinzialbehörden waren außer Stande es zu verhindern, da die Gerichte, nach dem geltenden Recht urtheilend,
die Kündigungsfreiheit anerkannten.

„Die Schwierigkeit die obbachlos gewordenen Familien unter-
zubringen" und die Besorgniß, daß eine künftige Regulirungsgesetzgebung am Ende keine Bauern mehr vorfinden möchte, ließ
eine besondere Verordnung nöthig erscheinen; eine solche erging
unterm 6. Mai 1819.

Darin wird gesagt, daß künftig Entsetzungen von Bauern
nicht mehr blos auf Grund gutsherrlicher Kündigung zulässig
seien; vielmehr seien die Besitzverhältnisse der Bauern (in Er-
manglung besondrer Verträge) nach dem Allgemeinen Landrecht
zu beurtheilen, und die Entsetzung könne nur nach den im Allgemeinen Landrecht hiefür aufgestellten Grundsätzen erfolgen.

Das hieß also: unbedingter Bauernschutz trotz aufgehobener
Erbunterthänigkeit bis zur Regulirung — mehr als der Herr vom
Stein für die altländischen Provinzen hatte erreichen können.

Inzwischen wurde das Regulirungsgesetz für Posen ausgearbeitet und unterm 8. April 1823 erschien es, gegengezeichnet
von Altenstein.

Dies Gesetz ist viel einschneidender als die altländische Gesetzgebung.

Zunächst wird, da der Bauernschutz nicht so unbedingt ausgeführt wie anbefohlen war, bestimmt (§ 99), daß die seit der
Kabinetsorder vom 6. Mai 1819 eingezogenen oder erledigten
bäuerlichen Stellen wieder besetzt werden müssen — während die
altländische Gesetzgebung die bereits eingezogenen und die noch
wüste liegenden Höfe den Gutsherrn überließ.

Für Posen verschwindet ferner der Normalsatz völlig; die Leistungen und Gegenleistungen werden ohne weiteres (b. h. ohne daß vorher der Normalsatz ausgemittelt wäre) gegen einander abgewogen; hienach allein, ohne daß noch eine besondere Entschädigung für den Verlust des Obereigenthums gegeben würde, vollzieht sich die Ausgleichung.

Auch nach der Auseinandersetzung werden dem Bauern, auf Verlangen und.ʼ gegen Entschädigung durch Handdienste, noch zwölf Jahre lang die Konservationshülfen vorbehalten.

Mit der Regulirung wird auf amtlichem Wege vollständige Gemeinheitstheilung zwischen der Gutsherrschaft und den bäuerlichen Wirthen und unter den Bauern selbst bewirkt. Das bedeutet eine amtliche Neuordnung der ganzen bäuerlichen Wirthschaft.

Der erste Titel des Gesetzes handelt „von Bauerngütern, die zeitpachtweise oder als Zeit-Emphyteusen oder als Laßgüter besessen werden", wobei nach § 1 kein Unterschied gemacht wird zwischen erblichem und unerblichem Besitz. Beide Arten von Besitz werden vielmehr gleichartig behandelt.

Der zweite Titel, der sich mit den Bauerngütern beschäftigt, welche „zu Eigenthum, zu Erbzins- oder zu Erbpacht-Recht besessen werden", führt die Ablösungs-Ordnung von 1821 für die Provinz Posen ein.

Die Bestimmungen, wonach sich die Regulirbarkeit richtet, wurden schon zu Anfang (1823) so gewählt, daß nur bäuerliche Ackernahrungen, und auch diese nicht alle, dahin gehörten; doch war der Umkreis größer als für die altländischen Ackernahrungen nach der Deklaration von 1816.

Daher strebten auch die posener Gutsherrn nach einer nachträglichen Verengerung des Begriffes der Regulirbarkeit und erlangten eine solche durch die Deklaration vom 10. Juli 1836. Danach ist eine Stelle eine Ackernahrung, wenn eines von folgenden drei Merkmalen zutrifft:

1. wenn Spanndienste von der Stelle geleistet werden;

2. wenn die Stelle ein Gespann von 2 Pferden oder von 2 Zugochsen halten muß;

3. wenn sie einen Landbesitz von 25 preußischen Morgen hat.

Ackernahrungen auf Vorwerksland sind in den schon 1772·73 einmal preußisch gewordenen Landestheilen nicht regulirbar; in den andern nun posenischen Landestheilen sind sie es.

Die Beschränkungen, die in der Deklaration von 1816 im Anschluß an die frühere preußische Gesetzgebung seit 1807 gegeben werden, fehlen natürlich für Posen, das damals nicht preußisch war.

Hieraus geht nun sofort hervor:

Trotz der Deklaration von 1836 hat die Regulirbarkeit für Posen einen weitern Umfang als für die altländischen Provinzen. Gemeinsam aber bleibt hier wie dort die Beschränkung der Maß= regel auf Ackernahrungen, die wesentlich an der Spannfähigkeit erkannt werden. —

In Posen wird die Verfügung des Gutsherrn über Bauern= höfe, welche noch nicht zu Eigenthum verliehen sind, durch das Regulirungsgesetz § 99 und 100 beschränkt (was in der alt= ländischen Gesetzgebung nicht der Fall war). „Die Beschränkungen gehen nur dahin, daß dergleichen Stellen nicht zu den herr= schaftlichen Gütern eingezogen, sondern an besondre bäuerliche Wirthe wieder ausgethan werden sollen"[1]) und sie geschahen „in Rücksicht auf die Vorgänge in diesen [den polnischen] Landes= theilen vor Publikation dieses Gesetzes [des Regulirungsgesetzes von 1823]" und „zur Erhaltung und Bildung eines kräftigen Bauernstandes". Dagegen ist das Zusammenschlagen bäuerlicher Höfe erlaubt. —

Es unterliegt hienach keinem Zweifel, daß nur die posenische Regulirung einigermaßen dem Bild entspricht, das man sich irr= thümlich von der preußischen Gesetzgebung überhaupt zu machen pflegt: rascher Schutz der vorhandenen Bauern, Verwandlung derselben auf Antrag der einen oder andern Seite in dienstfreie Eigenthümer und Aufrechthaltung der Stellen, bis dies ge= schehen ist.

---

[1]) Dönniges Bd. 1 S. 354.

Die Beschleunigung der ganzen Umwandlung in Posen, verglichen mit den altländischen Provinzen, kam übrigens nicht durch Gesetz, sondern durch größere Rührigkeit der Parteien, vielleicht auch der Generalkommission zu Stande, sodaß die neuen Gesetze vom 2. März 1850 hier fast nichts mehr rückständig fanden[1]).

Erklärbar ist das kräftigere Auftreten des Staats in dieser einen Provinz wohl hauptsächlich dadurch, daß man den vielen Gutsherrn fremder Volksart weniger, den Bauern dagegen, um sie an die neue Herrschaft zu gewöhnen, mehr Rücksicht zollte als in den vier alten Provinzen.

§ 3. Regulirung und Ablösung in Schlesien.

Während für die Provinz Posen die Regulirungs- und Ablösungsgesetzgebung, besonders die erstere, in völliger Reinheit ausgebildet und mit großer Strenge durchgeführt wurde, in dem Sinne, daß wenigstens die spannfähigen Bauern aller Vortheile theilhaftig wurden, trat für die Provinz Schlesien gerade das Umgekehrte ein: schon vom Anfange an mußten sich die schlesischen Gutsherrn eine Sonderstellung auszuwirken[2]).

Dies geschah wegen der sogenannten Gärtner, die eine Eigenthümlichkeit der Provinz Schlesien und der benachbarten Landestheile bilden. Sie kommen in Schlesien, in den südlichen Kreisen der Neumark und in den an Schlesien stoßenden Theilen der Oberlausitz vor; von den südlichen Kreisen der Neumark werden besonders die Kreise Krossen und Schwiebus = Züllichau genannt, welche früher zu Schlesien gehörten.

Zunächst ist daran zu erinnern, daß die Gärtner nichts andres als Kossäthen sind[3]), wie sie auch häufig so genannt werden[4]).

---

[1]) II 460.
[2]) Vergl. zum Folgenden II 393 ff.
[3]) Vergl. oben in der Einleitung S. 12.
[4]) Vergl. Dönniges Bb. 1 S. 244, woselbst wie gewöhnlich weitaus das Beste darüber zu finden ist.

Sie zerfallen, was die Dienste an die Gutsherrschaft be=
trifft, in zwei Klassen: Freigärtner und Dienstgärtner.

Die Freigärtner haben entweder gar keine oder nur ge=
messene, ganz bestimmte Dienste und Abgaben zu leisten; sie sind
für unsere Betrachtung weniger wichtig.

Die Dienstgärtner, auch Hofegärtner oder in Niederschlesien
Dreschgärtner, in Oberschlesien Robotgärtner genannt, stehen in
ganz eigenthümlichen Verpflichtungen: sie haben die Pflicht die
Erntearbeit und den Ausdrusch gegen einen Naturalantheil zu
verrichten. Für das Einernten erhalten sie die sogenannte Man=
del, das heißt die zehnte, elfte oder auch die zwölfte Garbe; für
das Ausdreschen erhalten sie die sogenannte Hebe, das heißt den
sechzehnten, siebzehnten oder auch achtzehnten Scheffel des Er=
drusches; mitunter müssen sie dafür, abgesehen vom Ernten und
Dreschen, auch noch das Säen des Getreides besorgen. Sind
sie noch zu andern Arbeiten verpflichtet, so wird dafür ein Lohn
nach dem Herkommen bezahlt, während für die genannten
Leistungen eben der Antheil am Ertrag die Entschädigung bildet.

Die Dienstgärtner haben kleinere Wirthschaften als die
Bauern, jedoch sind sie häufig spannfähig; aber auch wenn dies
der Fall ist, pflegen sie nicht zu Spanndiensten an die Guts=
herrschaft, sondern zu den beschriebenen Handdiensten verpflichtet
zu sein. Die für den Gutsherrn so wichtigen Handdienste werden
also vorzüglich durch die Dienstgärtner geleistet, jedoch nicht
ausschließlich, denn es kommen daneben auch Häusler vor, die
handdienstpflichtig sind.

Was die Besitzverhältnisse betrifft, so ist es mit den Gärt=
nern genau so wie mit den Bauern: in Niederschlesien sind die
Bauern und die Gärtner fast durchweg Eigenthümer; in Ober=
schlesien, besonders auf dem linken Oderufer, kommt dies auch
vor, jedoch sitzen daneben auch lassitische Bauern und Gärtner,
und der lassitische Besitz bei Bauern und Gärtnern bildet auf dem
rechten Oderufer in Oberschlesien die Regel; in diesen slavischen
Gegenden heißt der Dienstgärtner Robotgärtner.

Die Sonderbestrebungen der schlesischen Gutsherrn beginnen
14 *

in Bezug auf die lassitischen Robotgärtner Oberschlesiens be=
reits im Jahre 1811. Nach dem Entwurf des Regulirungs=
gesetzes wäre eine große Zahl dieser Gärtner, wahrscheinlich
sogar alle, regulirbar gewesen, denn sie hatten weit mehr
Grundbesitz, als bloße Landarbeiter zu haben pflegen, und waren
Lassiten.

Durch die Regulirung aber würden, nach Abtretung eines
Theils des Gärtnerlandes an die Gutsherrschaft, die Handdienste
weggefallen sein — was den Gutsherrn keineswegs angenehm ge=
wesen wäre. Anderseits aber war ihnen auch der Fortbestand
des Verhältnisses unbequem, denn die Gärtner waren, was ihre
Dienstpflichten betrifft, träge, faul und liederlich [1]).

Daher schlug der Graf Henkel von Donnersmarck, als das
Regulirungsgesetz von 1811 bereits sachlich fertig aber noch nicht
vollzogen war, für die oberschlesischen Dienstgärtner ein besonderes
Verfahren vor, wonach sie von der Regulirung ausgeschlossen,
aber auch nicht in der alten Verfassung gelassen werden sollten:

Der lassitische Dienstgärtner soll sein Land, bis auf 3 bis 4
Morgen, verlieren; wodurch er also aufhört ein Landwirth zu
sein und aus einem Gärtner sich in einen Häusler verwandelt.
Die Berechtigungen des Gärtners auf Bauholz, Waldweide und
Waldstreu fallen weg — denn sie sind dem Gutsherrn sehr lästig.
Jene 3 bis 4 Morgen erhält der frühere Gärtner allerdings zu
Eigenthum — kommt also in die Verfassung wie die Häusler
in Niederschlesien. Merkwürdig klingt der Zusatz: „für die Er=
werbung des Eigenthums der so verkleinerten Stelle hat der"
— frühere — „Gärtner weiter nichts zu geben". Er muß sich
aber verpflichten, künftighin vier Jahre lang die vom Gutsherrn
geforderten Dienste gegen das in der Gegend übliche Tagelohn
zu leisten.

Dies ist der Inhalt des § 57 A des Gesetzes vom 14. Sept.
1811; der Minister von Schuckmann hat den Zusatz nach Wunsch
der Gutsherrn in das Gesetz aufgenommen und dadurch den Ge=

---

[1]) Vergl. II 394 u. 395, auch 263.

banken der Regulirung für die oberschlesischen Dienstkossäthen fallen lassen: dieselben durften in häuslerartige Landarbeiter umgewandelt werden.

Dies war der erste Einbruch in die Grundsätze, die gleich= artig für die ganze Monarchie gemeint gewesen waren.

Wie weit davon Gebrauch gemacht worden ist, darüber fehlen die Nachrichten. Wie bei solchen Dingen überhaupt keine plötzlich und allgemein eintretenden Aenderungen vorzukommen pflegen, so dürfte auch die Umwandlung der Dienstgärtner in Diensthäusler nur stellenweise durchgeführt worden sein. Sicher ist, daß einige Jahre später noch sehr viele Dienstgärtner übrig waren.

Die Deklaration von 1816 hat die Sonderbestimmungen für die lassitischen Gärtner Oberschlesiens in Wegfall gebracht und für dieselben die gleichen Bestimmungen eingeführt wie für die übrigen Landestheile; aber nicht die Bestimmungen von 1811, sondern die neuen. Indem nämlich die Regulirbarkeit überhaupt beschränkt wurde auf spannfähige katastrirte bäuerliche Nahrungen, war sie einem großen Theil der lassitischen Dienstgärtner ent= zogen; wodurch dem einen Hauptinteresse der oberschlesischen Gutsherrn — nämlich die Regulirung der Dienstgärtner abzu= wenden — in erheblichem Grade Genüge gethan zu sein schien.

Aber es schien nur so, denn die Anzahl der spannfähigen Dienstgärtner war doch sehr groß, und so suchten die Gutsherren weitere Beschränkungen für Oberschlesien zu erwirken[1]). Der Fürst Heinrich zu Anhalt=Köthen = Pleß als Großgrundbesitzer in Oberschlesien übernahm die Führung und hob dabei hervor, daß die Regulirung nicht nur durch Wegfall der Handdienste dem Guts= herrn nachtheilig sei; er machte zugleich geltend, daß der Gärtner selbst dadurch unglücklich wird, wenn er kein Klaubholz, keine Hütung, kein Bauholz mehr erhält. Anfangs blieb die Regie= rung standhaft und gab stets abschlägige Bescheide; es sollte bei der Deklaration von 1816 verbleiben. In der Generalkom=

---

[1]) Vergl. II 398 ff.

miffion zu Groß-Strehlitz, deren Geschäftskreis sich auf Oberschlesien erstreckte, erhob sich sogar eine Stimme für Erweiterung,
statt Einschränkung, der Regulirbarkeit: die Handdienste seien
entbehrlich, man solle die bloß handdienstpflichtigen Stellen —
ich verstehe: auch wenn sie keine Ackernahrungen sind — zur
Regulirung zulassen.

Aber der lange aufrecht erhaltene Widerstand der Regierung
wurde doch durch die wiederholten Anläufe der Gutsherrn über-
wunden. Ein besondres Gesetz, vom 13. Juli 1827, beschränkte
die Regulirbarkeit der Dienstgärtner auf den Fall, daß sie, was
nur selten zutraf, zu Spanndiensten verpflichtet waren; auch
mußten sie mindestens 25 Morgen mittlerer Bodenklasse besitzen.

Die Spannfähigkeit allein genügte also in Oberschlesien
nicht mehr.

Was dies bedeutet, ergiebt sich aus der Bemerkung eines
Kenners, welcher sagt: „In der Regel machen schon 6 bis 8
Morgen Mittelboden in Oberschlesien das Halten von Zugvieh
erforderlich [1].“ Es waren also Dienstgärtner in großer Zahl —
die über 8 bis 25 Morgen besitzenden —, ganz abgesehen von
der Bedingung der Spanndienste, von der Regulirung ausgeschlossen. Die Regulirung konnte nun in Oberschlesien thatsächlich nur bei den großen Bauern eintreten. Abgesehen von
den großen Bauern sind in Oberschlesien von 1827 bis 1846
nicht mehr als 10 (zehn) Regulirungen zu Stande gekommen:
so schwer waren die Bedingungen des Gesetzes vom 13. Juli
1827 [2]. Die Gutsherrn haben also ihren Zweck vollkommen
erreicht.

Wie Oberschlesien bei der Regulirung nachträglich ein besonderes Gesetz bekam, so erging auch, was die Ablösung betrifft, ein besonderes Gesetz für ganz Schlesien, das hauptsächlich
für die Regierungsbezirke Breslau und Liegnitz von Bedeutung

---

[1] Vergl. Schück in der Zeitschrift für die Landeskulturgesetzgebung
Bd. 2, 1849, S. 100.
[2] Schück a. a. O. S. 48.

wurde. Dies Gesetz, vom 31. Oktober 1845 (betreffend die Ab=
lösung der Dienste in der Provinz Schlesien) beginnt mit dem
bemerkenswerthen Satz, daß künftig die Ablösung nicht mehr
auf Acternahrungen allein beschränkt werden soll: auch bei Dienst=
familienstellen sollen alle Arten von Hand= und Spannbiensten
abgelöst werden können, und zwar auf einseitigen Antrag des
Berechtigten sowohl wie des Verpflichteten; selbstverständlich ist
die Voraussetzung, daß der Inhaber Eigenthümer sei.

Hiemit wäre also wenigstens für eine Provinz die Be=
schränkung auf spannfähige Bauernstellen aufgegeben. Der bis
dahin festgehaltene Grundsatz für beiderlei Reformen ist hiemit
für die Ablösungen durchbrochen, und der Leser gewinnt den
Eindruck, als wäre dies im Interesse der vielen kleinen, nicht
spannfähigen Eigenthümer geschehen.

Dönniges giebt in seinen Erläuterungen zu dem Gesetz vom
31. Oktober 1845[1]) nichts, was zum Verständniß dieser Wen=
dung beitragen könnte.

Dagegen findet sich eine Schilderung der niederschlesischen
Dreschgärtner in einem Reisebericht des Direktors des Landes=
Oekonomie=Kollegiums, gezeichnet von Beckedorff, aus dem Jahre
1845[2]), wodurch jeder Zweifel über die Meinung dieses Gesetzes
beseitigt wird. Es heißt daselbst so:

Mit den schönen hohen Schlössern und herrlichen Wirth=
schaftsgebäuden der schlesischen Herrschaften und Güter stehen die
gewöhnlichen Dorfgebäude in der Regel im schneidendsten Kon=
trast: kleine niedrige, oft verfallene Häuschen, meist von Lehm=
fachwerk, mit schweren, treppenförmig gedeckten, unbeholfenen
Strohdächern.

Diese elenden Hütten werden von Eigenthümern bewohnt,
theils von Webern, theils aber von den bekannten Dreschgärtnern.
Sie sind eine eigenthümliche Art von Feldarbeitern, die, weder

---

[1]) Dönniges Bd. 2 S. 306 u. 307.
[2]) Vergl. Annalen der Landwirthschaft, herausgegeben von A. v. Lengerke, Bd. 6, 1845, S. 188 ff., besonders S. 206.

ganz frei noch ganz dienstbar, in einem nach den Oertlichkeiten
mannigfaltig modifizirten Verhältnisse zu der Gutsherrschaft
stehen. Häufig ist dies Verhältniß für beide Theile — immer
aber für die Herrschaft und für die Wirthschaftsführung lästig
und hindernd.

In Hermsdorf z. B. giebt es zehn oder achtzehn solche
Dreschgärtner. Jeder besitzt sein eigenes Haus und mehrere
Morgen Land, wohl bis zu 10 Morgen, wofür ein ganz unbe=
deutender Grundzins an die Herrschaft gezahlt wird. Die ganze
Dienstverpflichtung besteht darin, daß er 60 Schock Strohseile zu
Getreidebünden macht, wogegen er das Recht hat — man be=
merke: der Dreschgärtner hat das Recht — die ganze Getreide=
ernte des Gutes gegen die zehnte Garbe, und den ganzen Aus=
drusch gegen den neunzehnten Scheffel zu besorgen. Andere Ob=
liegenheiten hat er hier durchaus nicht.

„Offenbar ist in diesem Verhältnisse die Grundherrschaft der
allein verpflichtete und belästigte Theil; sie ist ihren Dreschern
zehntpflichtig und die Wirthschaft bezahlt ihre Ernte und ihren
Ausdrusch mit dem Zehntheil alles Strohes und mit über
15 Prozent [soll wohl heißen: über 5 Prozent] aller gewonnenen
Körner."

An anderen Orten erhält der Drescher allerdings nur die
dreizehnte Garbe für die Ernte und ist noch zu Feldbiensten
gegen einen unbedeutenden Tagelohn von oft nur einem Silber=
groschen täglich verpflichtet.

Für das höchst niedrige Tagelohn leisten die Gärtner auch
nur möglichst wenig Arbeit; ja, um sich dieser so viel es nur
irgend geht zu entziehen, verlängern sie die Drescharbeit nach
Möglichkeit: das gewöhnliche Tagewerk auf der Tenne für Mann
und Frau ist ein einziges Schock Getreide, höchstens werden es
anderthalb, also äußersten Falles sechs Mandeln. Und so zieht
sich in der Regel das Dreschen von Ernte zu Ernte hin und für
andere Feldarbeit bleibt selten Zeit übrig; man muß dafür ge=
miethete Tagelöhner oder Akkord-Arbeiter heranziehen.

Auf solche Weise verliert das Gut einen großen Theil des

Strohes, entbehrt der guten Arbeiter und vor allem: jede Ver=
änderung des Wirthſchaftsſyſtems, die etwa mit einer Verminde=
rung des Getreidebaues verbunden ſein könnte, erfährt den
Widerſpruch der berechtigten Dreſcher; alle Meliorationen und
namentlich Neubrüche werden durch die Abgabe des Zehnten er=
ſchwert. Der Gutsherr iſt folglich auf mancherlei Art gehemmt
und beläſtigt: das Verhältniß zwiſchen ihm und ſeinen Dienſt=
leuten kann daher nur allzu leicht ein ſehr widerwärtiges werden.

Durch dieſe Schilderung des Herrn von Beckedorff wird das
Geſetz von 1845 völlig erklärt: es ſoll den Gutsherrn die Mög=
lichkeit eröffnen, das ſeltſame Verhältniß zu ihren Erbbreſchern
zu löſen. Nicht die kleinen Leute werden Anträge auf Ablöſung
ſtellen, ſondern ſolche Anträge werden gegen ſie geſtellt werden.

Die Ablöſung wird alſo ſolchen Eigenthümern, die nicht
ſpannfähig ſind, keineswegs um ihrer ſelbſt willen geſtattet,
ſondern es liegt in Schleſien ſo, daß die Gutsherrn eine ſolche
Erweiterung der Grundſätze wünſchen müſſen, und deshalb findet
die Erweiterung ſtatt.

§ 4. Abſchluß der Reformgeſetze 1848 bis 1857.

So ging denn nun die Ausführung der Geſetze über Regu=
lirung und Ablöſung ihren Gang: in Poſen raſch, aber in den
vier alten Provinzen langſam, wie es die Anträge der Be=
theiligten und die Arbeitskräfte der Behörden mit ſich brachten.
Plötzliche Störungen wurden freilich vermieden, aber das „neue
Preußen“, von dem Freiherr von Eggers bereits 1807 geſprochen
hatte, kam ebenfalls nicht ganz zum Vorſchein. Der vorſtrebende
Muth des Beamtenthums von 1810 und 1811 war nicht mehr
da und das Staatsweſen zeigte ſich wenig lebendig, bis eine
unerwartete Wendung eintrat, als im Jahre 1848 zum erſten
Mal eine große politiſche Aufregung auch die öſtlichen Provinzen
des preußiſchen Staates ergriff.

Zuerſt war es allerdings nur die Staatsverfaſſung, die einer
ſcharfen Verurtheilung der liberalen Parteien ausgeſetzt war: mit

bem unbeschränkten Königthum sei es vorbei; gewählte Vertreter des Volkes müßten den Haupteinfluß auf die Leitung des Staats erhalten; die Vertreter — das hielt man für selbstverständlich — könnten nur aus den gebildeten Klassen, aus den studirten Leuten entnommen werden.

Daneben regte sich aber bald auch, unbeholfen und unklar, eine sozialpolitische Bewegung, wohl wesentlich von vorge= schritteneren Demokraten angefacht: für den kleinen Mann, für die gemeinen Leute müsse auch etwas geschehen; es sei nicht etwa genug, daß sie wählen dürften, auch ihre Stellung im Er= werbsleben müsse sich ändern, ihre Umstände sich im allgemeinen verbessern. Auf dem Lande sei die Verfassung noch feudal; die Ueberreste der Gutsherrlichkeit seien zahlreich und drückend; die Hardenbergische Reform sei nur unvollständig durchgeführt: das muß nun anders werden, eine neue Zeit ist angebrochen, vom Adel will man sich nicht mehr beherrschen lassen.

Die Provinz, worin dergleichen Empfindungen am lebhaf= testen laut wurden, war Schlesien. Es wurden da von eifrig wühlenden Advokaten Vereine auf dem Lande für Bauern, so= genannte Rustikalvereine gegründet, die in ihren Versammlungen leidenschaftliche Beschlüsse faßten und mahnende, oft beinahe drohende Eingaben an die obersten Staatsbehörden richteten.

In der landwirthschaftlichen Abtheilung des Ministeriums des Innern wurden dieselben zwar nicht beantwortet, aber doch, wie alle Schriftstücke, welche einlaufen, gesammelt [1]). Sachlich geht daraus wenig hervor, nicht einmal örtliche Besonderheiten sind zu erkennen; alles hält sich in dem niederen Bereich der bloßen Stimmung.

Indessen war die umgestaltete Regierung schon im April 1848 diesen Vorgängen mit Sachkunde näher getreten. Man empfindet es wie den Hauch einer neuen Zeit, wenn die Minister von Auerswald und von Patow in ihrer Verfügung an die Unterbehörden den Satz aussprechen, daß die Gesetzgebung über

---

[1]) Vergl. die Akten: Regulirungen Nr. 81.

die gutsherrlich=bäuerlichen Verhältniſſe einer umfaſſenden Prüfung bedürfe: der künftigen Volksvertretung ſollen Geſetzentwürfe vor= gelegt werden[1]). Zunächſt ſollen alle ſachkundigen Behörden ihre Gutachten abgeben, damit man ſolche Entwürfe aufſtellen könne.

Aus den eingegangenen Gutachten iſt dann durch den Ge= heimen Rath Krug eine Denkſchrift[2]) zuſammengeſtellt worden, welche die frühere Ablöſungs= und Regulirungsgeſetzgebung in maßvollen Ausdrücken ſtreng verurtheilt. Die Einſchränkung des Wirkungskreiſes jener Geſetze und die für den Verpflichteten ungünſtigen Bedingungen werden ſachkundig dargeſtellt. Die neuen Vorſchläge ſind durchaus kraftvoll und verrathen überall lebhaftes Verſtändniß für das politiſch Mögliche; ſo z. B. wird gleich der Grundſatz vorangeſtellt, daß geſchehene Ab= löſungen und Regulirungen nicht angetaſtet werden — während ſpäter gelegentlich in den Kammern einzelne Heißſporne daran dachten, alle längſt abgeſchloſſenen Geſchäfte dieſer Art einer Durchſicht und nachträglichen Neuregelung zu unterwerfen; wobei denn allerdings die ungeheuere Erſchütterung in gar keinem Ver= hältniß zu dem geſtifteten Nutzen geſtanden hätte.

In einem Vortrage an den König ſagt der Miniſterverweſer Herr von Patow am 16. Juni 1848 höchſt treffend — indem er um die Ermächtigung bittet, die neuen Grundſätze der zur Vereinbarung der Verfaſſung berufenen Verſammlung vorzu= legen —: wenn man es der Verſammlung überläßt, die Initia= tive zu ergreifen, ſo kommen nothwendig Beſchlüſſe zu Stande, die weit nachtheiliger für die Berechtigten ſind und weit tiefer in die beſtehenden Rechtsverhältniſſe einſchneiden, als es die von der Regierung aufgeſtellten neuen Grundſätze thun[3]).

Es war Zeit hieran zu erinnern, denn die Verſammlung war ganz geneigt, ſelber das Heft in die Hand zu nehmen. Sie brachte vom Juni bis Oktober 1848 ein Geſetz, das ſogenannte Siſtirungsgeſetz, zu Stande, das ganz und gar nicht von der Regierung angeregt, ſondern derſelben aufgedrängt war: ein neues

[1]) II 411. — [2]) II 412. — [3]) II 421.

Beispiel, wie mächtig solche Versammlungen sind, wo sie neu
auftreten und wo die Regierung noch nicht versteht mit ihnen
vereint zu arbeiten. Der Gedanke war wohlwollend: wenn auch
alle abgeschlossenen Ablösungs= und Regulirungsgeschäfte unbe=
rührt bleiben sollten, so wollte man doch die augenblicklich bereits
anhängig gewordenen, aber noch schwebenden Geschäfte dieser
Art an den Wohlthaten der zu erwartenden neuen Gesetze theil=
nehmen lassen. Daher sollen die Verhandlungen, wo solche
schweben, auf Antrag auch nur eines Theilnehmers, und die da=
bei entstandenen noch schwebenden Prozesse von Amts wegen ein=
gestellt werden [1]).

Dies wäre nun ganz gut gewesen, wenn man die neue
Gesetzgebung unmittelbar darauf erledigt hätte. Aber so kam
es nicht. Die Hast der Verfassungsentwicklung führte Auf=
lösungen der Kammern herbei und die neue Ablösungs= und
Regulirungsgesetzgebung litt unter dieser Unstetigkeit — während
die weitere Thätigkeit der Generalkommissionen fast ganz ge=
hemmt war. Dadurch hat sich das Sistirungsgesetz als Ueber=
eilung erwiesen; nicht Beruhigung, sondern Beängstigung der
Berechtigten und Begehrlichkeit der Verpflichteten wurden dadurch
hervorgerufen.

Schon im Dezember 1848 war die Aufregung unter den
beweglichen Schlesiern so hoch gestiegen, daß an vielen Orten
die Dienste und übrigen Leistungen der Bauern und kleinen
Leute einfach verweigert wurden: rohe Auftritte, Bedrohung des
Lebens und des Eigenthums der Grundherrn kamen vor und
man wagte nicht mehr die gesetzlichen Mittel zur Erzwingung der
bäuerlichen Dienste in Anspruch zu nehmen.

Hier zeigten sich in belehrender Weise die Folgen der früheren
Haltung der Regierung: wo irgend ein Interesse von Seiten der
schlesischen Gutsherrn geltend gemacht worden war, hatte man
die Gesetzgebung entsprechend abgeändert: so im Jahre 1811
durch einen angehängten Paragraphen des Regulirungsedikts [2])

---

[1]) II 422. — [2]) II 264.

und im Jahre 1827 durch Erschwerung der Regulirungen in Oberschlesien. Und nun war schließlich diese Provinz in einem Zustande, der schleuniges Eingreifen erforderte.

Das Staatsministerium gestand zu[1]), daß in Oberschlesien die geltende Gesetzgebung allerdings Grund zur Aufregung biete; auch möge in mittelschlesischen Gebirgsgegenden die herrschende Erwerbslosigkeit und Noth die Verweigerung der Dienste einiger= maßen entschuldigen; in der Ebene jedoch sei der kleine Mann nur verhetzt, indem man ihm unentgeltliche Aufhebung aller gutsherrlichen Lasten vorgespiegelt habe.

Trotzdem sei Abhülfe nöthig — und es erging für Schlesien das Gesetz vom 20. Dezember 1848, wonach dort interimistische Auseinandersetzungen ermöglicht wurden, bei denen die Grund= sätze der erst im Entwurfe vorliegenden neuen Gesetze zur An= wendung kommen sollten.

Inzwischen war an den neuen Gesetzen weiter gearbeitet worden. Es waren ihrer zwei:

Entwurf des Gesetzes betreffend Ablösung der Reallasten und Regulirung der gutsherrlich=bäuerlichen Verhältnisse; und Entwurf des Gesetzes über die Errichtung von Rentenbanken. Am 10. April 1849 wurden dieselben vom Staatsministerium dem Könige zur Genehmigung unterbreitet, damit sie dann den Kammern vorgelegt werden konnten[2]).

Der führende Geist unter den Staatsministern ist von nun an Herr von Manteuffel, der eine Sicherheit des Blicks und eine Festigkeit der Hand aufweist, wie es bis dahin nicht vorgekommen war. Den Kammern gegenüber ist er vollkommen ruhig und zielbewußt; wenn er sich gegen Mehrheiten vertheidigt, geschieht es in verbindlichster Form. Dem König gegenüber ist er zwar ganz ergeben, aber ganz und gar nicht etwa blos ein blindes Werkzeug: mit vollem Selbstbewußtsein lehnt er Zumuthungen ab, die er für politisch unrichtig hält. Man hat den Eindruck, daß hier ein Mann am richtigen Platze steht; er hat die natür= liche Gabe zu regieren.

---

[1]) II 423. — [2]) II 430.

Die neuen agrarischen Gesetze sind ihm, da der Bauer und
kleine Mann darin weit stärker als bisher begünstigt werden,
wohl nicht ganz nach dem Herzen; auch liebt er sie nicht etwa
wegen ihres Ursprungs aus dem Liberalismus — eher, daß
sie ihm aus diesem Grunde weniger genehm sind. Er hat
ein rein staatsmännisches Verhalten zu denselben: sie scheinen
ihm nothwendig, also führt er sie durch.

Dem Könige empfiehlt er sie als gleichmäßig ersehnt von
Gutsherrn wie von Bauern, als geeignet, den Zustand herbei=
zuführen, den die veränderte Staatsverfassung erheischt: einfach
und schnell sollen sie die noch bestehende Verbindung von Guts=
herrn und Bauern lösen.

Die weitläufigen Verhandlungen in den beiden Kammern,
die nun eintraten, sind für uns ohne Bedeutung, da die Grund=
sätze dadurch keine Aenderung erfuhren; wie sich die verschiedenen
Parteiführer dazu gestellt haben, gehört mehr in die Geschichte
der Parteien als in die der bäuerlichen Reformen.

Viel merkwürdiger ist der Widerstand, den der König Fried=
rich Wilhelm IV. so zu sagen in letzter Stunde erhob[1]). Seit
den Domanialreformen von 1799 bis 1806 hat kein König mehr
unmittelbar in die Regelung der bäuerlichen Verhältnisse ein=
gegriffen (die Kabinetsbefehle von 1815 und dergleichen sind
sichtlich auf Anregung der Minister erfolgt) — bis erst hier,
ganz unerwartet, der König selbst seinem Minister gegenübertritt.
Die Sache hängt offenbar mit dem lebhaften Interesse zusammen,
das der König für die Kirchenverfassung hatte. Das Einkommen
vieler kirchlicher Stellen beruhte auf bäuerlichen Abgaben, deren
Ablösung in der neuen Gesetzgebung ebenfalls beabsichtigt war.
Die Geistlichkeit in Pommern hatte sich über diesen Plan be=
schwert und das Ohr des Königs gewonnen. Am 13. Februar
1850 forderte daher der König den Minister von Manteuffel
ernstlich auf, die Ausführung der gesammten neuen Agrargesetz=
gebung „wenigstens in Bezug auf Kirchen, Pfarren, Schulen und

---

[1]) II 436.

milde Stiftungen zu sistiren und den nöthigen Antrag bei den Kammern sofort zu machen".

Aber der Minister konnte erwidern, daß die pommerische Geistlichkeit in der Sache schlecht unterrichtet sei; auch war inzwischen in den Kammern der Satz angenommen, daß die Ablösung der den Kirchen, Pfarren, Küstereien und Schulen zustehenden Abgaben einem besonderen Gesetze vorbehalten sei. Herr von Manteuffel erklärt sich daher außer Stande, den vom König befohlenen Antrag zu stellen: wodurch er seine Stellung zu Gunsten der Gesetze in die Wagschale warf. Der König ließ die angeführten Gründe gelten, und wenn er auch Bedenken gegen die Gerechtigkeit der Maßregel durchblicken ließ[1]), so beruhigte er sich doch in der Hoffnung, daß die Ausführung zuverlässigen — nicht allzu liberalen — Händen anvertraut werde; „gründliche Säuberung der Auseinandersetzungsbehörden" scheint ihm erforderlich. Der Minister erwidert, daß politisch verderbte Leute kaum mehr da seien und auch künftig fern gehalten werden sollen: und so erst gelang es ihm, die Vollziehung der Gesetze zu erwirken.

Der Inhalt der beiden Gesetze vom 2. März 1850 läßt sich in vier Abtheilungen zergliedern, die wir nach der Reihenfolge ihrer Wichtigkeit betrachten wollen.

1. Zunächst wird eine große Anzahl gutsherrlicher Berechtigungen — es sind 24 — ohne Entschädigung aufgehoben. Bei einer Umfrage des Ministeriums bei den Regierungen, was etwa noch aus früherer Zeit Abschaffenswerthes sich erhalten habe, ergab sich aus den Antworten dies Verzeichniß, welches Einrichtungen, die in den verschiedenen Gegenden bald aus dieser, bald aus jener älteren Verfassung übrig geblieben waren, einfach neben einander reiht. Es scheint, daß Schlesien am meisten solche Reste aufzuweisen hatte. Das Gemeinsame ist, daß es Beschränkungen der Person oder des Besitzes sind, welche theils

---

[1]) II 442.

aus der Erbunterthänigkeit, theils aus älteren Steuerverfassungen oder aus der Gerichtsbarkeit entspringen oder sonst als veraltete Belästigungen des Grundbesitzes erscheinen, ohne wahren, dauernden Werth für den Berechtigten und ohne Einfluß auf wirthschaftliche Verhältnisse [1]).

Gleich die erste jener 24 Berechtigungen, nämlich: einen Antheil oder ein einzelnes Stück aus der Verlassenschaft vermöge guts-, grund- oder gerichtsherrlichen Verhältnisses zu fordern, dürfte in den vier östlichen Hauptprovinzen kaum vorgekommen sein. Viel eher sieht dieselbe aus wie ein Ueberbleibsel der Leibeigenschaft im Westen.

Wohl aber gehört eine andre nun abzuschaffende Einrichtung dem Osten an: die auf Grundstücken haftende Verpflichtung, gegen das in der Gegend übliche Tagelohn — beim Gutsherrn — zu arbeiten. Da diese Verpflichtung unabhängig von der Unterthänigkeit war, so konnte juristisch betrachtet die Aufhebung der Unterthänigkeit hier keine Aenderung hervorbringen. Gleichwohl haben nach dem Jahre 1807 die Beamten mitunter angenommen — insbesondere hat es J. G. Hoffmann gethan [2]) —, daß jene Verpflichtung ebenfalls aufgehoben sei; sie mochte sich aber doch noch stellenweise erhalten haben.

Ebenso wurde aufgehoben: das Recht, bestimmte Leistungen in Bezug auf die Jagd oder zur Bewachung der gutsherrlichen Gebäude zu fordern: ferner alle Dienste zu persönlichen Bedürfnissen der Gutsherrschaft, z. B. Dienste zum Reinigen der Häuser und Höfe, zur Krankenpflege, zum Bewachen der Leichen, zu Reisen des Gutsherrn und seiner Beamten; endlich die Abgaben zur Ausstattung oder bei Taufen von Familiengliedern der Guts- oder Grundherren; nicht zu vergessen auch das in einigen Gegenden vorkommende Recht „die Gänse der bäuerlichen Wirthe berupfen zu lassen".

All dies will offenbar nicht viel sagen: es ist eine Sammlung hie und da stehengebliebener Seltsamkeiten. —

---

[1]) Vergl. II 419. — [2]) Am 15. Aug. 1810 (Regulirungen 1 Bb. 4).

Dagegen iſt von grundſätzlicher Bedeutung: ohne Entſchädi=
gung fällt weg das Obereigenthum des Guts= oder Grundherrn
und des Erbzinsherrn, desgleichen das Eigenthumsrecht des Erb=
verpächters. „Der Erbzinsmann und der Erbpächter erlangen
mit dem Tage der Rechtskraft des gegenwärtigen Geſetzes und
lediglich auf Grund desſelben das volle Eigenthum."

Hiermit waren zwei ältere Beſitztitel abgeſchafft und in
wirkliches Eigenthum verwandelt, ſodaß die ſogenannten beſſeren
Beſitzrechte nur noch aus einer einzigen Art, dem Eigenthum,
beſtehen. Auf die Laſten, die etwa dem Erbzinsmann oder Erb=
pächter obgelegen haben, hat dies übrigens gar keinen Einfluß,
ſie bleiben beſtehen.

Zugleich wurde auch jeder neuen Entſtehung des Erbpacht=,
Erbzins= und erblich=laſſitiſchen Verhältniſſes vorgebeugt, indem
es (im Art. 91 des Ablöſungs= und Regulirungsgeſetzes) heißt:
„Bei erblicher Ueberlaſſung eines Grundſtücks iſt fortan nur die
Uebertragung des vollen Eigenthums zuläſſig."

Dagegen iſt das erblich=laſſitiſche Verhältniß, wo es beſteht,
nicht abgeſchafft. Auch das unerblich=laſſitiſche Verhältniß beſteht
als ſolches fort. Beide ſollen auch weiter nur nach Bedarf durch
Regulirung beſeitigt werden.

Aber alle laſſitiſchen Verhältniſſe ſind doch einigermaßen von
einer andern Beſtimmung betroffen. Es wird nämlich ebenſo
ohne Entſchädigung aufgehoben: das grundherrliche oder guts=
herrliche Heimfallsrecht an Grundſtücken und Gerechtſamen jeder
Art. Da nun bei der laſſitiſchen Verleihung das Heimfallsrecht
der bäuerlichen oder überhaupt der ländlichen Stellen, auch wenn
die Verleihung eine erbliche war, ſich von ſelbſt verſtanden hatte,
ſo iſt damit das laſſitiſche Verhältniß in einem weſentlichen
Punkte umgewandelt. Noch im Jahre 1816 hatte man, weil
durch die Regulirung das Heimfallsrecht mit verloren ging, vom
Inhaber der Stelle eine beſondere Rente hiefür gefordert. Im
Jahre 1850 wird das Heimfallsrecht, auch wo gar nicht Regu=
lirung ſtattfindet, an ſich ohne Entſchädigung aufgehoben.

2. In Bezug auf die Regulirung sind im Gesetze vom 2. März 1850 Grundsätze aufgestellt, die beträchtlich von denen abweichen, welche bis dahin gegolten hatten.

Zunächst fallen alle besonderen Gründe der Ausschließung hinweg, die nach dem Jahre 1811, besonders durch die Deklaration von 1816, aber auch durch andre Regulirungsgesetze, eingeführt worden waren. Nicht einmal der Begriff der Ackernahrung, die an der Spannfähigkeit erkannt wird, bleibt bestehen. Die Regulirung ist vielmehr anwendbar auf alle ländlichen Stellen, große wie kleine, die im Jahre 1811, beziehungsweise — wegen Posen — im Jahre 1819, bestanden haben und in folgenden Rechtsverhältnissen stehen: sie können zu lassitischen Rechten (nach Maßgabe der §§ 626 ff. Titel 21 Th. I Allgemeinen Landrechts) zur Kultur oder Nutzung ausgethan sein; aber es genügt auch, wenn sie mit Abgaben oder Diensten an die Gutsherrschaft belastet sind. Indessen besteht für beiderlei Arten von Stellen noch die weitere Bedingung: sie müssen entweder zu einem erblichen Nutzungsrechte verliehen sein; oder wenn das Nutzungsrecht zeitlich begrenzt war, so muß feststehen, daß im Falle der Besitzerledigung die Stellen nach Gesetz oder Herkommen wieder mit einem Wirthe besetzt wurden.

Außerdem sind in den Provinzen Posen und Preußen die auf bestimmte Jahre oder Geschlechtsfolgen verliehenen emphyteutischen Güter regulirbar; und in Posen auch die Zeitpachtgüter, selbst wenn sie der Gutsherrschaft nicht dienst- und abgabenpflichtig sind, vorausgesetzt daß es bäuerliche Zeitpachtgüter sind.

In den andern vier Provinzen (außer Posen) ist die Abgrenzung gegen die bäuerlichen Zeitpächter nicht ganz einfach. Sachlich dürfte sie darauf hinauslaufen, daß bäuerliche Zeitpächter, die aus Lassiten entstanden waren und noch Kennzeichen des Lassitenthums an sich trugen, regulirbar waren; also z. B. Pächter von ländlichen Stellen, deren Vertrag zwar nur auf bestimmte Jahre lautete, die aber gutsherrliche Dienste mit übernommen hatten und deren Stellen stets nach dem Herkommen wieder besetzt worden waren, dürften kaum von der Regulirung ausgeschlossen sein. Dagegen Pächter von ländlichen Stellen, die keine Dienste oder Abgaben leisteten und deren Gutsherr nach dem Herkommen nicht immer wieder verpachtete, sind ohne Anspruch auf Regulirung. Unter die letzteren gehören die Buschpächter in Hinterpommern[1]), wenn es richtig ist, daß die Gutsherrn „über die Buschpächtereien stets frei, durch kein Gesetz und kein Herkommen beschränkt, verfügt haben".

Man muß übrigens hier daran erinnern, daß zur Wieder= besetzung nach Gesetz oder Herkommen jene älteren polizeilichen Bestimmungen über Wiederbesetzung der Bauernstellen nichts bei= tragen konnten, da sie nicht mehr galten; es muß die Wieder= besetzung aus andern Gesetzen[2]) hergeleitet sein oder rein her= kömmlich erfolgen.

Nicht regulirbar sollen nach § 74 Absatz 3 sein: die Stellen und Grundstücke, welche „ohne Begründung oder Fortsetzung eines gutsherrlichen und bäuerlichen Verhältnisses" durch Ver= trag in Zeitpacht gegeben sind. Daraus wird richtig gefolgert, zur Regulirung sei das Bestehen eines gutsherrlich=bäuerlichen Verhältnisses erforderlich[3]); für ein solches Verhältniß fehlt aber nach Lette die gesetzliche Definition[4]). Es schwebt hier offenbar der rechtsgeschichtliche Zusammenhang der Zeitpächter mit den Lassiten vor[5]).

Die Regulirbarkeit hat also auch nach dem neuen Gesetz noch immer sehr merkliche Schranken. Zwar werden dieselben

---

[1]) II 447. 448.

[2]) So z. B. war bei den Tertialgütern in Mönkwitz auf Rügen eine gesetzliche Pflicht zur Wiederbesetzung vorhanden. Vergl. II 468. Daß die Regulirungsgesetzgebung in Neuvorpommern und Rügen nicht gilt, ist eine Sache für sich.

[3]) Erkenntniß der Generalkommission, vergl. II 466.

[4]) Vergl. II 448 und den Versuch einer Definition II 456.

[5]) Das reinste Beispiel einer bäuerlichen Zeitpacht lassitischen Ursprungs und mit lassitischen Nebenbestimmungen bietet sich bei den Bauern der Insel Ummanz dar, die freilich außerhalb des Geltungsbereiches der Regulirungs= gesetzgebung, auch der neuen, lagen. Vergl. II 468 ff.

15 *

bei den ländlichen Stellen, welche erblich verliehen sind, gar
nicht wichtig: man kann wohl sagen, daß nun alle großen und
kleinen erblichen Stellen, soweit sie seit 1811 bezw. 1819 be=
standen, regulirbar wurden. Aber die erblich verliehenen Stellen
sind gewiß in beträchtlicher Minderheit gegen die unerblichen:
man bedenke nur, in wie ausgedehnten Gebieten die Unerblich=
keit Regel war. Für die unerblichen Stellen scheinen die Be=
dingungen doch ganz auffallend eng: nach Gesetz oder Her=
kommen sollte, im Falle der Erledigung, die Wiederbesetzung
mit einem Wirthe erfolgt sein. Da die allgemeinen Gesetze,
welche die Wiederbesetzung forderten, seit 1816 abgeschafft oder
wenigstens außer Uebung gekommen waren, so müßten besondre
Gesetze noch weiter bestanden haben, von denen man aber nirgends
etwas erwähnt findet. In der Hauptsache dürfte es auf die
Frage angekommen sein, ob seit 1811, beziehungsweise 1819, die
Wiederbesetzung stets stattgefunden habe. Da aber nach dem Jahre
1816 erledigte unerbliche Stellen von den Gutsherrn eingezogen
werden durften, so kommt die neue Gesetzgebung nicht allen im
Jahre 1811 vorhanden gewesenen, auch nicht allen jetzt vor=
handenen, sondern nur den aus dem Jahre 1811 ohne Unter=
brechung übrig gebliebenen Stellen zu gute. —

Ist die Regulirbarkeit gegeben, so erfolgt doch die Regu=
lirung nur auf Antrag sei es des Grundherrn oder des Stellen=
besitzers, ohne Frist. Für die Abrechnung werden Grundsätze
ähnlich denen für Posen aufgestellt: es findet überall spezielle
Berechnung des Werthes der gegenseitigen Leistungen statt,
nirgends Normalentschädigung; unerblicher und erblicher Besitz
werden bei der Entschädigungsberechnung gleich behandelt. Wichtig
ist der Satz, daß jedenfalls ein Drittel des Reinertrags der
Stelle dem Inhaber verbleiben muß. Sollte sich aus der Ab=
gleichung ergeben, daß der Inhaber der Stelle vom Grundherrn
noch etwas zu fordern hätte, so erhält er gleichwohl nichts.

Für die Entschädigung, welche der Inhaber einer regulirten
Stelle zu geben hat, wird mit Vorliebe die Form der Rente
gewählt — was schon deshalb nöthig war, weil meist nur noch

kleinere Stellen in Betracht kamen, die einen Landverlust nicht hätten überstehen können; zugleich ergiebt sich, daß eine Renten= schuld nicht mehr, wie im Jahre 1811, als unerschwinglich an= gesehen wurde.

3. Die neuen Grundsätze über Ablösung der Reallasten dürften in viel weiterem Umfange anwendbar geworden sein, als die über Regulirung. Auch hier fällt die früher bestandene Ein= schränkung auf Ackernahrungen (im Sinne der Deklaration von 1816) weg und es heißt: Alle beständigen Abgaben und Leistungen sind ablösbar, welche auf eigenthümlich besessenen oder bisher erbpachts= oder erbzinsweise besessenen Grundstücken oder Gerechtigkeiten haften. Oeffentliche Lasten sind natürlich davon ausgeschlossen: insbesondere Grundsteuer, Deichlasten, Ge= meindelasten. Auch Grundgerechtigkeiten fallen nicht unter dies Gesetz, sondern unter die Gemeinheitstheilungsordnung.

Die ablösbaren Reallasten werden unterschieden in: Dienste; feste Körnerabgaben; andre feste Naturalabgaben; Besitzver= änderungsabgaben und feste Geldabgaben.

Es werden nun Vorschriften gegeben, wie für alle diese Reallasten der jährliche feste Geldwerth ermittelt werden soll, welcher — im Falle der Ablösung — dem Berechtigten als Ent= schädigung gebührt: die Reallasten werden also in eine Geld= rente verwandelt unter Anwendung bestimmter Vorschriften wegen der Abschätzung und mit Abrechnung des Werthes der Gegen= leistungen.

Immer bleibt die Frage, ob Ablösung stattfindet, davon abhängig, ob einer der Betheiligten darauf anträgt.

Mit dem Dreschgärtnerverhältniß wird es so gehalten: die Dienste der Gärtner werden mehr als aufgewogen durch den Antheil an der Ernte und am Ausdrusch; was demnach der Gärtner mehr zu fordern hat, wird ihm nach den Vorschriften der Gemeinheitstheilungsordnung in der Regel in Land ver= gütet.

Auch bei der Ablösung der Reallasten gilt der Grundsatz, daß dem Inhaber der Stelle, von welcher die Lasten abgelöst

werden, ein Drittel des Reinertrags frei bleibe: die aus=
gemittelte Abfindung muß daher gegebenen Falles zu diesem
Zwecke verkürzt werden.

4. Wenn nun die jährliche Geldrente festgestellt ist, so kann
der Verpflichtete sich von derselben befreien, wenn er auf einmal
den 18fachen Betrag baar auszahlt. Will dies der Verpflichtete
nicht, so tritt die Thätigkeit der Rentenbank ein.

Die Rentenbanken sind durch ein besonderes Gesetz, ebenfalls
vom 2. März 1850, geschaffen. Sie sind Anstalten, welche die
Tilgung der jährlichen Geldrenten, die aus Regulirungen oder
Ablösungen hervorgegangen sind, durch Konzentration der Ge=
schäfte und Anwendung bankmäßiger Betriebsformen erleichtern
sollen. In jeder Provinz wird eine solche Rentenbank errichtet
und die Wirksamkeit derselben beruht darauf, daß der Ver=
pflichtete nicht an den Berechtigten unmittelbar zahlt: sondern
er zahlt an die in die Mitte tretende Rentenbank, welche es
übernimmt, den Berechtigten zu befriedigen. So werden alle
die Renten behandelt, die nicht sofort durch Zahlung des
18fachen abgelöst sind — also weitaus die meisten: sie fließen
fortan in die Rentenbank. Die Forderung der Rentenbank ge=
nießt dasselbe Vorzugsrecht gegenüber andern Forderungen wie
die Staatssteuern: also gehen die Renten mit der größten denk=
baren Sicherheit ein. Statt daß der zum Bezug von Renten Be=
rechtigte als Privatmann einzelnen Schuldern gegenübersteht, ist
es ja der Staat, der die Eintreibung jener Schulden für den
Berechtigten übernimmt. Der Rentenpflichtige merkt dabei zu=
nächst, abgesehen von der geschäftlichen Strenge der Eintreibung,
keinen Unterschied, er giebt so viel wie bisher, nur an einen
andern Empfänger.

Der Berechtigte aber hält sich nur an die Rentenbank und
erhält von derselben halbjährlich ausgezahlt — nicht alles, was
für ihn eingezahlt wurde; überhaupt kommt es nicht darauf an,
wie viel für ihn wirklich eingezahlt wurde, sondern die Bank be=
friedigt ihn nach Maßgabe dessen, was ihm an Renten geschuldet

wird, und zahlt hievon unter allen Umständen nicht das Ganze sondern nur acht Zehntel aus.

Der Berechtigte hat also Verlust; aber dafür ist der Bezug von acht Zehnteln dessen, was ihm eigentlich an Renten ge= schuldet wird, dergestalt sicher und bequem, daß ihm der ver= minderte Betrag doch lieber ist, als der volle, um dessen richtigen Eingang er sich dann zu bekümmern hätte.

Da der Verpflichtete mehr zahlt, als der Berechtigte bezieht, so sammeln sich große Geldbestände in der Rentenbank an: die= selben werden zur Tilgung der Rentenschuld des Verpflichteten verwendet.

Wie das geschieht ist leicht zu sagen.

Der Berechtigte bezieht nämlich seine acht Zehntel auf folgende Weise: er hat einen sogenannten Rentenbrief in Händen, d. h. eine Schuldverschreibung der Rentenbank, worin diese sich verpflichtet dem Inhaber ein Kapital, 20mal so groß als die Forderung des Berechtigten auf Rente ist, zu 4% zu verzinsen (4% vom 20fachen ist soviel wie acht Zehntel des eigentlichen Rentenbetrages); dem Rentenbrief sind Zinsabschnitte beigegeben, die man bei jedem Bankier anbringen kann. Der Berechtigte braucht also nicht einmal auf die Rentenbank zu gehen um sein Geld zu holen.

Der Rentenbrief ist von Seiten der Bank kündbar: die Bank zahlt dann an den Inhaber das Schuldkapital aus. Sie kündigt jährlich so viel Rentenbriefe, als der bei ihr sich sam= melnde Ueberschuß der Einzahlungen über die Auszahlungen ge= stattet. Nach einiger Zeit müssen alle Rentenbriefe von der Bank zurückgekauft sein: dann sind alle Rentengläubiger befrie= digt, von den Rentenschuldnern wird nichts mehr eingezogen, die Tilgung ist fertig, ohne daß der Pflichtige etwas dazu bei= getragen hätte.

Kaum ein Jahr war nach dem Vollzug der neuen Gesetze (vom 2. März 1850) verstrichen, als bereits von Seiten der

Gutsherrn der Versuch gemacht wurde[1]), die Regulirbarkeit
wieder einzuschränken; denn — so begründeten sie ihr Begehren —
es ist jetzt nicht ausgeschlossen, daß reine Zeitpächter das von
ihnen genutzte Land durch Regulirung als Eigenthum erhalten.
Es wird ferner die Befürchtung ausgesprochen, daß solche
Eigenthumsgelüste sich auch auf die Tagelöhner weiter verbreiten
könnten. Auf den König machten diese Gründe einen großen
Eindruck, da er ja innerlich seine Bedenken gegen die neue Gesetzgebung niemals aufgegeben hatte, und er befahl daher durch
eine Kabinetsorder an den Minister Herrn von Westphalen, daß
über die Sache Bericht erstattet werden solle[2]).

Die Sachlage war sehr einfach. Im § 74 des Gesetzes
vom 2. März 1850 über Ablösung und Regulirung werden die
Kennzeichen der Regulirbarkeit angegeben. Für die Auslegung
dürfte wohl maßgebend sein, daß der genannte Paragraph als
Ganzes genommen werden muß. Er besteht aus drei Absätzen;
wollte man den ersten Absatz allein betrachten, so würden manche
Zeitpächter die Regulirung verlangen können, nämlich dann, wenn
Abgaben (abgesehen vom Pachtgelde) und Dienste an die Gutsherrschaft zu leisten sind und wenn die Wiederbesetzung nach
Herkommen immer wieder stattgefunden hat. In diesem Falle
befanden sich viele Buschpächtereien[3]) in Pommern, wie der Oberpräsident Herr von Bonin mit Recht hervorhebt[4]). Nun aber
sagt der dritte Absatz des § 74: Zeitpachtstellen, bei denen keine
Begründung und auch keine Fortsetzung eines gutsherrlich-bäuerlichen Verhältnisses stattfinde, seien nicht regulirbar. Nimmt
man dies hinzu, so fragt es sich nur, was ein gutsherrlich-
bäuerliches Verhältniß sei: es ist dies zwar etwas unklar, aber
die Auseinandersetzungsbehörden haben angenommen[5]), daß dies
Verhältniß bei den Buschpächtern fehle. Mithin haben sie den
§ 74 als Ganzes betrachtet und eine richtige Entscheidung gefällt,
indem sie den Buschpächtern die Regulirbarkeit nicht zuerkannten[6]).

---

[1]) Vergl. II 446. — [2]) II 449. — [3]) Was sie sind, vergl. II 447. —
[4]) Vergl. II 449. — [5]) Vergl. II 456.
[6]) Allerdings liegt auch eine Entscheidung in Sachen des Pächters

Hiemit wäre also die Befürchtung, daß reine Zeitpächter die Regulirung erlangen könnten, beseitigt und der allein für die Nothwendigkeit einer Deklaration angeführte Grund wäre weggefallen.

Aber gleichwohl hatte das Verlangen nach einer Deklaration Erfolg, da die Regierung offenbar nicht die geringste Mühe darauf verwendete, das bestehende Gesetz zu vertheidigen. Es wurde dem Drängen der pommerischen Gutsherrn (ganz wie im Jahre 1816) nachgegeben und als Bedingung für die Regulirbarkeit unerblicher Stellen gefordert: daß im Jahre 1811 eine auf der Stelle selbst ruhende Steuer an den Staat zu entrichten gewesen sein müsse (Deklaration vom 24. Mai 1853).

Da die Buschpächter eine solche Steuer nicht entrichtet hatten, waren sie nun durch einen neuen Grund — aber nicht erst von jetzt ab — von der Regulirung ausgeschlossen.

Dagegen wurde gleichzeitig eine Menge von anderen ländlichen Stellen durch die Forderung der Steuerbarkeit nun wieder ausgeschlossen, die nach dem Gesetz vom 2. März 1850 regulirbar gewesen wären; besonders viele kleinere Stellen gehören darunter.

Allerdings gilt die Deklaration vom 24. Mai 1853 nur in den Regierungsbezirken Stettin, Köslin und Danzig: mithin in ganz Pommern, soweit diese Provinz für die Regulirungsgesetze in Betracht kommt, und für einen Theil von Westpreußen: also gerade für die Landestheile, worin Buschpächtereien vorkommen, obgleich gegen die Buschpächter, wie gesagt, gar keine neue Maßregel nothwendig war. Für die andern Landestheile hat man den Gedanken an eine Deklaration aufgegeben, weil die Behörden sich in ihren Gutachten ablehnend äußerten. Daß die Regierung hier einfach denjenigen nachgiebt, die ihr Anliegen am lautesten vertreten, ist ein Zeichen, daß sie damals nicht in den kräftigsten Händen lag. —

Zic — daß er Buschpächter war, wird nicht gesagt — vor, wobei nur der erste Absatz des § 74 in Betracht kam, und die also, wenn nicht noch unerwähnte Umstände vorhanden waren, nicht richtig ist; vergl. II 450.

In der Gesetzgebung vom Jahre 1850 war, wie in der des Jahres 1816, keine Frist gestellt, bis zu welcher die Regulirungs= anträge gestellt werden mußten. Mithin gab es, besonders da wo Gutsherr und Bauer sich bisher gut vertragen hatten, viele Stellen, deren Inhaber vielleicht noch Regulirungsansprüche er= heben konnten — eine Möglichkeit, die den Gutsherrn unbequem war, da sie lieber völlig geklärte Rechtsverhältnisse vor sich ge= habt hätten. Einige Gutsherrn im Herrenhause und im Hause der Abgeordneten bemühten sich daher, vom Ende des Jahres 1855 an, eine gesetzliche Frist herbeizuführen, bis zu welcher — beim Nachtheil des Ausschlusses — die Anträge auf Regu= lirung gestellt werden sollten[1]).

Das Ministerium ging auf den Gedanken vorläufig nur soweit ein, daß es Gutachten von den Auseinandersetzungs= behörden einforderte. Einige Generalkommissionen antworteten, daß für ihre Bezirke die Frage nicht wichtig sei, da keine Regulirungsanträge mehr bevorstünden; andere waren für ein Präklusionsgesetz, um endlich zu klaren Rechtsverhältnissen zu gelangen. Hie und da allerdings wird schüchtern angedeutet, daß dann muthmaßlich viele läubliche Stellen in der alten Verfassung bleiben würden, was dem Zweck des Gesetzes vom 2. März 1850 einigermaßen entgegenlaufe. Im ganzen war keine Abneigung der Behörden gegen ein Präklusionsgesetz zu bemerken.

Wohl aber machte sich im Hause der Abgeordneten ein lebhafter Widerstand geltend: Lette, der größte Sachkenner — da er Präsident des Revisionskollegiums war — und der Frei= herr von Patow, der sich als Urheber der Gesetzgebung von 1850 betrachten durfte, erhoben sich mit Lebhaftigkeit dagegen: denn wenn blos der Regulirungsanspruch erlischt, während das lassi= tische Verhältniß erhalten bleibt, so würden gerade diejenigen Besitzverhältnisse verewigt, die man seit 1811 zu beseitigen ge= trachtet hat. Ich halte es für unmöglich, sagte Lette, bei uns in Preußen noch Laßverhältnisse fortdauern zu lassen. Trotzdem

---

[1]) Vergl. II 457.

geschah es: das Gesetz vom 16. März 1857 setzte fest, daß Regulirungsansprüche bis zum 31. Dez. 1858 angemeldet werden müßten, „widrigenfalls solche Ansprüche präkludirt sein sollen".

Hienach ist also wirklich das eingetreten, was die Gegner des Gesetzes befürchteten: die lassitischen und die ähnlichen, der Regulirung auf Antrag unterworfenen Besitzverhältnisse — wenn kein Betheiligter bis spätestens am 31. Dezember 1858 den An= trag gestellt hat — können von da an nicht mehr durch Regu= lirung beseitigt werden.

Damit ist aber nicht gesagt, daß die Stellen, soweit sie noch vorhanden sind, im lassitischen Verhältniß verbleiben müssen: es ist vielmehr möglich, daß durch Uebereinkunft des Inhabers mit dem Gutsherrn andere Rechtsverhältnisse geschaffen werden. Ferner ist es bei den unerblichen Stellen möglich, daß im Falle der Er= ledigung, wenn überhaupt eine Wiederbesetzung eintritt, etwa das Pachtverhältniß dabei in Anwendung kommt. Immer jedoch bleibt es wahr, daß das lassitische Verhältniß noch vorkommen kann, wenn auch ein erblich = lassitisches nicht neu begründet werden darf.

Uebrigens ist die Abneigung Lettes gegen diesen Ausgang der Regulirungsgesetzgebung mehr eine juristisch als volkswirth= schaftlich begründete: es berührt ihn peinlich, daß Rechtsverhält= nisse veralteter Art, gegen die seit 1811 durch die Gesetzgebung angekämpft wird, doch nicht ganz vertilgt werden. Aber für das Wohl des Ganzen bedeutet es offenbar nicht viel, wenn solche zerstreute Ueberbleibsel fortdauern, deren Dauer noch dazu nur möglich ist, wenn weder Stellenbesitzer noch Gutsherr an der Aenderung ein erhebliches Interesse hat.

Eine andre Frage ist es, ob die Regulirungsbedingungen von der Art waren, daß alle Inhaber lassitischer Stellen mit Vortheil davon Gebrauch machen konnten. War das nicht der Fall, so liegt die Schuld nicht am Präklusionsgesetz, sondern am Regu= lirungsgesetz.

Sechstes Kapitel.

§ 1. Wirkungen der Regulirung auf die Wirthschaft.

Nicht überall sind die Ergebnisse der Neuordnung sofort segensreich gewesen. Ueber den altpreußischen Theil von Vorpommern zum Beispiel hat Schütz, ein Prediger, der 25 Jahre lang unter den Bauern gelebt hatte, im Jahre 1821 folgende Beobachtungen veröffentlicht; sie beziehen sich auf Domänenbauern, die uns Jahr 1799 zu dienstfreien Erbpächtern gemacht worden waren [1]):

Wenn die Bauern, nach Einführung der Erbpacht und nach durchgeführter Separation von den Vorwerken der Amtsleute, gewinnen sollten, so konnte das nur geschehen, wenn sie erstens weniger Zugvieh und Leute hielten als bisher und zweitens durch vernünftige Kultur den Ertrag ihrer Aecker erhöhten. Beides haben sie aber häufig versäumt.

Früher, als die Bauern noch Hofdienste leisteten, hielten sie sich 6—8 Pferde und 4 Ochsen; an Gesinde hatten sie 2 Knechte, 2 Mägde und einen Jungen. Sie hofften von der Dienstbefreiung goldene Zeiten, aber goldene Zeiten werden nur durch Klugheit herbeigeführt — und daran hat es oft gemangelt.

Statt des Hofdienstes giebt der Bauer, je nach der Größe seines Ackerbesitzes, oder richtiger, je nachdem er kräftiger oder

---

[1]) Prediger Schütz zu Wildberg, Ueber Bauernwirthschaften in Vorpommern; vergl. Pommersche Provinzialblätter, herausgegeben von Haken, Bd. 2, 1821. — Vergl. auch die kurmärkischen Amtsbauern unten II 183.

schwächer für sich sprach, 56 bis 65 Rthlr. Dienstgeld. Das Erbstandsgeld betrug 400 bis 500 Rthlr.; davon 5 % Zinsen, nebst dem übernommenen Erbzins, machen jährlich weitere 70 bis 85 Rthlr. aus, und all dies kann nur erübrigt werden, wenn die Wirthschaftskosten sich verringern und die Erträge sich erhöhen.

Sehr häufig wurde aber Zugvieh und Gesinde nicht vermindert.

Der Bauer hat 40 bis 60 Scheffel Aussaat in jedem der drei Felder: die vielen Pferde fressen einen großen Theil des Einschnittes wieder auf und im Frühling sowie im Spätherbst verderben sie bei eintretendem Futtermangel die Wiesen, die man sogar oft im Sommer schon dem Zugvieh zur Weide preisgeben muß. Die Faulheit des Gesindes ist daran schuld, daß man mit 4 Zugochsen zur Bestellung der Felder nicht ausreicht und also die Pferde behalten muß. Bei guter Wirthschaft sollten an Stelle des übermäßigen Zugviehs lieber mehr Kühe eingestellt werden.

Die große Zahl des Gesindes ist ebenfalls ein Hemmniß: 2 Knechte, jeden nur mäßig zu 40 Rthlr. gerechnet, macht 80 Rthlr.; 2 Mägde, jede zu 30 Rthlr., macht 60 Rthlr.; 1 Junge zu 20 Rthlr.; alles zusammen 160 Rthlr. Dann kommen die Abgaben der Bauern: Monatssteuer, Kopfsteuer, Konsumtions = Akzise u. s. w.; sie betragen jährlich wenigstens 100 Rthlr. Da gehen also 260 Rthlr. baar weg, und was forbert nun noch der Schmied, der Sattler, der Stellmacher? Der Bauer muß einen guten Einschnitt haben und die Kornpreise müssen hoch stehen, sonst geht es nicht. Denn alles Geld muß aus dem Verkaufe des Getreides kommen. Bei 50 Scheffel Aussaat, wenn das fünfte Korn geerntet wird, erhält man 250 Scheffel Erdrusch. Für die nächste Saat, für Prediger, Küster und Hirten, für die eigene Haushaltung geht so viel ab, daß vielleicht 180 Scheffel zum Verkaufe bleiben: was bei den jetzigen Getreidepreisen (1821) nicht ausreicht.

Noch dazu ist der Bauer meist bei der Dreifelderwirthschaft

und auch bei der Gemengelage geblieben. Schmale Ackerbeete, die das Querpflügen nicht gestatten; kleine hölzerne Eggen, die den Rasen nicht zerreißen; überall eine Fülle von Unkraut; nicht Dünger genug um das ganze Brachfeld zu düngen: oft geschieht es nur zum dritten oder vierten Theil. Daher ein höchst geringer Ertrag des Ackerbodens.

Was hilft es dem Bauern, daß er sein ganzes Land be= halten hat, wenn er mit dem ebenfalls beibehaltenen Zugvieh und Gesinde zu keiner intensiveren Wirthschaft kommt? Dann wäre es ihm besser, lieber einen Theil des Landes aufzugeben und mit weniger Leuten sein Glück zu versuchen. Noch besser freilich, der Bauer schritte zur Spezialseparation und ginge zur Koppelwirthschaft über, wodurch große Weideschläge entstünden und die Bearbeitung der Brachfelder wegfiele.

Soweit der Prediger Schütz; man hat hier vor Augen, wie die Aenderung der Rechtsverhältnisse, um segensreich zu werden, noch weitere Aenderungen der landwirthschaftlichen Technik ge= bieterisch erfordert. —

Wenn auch hier noch manches zu wünschen blieb, so steht es doch fest, daß die Domänenbauern Pommerns, welche schon vor dem Kriege von 1806 zu dienstfreien Erbpächtern geworden waren, weit besser standen, als die noch im alten Verhältniß verbliebenen Privatbauern. Die 5000 Domänenbauern in den 40 Domänenämtern Pommerns hatten[1]) ein Erbstandsgeld von ungefähr 736 000 Rthlr. baar eingezahlt, ein jährliches Dienstgeld von 35 800 Rthlr. übernommen und auf alle Unter= stützungen (wie Remissionen, freies Bauholz, Konservationskosten u. s. w., was nach einem zehnjährigen Durchschnitt 34 000 Rthlr. jährlich betrug) Verzicht geleistet. „Und dennoch waren sie im Stande gewesen, die seltenen Kalamitäten dieses Kriegs [1806] zu ertragen und sich und ihre Wirthschaften zu erhalten, während ein so großer Theil ihres Standesgenossen in den abligen Gütern [650 Bauern sollen es gewesen sein], durch keine solche Zahlungen

---

[1]) Vergl. Hering, Die agrarische Gesetzgebung Preußens, 1837, S. 102 ff.

erschöpft und im vollen Besitze aller so sehr gerühmten Unter=
stützungen von Seiten des Gutsherrn, die Höfe hatten verlassen
müssen." —

Ueber die Verhältnisse bei den Bauern des Adels meldet
ein ungenannter Schriftsteller[1]):

Die Regulirungen bei abligen Bauern in Pommern hatten
sich im Jahre 1819 etwa auf 3300 Wirthe erstreckt. Die
Rittergüter, auf welchen die Bauern regulirt waren, erzielten
ein höheres Pachtgeld, wenn sie verpachtet, einen höheren Preis,
wenn sie verkauft wurden, als die Güter mit der alten Ver=
fassung. Die Bauern, welche die Hälfte ihrer Ländereien ab=
getreten haben, benützen den Rest so, daß der Ertrag von der
Hälfte dem früheren vom Ganzen wenig nachgiebt, ja ihn sehr
bald übersteigen wird. Man muß es sehen, mit welcher Sorg=
falt die zum Eigenthum gelangten neuen Wirthe arbeiten und
zu denken anfangen; man muß es sehen, wie die Steine von
dem Acker verschwinden!

In der Regel zieht der Gutsherr es vor, sich vom Bauern
Land abtreten zu lassen, anstatt eine Rente auszumachen. Auch
der Bauer zieht die Landabtretung vor. Vermuthlich hielt der
Gutsherr die einmalige Landabtretung für sicherer als den
Bezug jährlicher Renten, zu deren Sicherung damals noch
keine ausreichenden Anstalten getroffen waren; während der
Bauer wohl mehr Zuversicht auf sein Fortbestehen haben mochte,
wenn er auf weniger Land ohne Rentenschuld weiter wirth=
schaftete.

Für die Gutsherrn war aber die Landentschädigung eigent=
lich kein Vortheil: den großen Zuwachs zum Gutslande, oft
tausende von Morgen bei einem einzigen Vorwerk, zu be=
wältigen kostete übermäßiges Kapital, während meist schon vor=
her die Güter zu groß waren.

---

[1]) Erfolge der Regulirungen in Pommern (Verfasser ungenannt);
vergl. Halens Pommerische Provinzialblätter Bd. 1, 1820.

Dies bleibt wahr, wenn auch der Ersatz der Zwangsdienste
leichter fiel als man erwartet hatte: Gesinde ist, wenn man sich
ernstlich bemüht und entsprechenden Lohn giebt, noch immer zu
haben: und der Aufwand zum Ersatz der Ackerdienste hat sich
ziemlich leicht erwiesen, da nun mit viel weniger Kraftverschwen-
dung gearbeitet wird. „Wir finden, daß da, wo ein Vorwerk
sonst täglich 32 Bauernpferde zum Dienst gebrauchte, jetzt nur
10 Hofpferde nöthig sind; wir finden, daß da, wo bisher 10 000
Menschentage nöthig waren, jetzt die Hälfte ausreicht." —

Jn der Mark Brandenburg spürte man nach der Reform
der bäuerlichen Verhältnisse auch manche Schwierigkeiten technischer Art[1]). Besonders waren die sogenannten Außenländereien
auf den Gütern ein großes Hinderniß wegen ihrer dünnen Acker-
krume und unzureichenden Düngung: es blieb also auf ihnen
der Roggen-, Hafer- und Buchweizenbau. Auf den besser gedüngten inneren Theilen der Flur wurde theils reine Sommer-
brache durchgeführt, theils der Bau von Hackfrüchten möglichst
weit getrieben, und zwar besonders von Kartoffeln. Aus dieser
Zeit rühren die großen Branntweinbrennereien her. Daneben
wurde, statt der elenden Schafweide auf den Bauernäckern, eigenes
Weideland hergerichtet, worauf die Schafzucht in hohem Grade
gedieh, sodaß neben dem Sprit die Wolle wichtig wurde.

Die Bauern haben hier ihr Zugvieh wesentlich vermindert,
und die Gutsherrn haben nur ein Viertel soviel Zugvieh, als
früher der Bauer für sie gehalten hatte, angeschafft: allerdings viel stärkeres, womit das vergrößerte Gutsland nun be-
arbeitet wird. Freilich ist für den Bauern noch durch die
Spezialseparation und durch Abschaffung der Dreifelderwirthschaft
viel Zugvieh entbehrlich geworden: man sah ein, daß Zugvieh
eben nur Mittel zum Zweck, und daß man nur das bringend
erforderliche halten sollte. So erklärt Koppe die Abnahme der

---

[1]) Vergl. Koppe, Landwirthschaftliche Verhältnisse in der Mark Brandenburg, 1839.

Zug= und Mastochsen: von 128 276 Stück im Jahre 1816 ging die Zahl derselben auf 107 362 im Jahre 1837 zurück. —

Sehr bezeichnend sagt der ungenannte Verfasser einer Schrift aus dem Jahre 1812[1]) in Bezug auf die Gutsherrn: „Man hat bisher — gestehen wir es uns — selten das gethan oder zu thun nöthig gehabt, was jeder Gewerbtreibende — der Kauf= mann, der Fabrikant — thun muß: Buch und Rechnung zu führen über jeden Handels= oder Fabrik=Artikel . . . man wird künftig rechnen müssen, was früherhin nicht nöthig war." In der That, der mittelalterliche Gutsherr verwandelt sich in den Gutsbesitzer der Neuzeit, der Getreide, Spiritus und Wolle fabrizirt. —

Ueber die Provinz Preußen hat Lette ausführliche Mit= theilungen gemacht[2]). Die dort im Jahre 1808 durchgeführte Eigenthumsverleihung bei den Domänenbauern war für sehr viele Bauern drückend; es war meist den Bauern Rente auf= erlegt worden, aber nach Grundsätzen, die nicht genug auf den einzelnen Fall eingingen: so wurden die Bauern sehr häufig mit Abgaben überbürdet und viele sind dadurch untergegangen.

Merkwürdiger Weise hat man noch dazu in Litthauen, wo überwiegend Domänenbauern gewesen waren, versäumt, eine neue Kommunalverfassung einzuführen. Früher hatte dem Domänen= pächter die Polizei=Jurisdiktion und die Verwaltung im Be= reiche des Domänenamtes obgelegen. Als aber viele Domänen= ämter aufgehoben und die Vorwerke veräußert wurden, blieben die befreiten Eigenthümer der Bauernstellen sich selbst überlassen, ohne daß man sie zu lebensfähigen Gemeinden vereinigt hätte. Der Landrath besorgt für die Domänendörfer die Lokalpolizei und bedient sich dazu des sogenannten Beritt=Schulzen. In der Zeit der Erbunterthänigkeit und der Frohnbienste hatte der Beritt=Schulze die pflichtigen Unterthanen der Domänenämter

---

[1]) Verlieren oder gewinnen die Gutsbesitzer u. s. w., Berlin 1812, S. 90.
[2]) Lette. Bereisung der Provinz Preußen. Vergl. Annalen der Land- wirthschaft, herausgegeben von Lengerke, Bd. 10 1847 S. 6 ff.

zum Dienst zu bestellen und die Fröhner zu beaufsichtigen; nun
behielt ihn der Landrath bei, um den freien Bauern Gesetz und
Gebot der Regierung zu verkündigen. Ein Gemeindeleben entwickelte sich weder von selbst noch wurde es vom Staate hervorgerufen.

In Westpreußen war mit der Regulirung der Privatbauern
vielfach Spezialseparation und gelegentlich auch Abbau verbunden
worden, sehr zum Segen der Bauern, die nun zu sorgfältiger
Wirthschaft sowohl befähigt als gezwungen waren; während in
Ostpreußen die Bauern nach der Regulirung meist unter sich die
Gemeinheitswirthschaft (d. h. die Gemengelage mit Flurzwang,
Gemeinweide u. s. w.) fortsetzten[1]), wodurch sie in ihrer alten
Unbeholfenheit verblieben. Besonders wenn auf Rente regulirt
war, konnte der Bauer dann in den Jahren der niedrigen Ge-
treidepreise, 1819 bis 1826, die Rente nicht erschwingen und
ging unter.

Später hat man dann, mit abermaligen großen Kosten, die
Spezialseparationen an manchen Orten nachgeholt, aber oft war
der rechte Zeitpunkt versäumt.

„Ein erheblicher Theil des früher erbunterthänigen Bauernstandes unterlag in einzelnen Herrschaften Ostpreußens der eigenen
Muth- und Rathlosigkeit in der Konkurrenz mit dem Kapital
und der Intelligenz, vor und während der Regulirung, selbst
später, so lange er sich nicht von der Gemeinwirthschaft trennen
konnte[2]).“

Nach Lette ist also ein großer Theil der Bauern nicht zum
Genusse der ihnen zugedachten Wohlthaten gelangt, weil die persönliche Freiheit und der Wegfall der Leistungen an den Gutsherrn nicht genügten: es mußte noch eine neue Art die Wirthschaft
zu führen erlernt und vor allem durch andre Ackereintheilung
ermöglicht werden. Daß ein großer Theil der Bauern hiezu

---

[1]) Dasselbe für Pommern, vergl. oben S. 238; und für Posen, vergl.
Klebs a. a. O. S. 363.

[2]) Lette a. a. O. S. 26.

nicht im Stande war, besonders in den Ländern, wo unerbliche Lassiten die Regel bildeten, mußte von vornherein erwartet werden. Solche Reformen verlangen eben auf allen Seiten Kraft, Umsicht und Entschlossenheit.

Doch ist zu erwägen, daß Lette damals alle Umstände scharf hervorhob, welche für Durchführung der Spezialseparationen zu sprechen schienen.

Im großen und ganzen dürfte wohl feststehen, daß die Regulirung denjenigen Bauern, die selber den Antrag stellten, zum Vortheil gereichte; vielleicht weniger denjenigen, gegen die der Antrag von Seiten der Gutsherrn gestellt wurde, — doch läßt sich darüber auf Grund der spärlichen Nachrichten, die in die Oeffentlichkeit gedrungen sind, kein entscheidendes Urtheil abgeben.

In Oberschlesien stieß die Regulirung, wie oben gezeigt, von Anfang an auf den Widerspruch der einflußreichen Klassen, denn die Gutsherrn befanden sich hier ums Jahr 1824 in übler Lage und in noch traurigerer Stimmung[1]. Ihre Güter, sagen sie, seien verschuldet, nur mit höchster Anstrengung können sie die Zinsen erschwingen, wie die steigende Zahl der Sequestrationen beweise. Wer Wald hat, schlägt ihn nieder; wer Eisenwerke besitzt, sucht sich an diese zu halten. Die Regulirungen der Bauern bereiten ihnen eine große Verlegenheit durch das viele Land, das abgetreten und den Vorwerken zugelegt wird; es ist schwer dies Land wieder zu verpachten oder gegen Handdienste neu auszuthun. Schon allein die Neubauten für Dienstfamilienstellen verschlingen alles Geld. Oft bleibt daher ein Theil des von den Bauern abgetretenen Landes unbebaut liegen, bis man die Mittel findet, das nöthige Zug- und Nutzvieh anzuschaffen. Kurz, nachdem der Staat die Gutsherrn genöthigt hat, so viel

[1] Vergl. die Schrift eines Ungenannten: Unpartheiische freimüthige Ansichten eines praktischen Landwirths über die Folgen des Edikts vom 14. September 1811 und dessen Deklaration vom 29. Mai 1816, für Oberschlesien, insbesondere den Creisen des rechten Oder-Ufers, Breslau 1824.

neues Land anzunehmen, bleibt nur ein Mittel, sie vor dem
Untergang zu bewahren — der Staat muß ihnen noch die nöthi-
gen Gelder zur Neueinrichtung vorstrecken, wofür sie 2⁰/₀ (zwei
Prozent!) Zinsen entrichten wollen.

Das that nun freilich der Staat nicht, und der Erfolg
zeigte bald, daß die Besorgnisse der Gutsherrn in jeder Weise
übertrieben gewesen waren. Die Regulirung der größern Bauernhöfe hat gerade den Gutsherrn die größten Vortheile gebracht[1]):
es ist bis zum Jahr 1849 nur ein Fall bekannt geworden, in
welchem die Gutsherrschaft in Folge der Regulirungen der
Bauern um den Besitz des Gutes gekommen wäre, und auch da
hat die Regulirung nur den letzten Stoß gegeben.

Im übrigen hat die Errichtung neuer Vorwerke, um den
Zuwachs an Land zu bewältigen, und der Aufbau von Arbeiter-
stellen alle Herrschaften dazu genöthigt, nun bessere und ge-
regeltere Wirthschaft zu führen: überall ist das Zug- und Nutzvieh vermehrt, die Dreifelderwirthschaft, wenn beibehalten, erheblich verbessert worden, besonders durch reichlichere Düngung;
oder man ist zur Koppelwirthschaft übergegangen. Der Anbau
von Futterpflanzen und von Handelsgewächsen hat sich ausgedehnt, großartiger Kartoffelanbau und Brennereibetrieb sind
eingeführt worden, man ist zur künstlichen Bewässerung der
Wiesen übergegangen. Die Schafzucht, die Rindvieh- und Pferde-
rassen sind gegen früher ungemein verbessert. Man klagt nicht
mehr, wie früher, über den Zuwachs an Land und versteht es
nun, denselben durch eigenes Zugvieh und mit Hülfe gedungener
Arbeitskräfte nutzbar zu machen. Die Forsten werden sparsamer
bewirthschaftet und der Wegfall der bäuerlichen Waldweide in
Folge der Regulirungen, sowie der früheren Bauhülfe hat sich
überall als höchst vortheilhaft für die Herrschaften gezeigt. Der
Verkaufswerth der großen Güter ist überall nach vollzogener
Regulirung gestiegen, woran allerdings die Regulirung der
Bauernhöfe nicht allein schuld ist: aber jedenfalls hat sie mit

---

[1]) Das Folgende nach Schück a. a. O., 1849, S. 94 ff.

dazu beigetragen, die ganz unerfreulichen Zustände, wie sie von 1816 bis etwa 1825 geherrscht hatten, zu beseitigen.

Auf die bäuerlichen Wirthschaften Oberschlesiens hat die Regulirung nicht so unbedingt segensreich gewirkt[1]), obgleich bis zum Jahre 1848 nur die ganz großen Bauernhöfe — etwa 4000 an der Zahl mit etwa durchschnittlich 60 Morgen Land vor der Regulirung — an der Reform betheiligt waren. Es mögen ungefähr gleichviele Bauern Land abgetreten wie Rente übernommen haben. Die Folgen waren wesentlich heilsam durch die vereinfachte rechtliche Verfassung, indem nun die Bauern Eigenthümer wurden; dagegen war die Wirkung auf die wirthschaftliche Lage einigermaßen zweifelhaft.

Diejenigen Bauern, welche Landentschädigung gegeben hatten, bestanden noch am besten, vorausgesetzt daß sie noch hinreichend viel Boden, und zwar guten, behielten, um ohne die sonst von der Herrschaft bezogene Unterstützung weiter wirthschaften zu können; sie hatten dann eine unbelastete Stelle und in der Regel gelang es ihnen — mehr behauptet unser Gewährsmann nicht — „sich im Besitz ihrer Höfe zu erhalten".

Dagegen ist ein großer Theil der durch Rente regulirten Bauern bei ihrem Unvermögen, die Rente aufzubringen, bald nach vollzogener Regulirung um den Besitz ihrer Höfe gekommen, und besonders da, wo drückende Dienstverhältnisse bestanden hatten, wo ferner der Boden schlecht war und Gelegenheit zum Nebenverdienst fehlte. Daran waren zum Theil die hohen Regulirungskosten, zum Theil der Wegfall der Bauhülfen schuld, zum Theil allerdings auch der niedrige Zustand der Bildung und die daraus entstandene Faulheit, Liederlichkeit und Trunksucht. „So kam es, daß in den Kreisen Rybnik, Lublinitz, Rosenberg und Tost-Gleiwitz die meisten reluirten Bauern in Folge der übernommenen Rentezahlungen, mit denen sie bald — ebenso wie mit den Regulirungskosten — in Rückstand kamen,

---

[1]) Vergl. Schück a. a. O. S. 83 ff.

ihre Stellen im Wege des Verkaufs oder der Exekution verlassen mußten."

„Wo geringere Belastung der Stellen, größerer Fleiß und mehr Intelligenz den reluirten Wirthen zu Hülfe kam, oder die Nähe volkreicher Städte und gewerblicher Etablissements den Preis der ländlichen Produkte steigerten — wie in den Kreisen Beuthen, Ratibor und Kreuzburg —, haben sie sich dagegen trotz der Rentezahlung im Besitz ihrer Höfe erhalten, wenn sie auch in der Regel bedeutenden Verschuldungen während der ersten Jahre nicht entgehen konnten."

Betrachten wir nun die im Besitz gebliebenen Bauern. Um weiter wirthschaften zu können, haben sie Zugvieh und Gesinde abgeschafft — vor allem haben sie aber noch weiter parzellirt, das heißt sie haben von ihrem Land einen Theil verkauft, da ohnehin große Nachfrage nach kleinem Besitz vorhanden war. „Als Zugvieh, welches meist aus Pferden bestanden hatte, benutzte man fast überall — Nutzkühe", um den Rest des Landes, etwa 20 bis 40 Morgen, zu bestellen. Zahlreiche Häusler haben sich auf den abgetrennten Parzellen niedergelassen. Wirkliche Bauernhöfe sind seltener geworden, zumal da die Herrschaften viele davon, wenn die Inhaber in Bedrängniß gerathen waren, angekauft haben.

Da wo die Regulirungen den Abbau einzelner Bauernhöfe im Gefolge hatten, ist der bauliche Zustand der Höfe höchst befriedigend; wo aber der Hof an der alten Stelle verblieb — was durchaus die Regel war —, ist der bauliche Zustand noch schlechter als vor der Regulirung, da nun die herrschaftliche Bauhülfe weggefallen ist. „Ohne alle Geldmittel, um die dringendsten Ausgaben zu bestreiten und die öffentlichen Abgaben zu erschwingen, mußte eine Verbesserung ihrer Gebäude das letzte sein, dem sich die geringen pekuniären Kräfte der Reluirten zuwenden konnten. Deßhalb erscheinen die Häuser in den Dörfern dieser Kategorie, die namentlich im Rybniker, Lubliniter und Rosenberger Kreise häufig vorkommen, kaum als menschliche Wohnstätten. Aus Lehmpatzen zusammengeklebt scheinen sie dem nächsten Sturme oder Regengusse erliegen zu wollen, obwohl sie von ihren Besitzern meist schon länger als seit einem Jahrhundert conservirt werden."

Die Technik der Landwirthschaft hat sich ebenfalls bei den Bauern nur selten höher entwickelt. Allgemein ist allerdings der Kartoffelbau gesteigert und der Getreidebau eingeschränkt worden. Da die Waldweide und viele Gemeinhütungen weggefallen sind, wird das Vieh häufig von Kindern auf Grenzrainen am Strang gehütet, wobei Nachbarfelder nicht geschont werden.

Weniger durch Hebung der eigenen Landwirthschaft als durch Nebenverdienst sucht sich der kleine Bauer, der nun Eigenthümer ist, zu helfen: in den Kreisen, wo Bergbau auf Steinkohle, Eisen, Zink und dergleichen betrieben wird, sind zahllose Fuhren erforderlich, um das Erz und die Kohle auf die Hütten oder das gewonnene Metall an die Wasserstraßen zu bringen. Dies Fuhrgeschäft, die sogenannte Velturanz, besorgt mit Vorliebe der Bauer. Zwei elend gefütterte Pferde erlauben ihm einen täglichen Verdienst von 2 bis 3 Thalern; so zieht er dies Gewerbe seiner Landwirthschaft vor, indem er müßig neben oder auf dem Wagen seinen Tag zubringt und den Verdienst vertrinkt.

Bei einzelnen Gemeinden, namentlich in fruchtbaren Gegenden, zeigt sich allerdings auch ein bedeutender Fortschritt bei den regulirten Bauern.

Nach der genaueren Betrachtung der aus Oberschlesien mitgetheilten Fälle wird man das harte Urtheil verstehen, das Leuper bereits 1820 über die Regulirungsgesetzgebung fällte.

Er sagt über das Gesetz von 1811[1]): Ein Bauer, welcher nicht blos Ackerarbeiter, sondern sich und dem Staate ein wahrer Bauer sein soll, muß wenigstens 60 magdeburger Morgen Land haben, damit er einen Zug Pferde nebst dem übrigen Zugvieh halten und eine richtige Bauernwirthschaft führen kann. Da, wo die Laßbauern jetzt drei oder vier Hufen inne haben, be-

---

[1]) Vergl. Leuper, Eigenthums-Verleihung, Berlin 1820, S. 27.

halten sie allerdings nach Abreißung des Drittels oder der Hälfte
noch so viel Land, daß sie ihre Bestimmung erreichen können:
aber ein solcher Besitzstand der Laßbauern ist bei Privatgütern
ziemlich selten. Meistentheils haben die Laßbauern nur zwei
Hufen und darunter; sie werden dann, nach der Regulirung,
keine richtigen Bauern mehr sein.

Nach dem Erscheinen der Deklaration von 1816 war aber der
Normalsatz „fast nur noch ein Traum"[1]); und die Lage der
Laßbauern verschlimmerte sich noch sehr ansehnlich: „sie werden
oft wohl gar in einen Zustand der Ohnmacht versetzt, aus dem
sie sich, wenn sie nicht etwan in einem schon vorhandenen kleinen
Vermögen eine Hülfsquelle finden, niemals herausarbeiten können".
In vielen Fällen können sie „entweder gar nicht bestehen oder
wenigstens nicht einmal die nöthigste Bau = Unterhaltung be=
schaffen; und an ein Ueberstehen der gewöhnlichen oder unge=
wöhnlichen Unglücksfälle ist gar nicht zu gedenken. Bei jeder
schlechten Ernte . . . werden sie dann mit Wehmuth auf die
entrissenen Ländereien hinblicken und das erdrückende Eigenthum
beseufzen[2])."

Leupers Auffassung ist, daß alle Laßbauern den Besitz ihrer
Güter reichlich durch ihre Leistungen und Dienste vergolten haben,
denn „unnütze Mitesser hat kein Gutsherr angesetzt"; daher —
so muß man ihn verstehen — würde es genügen, wenn der
Bauer, während er im Besitz des ganzen Landes bliebe, nur seine
bisherigen Leistungen ablöste, wie es auf den königlichen Domänen
der Fall war[3]):

„Drückender" als nach den Vorschriften der Deklaration von
1816 „kann nun wohl eine Eigenthums=Erwerbung nicht sein."
Denn die bisherigen Leistungen waren mindestens dem Ertrage
der bäuerlichen Stellen gleich; oft betrugen sie noch mehr und
nahmen insofern „persönliche Dienstbarkeit" in Anspruch; für all

---

[1]) Leuper a. a. O. S. 39.
[2]) Leuper a. a. O. S. 45.
[3]) Leuper a. a. O. S. 18—20.

dies leistet der Bauer Ersatz und muß dann noch die 5 bezw.
7¹/₂ °/₀ Aufgeld beschaffen und alle Nachtheile ertragen, die aus
der Abtrennung eines Theils des Landes für seine Wirthschaft
entstehen. „Ein solches Verfahren haben die königlichen Domänen-
behörden sonst niemals eingeschritten, sondern die Eigenthumsverleihung bis jetzt auf dem Wege der Dienstablösung bewirkt."

Leuper ist der einzige Schriftsteller, der die Auseinandersetzung nach Maßgabe der Deklaration von 1816 schlechthin verurtheilt. · Bei den übrigen Schriftstellern findet sich nirgends
ein so entschiedener Tadel, aber auch nirgends ein offenes Eintreten für die Grundsätze von 1816, vielmehr herrscht überall ein
auffallendes Schweigen.

Man müßte bei den Regulirungen beschäftigt gewesen sein,
um etwas Entscheidendes zu sagen; so viel ist aber nach der
nun bekannten Entstehung der Deklaration gewiß, daß die Gutsbesitzer durch dieselbe nicht in Nachtheil versetzt worden sind.

Eine vortreffliche Schilderung der landwirthschaftlichen Zustände Posens vor und nach der Reform hat der Präsident der
Generalkommission für Posen, J. Klebs, geliefert ¹).

Die Auffassung ist die des praktischen Mannes, der sich an
den Erfolgen seiner Thätigkeit erfreut. Man muß dabei immer
im Auge behalten, daß er zum Gegenstand seiner Untersuchung
die Landeskulturgesetzgebung als Ganzes gewählt hat, wovon die
Regulirungen und Ablösungen nur ein Theil sind: rein technische
Neuerungen, wie die gerade in Posen so weit durchgeführte
Separation, oft mit Ausbau einzelner Höfe verbunden, kommen
für ihn mit in Betracht. Für sozialpolitische Erwägungen, für die
Frage wie sich die verschiedenen Klassen der landwirthschaftlichen
Bevölkerung zu einander stellen, welche Vortheile die eine Klasse
über die andere davonträgt, wie sich die ganze ländliche Verfassung
ändert und dergleichen — ist sein Geist weniger empfänglich.

---

¹) Klebs, Die Landeskulturgesetzgebung, deren Ausführung und Erfolge
im Großherzogthum Posen, zweite Auflage Berlin 1860.

Klebs beschreibt die Entwicklung in Posen so:

Die Mehrheit der Bevölkerung der Provinz ist polnisch, doch sind deutsche Ansiedler schon seit dem früheren Mittelalter zahlreich eingewandert. Ungemein verbreitet und ungemein drückend waren die gutsherrlich-bäuerlichen Verhältnisse: der Bauer war ganz ungeschult, seine Wirthschaft stand wegen der prekären Besitzverhältnisse auf der niedrigsten Stufe.

Der Boden, die Gebäude, die Hofwehr: alles konnte dem Bauern jeden Augenblick genommen werden; ja er verfügte nicht einmal über seine Zeit und seine Kraft: die Frohnen zur Bestellung des gutsherrlichen Landes, Spann- und Handdienste, raubten ihm fast alle Zeit; außerdem mußte er das Getreide der Herrschaft viele Meilen weit zum Verkaufe fahren, Leute zum Bierbrauen schicken, reihenweise an den Festtagen Holz anfahren und klein hauen, die herrschaftlichen Schafe waschen und scheren, die Knechte zur Hülfe bei den Neubauten schicken u. s. w.

Das Schlimmste war, daß nirgends die bäuerlichen Leistungen durch Urbarien fest geregelt waren, sondern nur auf der Willkür der Gutsherrn beruhten. Von dem Recht, die Wirthe beliebig abzusetzen, scheint der breiteste Gebrauch gemacht worden zu sein: sehr oft waren erledigte Stellen gar nicht wieder zu besetzen (im Jahr 1824 fand die Generalkommission 1161 Bauernhöfe unbesetzt), blieben also wüst liegen oder wurden eingezogen. Letzteres wäre gewiß die Regel gewesen, wenn die Gutsherren selbst gewirthschaftet hätten: aber sie lebten im Ausland oder in den größeren Städten, hatten daheim ihre Inspektoren und verlangten von diesen nur das zu ihrem Aufwande nöthige Geld.

So lebte der Bauer, dem noch dazu alle Kommunallasten aufgebürdet waren, und der die öffentlichen Frohnen für Wege und Brücken zu leisten hatte, möglichst sorglos in den Tag hinein: aller Anlaß zu wirthschaftlicher Thätigkeit fehlte ihm, selbst wenn er die Mittel gehabt hätte.

Sein Gespann war klein und kraftlos; Pflug und Egge waren ganz ursprünglich, letztere nur von Holz mit Weidenruthen verfertigt; eiserner Beschlag an Wagen war nicht üblich.

Das Wohnhaus bestand aus Fachwerk und Lehm, stand ohne Fundament auf der Erde, war gegen den Druck des Windes durch lange Stützen nothdürftig gesichert; im Innern nur eine Stube nebst Kammer, die Fenster nicht zum Oeffnen, die Scheiben häufig durch Papier ersetzt; der Fußboden war aus Lehm, nicht gedielt. Die Stube war Wohn= und Schlafstube zugleich, und Küche; in der Kammer wurden Vorräthe aufbewahrt. In der Stube hatten auch die Hühner und Gänse ihren Stall; gekehrt wurde selten, gelüftet wurde nie.

Die Nahrung des Bauern bestand aus Sauerkraut und Kartoffeln, hie und da gab es Grütze, Mehlklöße, Speck. Brod, Fleisch und Bier genoß der Bauer nur an seltenen Festtagen, auch Branntwein nicht regelmäßig, sondern hauptsächlich wenn er ins Wirthshaus, in die Kirche, auf den Markt fuhr, wo dann allerdings ein Uebermaß stattfand. So ist in allem ein Mangel an Maßhalten: wird ein Schwein geschlachtet, so lebt die Familie ausschließlich davon, bis es aufgegessen ist — und dann dauert's lange, bis wieder Fleisch auf den Tisch kommt.

Wie das Wohnhaus, so sind auch die Wirthschaftsgebäude in jämmerlichem Zustande: denn alle Neubauten und Haupt= reparaturen fallen der Gutsherrschaft zu, also flickt der Bauer nichts, in der Hoffnung auf eine Hauptreparatur, während der Gutsherr diese Ausgabe möglichst lang hinausschiebt.

Die Hofräume sind nicht einmal geebnet, selten nur um= zäunt: der Dünger breitet sich fast über das Ganze aus und Wagen, Schlitten, Pflüge stehen im Freien. Was man Garten nennt, enthält höchstens einige halbwilde Obstbäume, viel Unkraut und ein wenig Gemüse.

Die Aecker der Bauern liegen im Gemenge oft auch mit denen der Gutsherrschaft, es wird die rohe Dreifelderwirthschaft betrieben. Klee und andre Futtergewächse kennt der Bauer nicht: im Sommer weidet das Vieh auf dem Brachfelde, im Winter wird es mit Stroh und wenigem Wiesenheu gefüttert.

Es giebt Vollbauern, Halbbauern, Viertelbauern, Gärtner mit entsprechenden polnischen Benennungen; einige haben

100—200 Morgen, andere nur 20—30 Morgen; durchschnittlich wohl 50—60 Morgen, sobaß gerade ein Paar Pferde oder Ochsen zum Gespann, zwei Kühe, ein Stück Jungvieh, einige Schweine gehalten werden. Der Ertrag einer solchen Wirth= schaft, nach den Regeln der Kunst abgeschätzt, ist meistens Null oder unter Null: es findet eben die roheste Naturalwirthschaft statt.

Das Dorf als solches erscheint als ein Haufe verwahrloster Häuser; Hecken und Zäune fehlen fast ganz, der Friedhof ohne Mauer, Pfarrei und Kirche ganz vernachlässigt.

Die lange Knechtschaft hatte den Bauern so unterwürfig ge= macht, daß der Fußfall vor dem vornehmeren Mann etwas ganz Gewöhnliches war.

Der Pole ist von Natur sehr leicht lernend, beweglich und geschickt, aber durch den langen Druck der Verhältnisse ganz träge geworden, liebt den Müßiggang, die Geselligkeit, den Trunk; vielfach ist er von der Frau beherrscht, die nicht, wie in Deutsch= land, schwere Arbeit thut und daher freieren Geistes ist als der Mann.

Die Rittergüter sind ungemein groß: 1000—2000 Morgen gelten für unbedeutend. Der polnische Adlige hat mehr Sinn dafür, Herr von so und so vielen Dörfern zu sein, als für Ein= träglichkeit der Wirthschaft. Seinen eigenen Betrieb übergiebt er Kommissarien mit ausgedehntesten Vollmachten, oder er ver= pachtet das Hofgut. Viele Adlige kommen höchstens zur Jagd auf ihre Güter.

Kommissar sowohl als Pächter bedienten sich der bäuerlichen Frohndienste in derselben unergiebigen Weise wie überall sonst. Diese „wohlfeile" Wirthschaft mit fremden Diensten brachte aber auch hier nichts zu Stande!

Auch der Boden des Gutsherrn wurde dreifeldermäßig be= wirthschaftet, schon deshalb, weil er mit dem der Bauern häufig im Gemenge lag.

Die Wirthschaftsgebäude der Gutsbesitzer glichen denen der Bauern, das herrschaftliche Wohnhaus war oft mit Stroh oder Schindeln gedeckt, selten ein soliderer Bau aus älterer Zeit:

auch fehlten wohlgepflegte Gärten, und im Innern des Hauses mangelte jede Art von Bequemlichkeit und Geschmack.

Die Provinz besitzt eine unverhältnißmäßig große Zahl kleiner Städte: 146; während also die Provinz an Einwohnerzahl etwa ¹/₁₂ des Staats ausmacht, besitzt sie zwischen ¹/₆ und ¹/₇ der Städte des Staats. Die meisten derselben sind von den Guts= herren hervorgerufen, welche daselbst Märkte abhalten ließen und das alleinige Recht des Absatzes von Bier und Branntwein sich selbst vorbehielten. Die übergroße Zahl der Märkte und deren leichtfertiger Besuch durch die Bauern der Umgegend war eine wahre Landplage: der Bauer kam mit Wagen und Pferden an, hatte aber höchstens einige Bunde Stroh oder ein Paar Gänse geladen, trieb sich einen ganzen Tag lang in den Schänken herum, während das Fuhrwerk im Freien stehen blieb und das Gespann nothdürftiges Futter auf die Straße geschüttet erhielt. Abends fuhr dann die nicht mehr nüchterne Gesellschaft im größten Durcheinander nach Hause und mehr als ein Wagen blieb zerbrochen am Wege liegen.

So standen die Dinge, als im Jahre 1815 die Provinz Posen dem preußischen Staate einverleibt wurde.

Als nun die Agrargesetzgebung in der neuen Provinz wirk= sam wurde, gewann auch der Gewerbebetrieb, früher höchst er= bärmlich, einen großen Aufschwung dadurch, daß die 25 671 regulirten Bauern ihre Gebäude einer großen Reparatur unter= warfen, daß ¹/₅ derselben sie wegen des Abbaus ganz neu her= stellte, und daß allein im Regierungsbezirk Posen von 1831 bis 1846 610 neue Schulhäuser erbaut wurden.

Aber die Städte haben auch unmittelbar an der Agrar= reform theilgenommen, denn in der Mehrzahl sind es Ackerstädte gewesen. Die Ackerbürger litten noch viel mehr unter der Zer= stückelung und Gemengelage, als die Bauern, und was die Hütungs= und Holzungsrechte auf Gemeinland betrifft, so war wegen der nachlässigen Verwaltung alle Berechtigung unklar, und Willkür und Verwüstung war an der Tagesordnung.

Die Hauptübelstände bei diesen städtischen Ackerbauern sind: in der Regel sind ihre Besitzungen sehr klein, kaum spannfähig; sind sie groß genug, so fehlt für die Wirthschaftsgebäude der Raum; die städtische Lebensweise macht den Ackerbürger zu stolz, selber Hand anzulegen; am jämmerlichsten steht es, wenn der Ackerbürger zugleich Handwerker ist: dann werden beide Beschäftigungen vernachlässigt.

Diesen Uebelständen hat freilich die Separation nur theilweise abgeholfen. Viele größere Ackerbürger haben sich abgebaut; die andern haben ihre Grundstücke in geschlossenerer Lage erhalten. Mit der allgemeinen Hebung der Landwirthschaft steigt auch die Achtung vor diesem Gewerbe und der Bürger entschließt sich leichter, zwischen seinen beiden Beschäftigungen eine Wahl zu treffen: reicht sein Grundbesitz nicht hin zu einer ordentlichen Wirthschaft, so verkauft er denselben an seinen Nachbar und behält nur einen Garten für sich.

Aber die wichtigsten Folgen der Auseinandersetzungen sind natürlich auf dem Lande zu suchen.

Man hat vielfach bezweifelt, ob der verkommene polnische Bauer im Stande sei von den Auseinandersetzungen Vortheil zu ziehen: er ist nun Eigenthümer geworden, frei von Frohndiensten, seine Aecker frei von Dienstbarkeiten: wird er nicht um so mehr müßig gehen und über kurz oder lang in Schulden gerathen, bis man zum Zwangsverkauf schreiten muß? Zog er nicht vielleicht selber den alten Zustand vor? Hatte man das Recht, ihm eine Wohlthat aufzudrängen, die für ihn gar nicht paßte?

Ganz im Gegentheil: sofort nach dem Gesetz von 1823 gingen die Regulirungsanträge von Seiten der Bauern haufenweise ein, und seit der Durchführung ist der Bauer fleißig, lebt besser, kleidet sich anständig und zahlt seine Steuern und Grundrenten regelmäßig. Er schafft die Steine von den Aeckern fort, legt Brunnen an, zieht Gräben, errichtet Zäune und Erdwälle, pflanzt Obstbäume und bessert seine Gebäude aus. Die Eggen haben eiserne Zinken, die Wagen sind mit Eisen beschlagen, statt der Stricke an seinem Geschirr hat er Leder im Gebrauch. Statt der alten hat er jetzt die verbesserte Dreifelderwirthschaft mit Futtergewächsen; sein Viehstand hat sich gehoben.

Vor allem sind die Gebäude in Ordnung gekommen: die meisten sind durch und durch reparirt, ein sehr großer Theil ganz neu bei Gelegenheit des Abbaus hergestellt. Dabei ist zwar Fachwerk und Strohdach, der Billigkeit wegen, beibehalten, aber gemauerte Schornsteine, gedielte Böden, ordentliche Glasfenster sind hinzugekommen.

Für den Gutsherrn war die Veränderung ebenso bedeutend: seine Verwalter oder dreijährigen Pächter, die mit den Hofdiensten gewirthschaftet hatten, waren nicht mehr haltbar. Es galt nun ein bedeutendes Inventar anzuschaffen, freie Arbeiter zu gewinnen, und vor allem galt es, auf dem separirten Land neue Feldeintheilungen, entsprechend dem künftigen Betrieb, auszuführen. Das alles nöthigte den Gutsherrn, sich mehr um sein Gut zu bekümmern: entweder selbst Landwirth zu werden oder einen ausgebildeten Landwirth als Verwalter zu nehmen, oder Pächter mit langen Terminen herbeizuziehen. Die Güter gewannen rasch an Werth, die Besitzer lernten jetzt erst ihren bisher verborgenen Reichthum kennen.

Was die zahlreichen Abbauten betrifft, so hat man auf die Gefahr hingewiesen, daß der Besuch von Schule und Kirche erschwert sei, und daß die ganz isolirte Bevölkerung leicht verwildere. Indessen hat man in Posen die neuen Höfe stets so angelegt, daß sie in mäßiger Entfernung an der Straße aufgereiht liegen, sobaß bei der Flachheit des Landes überall der Verkehr leicht ist; auch hat man, wo es irgend anging, die Häuser gruppenweise gestellt, etwa drei oder vier Höfe bei einander.

Seitdem der Bauer selbst Eigenthümer geworden ist und in festen, gesicherten Rechtszuständen lebt, hat er auch fremdes Eigenthum achten gelernt. Früher waren Forst- und Jagdfrevel etwas Gewöhnliches; theils aus Bosheit, theils aus Fahrlässigkeit wurden Wiesen, Aecker und Gärten des Nachbars tagtäglich beschädigt, keine öffentliche Anlage war sicher. Alles dies hat

sich geändert: jetzt können sogar die Wege mit Obstbäumen be=
pflanzt werden, die Feldbiebstähle sind seltner geworden.

Im ganzen fühlt der Bauer eine gewisse Dankbarkeit gegen
die Regierung und er soll dies Gefühl auch während unruhiger
Zeiten bewahrt und an den nachbarlichen Aufständen (1830,
1846, 1848) fast keinen Theil genommen haben.

An einigen Orten ließen die Bauern zum Gedächtniß des
erworbenen Eigenthums Heiligenbilder aufstellen; an andern
Orten ließen sie an dem Tag, an dem die Regulirung ihren
Abschluß fand, durch den Geistlichen des Ortes einen Gottes=
dienst halten und feierten ein Fest, um fröhlich in die neuen
Verhältnisse einzutreten.

§ 2.　Statistik des Befreiungswerks.

Für eine sozialpolitische Betrachtung des Werkes der Bauern=
befreiung wäre es von höchstem Werth, eine vollständige Statistik
darüber zu besitzen. Leider giebt es eine solche nicht. So z. B.
ist die Zahl der Erbunterthanen im Jahre 1807 nicht bekannt.
Auch in Bezug auf die Bauern, welche der Regulirung, und die=
jenigen, welche der Ablösung bedürftig waren, weiß man nichts
Genügendes.

Man ist in der Hauptsache auf zwei Veröffentlichungen
angewiesen: auf eine Denkschrift des Ministeriums der land=
wirthschaftlichen Angelegenheiten (veröffentlicht in der Zeitschrift
des königl. preuß. statist. Büreaus, Jahrg. 1865) über die
Veränderungen, welche die spannfähigen bäuerlichen Nahrungen
nach Anzahl und Fläche von 1816 bis 1859 erlitten haben —
wobei aber die Wirkung der Regulirungs= und Ablösungsgesetze
nur beiläufig zur Sprache kommt; und zweitens auf die Tafeln
über die Regulirungs= und Ablösungsgeschäfte, die in Meitzens
Werk über den Boden und die landwirthschaftlichen Verhältnisse
des preußischen Staates Band 4 mitgetheilt sind.

Wenn man sich mit der Unterscheidung nach Provinzen be=
gnügt, so erhält man daraus folgende Angaben:

Tafel 1.

Die amtliche Statistik des preußischen Staates giebt an, wie viele spannfähige bäuerliche Nahrungen es im Jahre 1816, bezw. 1823, gegeben hat. Es waren (vergl. Zeitschrift des k. preuß. statistischen Büreaus, Jahrgang 1865, S. 5):

Nr.	im Jahre	in der Provinz	spannfähige bäuerliche Nahrungen
1.	1816	Preußen	84 517
2.	1816	Pommern (ohne den Reg.-Bez. Stralsund) . . .	21 371
3.	1816	Brandenburg	51 073
		Summe 1 bis 3	156 961
4.	1816	Schlesien	69 592
5.	1823	Posen	48 151
		Summe 1 bis 5	274 704

Tafel 2.

Es gab im Jahre 1859 (Quelle wie bei Tafel 1):

Nr.	in der Provinz	bäuerliche Nahrungen:	
		spannfähige	nicht spannfähige
1.	Preußen	82 837	74 628
2.	Pommern (ohne den Reg.-Bez. Stralsund)	19 793	30 258
3.	Brandenburg	49 653	61 550
	Summe 1 bis 3	152 283	166 442
4.	Schlesien	69 303	207 275
5.	Posen	48 008	34 084
	Summe 1 bis 5	269 594	407 801

Tafel 3.

Bis zum Ende des Jahrs 1848 (vergl. Meißen, Der Boden und die landwirthschaftlichen Verhältnisse des preuß. Staats Bd. 4 S. 302):

Nr.	in der Provinz	Zahl der neuregulirten Eigenthümer		Zahl d. übrigen Dienst- u. Abgabenpflichtigen, welche abgelöst haben
		Anzahl	Fläche ihrer Grundstücke	
			preuß. Morg.	
1.	Preußen	13 562	1 125 674	8 490
2.	Pommern (ohne den Reg.-Bez. Stralsund) . . .	10 715	1 208 293	13 015
3.	Brandenburg	15 656	1 231 272	39 830
	Summe 1 bis 3	39 933	3 565 239	61 335
4.	Schlesien	5 560	205 346	95 014
5.	Posen	25 086	1 388 020	15 002
	Summe 1 bis 5	70 579	5 158 605	171 351

Für die regulirten Bauern bezieht sich die Angabe über die Größe der Grundstücke wohl auf den Zustand nach der Regulirung.

Es ergiebt sich hieraus zunächst (vergl. Tafel 1), daß es im Jahre 1816 (beziehungsweise 1823) in den fünf östlichen Provinzen ungefähr

274 704 spannfähige bäuerliche Nahrungen

gegeben haben mag.

Eine Unterscheidung nach dem Besitzrechte findet sich nicht; es sind Laß- und Pachtbauern, ferner Eigenthümer, Erbpächter und Erbzinsleute, überhaupt alle, zusammengeworfen. Auf wie viele von ihnen die Regulirung, auf wie viele die Ablösung Anwendung finden konnte, läßt sich also nicht sagen. Wie viele Domänenbauern und wie viele Privatbauern darunter gewesen sind, ist unbekannt. Auch die Spannfähigkeit wird in den verschiedenen Landestheilen verschieden beurtheilt: an manchen

Orten gehört dazu ein Paar Zugpferde oder Zugochsen; in andern Gegenden verlangt man blos ein Zugthier[1]). Die Beurtheilung der Spannfähigkeit war aber stets in dieser Beziehung eine unsichere, und man wird daher ungefähr das vor sich haben, was man sucht: die Zahl der Bauern, auf welche die Regulirung von 1816 an und die Ablösung von 1821 an bis zum Jahr 1850, beide Maßregeln zusammengenommen, höchstens anwendbar gewesen sind: höchstens, denn es gab auch spannfähige Bauern, welche weder der Regulirung noch der Ablösung bedurften; und unter den spannfähigen Laßbauern, die der Regulirung beburften, waren nicht alle regulirbar. —

Von hohem Interesse würde es sein, zu schätzen, wie viele Regulirungsbauern — um sie kurz so zu bezeichnen — in jener großen Masse gewesen sein möchten. Der Eindruck, den man beim Lesen der Bücher und Akten erhält, geht dahin, als wären die Laß- und Pachtbauern weitaus die Mehrzahl aller Bauern gewesen. Es wäre aber möglich, daß dies ein Sehfehler ist: die Lage dieser Bauernklasse beschäftigt die Aufmerksamkeit des Gesetzgebers in höherem Grade; und was sich dergestalt hervordrängt, wird leicht der Zahl nach überschätzt. Hier wäre es nun gerade die Aufgabe der Statistik, das richtige Maß wieder herzustellen.

Vor allem ist dabei festzuhalten, welchen Zeitpunkt man meint. Die sehr zahlreichen lassitischen Domänenbauern sind in ihrer Hauptmasse bereits von 1799 bis 1808 zu besserem Besitzrecht gekommen, während ein kleiner Rest von ihnen und die große Masse der lassitischen Privatbauern erst — praktisch genommen — vom Jahre 1817 an diese Umwandlung erfuhr.

Fürs Jahr 1811 — als die Domänenbauern schon Eigenthümer waren, die Privatbauern aber noch nicht — läßt sich eine Schätzung wagen. Man findet bei Hering[*]) die Angabe,

---

[1]) Vergl. die angeführte Denkschrift.
[*]) Hering, Die agrar. Gesetzgebung Preußens, 1837, S. 113. — Es giebt noch andere Angaben über die Zahl der Bauern, die vom Edikt von 1811 betroffen worden sind. In einer Flugschrift von 1811: „An meine Mitbürger" — die aus dem Staatskanzleramt hervorging — wird berechnet, daß das Edikt 265 740 neue Grundeigenthümer schaffen werde: darunter

daß 161 000 Bauernhöfe dem Edikte von 1811 unterworfen
gewesen sein möchten. Quellen giebt der genannte Schriftsteller nicht an; da er mit der Gesetzgebung genau bekannt ist,
so kann er nur Bauernhöfe im Sinne jenes Ediktes meinen,
also sind auch spannlose darunter; auch können nur die vier Provinzen: Preußen, Pommern ohne den Regierungsbezirk Stralsund,
Brandenburg und Schlesien in Betracht kommen, da Posen damals nicht zum Königreich gehörte.

Wie viele spannfähige Bauernhöfe dürften unter den 161 000
gewesen sein?

Im Jahre 1859 kamen (nach Tafel 2) in den genannten
vier Provinzen auf

        221 586 spannfähige
        373 717 nicht spannfähige

bäuerliche Nahrungen; mithin waren etwa 37 % der bäuerlichen
Nahrungen spannfähig.

Dies Verhältniß auf die Ediktsbauern von 1811 angewendet,
würde ergeben, daß von den 161 000 bäuerlichen Nahrungen
37 %, das heißt 59 570 spannfähig gewesen wären.

Im Jahre 1816 waren (nach Tafel 1) in den genannten
vier Provinzen 226 553 spannfähige bäuerliche Nahrungen; wo-

sind aus Schlesien 91 832. Man sieht sofort, daß die Schätzung höchst übertrieben ist, da der Verfasser für die Provinz Schlesien 91 832 Laß- und
Pachtbauern annimmt, ohne daran zu denken, daß dort dies Besitzverhält-
niß auf Grenzstriche beschränkt ist. — In einer Schrift vom Jahre
1812: „Verlieren oder gewinnen die Gutsbesitzer durch das Edikt vom
14. September 1811?" wird gesagt, das Edikt bewirke die Ausstattung von
dritthalbhunderttausend Familien — also 250 000: es geht dies wohl auf
die Angaben der von uns vorher genannten Schrift zurück.

Endlich sagen die Deputirten des Bauernstandes im Juli 1818 in
ihrer Eingabe an den König (vergl. unten II 345), daß durch die Aufhebung
der Erbunterthänigkeit und das Regulirungsedikt vom 14. September 1811
das Glück von 350 000 Familien begründet sei. Quellen werden nicht genannt: die Angabe, soweit sie das Edikt betrifft, ist noch stärker übertrieben
als die vorigen.

Sollte wesentlich die Aufhebung der Erbunterthänigkeit gemeint sein,
so wäre dies die einzige mir bekannt gewordene Schätzung hierüber. Man
muß bedauern, daß sie so ohne alle Beglaubigung auftritt.

von also nur 59 570 ober 26 bis 27 % lassitisch gewesen wären.

Demnach wären fürs Jahr 1816 die spannfähigen Laß= und Pachtbauern — und auf diese, wenn auch nicht auf alle von ihnen, bezieht sich die Deklaration — wenig mehr als ein Viertel der spannfähigen Bauern überhaupt gewesen.

Ein überraschend kleiner Bruchtheil — der aber doch unge= fähr richtig sein dürfte, wenn man alle vier Provinzen als ein Ganzes nimmt.

Nun aber ist zu beachten, daß in den beiden schlesischen Regierungsbezirken Breslau und Liegnitz das lassitische Ver= hältniß nur an den Rändern vorkommt, wesentlich durch das hinzu geschlagene kleine lausitzische Gebiet. Man sollte diese beiden Bezirke weglassen, um nur Landestheile zu behalten, worin überall Lassiten neben andern Bauern wohnen. Da aber in Niederschlesien auch die nicht spannfähigen Stellen sehr viel häufiger sind als in den andern Provinzen, so ändert sich auch hiedurch die Berechnung. Denn man hat für 1859 in den Provinzen Preußen, Pommern (ohne Regierungsbezirk Stralsund) und Brandenburg (nach Tafel 2)

152 283 spannfähige,

166 442 nicht spannfähige

bäuerliche Nahrungen.

Dazu im Regierungsbezirk Oppeln (Oberschlesien) nach Meitzen (Bd. 4 S. 325) ebenfalls im Jahre 1859:

33 411 spannfähige,

56 189 nicht spannfähige,

zusammen in den genannten Bezirken:

185 694 spannfähige,

222 631 nicht spannfähige,

sodaß also 46 % der bäuerlichen Nahrungen spannfähig waren.

Nach diesen Verhältnissen würden unter den 161 000 Laß= und Pachtbauern 74 060 spannfähig gewesen sein.

Für die drei Provinzen Preußen, Pommern (ohne den Regierungsbezirk Stralsund) und Brandenburg hätte man (nach Tafel 1) im Jahre 1816 156 961 spannfähige bäuerliche Nah=

rungen; für den Regierungsbezirk Oppeln ist die Zahl fürs
Jahr 1816 nicht angegeben, dürfte aber (nach Meitzen Bd. 4
S. 315 Spalte 26 u. 17) etwa 32 401 betragen haben; dem=
nach hätte man zusammen im Jahre 1816 189 362 spannfähige
bäuerliche Nahrungen gehabt. Die 74 060 spannfähigen Laß=
und Pachtbauern machen davon 39 % aus; was noch hoch ge=
rechnet ist, da wir die unbekannte, freilich nicht sehr große Zahl
der niederschlesischen Lassiten nicht abgezogen haben.

Mithin sind die Laß= und Pachtbauern auch dann in der
Minderheit, wenn man Niederschlesien wegläßt und nur die
Landestheile, worin sie überall vorkommen, betrachtet.

Hiemit soll keineswegs gesagt sein, daß die Verbreitung des
Lassitenthums in jenen Landestheilen eine gleichmäßige gewesen
sei; vielmehr dürften die Regierungsbezirke Gumbinnen (weil
dort die Privatbauern gegen die Domänenbauern stark zurück=
treten, welche letztere nicht mehr Lassiten waren) und Danzig
(wo einige Kreise ohne Lassiten sind) weit schwächer als die
übrigen Regierungsbezirke betheiligt sein.

Auch ist nicht zu vergessen, daß die aus Hering übernommene
Zahl der Laß= und Pachtbauern ohne alle Beglaubigung basteht. —

Es soll nun versucht werden, entsprechende Schätzungen für
die einzelnen Landestheile, unabhängig von Herings Angabe,
auszuführen.

Am sichersten dürfte man gehen, wenn man die später hinzu=
gekommene Provinz Posen zuerst betrachtet. Es gab daselbst
(nach Tafel 1) im Jahre 1823 48 151 bäuerliche Nahrungen.
Durch Regulirung sind entstanden bis zum Jahre 1848 25 086
neue Eigenthümer, die also früher in schlechteren Besitzrechten
gewesen waren. Dies müssen fast alle in Posen vorhandenen
spannfähigen Laß= und Pachtbauern gewesen sein, denn die Ge=
sammtzahl der regulirten Bauernhöfe überhaupt, vom Anfang
an bis zum Jahre 1859, als nichts mehr rückständig war, be=
trug[1]) 26 181; also 1095 mehr; aber unter diesem Zuwachs

---

[1]) Vergl. J. Klebs, Die Landeskulturgesetzgebung in Posen, 2. Aufl.
Berlin 1860; Nachtrag S. 19 ff.

befanden sich solche, die nach dem späteren Gesetz regulirt sind, welches auch die spannlosen Bauern zuließ. Mithin können die spannfähigen Laß- und Pachtbauern in Posen kaum mehr als 25 086 gewesen sein, was von den 48 008 spannfähigen bäuerlichen Nahrungen etwa 52 % ausmacht.

Demnach wären in Posen die Laß- und Pachtbauern in einer ganz geringen Mehrheit gewesen: 52 % gegen 48 %, welche schon Eigenthümer, Erbzinsleute oder Erbpächter gewesen wären — von den spannfähigen Bauern.

Nun ist aber Posen diejenige Provinz, welche als eine wesentlich polnische die schlimmsten bäuerlichen Verhältnisse zeigt. Es ist also nicht überraschend, daß in den andern Provinzen die Laß- und Pachtbauern eher in der Minderheit gegen die Bauern mit besserem Besitzrechte sind. —

Für die älteren Landestheile ist die Schätzung weniger sicher. Wenn man zunächst den Blick auf Oberschlesien wendet, so ist eine Angabe über die Laßbauern zur Hand, die sich etwa auf das Jahr 1827 beziehen läßt[1]).

Die Zahl der uneigenthümlichen katastrirten Bauernhöfe betrug 4900 bis 5000 in 600 Ortschaften, mit einem Besitz von etwa 300 000 Morgen. Die Zahl der katastrirten Gärtnerstellen und der kleineren Ackernahrungen möchte annähernd 24 000 bis 27 000 betragen, mit einem Landbesitz von 500 000 Morgen in 600 Ortschaften.

Die Landfläche der einzelnen Stellen war von sehr verschiedenem Umfange. Zu den Ganzbauernhöfen gehörten 60 bis 150, auch 200 Morgen, zu den Halb- und Viertelsbauernhöfen die Hälfte, bezw. ein Viertel jener Flächen. Die Gärtner (Zogrodnici) besaßen 12 bis 60, auch 100 Morgen; die Häusler (Chalubnici) 5 bis 12 Morgen.

Rechnen wir 5000 große Bauern und 25 000 kleine Stellen, so ist dies nicht etwa eine Eintheilung nach der Spannfähigkeit,

---

[1]) Schück, in der Zeitschrift für die Landeskulturgesetzgebung Bd. 2, 1849, S. 73.

denn von den kleinen Stellen waren offenbar die meisten spann=
fähig, da die Spannhaltung schon bei 6 bis 8 Morgen begann.
Auch ist es nicht eine Eintheilung nach dem Besitz von 25 Morgen,
wie das Gesetz von 1827 sie macht, denn unter jenen kleinen
Stellen befinden sich viele, die über 25 Morgen haben. Sicher
aber ist dies[1]), daß die Mehrzahl der kleinen Stellen so be=
schaffen ist, daß „Zugvieh für die Wirthschaft erforderlich war".
Rechnen wir zu den 5000 großen Bauernhöfen noch die Hälfte
von den kleinen Stellen, das ist 12 500, als spannfähig hinzu,
so ist dies wohl ungefähr zutreffend; man hätte dann also
17 500 spannfähige Laßbauern, welche von den 32 401 spann=
fähigen bäuerlichen Nahrungen überhaupt, die es im Jahr 1816
gegeben haben mag, 54 % ausmachen. Das Verhältniß ist also
dem für Posen sehr nahekommend, was begreiflich ist, wenn man
bedenkt, daß Posen und Oberschlesien benachbart sind. —
Für die Provinz Brandenburg läßt sich Folgendes aus=
sagen. Die Lassiten daselbst (fraglich ist, ob die uckermärkischen
Pachtbauern dabei sind) werden[2]) fürs Jahr 1810 einmal auf
40 000, ein ander Mal auf 45 000 geschätzt. Nehmen wir
45 000, so würden spannfähig darunter sein (wenn wie im Jahre
1859 auf 49 653 spannfähige Bauern 61 556 nicht spannfähig
in Brandenburg gerechnet werden, vergl. Tafel 2) 45 %, also
20 250; diese würden von den 51 073 spannfähigen Bauern
überhaupt nicht ganz 40 % ausmachen, also in der Minderheit
gegen die nicht lassitischen Bauern sein: was im Vergleich mit
Posen durchaus wahrscheinlich ist. —
Für Pommern finden sich einige Angaben bei E. von Bülow
auf Cummerow[3]); er schätzt die Zahl der Bauern des Adels auf
8497 und 2800 Kossäthen, also zusammen 11 297, wovon zweifel=
los spannfähig die 8497 Bauern sind; sicher scheint auch zu sein,
daß dies Lassiten und Pachtbauern sind, denn der Verfasser

[1]) Vergl. Schück a. a. O. S. 99 ff.
[2]) Vergl. II 177. 233.
[3]) E. von Bülow auf Cummerow, Ueber die Mittel zur Erhaltung des
Grundbesitzes, Berlin 1814.

will die Wirkung des Regulirungsedikts von 1811 abschätzen. Von den Kossäthen waren auch noch viele spannpflichtig, sodaß also 11 297 die höchste Schätzung für die Zahl der spannpflich= tigen Lassiten und Pachtbauern wäre, soweit dieselben dem Adel angehören. Königliche Bauern in schlechten Besitzverhältnissen, sowie solche auf Stadteigenthum hat es damals nicht mehr viele gegeben.

Nehmen wir die Zahl 11 297 an, so macht dies von den 21 371 spannfähigen bäuerlichen Nahrungen (Tafel 1) nicht ganz 53 %, während auf die Bauern mit besserem Besitzrecht 47 % fallen: ein Verhältniß, welches fast dasselbe ist wie in Posen, und das zu erwarten war, da die große Verbreitung des schlechten Besitzrechtes in Pommern eine bekannte Thatsache ist. —

Für die Provinz Preußen haben sich keine Angaben über die Zahl der Lassiten gefunden; wegen der Regierungsbezirke Gum= binnen und Danzig dürften es verhältnißmäßig weniger gewesen sein, als selbst in Brandenburg. —

Stellen wir das Gefundene zusammen, so wären anzunehmen, (unabhängig von Hering):

	spannfähige Laß- und Pachtbauern:	Prozente der spann- fähigen Bauern:
in Pommern ohne Stralsund .	11 297	53
in Brandenburg	20 250	40
in Oberschlesien	17 500	54
in Posen	25 086	52
	74 133	48

und die Summe für Pommern, Brandenburg und Oberschlesien allein würde betragen: 49 047 Laß= und Pachtbauern.

Da nun auf Grund von Hering oben für Preußen, Pom= mern ältern Umfangs, Brandenburg und Oberschlesien zusammen 74 060 spannfähige Laß= und Pachtbauern angenommen wurden, so würden sich für die Provinz Preußen 74 060 — 49 047 = 25 013 spannfähige Laß= und Pachtbauern ergeben, oder (nach Tafel 1) etwa 30 % der spannfähigen Bauern überhaupt, deren Zahl 84 517 betrug. Obgleich dies durchaus wahrschein= lich ist, hängt es doch von Herings unverbürgter Angabe ab.

Als Gesammtergebniß erhalten wir demnach: die spann=
fähigen Laß= und Pachtbauern dürften in allen fünf östlichen
Provinzen ohne die Regierungsbezirke Stralsund, Breslau und
Liegnitz allerhöchstens etwa die Hälfte aller spannfähigen Bauern
betragen haben.

Mithin kommt die ältere Regulirungsgesetzgebung, ganz ab=
gesehen von den im Jahre 1816 verfügten besonderen Aus=
schließungen, höchstens für die Hälfte der spannfähigen Bauern in
Betracht; unter der andern Hälfte befinden sich auch die Bauern,
welche auf Domänengütern bis 1808 regulirt worden waren.

Es würde also ganz verfehlt sein, wenn man sich vorstellte,
die Laß= und Pachtbauern hätten um das Jahr 1816 die über=
wiegende Masse der Bauern ausgemacht.

Anders steht die Sache für die Zeit vor 1799: da waren
die Domänenbauern in ihrer Mehrzahl noch Lassiten. Wie viele
es gewesen sein dürften, ist leider unbekannt; in der Provinz
Preußen allein sollen es 30 000 gewesen sein[1]), wovon 13 085
auf Litthauen fallen[2]). Darunter sind aber auch nicht spannfähige.

Jedenfalls reicht dies hin um daraus zu schließen, daß vor
1799 allerdings weitaus die Mehrzahl der spannfähigen Bauern
im Laß= und Pachtverhältniß gestanden haben dürfte; um das
Jahr 1816 aber wohl eben nur die Hälfte.

Statistisch betrachtet sind also die Regulirungsgesetzgebung
von 1816 ab bis 1848 und die Ablösungsgesetzgebung von 1821
ab bis 1848 von gleicher Wichtigkeit.

An die Frage, wie viele Laß= und Pachtbauern es wohl
gegeben habe, schließt sich leicht die andre Frage an: wie viele
von ihnen regulirt worden sind. Die Gesetzgebung nöthigt uns,
hier zwei Stufen zu unterscheiden: zunächst handelt es sich blos
um die Regulirungen bis zum Jahre 1848, als jedenfalls
Spannfähigkeit gefordert wurde.

Für die vier alten Provinzen wurde oben die Zahl der
spannfähigen Laß= und Pachtbauern auf 74 060 geschätzt; hiezu

kommen für Poſen 25 086, ſobaß alſo für die fünf Provinzen
zuſammen 99 146 anzunehmen wären. Es ſind aber (nach
Tafel 3) bis zum Ende des Jahres 1848 in den fünf Provinzen
nur regulirt worden 70 579; alſo wären von den ſpannfähigen
Laß⸗ und Pachtbauern ungefähr 71 % regulirt geweſen — wo⸗
bei allerdings Herings Annahmen mit zu Grunde liegen. Immer⸗
hin iſt es die erſte Schätzung der Wirkſamkeit der Regulirungs⸗
geſetze. —

Die Landestheile für ſich betrachtet ergeben von einander
abweichende Bilder.

Vor allem ſteht Poſen günſtig: wir müſſen mit Klebs an⸗
nehmen, daß dort bis zum Ende des Jahres 1848 faſt alle
ſpannfähigen Laß⸗ und Pachtbauern u. dergl. regulirt waren;
alſo faſt 100 % der vorhandenen. In der That macht das
poſener Geſetz, nachdem einmal Spannfähigkeit als Erforderniß
hingeſtellt iſt, weiter faſt keine Ausnahmen, und die Durchführung
des Geſetzes war ungemein ſchneidig. —

Gerade das Gegentheil ergiebt ſich für Oberſchleſien. Da
gab es nach Schück 4900 bis 5000 große „uneigenthümliche“
Bauern, wozu noch etwa 12 500 kleine, aber ebenfalls ſpann⸗
fähige, kommen. Nach Meitzen Bd. 4 S. 292 ſind in Ober⸗
ſchleſien bis Ende 1848 4312 neue Eigenthümer entſtanden: alſo
nicht einmal ſo viele, als große Laßbauern da waren. Vergleicht
man gar mit den 17 500 ſpannfähigen Laſſiten, ſo erſcheint die
Zahl von 4312 auffallend gering.

Es iſt dies die Nachwirkung des Geſetzes von 1827, welches
zur Regulirung einen Ackerbeſitz von 25 Morgen forderte.
Was das bedeutet, erhellt aus der Bemerkung Schücks[1]), welcher
ſagt: „In der Regel machen ſchon 6 bis 8 Morgen Mittelboden
in Oberſchleſien das Halten von Zugvieh erforderlich.“ Dem⸗
nach würden die Stellen von 8 Morgen Umfang im Sinne der
Deklaration von 1816 Ackernahrungen geweſen ſein — wenn
nicht ſeit 1827 jenes beſondere Geſetz gegolten hätte.

---

[1]) a. a. O. S. 100.

Man sollte nun meinen, daß wenigstens die Besitzer der= jenigen Stellen (ihre Zahl ist leider unbekannt), die auch nach dem Gesetze von 1827 regulirbar blieben (spannbienstpflichtige mit 25 Morgen und darüber), von ihrem Rechte Gebrauch gemacht hätten. Aber nach Schück, der seine Abhandlung im Jahre 1849 veröffentlicht hat, ist dies nicht der Fall: „Die wenigsten Stellen= besitzer konnten theils die ihnen in den §§ 3, 4 und 5 der ge= nannten Verordnung gestellten Bedingungen erfüllen, theils die nicht unbedeutenden Kosten der einzelnen Regulirungen auf= wenden; und es wurden daher auch dann [von 1827 bis 1848] nur sehr wenige (10) regulirt[1])."

Also zehn Stellen machten von dem Gesetz des Jahres 1827 Gebrauch: das heißt, dies Gesetz hat einfach die Regulirung lassitischer Ackernahrungen, soweit dieselben in Händen von Dienst= gärtnern waren, verhindert — was ja auch die offenbare Ab= sicht desselben gewesen ist.

Hier ist also die Regulirung nicht schon für Ackernahrungen, sondern erst für die großen Bauern erreichbar gewesen: und selbst von den 4900 großen katastrirten Bauern haben nur 4312 sie in Anspruch genommen; von den 17 500 spannfähigen sind dies ungefähr ein Viertel. —

Für die Provinz Brandenburg mußten mindestens 40 000 Laß= und Pachtbauern angenommen werden, wovon 45 %, also 18 000 spannfähig gewesen sein dürften. Regulirt sind (nach Tafel 3) bis zum Schlusse des Jahres 1848: 15 656, also etwa 81 % der spannfähigen Laß= und Pachtbauern. —

Für Pommern war oben 11 297 als Zahl der spannfähigen Laß= und Pachtbauern angenommen worden. Regulirt sind bis zum Schluß des Jahres 1848 (nach Tafel 3) 10 715. Danach wären fast alle regulirt gewesen — was nach den Bestimmungen der Deklaration von 1816 nicht anzunehmen ist, da dieselbe z. B. alle nicht katastrirten ausschließt. Vermuthlich ist die Zahl von 11 297 spannfähigen Laß= und Pachtbauern von uns doch zu niedrig gegriffen. —

[1]) a. a. O. S. 100. 101.

Für die Provinz Preußen ſind oben — mit Hülfe der An=
gaben Herings — 25 013 ſpannfähige Laß= und Pachtbauern
angenommen. Regulirt ſind bis zum Schluſſe des Jahres 1848
(nach Tafel 3): 13 562, alſo etwas über die Hälfte; doch könnte
es auch ein größerer Bruchtheil ſein, da die Zahl von 25 013
ſpannfähigen Laß= und Pachtbauern vielleicht zu groß iſt. —

Demnach iſt zwar überall die Zahl der regulirten Bauern
kleiner, als die Zahl der ſpannfähigen Laß= und Pachtbauern.
Es iſt aber nicht erlaubt, den Unterſchied beider Zahlen einfach
als die Wirkung derjenigen Ausſchließungsgründe anzuſehen,
welche, abgeſehen von der Spannfähigkeit, nach 1811 durch die
Geſetzgebung eingeführt worden ſind: dazu iſt die Schätzung
der ſpannfähigen Laſſiten viel zu roh. Es bleibt nichts übrig,
als zu bekennen, daß die ohnehin ſo unſichere Statiſtik dieſer
Vorgänge hier Halt machen muß.

In Bezug auf die Ablöſungen bewegt ſich die Statiſtik auch
nur unſicher. Für die Zeit vor 1848 (vergl. Tafel 3) iſt die
„Zahl der Dienſt= und Abgabenpflichtigen, welche abgelöſt haben",
in allen fünf Provinzen 171 351, alſo weit größer, als die Zahl
der durch Regulirung entſtandenen neuen Eigenthümer, die nur
70 579 betrug. Dies wird verſtändlich, wenn man ſich erinnert,
daß die ſpannfähigen Laß= und Pachtbauern in den fünf
Provinzen etwa nur 99 146 geweſen ſind, während die andern
ſpannfähigen bäuerlichen Nahrungen (nach Tafel 1) 274 704
— 99 146 = 175 558 betrugen. Es gab alſo viel weniger
Regulirungsbauern, als andere Bauern; und unter dieſen andern
waren die der Ablöſung fähigen enthalten. Es iſt einigermaßen
beruhigend für den Statiſtiker, daß die Zahl der „andern" ſpann=
fähigen bäuerlichen Nahrungen ſich nur wenig größer ergiebt
(175 558), als die Zahl der „Eigenthümer u. ſ. w., welche ab=
gelöſt haben" (171 351); denn unter den Ablöſenden dürften eben
die Bauern, welche im Genuſſe beſſerer Beſitzrechte ſtanden, die
Hauptmaſſe ausgemacht haben, wenn auch unbäuerliche Eigen=
thümer noch dazu kommen. Auch waren die Bauern mit beſſerem

Besitzrechte, was die Ablösung betrifft, keiner andern Beschränkung
unterworfen, als daß ihre Stellen Ackernahrungen sein müssen.

Zieht man dies alles in Betracht, so scheint das Geschäft
der Ablösung von Diensten und Abgaben bei dem allergrößten
Theil der spannfähigen Bauern mit besserem Besitzrechte bis zum
Ende des Jahres 1848 durchgeführt gewesen zu sein. Von
Sicherheit ist allerdings dabei keine Rede, denn es können z. B.
Eigenthümer, die erst durch Regulirung entstanden sind, wegen
der Hülfsdienste, die noch auf ihnen lasteten, unter den Ab-
lösungsbauern wieder erscheinen.

Für die neue Gesetzgebung des Jahres 1850, wenn wir
zuerst die Ablösungen betrachten, ergiebt sich Folgendes:

Die Zahl derer, die vom Anfang an bis zum Ende des
Jahres 1865 abgelöst hatten, läßt sich nicht genau für die entsprechenden Gebiete angeben; es waren[1])

bei der General-Kommission zu Berlin	47 552
" " " " " Breslau	470 044
" " " " " Posen	88 918
" " " " " Stargard	64 386
bei der Regierung in Frankfurt a. O.	75 010
" " " " Danzig	9 206
" " " " Gumbinnen	7 305
" " " " Königsberg	11 759
" " " " Marienwerder	22 135
	796 265,

wobei aber der Regierungsbezirk Stralsund mit begriffen ist,
da für dies Gebiet die neuen Ablösungsgesetze (nicht aber die
neuen Regulirungsgesetze) galten. Was außerhalb der fünf östlichen Provinzen liegt, ist hier unbeachtet geblieben.

Mithin dürften dem neuen Ablösungsgesetze zufallen:
796 265 — 171 351 = 624 914 Eigenthümer, die abgelöst
haben; also etwa 3²/₆mal so viele als nach dem alten Gesetze;

[1]) Vergl. Meitzen, Der Boden u. s. w. Bd. 1, 1868, S. 434.

woraus wir nur so viel als sicher entnehmen, daß die Wirksamkeit der neuen Ablösungsgesetze eine weit größere war, als die
der alten. Der Regierungsbezirk Stralsund allein kann dies
nicht bewirken: man muß sich vielmehr erinnern, daß von der
Ablösung nun alle nicht spannfähigen Bauern besseren Besitzrechtes und außerdem noch eine große Menge unbäuerlicher
Eigenthümer Gebrauch machen konnten, worüber leider nichts
Eingehenderes zu erfahren ist; auch dürfte mancher Eigenthümer
mehr als einmal als Ablösender auftreten. —

In Bezug auf die Regulirungen nach dem neuen Gesetz von
1850 ergiebt sich ein ganz andres Bild.

Ziehen wir die Statistik zu Rathe[1]), so finden wir zwar,
wie viele Eigenthümer durch Regulirung überhaupt im preußischen
Staate bis zum Ende des Jahres 1865 entstanden sind, aber
es ist nicht erkennbar, wie sich dieselben nach den Provinzen
vertheilen, da die Angaben nach den Geschäftskreisen der Generalkommissionen, die mit den Provinzgrenzen nicht übereinstimmen,
gemacht sind. Für den ganzen Staat kommen übrigens nur die
fünf östlichen Provinzen in Betracht, da nur in Preußen, Pommern (ohne den Regierungsbezirk Stralsund), Brandenburg,
Schlesien und Posen Regulirungen vorgenommen wurden[2]). In
diesen fünf Provinzen sind durch Regulirung vom Anfang an
bis zum Schlusse des Jahres 1865 entstanden:

83 285 neue Eigenthümer.

Davon waren bereits bis zum Schlusse des Jahres 1848
entstanden:

70 579 (vergl. oben Tafel 3).

Das Sistirungsgesetz von 1848 bringt es mit sich, daß der
Zuwachs vom Ende des Jahres 1848 bis zum Ende des Jahres
1865, nämlich 12 706, die Zahl derjenigen neuen Eigenthümer
ist, welche nach dem Gesetz vom 2. März 1850 regulirt worden

---

[1]) Vergl. Meitzen, Der Boden und die landwirthschaftlichen Verhältnisse des preußischen Staats Bd. 1, 1868, S. 434.

[2]) Die drei regulirten Besitzer in der Provinz Sachsen sind nicht der
Erwähnung werth.

finb. Die Zahl der am Ende des Jahres 1865 noch unerledig-
ten, aber anhängig gewordenen Regulirungen ist ganz un-
erheblich.

Demnach haben in unsern fünf Provinzen 12 706 Inhaber
von dem neuen Regulirungsgesetze erfolgreich Gebrauch gemacht.

Es muß gesagt werden, daß dies eine ganz überraschend
kleine Zahl ist.

Schon für Oberschlesien allein ist es bekannt, daß daselbst
(vergl. oben S. 263), abgesehen von den größeren Bauern, etwa
25 000 kleinere lassitische Stellen vorhanden waren, die nach der
älteren Gesetzgebung von der Regulirung ausgeschlossen waren.
Nach der neueren Gesetzgebung, welche so viele Einschränkungen
aufhob, mußten die meisten von ihnen regulirbar geworden sein:
die 12 706 neuen Eigenthümer in allen fünf Provinzen sind also
nicht einmal so viele, ja nur etwa halb so viele, als man allein
aus Oberschlesien hätte erwarten sollen.

Bekanntlich macht das Regulirungsgesetz von 1850 keinen
Unterschied mehr zwischen spannfähigen und spannlosen Stellen-
besitzern. Eine große Zahl spannloser Inhaber rückt demnach in
die Regulirbarkeit ein. Wie viele dies gewesen sind, ist nicht bekannt, aber es mag eine Schätzung erlaubt sein, wobei wir
Schlesien weglassen, weil dort die kleinen Stellen ganz besonders
häufig gewesen sind. Nun gab es nach Tafel 2 in den vier
Provinzen Preußen, Pommern (ohne den Regierungsbezirk Stralsund), Brandenburg und Posen im Jahre 1859:

spannfähige bäuerliche Nahrungen: 200 291,
nicht spannfähige bäuerliche Nahrungen: 200 526.

Wenn nun dies Verhältniß, etwa 1 : 1, unter den lassitischen bäuerlichen Nahrungen dasselbe ist wie unter den bäuerlichen Nahrungen überhaupt, so hätte man also zu erwarten,
daß das neue Gesetz, indem es die spannlosen Lassiten zuläßt,
ebenso viele neue Eigenthümer schafft, als die alte Gesetzgebung,
welche nur spannfähigen (aber nicht allen solchen) Lassiten zu
gute kam.

Danach hätte man also denken sollen, daß zu den 70 582 Eigenthümern, die aus der alten Gesetzgebung hervorgingen, etwa noch 70 000 durch die neue Gesetzgebung hinzukommen würden, während nur 12 706 hinzugekommen sind.

Es heißt dies nichts anderes, als daß die Gesetzgebung von 1850 ihr offen ausgesprochenes Ziel, die Regulirung in dem Umfange des Gesetzes von 1811 durchzuführen, nicht erreicht hat. Man wird zuerst an die Deklaration vom 24. Mai 1853 denken, aber die Sache bedarf noch weiterer Erläuterung, die an eine umfassendere Untersuchung über die Lücken der Regulirungsgesetz- gebung angeschlossen werden soll.

———

Siebentes Kapitel.

§ 1. Die nicht regulirten Bauernstellen.

Die Statistik des Befreiungswerkes hat gezeigt, daß die Zahl der von der Regulirung ausgeschlossenen Laß- und Pacht=bauern ziemlich beträchtlich sein muß, wenn es auch nicht ge=lingen konnte, darüber etwas Genaues anzugeben.

In der Hauptsache finden sich die nicht regulirbaren, obgleich spannfähigen, Bauern in den vier Provinzen mit der älteren Gesetzgebung — während Posen in dieser Beziehung besser steht —, und es wird also zunächst darauf ankommen, die Wirkung der Ausschluß=Bestimmungen, welche in der Deklaration von 1816 enthalten sind, sich zu vergegenwärtigen.

Daß die Deklaration von 1816 keineswegs nur Einzelheiten näher bestimmt, die im Regulirungsedikt von 1811 übersehen worden waren, sondern einen ganz neuen Zustand schafft, wurde schon früh erkannt. Sogar in einem Votum, das im Ministerium des Innern ausgearbeitet worden war — also innerhalb der=jenigen Behörde, die wesentlich an der neuen Wendung mit ge=wirkt hatte —, heißt es (Januar 1816)[1]: „es ist nicht zu leugnen daß der Entwurf eine radicale Abänderung des Edicts be=absichtige"; unter solchen Umständen sei es eigentlich nicht an=gemessen, noch von einer „Deklaration" zu reden. Ebenso schreibt der Oekonomie=Kommissar Lübecke (Mai 1815)[2]: das neue Gesetz — damals noch Entwurf — habe die Tendenz,

---

[1] Vergl. II 391. — [2] II 389.

„die Zwecke des Edikts [von 1811] von Grunde aus zu ver=
nichten". Der Präsident der General=Kommission in Pommern,
von Brauchitsch, fürchtet (August 1814)[1]), daß allein die Auf=
stellung eines Normaljahres, um die Bauern alten und neuen
Bestandes von einander zu unterscheiden, nebst der Aufhebung
des Bauernschutzes die Folge haben werde, daß es „bald gar
keine Bauern mehr gebe".

Dies ist eine starke Uebertreibung, aber die Deklaration hat
in der That einen merkwürdigen Zustand geschaffen. Sie hat die
gutsherrlichen Bauern in zwei Klassen geschieden: auf der einen
Seite stehen die regulirbaren Bauern, auf der andern die un=
regulirbaren. Nur die erste dieser Klassen wird der Wohlthat
theilhaftig, welche im Jahre 1811 allen Bauern zugedacht war:
Erwerb des Eigenthums und Wegfall der Frohnbienste, nach
reichlicher Entschädigung der Gutsherren. Dagegen die zweite
Klasse der Bauern bleibt vorläufig in der alten Verfassung; für
sie giebt es gar keine Regulirungsgesetzgebung; sie bleiben für die
Gesetzgebung das, was sie sind: Laßbauern, beziehungsweise
bäuerliche Zeitpächter, mit Frohnbiensten belastet.

Es muß nun die Frage aufgeworfen werden, wie es den
nicht regulirbaren Bauernstellen erging.

Hier sind zunächst diejenigen, welche aus Mangel eines augen=
blicklichen Inhabers unregulirbar waren, zu unterscheiden von den=
jenigen, welche zwar besetzt aber trotzdem unregulirbar waren.

Es ist schwer zu schätzen, wie viele Bauernhöfe durch den
Krieg wüste geworden waren und in Folge der Bestimmungen
von 1811 und besonders derjenigen von 1816 — entgegen den
bis dahin festgehaltenen Grundsätzen — nicht wieder hergestellt
zu werden brauchten. In Pommern sollen nach Hering[2])
während des Krieges von 1806 auf den abligen Gütern
650 Bauernhöfe wüste geworden sein. In derselben Provinz
sind nach einer amtlichen Angabe von Trinitatis 1809 bis zum

---

[1]) Vergl. II 390.
[2]) Hering, Agrarische Gesetzgebung Preußens, 1837, S. 102.

September 1814 303 Bauernhöfe wüst geworden[1]), worunter
238 Vollbauernhöfe, 10 Halbbauernhöfe, 55 Kossäthenhöfe; es
dürften ebenfalls meist Abelsbauern gewesen sein. Zusammen
wären es also 953 Bauernhöfe, während uns Jahr 1814 nach
von Bülow-Cummerow etwa 12 000 Abelsbauern vorhanden
gewesen sind; im Jahre 1806 dürften es also etwa 13 000 gewesen sein, wovon die 953 wüste gewordenen etwa den 13. Theil
ausmachen. Es ist keine Frage, daß diese Bauernhöfe, deren
Einziehung erlaubt war, auch eingezogen worden sind; und man
kann also etwa den 13. Theil als eingezogen in Folge der
Kriege von 1806 bis 1815 betrachten[2]).

Uebrigens sind nicht nur die durch den Krieg bis zum
Jahre 1815 veröbeten Bauernhöfe der Regulirung entzogen
worden; die Deklaration spricht im Artikel 76 auch von denjenigen Bauernstellen, welche in Zukunft den Gutsherren anheimfallen: auch diese brauchen nicht wieder besetzt zu werden und
gehen also in der Regel dem Bauernstande verloren.

Der Heimfall aber trat bei unerblichen lassitischen Bauerngütern spätestens mit dem Ableben des Inhabers ein, und in Folge
des Wegfalls der polizeilichen Vorschrift wegen Wiederbesetzung
war nun der Gutsherr befugt, solche Güter einzuziehen.

Daraus erklären sich Vorgänge wie folgender:

Herr von Brauchitsch berichtet aus Königsberg i. Pr. unterm
8. Juni 1818[3]): das ostpreußische Provinzialrecht bestimmt
(Zusatz 80 § 3), daß der Gutsherr befugt ist, beim Ableben
des Besitzers das Grundstück mit Ablauf des Wirthschaftsjahres

[1]) Bericht des Präsidenten von Brauchitsch an den Minister des Innern,
Stargard den 15. Sept. 1814, in den Akten: Regulirungen 2 Bd. 1.
[2]) Hering, a. a. O. S. 112, glaubt sogar, daß in Folge der in den
Regulirungsedikten gegebenen Erlaubniß, wüste Bauernhöfe einzuziehen, in
Pommern der fünfte Theil und in allen vier Provinzen zusammen, nach
diesem Verhältnisse, 30 000 bäuerliche Nahrungen mit 2 000 000 Morgen
Landes eingezogen worden seien. Dies halte ich für eine starke Uebertreibung.
[3]) Vergl. die Akten: Regulirungen 2 Bd. 3.

zurückzuverlangen. Es wird nun in jedem Falle, daß ein Bauer
stirbt, der Hof den Erben (das heißt den Kindern, die ihn sonst
wohl würden erhalten haben) aberkannt und der Gutsherr zieht
ihn nach § 76 der Deklaration von 1816 ein. „Auf diese
Weise sind in Ostpreußen schon viele Höfe durch richterliche Er=
kenntniß wüste geworden; und da die Regulirung der bäuerlichen
Verhältnisse nur langsam vorschreitet, so können noch viele
Wittwen und Unmündige von Haus und Hof getrieben werden."

Was hier Herr von Brauchitsch schildert, ist ein völlig
gesetzlicher Vorgang: die natürliche Folge davon, daß man für
die unerblichen Höfe keine Erblichkeit einführte und daß man
nicht einmal die Wiederbesetzung der Stelle bis zum Eintritt
der Regulirung forderte. „Erledigte Stellen, auf deren Ueber=
lassung keiner bestimmten Person ein rechtlicher Anspruch zu=
steht", darf der Gutsherr einziehen, so heißt es im § 76 der
Deklaration. —

Wenn aber die Bauernhöfe weder wüst geworden waren
noch heimfielen; wenn sie vielmehr mit lassitischen oder mit
Zeitpachtbauern besetzt blieben — was trat ein, wenn ihnen die
Regulirbarkeit fehlte? Hierüber herrscht einiges Dunkel, da die=
selben ja aus dem Gesichtskreise der Regulirungsgesetzgebung
ausscheiden; aber es läßt sich doch, durch Betrachtung
einiger besonderer Fälle, eine gewisse Einsicht in ihr Schicksal
gewinnen.

Es findet sich folgender Erlaß des Staatskanzlers Harden=
berg, datirt aus Berlin den 26. April 1817[1]) an den Minister
des Innern von Schuckmann; das Konzept ist von Scharn=
webers Hand:

„Nach dem Zeitungsbericht der stettiner Regierung vom
Monat März nehmen viele Gutsbesitzer in Pommern von der
Declaration des Regulirungsedicts vom 14. September 1811
Veranlassung, ihren Bauern die Eigenthumsverleihung zu ver=
weigern und deren Ländereien den herrschaftlichen Vorwerken

---

[1]) Vergl. die Akten: Regulirungen 1ᵃ Bd. 4 Blatt 193.

einzuverleiben. Sogar soll dies mit ganzen Dörfern, z. B. Hoetkewiek mit 23 Bauern, versucht sein und selbst in Absicht der Bauern und Bübner stattfinden, welche mit Hülfe der vom Staate von 1772 bis 1786 bewilligten 1 161 325 Rth. Meliorations=gelder auf Vorwerksländereien etablirt sind.

Einige der speziellen Fälle, welche der Superintendent Reber von Ostpreußen angeführt und belegt hat, ergeben, daß auch in dieser Provinz eine gleiche Tendenz der Gutsherren herrscht und daß die Provinzialbehörden dem keineswegs ent= gegen wirken.

So billig es ist, diejenigen Gutsherren, welche das Kriegs= ungemach direct betroffen und außer Stand gesetzt hat, die durch dasselbe wüst gewordenen Höfe zu retabliren, bei Einziehung derselben nicht zu chicaniren, so erfordert doch andererseits die Gerechtigkeit gegen den Bauernstand und selbst gegen den übrigen Theil der Gutsherrn, daß die Einziehungen auf diese Fälle beschränkt und da nicht gestattet werden, wo nicht der Krieg, sondern mehr noch unerschwingliche gutsherrliche Lasten und unbillig verweigerte Hülfen die Bauern gezwungen haben, die Höfe zu verlassen, wie das bei mehreren Bauern zu Sommer= feldt offenbar der Fall gewesen zu sein scheint."

Dem Minister des Innern wurden die zu ergreifenden Maß= regeln überlassen.

Nun konnten aber in Bezug auf die Bauern, welche auf Vorwerksland angesetzt waren, schwerlich Maßregeln ergriffen werden, denn daß dieselben nicht regulirbar waren, stand gesetzlich fest. Ebenso gewiß war es, daß die Deklaration von 1816 nicht blos die durch den Krieg wüst gewordenen Bauernhöfe, sondern überhaupt alle wüst gewordenen dem Guts= herrn preisgab. Scharnweber läßt sich von einer politisch richtigen Empfindung leiten; nach dem Stande der Gesetzgebung konnte aber nur einem Theil der so bedrohten Bauern Schutz geboten werden, soweit es sich nämlich um wirklich regulirbare Stellen handelte.

Ein anderer höchst lehrreicher Fall ist folgender[1]):

In dem hinterpommerischen Dorfe Gramenz befanden sich 61 bäuerliche Wirthe, aus Vollbauern, Halbbauern und kleinen Bauern bestehend. Die Gutsherrschaft gestattete die Regulirung nach den Edikten von 1811 und 1816 nur 7 Vollbauern und 5 Halbbauern, weil nur so viele Stellen als bäuerliche katastrirt waren (die betreffende Steuermatrikel stammt aus dem Jahre 1717). Die übrigen Bauern klagten zwar auf Anerkennung ihrer Regulirungsansprüche, wurden aber in den Jahren 1828 bis 1831 in allen Instanzen (von der General-Kommission zu Stargard, vom Revisions-Kollegium zu Stettin und vom Geheimen Obertribunal) abgewiesen, weil sie nicht katastrirt waren und sich nach Lage der Akten annehmen ließ, daß sie auf ursprünglichem Forstgrunde angesetzt gewesen seien.

Als das Gut im Jahre 1830 verkauft wurde, schloß der neue Gutsherr mit den meisten damals noch im Prozesse befindlichen Bauern einen Vergleich ab. Nur 1 Halbbauer und 12 Drittelbauern blieben im Prozesse, wurden aber wie erwähnt, mit ihren Ansprüchen abgewiesen.

Hieraus ergiebt sich, daß in Gramenz von 61 gutsherrlichen Bauern nur 12 nach der Deklaration von 1816 regulirungsfähig waren; mit 36 andern schloß der Gutsherr einen Vergleich, dessen Inhalt nicht erwähnt ist; und 13 verloren den wegen der Regulirungsansprüche angestrengten Prozeß.

Nun ließ der neue Gutsherr im September 1831 jenen 13 Bauern, die den Prozeß verloren hatten, ihre Höfe gerichtlich kündigen und zwar in der Art, daß sie dieselben zu Marien 1832 räumen sollten. Die Bauern räumten aber die Höfe nicht. Der Gutsherr klagte beim Patrimonialgericht auf Exmission, indem er behauptete, daß es ihm frei stehe, solchen Wirthen, die ihre Höfe nach der pommerischen Bauerordnung inne hätten, und die — wie der vorige Prozeß gezeigt hatte — nicht regulirbar

---

[1]) Vergl. Simon und Strampf, Entscheidungen des kgl. Geheimen Obertribunals, Bd. 1, 1837, S. 186 ff. Der Fall wird von Lette angeführt in Lette und von Rönne, Landeskulturgesetzgebung, Bd. 1, 1853, S. CL.

feien, aufzukündigen. Das Patrimonialgericht verurtheilte die
Bauern, ihre Besitzungen „bei Vermeidung ihrer Auswerfung"
zu räumen. In der Appellationsinstanz wurde dies Urtheil bestätigt. Hingegen vom Obertribunal wurde unterm 26. Januar
1833 abändernd dahin erkannt: „daß der Kläger mit der er-
hobenen Exmissionsklage gegen die sämmtlichen Verklagten zur
Zeit und in der angebrachten Art abzuweisen sei".

Denn — so heißt es in den Gründen — erstens stehe nach
der pommerischen Verfassung dem Gutsherrn die Kündigung der
lassitischen Stellen nach bloßer Willkür nicht frei; zweitens: die
Edikte von 1811 und 1816 gestatten dem Gutsherrn keineswegs
ohne weiteres die Einziehung der zur Regulirung nicht geeigneten Stellen.

Mithin blieben jene 13 Bauern in Gramenz, obgleich sie
unregulirbar waren, im Besitz.

In dem vorher mitgetheilten Falle erwähnt dagegen Scharnweber ausdrücklich, daß die Stellen der Bauern, denen die
Regulirung verweigert worden war, zu den Vorwerken eingezogen wurden; und dies scheint das häufigere Schicksal gewesen
zu sein, wie folgender Fall beweist:

Die Regierung zu Marienwerder berichtet unterm 16. Dezember 1850 durch ihren Referenten Dönniges[1]):

Es giebt daselbst, besonders im schlochauer Kreise, viele
größere und kleinere Ackernahrungen, die früher im Besitze bäuerlicher Wirthe gewesen sind; da aber die Stellen nicht katastrirt
waren oder ihnen aus andern Gründen die Regulirungsfähigkeit
mangelte, so waren die Besitzer mit ihren Ansprüchen auf
Regulirung rechtskräftig abgewiesen worden. Die Stellen sind
seitdem meistens von den Gutsherrn zu den Vorwerken eingezogen. „Seltener nur kommt der Fall vor, daß die nicht
regulirungsfähig erachteten Besitzer sich im Besitze der betreffenden
Stellen erhalten haben."

---

[1]) Vergl. die Akten: Regulirungen Nr. 100 Bd. 1 (auf dem landwirthschaftlichen Ministerium zu Berlin).

Die früheren Besitzer der eingezogenen Stellen „leben meistens als Tagelöhner in dürftigen Verhältnissen".

Endlich gehört noch folgender Fall aus Schlesien hieher, welcher lassitische Gärtner, sogenannte Dreschgärtner, eigentlich Robotgärtner, betrifft[1]), und offenbar aus Oberschlesien stammt.

In einem Dorfe, das dem Grafen R. gehörte, hatten die lassitischen Gärtner den Anspruch erhoben, als Eigenthümer oder wenigstens als erbliche Besitzer ihrer Stellen anerkannt zu werden; aber sie waren mit ihrer dahin gerichteten Klage rechtskräftig abgewiesen worden, denn keiner hatte einen besonderen mit dem Gutsherrn abgeschlossenen Vertrag über die wechselseitigen Rechte und Pflichten aufzuweisen, sondern jeder hatte die Stelle von seinem Vorgänger, mit Genehmigung des Herrn, ohne weitere Bestimmung, übernommen. Es wird nun nicht gesagt, ob die Gärtner regulirungsfähig waren; auch ist nicht erkennbar, ob der Fall zur Zeit der Geltung der Deklaration von 1816 oder erst unter dem Gesetz von 1827 sich abspielte: doch ist es gewiß, daß die Gärtner entweder nicht regulirungsfähig waren oder nicht regulirt sein wollten, also im alten Verhältniß standen. Nun ging der Gutsherr seinerseits vor: er kündigte den Gärtnern ihre Stellen — und als sie zur entsprechenden Zeit nicht weichen wollten, klagte er auf Exmission. Das Patrimonialgericht verurtheilte die Beklagten zur Räumung, lediglich aus dem Grunde weil ihnen gekündigt worden und der Termin abgelaufen war. Darauf appellirten die Gärtner und brachten die Frage zur Entscheidung, ob überhaupt der Gutsherr das Recht habe, den Inhabern lassitischer Stellen nach bloßer Willkür zu kündigen. Das Oberlandesgericht zu Breslau, als Appellationsinstanz, verneinte diese Frage: denn der § 101 der Deklaration von 1816 sagt: „Sind die Stellen nicht erblich," — wie es hier der Fall war — „so steht dem Gutsherrn nach erledigtem Besitzrechte des jetzigen Besitzers frei, darüber nach Gutdünken zu verfügen." Wie aber ein unerbliches Besitzrecht

---

[1]) Vergl. Schlesisches Archiv für praktische Rechtswissenschaft, herausgegeben von Koch und Baumeister, Bd. 2, 1839, S. 403 ff.

erlebigt werbe, barüber sagt bie Deklaration nichts; bies ist
nach bem Provinzialrecht zu entscheiben, unb bies (besonbers
bie schlesische Konstitution vom 14. Juli 1749) erlaubt bem
Gutsherrn nicht, bem unerblichen Jnhaber willkürlich (sonbern
nur aus besonberen Grünben — bie aber hier nicht in Betracht
kommen —) zu künbigen."

Aus biesem Rechtsfall geht hervor, baß bie Gutsherrn —
wenn sie auch kein Recht bazu hatten — bie unregulirten
Stellen, besonbers bie unerblichen, gerne künbigten unb baß bie
Gerichte bies mitunter zuließen; in vielen Fällen bürften sich
bie Jnhaber bei ber für sie ungünstigen Entscheibung beruhigt
haben. —

Der Präsibent Lette sagte im Hause ber Abgeorbneten am
3. Februar 1857, es sei bekannt, baß bie Rittergüter häufig
unregulirbare bäuerliche Besitzungen eingezogen haben, sobaß
beren Länbereien bereits in bie gutsherrliche Felbeintheilung
übergegangen sinb[1]).

Jn ben gebruckten Motiven zu ben Gesetzen von 1850 heißt
es mit größter Deutlichkeit: Die Aecker ber kleinen bäuerlichen
Wirthe (bie meist wegen mangelnber Spannfähigkeit von ber
Regulirung ausgeschlossen waren) wurben häufig von ben Guts=
herrn zu ihren Vorwerken eingezogen unb bie Besitzer berselben
sinb in ben Tagelöhnerstanb getreten: „Das Gemeinwohl er=
forbert, bem weiteren Umsichgreifen bieser Mißstänbe ein Ziel
zu setzen. Im allgemeinen ist anzunehmen, baß bie Einziehung
ber bäuerlichen Stellen ba, wo sie ben neuen Zustänben wirklich
entsprach," (bas heißt wohl: wo sie im Interesse bes Gutsherrn
lag) „bereits erfolgt ist: wo aber noch kleine uneigenthümliche
Stellen bestehen, erscheint ihre Erhaltung zum Wohle bes Ganzen
ersprießlich[2])." —

---

[1]) II 461.

[2]) Vergl. II 432. Die Grünbe, weshalb bort bie Einziehung ber
kleinen Stellen beklagt wirb, sinb sehr seltsam: bas Lanb jener Stellen sei
früher mit besonbrer Sorgfalt bebaut worben, jetzt mache es bie Wirthschaft
ber Rittergüter noch extensiver! Es ist bies ber Stanbpunkt ber Lanbes=
kultur, nicht ber ber Sozialpolitik.

Nicht immer jedoch erfolgte die Einziehung; man hat sich oft damit begnügt, die unregulirbaren Lassiten in ein anderes Rechtsverhältniß zu setzen, besonders sie zu Zeitpächtern zu machen. So heißt es in einem Gutachten der General-Kommission für die Kurmark Brandenburg (Berlin 15. Januar 1853)[1]:

„Es sind viele Fälle zu unserer Kenntniß gekommen, wo die Gutsbesitzer die Unwissenheit ihrer Hinterfassen benutzt und diese mit Hülfe der damaligen Patrimonialrichter zu Erklärungen veranlaßt haben, daß sie ihre Grundstücke in einem reinen Pacht=verhältnisse besäßen und die Gutsherrschaft jederzeit darüber schalten, dieselben auch ganz einziehen könne; worauf denn Zeit=pachtverträge mit ihnen abgeschlossen sind, obgleich unzweifelhaft ein gutsherrlich-bäuerliches Verhältniß stattgefunden hatte."

Auf die eben geschilderten Vorgänge spielt offenbar Lette, der langjährige Präsident des Revisions-Kollegiums, an, wenn er 1853 sagt[2]), daß die Lassiten (soweit sie nicht regulirbar waren, und besonders die kleineren) „ihre Stellen häufig frei=willig oder gezwungen aufgegeben hatten und in ein bloßes Tagelöhnerverhältniß übergegangen waren". —

Hieraus ergiebt sich nun für die bis 1850 von der Regulirung ausgeschlossenen bäuerlichen Stellen:

Ein Theil, aber gewiß nur der weitaus kleinere Theil derselben, ist in den alten Verhältnissen verblieben und konnte von den günstigeren Bestimmungen der Gesetzgebung von 1850 Gebrauch machen. Dies dürften insbesondere die erblichen unter jenen Stellen, spannfähige wie nicht spannfähige, gewesen sein.

Dagegen der größere Theil, worunter insbesondere die un=erblichen, hat in der Zeit bis zum Jahre 1850 Veränderungen erlitten, wodurch die neue Gesetzgebung unanwendbar wurde. Dies konnte geschehen: durch Einziehung besetzter Stellen zum herrschaftlichen Gute, gleichgültig ob durch Vertrag oder, was gewiß weit seltener war, durch rechtlich unzulässige Mittel;

---

[1]) Vergl. die Akten: Regulirungen Nr. 100 Bd. 2.
[2]) Lettes Einleitung in: Lette und von Rönne, Landeskulturgesetz=gebung Bd. 1, 1853, S. CXVII.

ober durch Uebergang solcher Stellen in ein reines, b. h. in ein Pachtverhältniß, bei welchem kein Rest von gutsherrlich-bäuerlichen Beziehungen mehr erkennbar war; ober endlich baburch, baß die Erlebigung besetzter Stellen abgewartet unb nun das Land eingezogen ober im reinen Pachtverhältniß neu ausgethan wurde. Der letztere Fall — Neuordnung bei Erlebigung unerblicher Stellen — ist so nahe liegenb, baß er nirgenbs besonbers erwähnt wird.

Enblich ist nicht zu vergessen, baß lassitische Stellen jeder Art auch nach bem Präklusionsgesetz von 1857 noch fortbestehen konnten unb wohl ba fortbestanben haben, wo weber Gutsherr noch Bauer ben Antrag auf Regulirung stellten. Daß aber gerabe kleinere Stellen häufig gar kein Interesse an ber Regulirung, selbst nach bem Gesetz von 1850, haben konnten, steht fest, ba biesen Leuten „burch die Regulirung die Hauptbebingung ihrer Existenz, die Forst- unb Weibeberechtigung, entzogen wurbe"[1]) — ganz bavon zu schweigen, baß burch die Deklaration von 1853[2]) für ganz Pommern, soweit es überhaupt in Betracht kommt, unb für ben westpreußischen Regierungsbezirk Danzig die Regulirung bavon abhängig gemacht wurbe, baß die bäuerliche Stelle eine Staatssteuer trug, was in sehr vielen Fällen nicht zutraf.

Es ist bemnach burchaus erklärlich, baß die Zahl der Regulirungen nach bem Gesetze von 1850 so gering ist: in ber Zeit von 1816 bis 1850 hat für biejenigen bäuerlichen Stellen, welche nicht regulirbar waren, unb die sich überall in ben fünf Provinzen neben ben regulirbaren fanben, ein Zustanb geherrscht, ber sich von bem Zustanbe Neu-Vorpommerns[3]) unb Mecklenburgs in nichts Wesentlichem unterscheidet: keine Möglichkeit auf Seiten bes Laßbauern, Dienstfreiheit unb Eigenthumserwerb zu erzwingen, unb vor allem auch kein fortbestehenber Bauernschutz. Daher auch, wie bort, theils Verschwinden bieser Stellen, theils Uebergang ins Pachtrecht, theils unbeachtetes Fortbestehen berselben.

---

[1]) II 459. — [2]) II 446 ff. — [3]) II 463 ff.

Sozialpolitisch am wichtigsten ist, daß sich unter den un=
regulirbaren laßbäuerlichen Stellen alle nicht spannfähigen be=
fanden, deren Zahl ursprünglich sehr groß, vielleicht so groß
wie die der spannfähigen gewesen sein mag.

Es hat dies seinen guten Grund: auf den nicht spann=
fähigen Stellen ruhte meist die Verpflichtung zu Handdiensten,
und es war der lebhafte Wunsch der Gutsherrn, dem dann die
Regierung im Jahre 1816 und 1827 entgegenkam, daß vor=
läufig die Verfassung in Bezug auf die Handdienste möglichst
wenig verändert werde — denn der Uebergang zu neuen Hand=
arbeiterverhältnissen schien noch zu schwer.

§ 2. Die Landarbeiter bei der Reform.

Für das herrschaftliche Gut in seiner alten Verfassung ist
es in der Hauptsache durchaus zutreffend, daß die Spanndienste
durch die größeren, die Handdienste durch die kleineren Bauern
verrichtet wurden, doch ist damit nicht gesagt, daß es ausnahms=
los so gewesen sei. Eigene Spannhaltung auf größeren Gütern
kam auch da, wo spannpflichtige Bauern waren, nebenbei schon
vor. Im Jahre 1814, als Neuvorpommern noch schwedisch war,
gab es im preußischen Pommern 1311 adlige Güter; drei Vier=
tel des herrschaftlichen Ackers und der Wiesen wurden durch
Dienste der Bauern und Kossäthen, ein Viertel durch eigenes
Gespann der Gutsherrn bestellt[1]).

Mit den Handdiensten verhielt es sich ähnlich: neben kleinen,
nicht spannfähigen, lassitischen Stellen kamen bereits Land=
arbeiter vor, welche gar keine eigentlichen Stellen, auf denen
ein landwirthschaftlicher Betrieb, wenn auch kleinsten Maßes,

---

[1]) E. von Bülow auf Cummerow, Ueber die Mittel zur Erhaltung
des Grundbesitzes, Berlin 1814, S. 32 u. 100.

Durchschnittlich kamen 5 bis 6 Bauern und 2 bis 3 Kossäthen auf
ein abliges Gut.

Unter den 8497 abligen Bauern waren ungefähr 1000, die Geldpacht
gaben und einige Hülfsdienste leisteten: mithin waren, um dies hier nach=
zutragen, die schon in Pächter übergegangenen Lassiten stark in der Minder=
heit; a. a. O. S. 99.

geführt wurde, mehr inne hatten: vielmehr war denselben, zur
Stütze ihrer Haushaltung, nur eine geringe Anzahl von Morgen
Landes überwiesen. Ueber die Zahl dieser Arbeiter ist nichts
bekannt; doch waren sie jedenfalls auf herrschaftlichen Gütern
nicht häufig und ihre Erscheinung bildete vorläufig noch die
Ausnahme.

Man nannte schon damals und nennt noch jetzt diese Landarbeiter in der Provinz Preußen „Insten". Auf den nicht
abligen mittelgroßen Gütern, besonders auf den kölmischen Gütern der genannten Provinz [1]), kamen sie schon in älterer Zeit
regelmäßig vor, denn die Kölmer — weit vornehmer als die
erbunterthänigen lassitischen Bauern — unterzogen sich nicht
selbst den schweren landwirthschaftlichen Arbeiten und hatten
nur selten frohnpflichtige Dienst- oder Scharwerksbauern, deren
Stelle vielmehr gerade die Insten einnahmen. Es ist dies eine
Nachbildung des Verhältnisses der Dienstbauern im kleinen,
freilich mit dem Unterschied, daß das Instenverhältniß stets
freiwillig und immer auf bestimmte Jahre eingegangen wird;
dagegen mit der Uebereinstimmung, daß der Inste das ganze
Jahr hindurch seinem Herrn — der aber nur sein Dienstherr,
nicht sein Gutsherr ist — zur ländlichen Handarbeit zur Verfügung steht; denn freie, das heißt durch keinen Vertrag auf
längere Zeit gebundene Tagelöhner, die man tageweise, je nach
Bedarf, hätte beschäftigen können, gab es damals in der Provinz
Preußen, wie auch in den andern östlichen Provinzen, viel zu
wenig [2]).

---

[1]) Auch auf Domänenbauerngütern kamen Insten vor, vergl. II 110. 111.

[2]) Nach A. Frh. von Haxthausen, Die ländliche Verfassung in den
einzelnen Provinzen der preußischen Monarchie, Bd. 1 (Ost- und Westpreußen),
Königsberg 1839.

Ehe dies umfassend angelegte Werk vollendet war, das Herr von Harthausen im Auftrage des preußischen Staatsministeriums unternommen hatte,
forderte ihn der russische Kaiser zu einer Bereisung Rußlands auf. Der
König gab die Genehmigung dazu, und so wurde die russische Agrargemeinde,
der Mir, entdeckt, aber die weitere Erforschung der deutschen Zustände unterblieb. Vergl. das Vorwort des von A. Pabberg herausgegebenen Bd. 2,
Pommern betreffend, Stettin 1861.

Bei der Regulirungsgesetzgebung konnte ein so wichtiges Verhältniß, wenn es auch bei Gutsherrn selten vorkam, doch schon wegen der vielen mittelgroßen Freigüter, auf denen es sich fand, nicht mit Stillschweigen übergangen werden. Es war von vornherein die Meinung, daß die Insten und die ihnen ähnlichen Arbeiter von der Regulirung ausgeschlossen bleiben sollten. Das Regulirungsedikt von 1811 läßt darüber gar keinen Zweifel (§ 46): „Diejenigen Landleute, die nur wenige Morgen Land besitzen und Handdienste leisten, werden als Dienstleute der Vorwerker betrachtet; daher ihre Verhältnisse nur durch wechselseitiges Einverständniß verändert werden können, z. B. in Preußen die Instleute." Es wird also ausdrücklich abgelehnt, daß Arbeiter, denen einiges Land zeitweilig zur Nutzung überlassen ist, sich ihrer Dienstverpflichtung entledigen und jenes Land, sei es auch nur theilweise, auf einseitigen Antrag zu Eigenthum erwerben können. Ebenso war es in der posener Regulirungsgesetzgebung, und auch als für alle fünf Provinzen im Jahre 1850 die neue Gesetzgebung erschien, wurden im § 74 von der Regulirung ausgenommen: alle Stellen und Grundstücke, welche (verschiedenen Arten von Beamten oder) Dienstboten oder Tagelöhnern zur Benutzung überlassen sind. Die Ueberlassung solcher Grundstücke an Landarbeiter wurde als eine Art der Ablohnung betrachtet. Die Regulirung sollte sich nur auf landwirthschaftliche Betriebe erstrecken, man wollte zwar den Landwirth aus dem Dienstverhältniß zum Gutsherrn herausheben und ihm Eigenthum an seinem Besitz, soweit ihm solcher blieb, verschaffen: keineswegs aber sollte dasselbe mit dem Landarbeiter geschehen.

Diese Abgrenzung ist auch ganz verständlich für jene Zeit und für ihre Ziele. Die Reform traf das bis dahin vorwiegende Arbeitsverhältniß auf den herrschaftlichen Gütern in seinem eigentlichen Kern; sollte der große und kleine bäuerliche Wirth, im Sinne des Edikts von 1811, dienstfrei werden und sollten dabei die herrschaftlichen Gutsbetriebe weiter bestehen, so mußte für Landarbeiter gesorgt werden. Landarbeiter kann man sich zwar von der verschiedensten Verfassung denken: aber gerade

wenn der Staat Ernst machte mit der Befreiung der bäuer=
lichen Wirthe, war er sozusagen politisch gezwungen, das damals
als Ersatz nächstliegende Arbeitsverhältniß unberührt zu lassen,
damit den Gutswirthschaften ein Ausweg blieb; das heißt, er
durfte das Instenverhältniß nicht berühren: keineswegs weil das=
selbe an sich befriedigend, sondern nur, weil das Fortbestehen
desselben eine durch die Sachlage gebotene Bedingung für die
Befreiung der bäuerlichen Wirthe war. Man muß nicht zu viel
auf ein Mal wollen, wenn man mehr als wollen will.

Endlich ist zum Verständniß der ganzen Reformgesetzgebung
immer dies zu beachten: so lebhaft im achtzehnten Jahrhundert
die wirthschaftliche Befreiung der Bauern gewünscht und erstrebt
wird, so denkt man dabei immer nur an den Landwirth; die=
jenigen Landleute, welche keine Wirthschaft führen, wie z. B.
eben die Insten, liegen ganz und gar außerhalb des Gesichts=
kreises der aufgeklärten Männer; die Fragwürdigkeit ihrer Ver=
hältnisse ist noch gar nicht entdeckt; eine Bauernfrage gab es
längst, aber eine Arbeiterfrage gab es nicht; die Regelung des
Arbeitsverhältnisses auf herrschaftlichen Gütern wurde nur so
verstanden, daß sie um der Bauern willen nothwendig sei; für
die Landarbeiter, die es daneben noch gab, glaubte man im
Jahre 1807 schon viel gethan zu haben, als man sie, mit den
Bauern, aus der Unterthänigkeit gehoben, sie zu freien Menschen
gemacht hatte. —

Von diesem Gesichtspunkte aus wird auch die wichtigste
aller Einschränkungen, welche bei der Regulirungsgesetzgebung
sowohl als bei der Ablösungsgesetzgebung bis zum Jahr 1850
bestand, nämlich die Beschränkung auf spannfähige bäuerliche
Stellen, sehr wohl begreiflich. Sie bedeutete nichts andres als
dies: auf einseitigen Antrag sollte nur die Verfassung eigent=
licher bäuerlicher Stellen geändert werden können, wobei man
die spannfähigen allein als eigentliche betrachtete; die nicht
spannfähigen waren, so dachte man, ja doch eigentlich keine
Bauern — und kamen also nicht weiter in Betracht. Die Re=
gierung empfand es als einen Erfolg, daß sie das Merkmal der

Spannfähigkeit im Jahre 1815 rettete, während die Landes=
repräsentanten gern alle Kossäthen von der Regulirung ausge=
schlossen hätten[1]): dann wären, so empfand es die Regierung,
eine Anzahl spannfähiger Kossäthen, die es ja ebenfalls gab,
ausgeschlossen gewesen, während die rein technische Unterscheidung
nach der Spannfähigkeit — gleichgültig welches der verfassungs=
mäßige Name sei — jedenfalls allen eigentlichen Bauern die
Regulirung sicherte (soweit nicht andre Ausnahmen aus andern
Gründen zugestanden wurden).

Es läßt sich für die Richtigkeit dieser Auffassung noch Fol=
gendes beibringen. Die bäuerlichen Vertreter unter den Landes=
repräsentanten haben im Jahre 1815, als Minderheit, ein Votum
abgegeben, worin sie zwar für die Regulirbarkeit der Kossäthen,
aber keineswegs für die aller nicht spannfähigen Leute eintreten;
sie halten es für selbstverständlich, daß das Edikt von 1811 sich
nur auf diejenigen beziehe, welche eine selbständige Ackernahrung
haben. Die andern wurden von ihnen nicht als Standesgenossen
betrachtet[2]).

Und bei der Regierung stand es nicht anders. Der wärmste
Fürsprecher für die Bauern, Scharnweber, hat schon in der
Rede vom 23. Februar 1811, bei Vorlegung des Entwurfs, an=
gedeutet, daß die Handdienste fortbestehen könnten[3]) — wodurch
also die Regulirung der nicht spannfähigen, zu Handdiensten
verpflichteten Stellen als nicht nothwendig bezeichnet war. Der=
selbe Scharnweber hat im ersten Entwurf zur Deklaration, der
bekanntlich in den Anfang des Jahres 1812 fällt, sofort die
Spannfähigkeit als Bedingung aufgenommen[4]) und niemals hat
er, bei seiner freimüthigen Bekämpfung der vielen andern, später
hinzugekommenen, Einschränkungen auch nur mit einem Wort
angedeutet, daß er für Regulirung der nicht spannfähigen Stellen
sei — er war eben nicht dafür, er würde sich, wenn gefragt, da=
gegen erklärt haben[5]).

---

[1]) II 360. — [2]) II 369. — [3]) II 253. — [4]) II 286—287.

[5]) Hiedurch wird es erklärlich, was Herr von Bülow-Cummerow sagt
(vergl. die Schrift: Verwaltung des Fürsten Hardenberg, 1821, S. 55 ff.):

Auch der Raumerische Entwurf, welcher den Landesrepräsen=
tanten zur Berathung vorgelegt worden war, spricht nur von
„Inhabern von Bauernhöfen, sie mögen Ganz=, Halbbauern,
Kossäthen heißen oder einen andern Provinzialnamen führen" [1]).

Das Edikt von 1811 redet zwar in § 1 von „bäuerlichen
Besitzungen", und in § 4 von „Inhabern der Bauernhöfe und
Besitzungen", fährt aber dann fort: „sie mögen Ganz=, Halb=
bauern, Einhüfner oder Kossäthen heißen oder einen andern
Provinzialnamen führen", sodaß also in der Spezifikation jeden=
falls Bübner und dergleichen kleine Leute nicht genannt sind;
und gewiß sind sie auch nicht gemeint gewesen, denn nirgends
werden unter „bäuerlichen Besitzungen" auch die der Bübner,
Käthner, Häusler u. dergl. mit begriffen.

Demnach schließt die nähere Bestimmung wegen der Spann=
fähigkeit im Jahr 1816 offenbar nur einen Theil der kleinen
Bauern und der Kossäthen und zwar diejenigen unter ihnen, welche
nicht spannfähig waren, neu von der Regulirung aus — während
die Bübner, Käthner, Häusler u. dergl. auch im Jahre 1811 nicht
gemeint, sondern mit zu den schon damals ausgenommenen Leuten
mit nur wenigen Morgen Land gerechnet waren [2]).

Scharnweber habe sich „vor allen Räthen des Kanzlers stets der Sache der
Grundbesitzer mit vielem Eifer angenommen"; er wird sogar mit dem
Minister von Schuckmann, seinem größten Gegner, auf eine Linie gestellt.
Dies Lob aus dem Munde eines Gutsbesitzers kann Scharnweber nur ver=
dient haben durch sein Eingehen auf den Gedanken der Normalentschädigung,
und auf den des Ausschlusses der Spannlosen. Wie werthvoll müssen diese
Zugeständnisse gewesen sein, wenn darüber Scharnwebers leidenschaftliches
Eintreten für die Sache der Bauern verziehen, ja sogar vergessen werden
konnte!

Im übrigen hat Herr von Bülow an jener Stelle eine Schilderung
Scharnwebers gegeben, die allen Dank verdient.

[1]) II 243.

[2]) Vergl. II 452, wo das Revisionskollegium sagt, das Gesetz von 1850
gehe auch darin weiter als das Gesetz von 1811, daß nun unter Umständen
die „Stellen von wenigen Morgen Land" regulirbar seien. Da aber das
Gesetz von 1850 zweifellos — ebenso wie das von 1811 — das den Tage=
löhnern zeitweilig überlassene Land von der Regulirung ausschließt, so kann
die Vergünstigung von 1850 nur Bübnern, Häuslern, Käthnern neu zu

Hieraus ergiebt sich: ebenso wie die Insten sollten die Büdner, Käthner und Häusler, mit Einschluß der spannlosen Bauern und Kossäthen im alten Verhältniß bleiben; sie alle haben nicht Ackernahrungen, und diejenigen, welche Stellen inne= haben, sind nur Inhaber von „Dienstetablissements", das heißt, sie sind dem Gutsbesitzer unentbehrlich, damit ihm die Neuord= nung seiner Wirthschaft, nach Wegfall der Dienste der eigentlichen Bauern, nicht zu schwer werde.

Auch bei der älteren Ablösungs=Ordnung war die Spann= fähigkeit das Kennzeichen, sodaß also die mit besserem Besitzrecht ausgestatteten, aber spannlosen Kossäthen, Gärtner, Büdner, Häusler, Käthner und dergleichen ebenfalls in der alten Ver= fassung blieben. —

Das Jahr 1850 hat nun zweifellos den kleinen Leuten mit besserem Besitzrecht die Ablösung der Reallasten, worunter die gutsherrlichen Dienste, ermöglicht und die Folgezeit hat dieselbe auch wirklich gebracht. Daher stammen die zahlreichen kleinen Leute, die nun Eigenthümer sind, Dienste nicht mehr als Reallasten auf ihrem Besitz liegen haben, wohl aber, weil ihr kleiner Besitz sie nicht landwirthschaftlich ernähren kann, auf den Gütern in Tagelohn zur Arbeit gehen. Sie stehen in keinem dauernden Verhältniß zu einem Gutsbesitzer und haben eigenes Land: sie sind mithin etwas völlig anderes als die Insten. In Erwägung ihrer Entwickelungsgeschichte müssen sie sich in Nieder= schlesien und der Mark Brandenburg besonders häufig finden.

Aehnlich war die Absicht der Gesetzgebung von 1850 in Bezug auf die kleinen Leute mit schlechterem, lassitischem Besitz= recht: aber ganz unähnlich war der Erfolg. Denn ein großer Theil der spannlosen lassitischen Stellen war, als die neuere Gesetzgebung eintrat, verschwunden: entweder in Wirklichkeit oder wenigstens in Bezug auf das Rechtsverhältniß. Die Gründe hiefür liegen auf der Hand: die neue Arbeitsverfassung auf den

gute kommen, im Vergleich zu 1811 — und diese Stellen sind somit, auch nach der Meinung des Revisionskollegiums, im Jahre 1811 mit unter denen „mit wenigen Morgen Land" begriffen gewesen.

19*

Rittergütern, deren wirkliche Bauern regulirt waren, erheischte
weit mehr Handarbeit, als die in der früheren Lage verbliebenen
Leute leisten konnten. Der Gutsbesitzer war daher durch sein
Interesse genöthigt, auch diese kleinen Leute in eine für ihn —
den Gutsbesitzer — ausgiebigere Lage zu bringen.

Die Nothwendigkeit neuer Arbeitskräfte wird aufs deut=
lichste erkannt, wenn man die Dienstaufhebung bei den Domänen=
bauern genauer verfolgt. Es werden auch hier nur die Spann=
dienste aufgehoben, aber sofort muß die Gutswirthschaft nicht
nur mehr Pferde, sondern auch mehr Leute haben: die Kammern
in Westpreußen müssen dafür sorgen, daß der Gutspächter neue
Arbeiterfamilien ansetzen könne[1]), und als die Reform durch=
geführt war, heißt es: „auf den Vorwerken sind Arbeiterfamilien
angesetzt"; „die Bevölkerung der Provinz steigt durch die An=
setzung so vieler Tagelöhnerfamilien"[2]).

Ganz die gleiche Nothwendigkeit ergab sich für den Ritter=
gutsbesitzer nach Regulirung der großen Bauernstellen; nicht
allein wegen des Wegfalls vieler Dienste, sondern zugleich auch
deshalb, weil die Landwirthschaft nun, wie wir gesehen haben,
viel intensiver betrieben wurde, brauchte er Zuwachs an Ar=
beitskräften.

In welcher Verfassung sollten nun aber die neuen Arbeiter
sein? Man könnte daran denken, daß der Gutsbesitzer einen Theil
seines Bodens zur Errichtung spannloser, mit Diensten belasteter
Stellen benutzt und kleine Kossäthen sowie Büdner und Häusler
neu schafft: also das, was bereits bestand, weiter ausdehnt.
Er hätte dann nur die Bestimmung beachten müssen, daß, „damit
sich hiedurch nicht neue kulturschädliche" — gemeint sind: lassi=
tische — „Verhältnisse bilden", solche Ueberlassungen, wenn
in Miethe, höchstens auf 12 Jahre; wenn erblich, niemals
unter der Verpflichtung zu fortwährenden Diensten geschehen
durften[3]).

---

[1]) II 112. — [2]) II 114.

[3]) Edikt zur Beförderung der Landkultur vom 14. Sept. 1811 § 7.

Daran aber dachte der Gutsbesitzer gar nicht. Er wollte
nicht Leute, die bei eigener Wirthschaft nebenher noch Dienste
leisteten, sondern solche, die ganz auf den Arbeitsverdienst ange=
wiesen waren — nur wollte man ihnen ein wenig Land wegen
der Haushaltung gönnen. „Für jede Arbeiterfamilie wird
ein magdeburgischer Morgen Gartenland abgesondert", hieß es
in Westpreußen: „Mehr Land müssen diese Leute nicht haben,
sonst wollen sie vom Land und nicht von der Arbeit leben[1])."
Und in Pommern, ebenfalls als es galt, die Dienste der Domänen=
bauern zu ersetzen: „Die Tagelöhnerfamilien .... müssen mit
nichts als Wohnung, einem kleinen Gemüsegarten und allenfalls
Weidefreiheit für ein oder anderes Stück Vieh versorgt werden",
durchaus nicht mit Gärten oder Wiesenflecken von mehreren
Morgen; auch darf ihnen das wenige Land nicht etwa erblich
überlassen werden: „weil, um willige, fleißige und billige Ar=
beiter zu haben, alles darauf ankommt, sie in möglichster Ab=
hängigkeit von dem Vorwerkspächter zu erhalten[2])".

So wie bei den Domänengütern stand es auch auf den
Privatgütern: das Inselverhältniß schien in jeder Beziehung
den Vorzug vor den andern Arbeiterverhältnissen zu verdienen.

Schon im Jahre 1808 gab F. B. Weber[3]) den Rath, bei
Abschaffung der Handdienste vorsichtig zu sein; man braucht
dann Arbeiter, statt der Fröhner, und zwar solche, deren man
stets gewiß sein kann: „Um der Tagelöhner das ganze Jahr
über und besonders in der Ernte sicher zu sein, suche man auf
den Gütern mehr dergleichen Familien [wie die Drescher sind],
als zeither, anzusetzen und verpflichte sie dabei zu einem steten
Vorzugsdienst bei der Herrschaft um ein bestimmtes oder [um]
das gewöhnliche Lohn, wenn auch nicht zu unentgeltlichen
Diensten. Kann man nur diese Leute beschäftigen und hinläng=
liches Auskommen ihnen anweisen, so sind sie dann auch in der
Gerichtsbarkeit (als liederliche Unterthanen) und in den Hölzern

[1]) II 112. — [2]) II 117—118.
[3]) Weber, Ueber den Zustand der Landwirthschaft in den preußischen
Staaten und ihre Reformen, 1808, S. 193. 77. 78.

als Holzdiebe weniger beschwerlich — welches sie sonst unfehlbar
werden würden."

Eigentlich wäre Weber für Beibehaltung der Handdienste
der Bauern, freilich mit genauer Bestimmung der Pflichten, und
sogar für Zwangsgesindedienst derjenigen Unterthanenkinder —
er scheint vor 1807 geschrieben zu haben —, die überhaupt in
Dienst gehen wollen. Denn, sagt er, man hat hie und da, nach
Abschaffung der Frohndienste, „sogleich wieder Tagelöhnerfamilien
auf den Gütern angesetzt und diese bei der Ansetzung entweder
wiederum zu einigen unentgeltlichen Handdiensten oder doch zu
einer bestimmten Dienstleistung an die Herrschaft, vorzugsweise
vor allen andern und auch wohl um ein bestimmtes Tagelohn,
verpflichtet. Ist dies nun etwas Anderes als, der Sache nach,
ein Frohndienst?"

Ein benkwürdiges Wort: die Insten werden hier als Fröhner bezeichnet; und es besteht in der That die Aehnlichkeit, daß
beide Grundstücke überlassen bekommen gegen die Verpflichtung,
dem Herrn des Grundstücks zu dienen.

Auch die Behörden, welche bei der Neuordnung der Wirthschaften ein gewichtiges Wort mitzureden hatten, dachten nur an
Insten: sie veröffentlichten von Zeit zu Zeit „Instruktionen" für
ihre Beamten, worin auch, nicht als bindende Vorschrift aber als
schwerwiegender Rath, aufgezeichnet steht, in welche Verhältnisse
die neu anzusetzenden Arbeiter zu bringen seien: überall nur
wenig Land, ein Vertrag auf kurze Zeit, viel Naturalbezüge und
die Verpflichtung, bei der Herrschaft zu arbeiten[1]).

Jene Behörden hatten keine gesetzliche Vorschrift, wonach
sie sich hätten richten können; der Staat verhielt sich, sowohl
in der Regulirungs- wie in der Ablösungsgesetzgebung völlig
schweigend darüber, welcherlei Arbeiter als Ersatz für die wegfallenden Dienste einzutreten hätten. Da der Staat schwieg,
gab das vorwiegende Interesse der Gutsbesitzer den Ausschlag
und wählte die Form der Insten.

---

[1]) Vergl. in den Beilagen am Schluß dieses Bandes den Auszug aus
der Instruktion für den frankfurter Regierungsbezirk.

Das ist also das Instenthum: ein Arbeitsverhältniß, das noch ganz in der Naturalwirthschaft brinnen steckt und dem Lassitenthum nachgebildet ist. —

Die Gutsbesitzer gingen sogar noch weiter. Wenn doch einmal die Neuordnung im Gange war und wenn man in dem ganz auf Arbeit angewiesenen Insten einen „williger, fleißigen und billigen" Arbeiter gewonnen hatte, neben den etwa vorhandenen Käthnern, Büdnern oder gar neben spannlosen Kossäthen, denen auch noch ein Theil der ländlichen Handarbeit oblag — so mußte man die Frage aufwerfen, ob nicht die ganze Arbeiterschaft in das Instenverhältniß treten könne. Es handelte sich also darum, wie man aus den Büdnern und Kossäthen ebenfalls Insten machen könne: dann war das Ziel erreicht.

Waren ganz kleine Leute in erblichem Besitz — gleichgültig ob erblich lassitischem, oder in Erbpachts- oder gar im Eigenthumsverhältniß —, so war, solange Erben da waren (wenn nicht der Inhaber zustimmte), kein Mittel zu dieser Verwandlung zur Hand.

Aber wenn die kleinen Leute unerblich-lassitische Besitzer waren, so hat man sie, wie oben nachgewiesen, mitunter verdrängt — gegen das Recht, denn Erledigung des Besitzrechtes war stets die Voraussetzung, daß die Stellen eingezogen werden durften[1]). Viel öfter dürfte die Erledigung des Besitzrechtes dadurch eingetreten sein, daß man mit dem Inhaber verhandelte und seine Zustimmung erhielt. Am allereinfachsten aber war es, die Erledigung, die ja spätestens mit dem Todesfalle des Inhabers eintreten mußte, abzuwarten. In den ersteren Fällen lebte der frühere Inhaber als Tagelöhner — nicht etwa zufälliger Weise, sondern dies war der Hauptzweck der Verdrängung desselben: denn der ganz geringe Zuwachs an Land, der sich für den Gutsbesitzer bei solchen Einziehungen ergab, kam gar nicht in Betracht. Ging aber die Stelle bei Todesfall des Inhabers

---

[1]) Auch im Artikel 101 der Deklaration vom 29. Mai 1816, der davon handelt, daß die Dienstetablissements eingezogen werden dürfen.

ein — nach Artikel 101 der Deklaration brauchte sie nicht mehr
besetzt zu werden —, so hinterließ der Mann in der Regel Kinder, die herzlich froh waren, wenn sie beim Gutsherrn ein
Unterkommen — als Insten fanden. Das Verschwinden so
vieler unerblicher, spannloser Lassiten zwischen 1816 und 1850,
wovon oben die Rede war, erklärt sich ohne weiteres daraus,
daß die Gutsbesitzer deren Verwandlung in Pächter mit Dienst=
verpflichtungen und häufiger noch in Landarbeiter nach Art der
Insten nicht nur gerne sahen, sondern mit Fleiß herbeiführten:
beim gänzlichen Mangel an Vorschriften und bei gegebener
völliger Freiheit gingen sie eben einfach ihrem Vortheil nach.

Während der eigentliche Bauer, wenn seine Stelle regulir=
bar war, ein ungleich festeres Verhältniß als früher zu dem
Lande, soweit es ihm verblieb, gewann: werden die kleinen Laß=
leute nicht befestigt, sondern abgeschüttelt; es werden aus ihnen
Losleute gemacht, die noch zu danken haben, wenn sie mit halb=
jähriger Kündigung als Arbeiter zugelassen und für die Dauer
dieses Vertrags mit einem Morgen Land ausgestattet werden.

Man wird hier an ein Wort erinnert, das Herr von Golb=
beck im März 1811 bei den Landesrepräsentanten gesprochen
hat[1]: Die handdienstpflichtigen bäuerlichen Nahrungen, wozu
die meisten Kossäthen gehören, sind vorläufig den großen Gütern
unentbehrlich, „denn sie sind wahre mit Land bezahlte Knechte
und Tagelöhner". Weshalb soll nicht aus dem Tagelöhner
dieser Art ein Tagelöhner andrer Art gemacht werden? So und
nicht anders empfand es jene Zeit. —

Wenn auch die Gesetzgebung sich um die Landarbeiter nicht
bekümmerte[2]), so hat doch Scharnweber ihrer mitunter gedacht.
Im Jahre 1811 sagt er, die vorhandenen Arbeiter würden sich

---

[1]) II 258.
[2]) Nur im Entwurf von 1812 § VI, vergl. unten II 294, ist davon
die Rede, daß die Inhaber von Dienstfamilienstellen Eigenthum erwerben
sollen: doch waren nur die erblichen gemeint. Mit dem Fall des Entwurfs
fiel auch dieser Gedanke.

nun, unter der neuen Verfassung, mehr anstrengen, um die
Mittel zu erlangen, ein kleines Eigenthum erwerben zu können[1]).
Wichtiger noch ist sein Entwurf eines Gesetzes über die Par=
zellirung, welches einen Bestandtheil der weiteren Reformpläne
des Jahres 1812, die freilich nicht ausgeführt wurden, bildete;
in den Vorerinnerungen dazu sagt Scharnweber[2]): „Es muß
vor allem auf die Vermehrung der Arbeiter Bedacht genommen
werden, und diese wird unter den jetzigen Verhältnissen nur
gesichert werden können, wenn .... den Landarbeitern die
Aussicht zu leichter Erwerbung eines kleinen Landeigenthums
mit der Verbesserung ihrer Vermögensumstände gewährt wird.“
Das Parzellirungsgesetz hätte die Schwierigkeiten beseitigen
sollen, welche der Abtrennung selbst kleiner Stücke von den
Rittergütern entgegenstanden. Es scheint, daß Scharnweber sich
die Gutsbesitzer geneigt vorstellte, solche Abtrennungen — zur
Veräußerung an die Arbeiter — vorzunehmen; auf diese Weise,
dachte er sich, würde ein grundbesitzender Arbeiterstand nach und
nach entstehen.

Er schreibt endlich im Jahre 1816 an den Staatskanzler[3]):
Die jetzt bestehenden Tagelöhnerfamilien auf Vorwerken müssen
die Aussicht und Möglichkeit haben, sich einen kleinen Grund=
besitz zu erwerben.

Mithin hat wenigstens der eigentliche Träger der Reform=
gedanken zur Zeit Hardenbergs die Klasse der Landarbeiter nicht
ganz aus den Augen verloren: aber es wurde ihm so schwer
gemacht, für die eigentlichen Bauern noch einiges zu retten, daß
an die Arbeiter ernstlich nicht mehr gedacht werden konnte. —

Ein gewisses Gefühl, übergangen und hintangesetzt zu sein,
scheint sich unter den Landarbeitern im Anfang der Reform
verbreitet zu haben. Ein bekannter politischer Schriftsteller[4]), der

---

[1]) II 273. — [2]) II 331.

[3]) Vergl. die Akten: Regulirungen 1ᵃ Bd. 9 Blatt 112.

[4]) Vergl. von Bülow-Cummerow, Die Verwaltung des Fürsten Hardenberg, 1821, S. 52 u. 53 ff.

die Regulirung von 1811 und 1816 „als die größte und wohl=
thätigste Einrichtung" anerkennt, „die der Kanzler dem Monarchen
je anrathen konnte", zählt doch auch einige Nachtheile auf, die
daran haften. Einer davon sei „der moralische Eindruck, den
es auf die ganze Masse des Volks macht, daß den Bauern von der
Regierung etwas geschenkt ist, was ihnen eigentlich nicht gehörte".
Stoßen wir uns nicht an diese mehr als oberflächliche Kenn=
zeichnung des Wesens der Reform: als wenn der Bauer etwas
neu erhalten, oder als ob er für den Erwerb von Eigen=
thum am Lande nichts zur Entschädigung gegeben hätte. Herr
von Bülow fährt fort:

„Es schmeckt gar zu wohl, von verbotenen Früchten zu
kosten, als daß das Beispiel nicht den Appetit der Andern reizen
sollte. Daß dies leider richtig ist, beweist auch schon der Umstand,
daß hin und wieder, und namentlich in Pommern, die Tage=
löhner sich einbilden, ihnen werde nächstens auch ein Eigenthum
geschenkt; [daß sie] es fordern, und aus der Analogie das Recht
dazu herleiten wollen, ja selbst die Räumung der Mieths=
wohnungen aus diesem Grunde verweigern und oftmals nur
durch Rechtshülfe zum Abzug gezwungen werden können."

Der naheliegende Gedanke, daß man die zur Zeit der
Reform vorhanden gewesenen Arbeiter — statt sie ganz unbe=
achtet zu lassen — mit Land, und zwar zu Eigenthum, hätte
versehen können, ist von einem Schriftsteller bereits im Jahre
1812 ausgesprochen worden [1]):

„Kann die in vielen Fällen ungeheuer große Masse von
Land nicht dazu verwendet werden, daß man solchen Leuten" —
den Tagelöhnern — „einige Morgen als Eigenthum verleihet?
Dies kann man ja an allen Orten, wo der Boden sonst wenig
Werth hat. Und alsdann — besonders wenn leicht Feuerung
zu haben ist — werden die Hütten wie Pilze entstehen. Kar=
toffeln und Menschen gedeihen überall."

---

[1]) Vergl. die Schrift: Verlieren oder gewinnen die Gutsbesitzer u. s. w.,
Berlin 1812, S. 106.

Der Kammerrath Zimmermann hat im Jahre 1819 die
nämliche Betrachtung, nur etwas ausführlicher, angestellt. Er
nennt die zur Miethe wohnenden Arbeiter Heuerlinge und ver=
steht unter Possessionirung die Ausstattung derselben mit kleinem
Grundeigenthum.

Die merkwürdigen Stellen seiner Schrift[1]) lauten so:

„Ein anderer Vorwurf, welchen man diesem Edikt [vom
14. September 1811] vielleicht machen kann, würde der seyn,
daß bei der Eigenthumsverleihung an die Bauern auf die
Possessionirung der Heuerlinge auf dem platten Lande keine
gehörige Rücksicht genommen und denselben nicht ebenfalls eine
Gelegenheit zur bequemen eigenthümlichen Ansiedlung eröffnet
worden ist. Es giebt unter selbigen viele Tausende, deren
einziger Wunsch und größte Glückseligkeit der eigenthümliche
Besitz eines eigenen Hauses ist und welche zur Erbauung des=
selben ein hinreichendes Vermögen besitzen, welches auf keine
andere Art wirksam gemacht werden kann. Warum behielt man
nicht bei der beliebten Separation einige Morgen Landes zurück?
Der geringe Abgang von der großen Theilungsmasse hatte auf
das Hauptgeschäft gar keinen Einfluß, indem es gar nicht noth=
wendig war, denselben einen Antheil an Holz, Weide und
Wiesen einzuräumen . . . . .

Hätte man für die Realisirung dieses Wunsches etwas mehr
gesorgt, so würde die Anzahl der eigenthümlichen Heuerlinge
vielleicht sehr bald die Anzahl der Bauern übertroffen haben.
Wie viele Hunderttausende von Einwohnern, welche gegenwärtig
eine geheime Unzufriedenheit nähren, hätte man dadurch nicht
zufriedenstellen und glücklich machen können! Kann man es
ihnen wohl so ganz verdenken, wenn sie das dem Bauern zu
Theil gewordene Glück mit scheelen und neidischen Augen be=
trachten, und wenn sie gegenwärtig zum Theil diejenige häus=
liche Ruhe in fremden Staaten suchen, welche ihnen das Vater=

---

[1]) Vergl. Dr. J. E. D. Zimmermann, Ueber die Eigenthumsverleihung
der Bauern-Höfe in dem preußischen Staate, Berlin 1819, S. 42. 45. 47.

land verweigerte? Der Mensch müßte seine angeborenen Leiden=
schaften ganz verleugnen, wenn er es ohne Kränkung sollte an=
sehen können, wie hier den Pachtbauern ganze Höfe von
Tausenden an Werth geschenkt[1]) worden, ihm aber nicht einmal
ein kleiner Platz vergönnt wird, wo er auf seine eigenen Kosten
sein Haupt hinlegen kann. In diesem Gefühl suche ich die
Haupturfache der gegenwärtigen großen Neigung zum Aus=
wandern in ein fremdes Land, das außer dem eigenthümlichen
Besitz eben keine großen Vorzüge besitzt . . . .

Die unpossessionirten Einlieger haben eben so gut die Lasten
des letzten Krieges getragen wie die Bauern: sie haben mit
ihren Kindern eben so gut für die allgemeine Freiheit gekämpft
wie jene; sie haben früherhin eben so gut ihren Beitrag zu den
Lieferungen an Fleisch, Branntwein, Schanz=Arbeiten, Schaden
u. s. w. leisten müssen: würden dem Staat durch den Besitz
eines Hauses eine eben so starke Gewähr für Anhänglichkeit und
Treue leisten können. Sie standen also in dieser Hinsicht mit
den Bauern in demselben Verhältniß des Rechts und der
Billigkeit: es wäre also nicht unrecht und unbillig gewesen,
wenn man ihnen bei der allgemeinen Vertheilung der Staats=
ländereien[2]) ebenfalls einen Fleck Landes zur Erbauung eines
kleinen Hauses, gegen Erlegung eines angemessenen Canons über=
lassen hätte . . . .

Man eifert und schreibt so viel wider Hörigkeit und Leib=
eigenschaft, allein was kann alle Befreiung helfen, wenn man

---

[1]) Geschenkt? Wir kommen unten auf diesen Gedanken zurück.

[2]) Der Ausdruck „bei der allgemeinen Vertheilung der Staatsländereien"
ist völlig verfehlt und kann nur als unwillkürliche Erinnerung des Verfassers
an römische Agrargesetze begriffen werden.

Hiezu verleitete vielleicht das damals noch neue Buch: Hagen, Das
Agrargesetz, Königsberg 1814, welches am Anfang und am Ende von den
römischen Agrargesetzen handelt und in der Mitte eine Abschweifung auf das
Regulirungsgesetz vom 14. September 1811 enthält. Er verwirft die Ab=
tretung des Landes, da ihm bäuerliche Zwergwirthe noch jämmerlicher als
gut gestellte Tagelöhner erscheinen. Aber warum diesen Gedanken in jener
Verbindung vortragen?

die Freigelassenen der Willkühr des Verweisens aussetzt? Die
Leibeigenschaft wird ohnehin allenthalben ein Ende nehmen, weil
sie dem allgemeinen unwiderstehlich herrschenden Geist der Zeit
widerspricht. Man sorge nur für ein besseres Schicksal der
Heuerlinge. So lange als dieses nicht geschieht, sind die
Verhältnisse eines gutshörigen Tagelöhners annoch immer
günstiger, als die eines idealisch freien Heuerlings, der jährlich
aus einer Wohnung in die andere vertrieben wird, und am
Ende seiner Tage keinen Ort hat, wo er sein Haupt in Ruhe
hinlegen kann. Dieses ist auch der Hauptgrund, warum das
Geschenk der Freiheit sehr oft von dem hörigen Unterthanen
verbeten worden ist."

Soweit Zimmermann, dessen letzte Erwägung in einem
Reisebericht des Herrn von Beckedorff über Schlesien wider-
klingt. Die Hörigkeitsverhältnisse, heißt es da [1]), sind mit Recht
aufgehoben worden. „Indessen ist durch diese Aufhebung zwar
ein Band gelöset, welches nicht mehr zeitgemäß war, weil es
den jetzt herrschenden Begriffen von Freiheit und Menschenwürde
nicht mehr entsprach; allein ob dadurch das Schicksal der Feld-
arbeiter in der That und in Rücksicht auf alle ihre Verhältnisse
dauernd gebessert worden, ist eine andere Frage. Aus dem früher
gutshörigen Dienstmann" — so werden die Insten vielfach
genannt — „ist freilich ein selbständiger freier Mensch geworden, aber auch zugleich ein herren- eigenthum- und heimath-
loser Miethling."

Noch deutlicher spricht sich im Jahre 1850 der bekannte
Landwirth Koppe aus [2]): „Das Hörigkeitsverhältniß beschränkte
allerdings die persönliche Freiheit; es entband aber auch den
Arbeiter von der Sorge für sein Alter. Wer aus Erfahrung
weiß, wie traurig es jetzt den arbeitsunfähigen Leuten geht,
welche dem Gemeinde-Armenwesen zur Last fallen oder hart-

---

[1]) Vergl. Annalen der Landwirthschaft, herausgegeben von A. von
Lengerke, Bd. 6, 1845, S. 208 ff.
[2]) Vergl. Koppe, Denkschrift VII, Das ländliche Gesindewesen, 1850, S. 4.

herzigen Verwandten überlassen sind, der wird bekennen müssen,
daß wir zwar freiere Zustände, aber daß die Hülfsbedürftigen
auf dem Lande mehr wie damals mit Noth und Entbehrung
zu kämpfen haben."

Es fehlen also, auch bei den Zeitgenossen der Reform,
einzelne Stimmen nicht, die an die Berücksichtigung der Landarbeiter erinnerten. Im ganzen aber bleibt es richtig, daß sie
sozusagen noch nicht entdeckt waren. Es war dem viel ge-
scholtenen Lande Mecklenburg, und zwar dem Domanium daselbst, vorbehalten — freilich viel später, erst seit 1847 —
Häusler als Landarbeiter anzusetzen: in Preußen geschah es bei
den uns beschäftigenden Reformen nicht.

Doch bei andern Gelegenheiten hat man auch hier landbesitzende Tagelöhner geschaffen, wenn auch nicht bei der
Regulirung. Es geschah bei der Besiedelung des Oberbruches,
von der ein noch jetzt lesenswerthes Werk[1]) aus dem Jahre 1800
handelt. Der Verfasser, Noeldechen, erzählt, wie man dort
einzelne königliche Domänen in kleinere Wirthschaften zerschlagen hat; da wurden denn, neben größeren Stellen, auch
Büdnerstellen eingerichtet. Jeder Büdner erhielt ein Landeigen-
thum von 3 Morgen. Hiegegen habe man häufig den Einwurf
erhoben, der Büdner gewinne durch Bearbeitung der drei Morgen
Landes so viel, daß er nicht immer nöthig habe, dem Verdienst
als Tagelöhner nachzugehen: nicht immer, heißt es ausdrücklich;
keineswegs wird gesagt, daß der Büdner es nie thue. Wenn
der Mann arbeitsscheu ist, so begnügt er sich mit seinen Kartoffeln und nimmt auswärtige Arbeit nicht an. Man hätte —
sagen die Gegner dieser Einrichtung — einem jeden höchstens
einen halben Morgen zum Gartenbau anweisen und weder diesen
noch das Haus als Eigenthum geben sollen, damit, im Falle
der Faulheit oder anderer Untauglichkeit, ein tüchtigerer Arbeiter
für ihn hätte angesetzt werden können. Die Gegner ziehen also
das Instenverhältniß vor.

---

[1]) Noeldechen, Briefe über das Niederoberbruch u. s. w., Berlin 1800,
S. 110.

Noelbechen räumt dies ein und fügt hinzu, daß eine gewisse trotzige Widersetzlichkeit sich nicht so oft äußern würde, wenn die Leute in Gefahr stünden, ihre Wohnungen zu verlieren.

Indessen — so fährt er fort — scheint es mir doch, daß die Sache von den Gegnern nur einseitig angesehen wird. Ist die Rede davon, was dem großen Gutsbesitzer zuträglicher sei, so ist die Frage entschieden: für ihn ist es vortheilhafter, wenn die Tagelöhner Miethsleute sind und blos Gartenland haben. Kommt aber der Zustand des Tagelöhners, wie billig, hiebei ebenfalls in Betracht, so ist ihm das Büdnerverhältniß günstiger, denn er hat eine Stelle wo er im Falle der Arbeitsunfähigkeit bleiben kann. Arbeiten solche Büdner nicht so anhaltend im Tagelohn, als Insten, so hätte ihre Zahl füglich noch vermehrt werden können, wodurch denn die Tage, welche sie auf ihre eigene Arbeit anwenden müssen, wieder ersetzt worden wären.

Soweit Noelbechen, der schon vor der Regierungsgesetz= gebung schrieb. Bei hinreichend großer Zahl von Büdnern, meint er, wäre von ihnen ausreichendes Angebot von Lohnarbeit zu erwarten[1].

Indessen hat man, wie bekannt, bei der Neuordnung der Verhältnisse nach den Ablösungen und Regulirungen fast durch= weg in den fünf östlichen Provinzen die Ansetzung von Insten vorgezogen.

Eine andre Art ländlicher Arbeiter, die Häusler, sind zwar von der älteren Reformgesetzgebung Preußens ganz unberührt geblieben und auch ihre Zahl dürfte sich durch dieselbe kaum vermehrt haben: es waren ihrer schon in der alten Verfassung viele vorhanden; sie waren auf Lohnarbeit angewiesen und suchten dieselbe theils bei Bauern, theils bei Gutsherrn, ohne ein dauerndes Verhältniß zu einem bestimmten Gute zu haben.

---

[1] Ueber die auf dem medlenburgischen Domanium gegründeten Häusereien vergleiche Th. von der Goltz, Die ländliche Arbeiterfrage, 1872; zweite Auflage Danzig 1874, S. 375.

Auch von Miaskowski, Erbrecht und Grundeigenthumsvertheilung, erste Abtheilung Leipzig 1882, S. 28 u. 29.

Gleichwohl haben sich die Lebensumstände derselben stark, und nicht günstig für sie, verändert durch einige weder gewollte noch vorausgesehene Nebenwirkungen der technischen Neuerungen: durch Auftheilung der Gemeinheiten und Durchführung der Separation.

Dies wird klar, wenn man sich erinnert, daß die Vor= schriften über die Nutzung des ungetheilten Wald= und Weide= landes und der Flur, solange noch sogenannte Feldgemeinschaft bestand, nicht allzu strenge waren. Die Abgrenzung der Be= rechtigten und der Unberechtigten war nicht so genau durchge= führt, und selbst wenn, nach dem Rechte beurtheilt, die kleinen Leute und besonders die Häusler vom Mitgebrauch ausge= schlossen waren, so waren sie doch thatsächlich in gewissem Grade zugelassen und hatten dadurch eine althergebrachte Stütze für ihre Wirthschaft, die sie für dauernd hielten.

Dies hat sich aber durch die Auftheilung der Gemeinheiten und durch die Separation auf der Flur beträchtlich verändert. Als früheres Gemeinland in Sondereigen überging, kam es eben nur denen zu statten, die früher eine wirkliche Be= rechtigung zur Nutzung gehabt hatten — also den Häuslern nicht. Und als auf der Flur die bäuerlichen Aecker alle zu Wörthen wurden, war ja gerade der Sinn dieser Aenderung der, daß alle Mitbenutzung wegfallen sollte; sodaß also weder dort noch hier jener Mitgenuß der unberechtigten kleinen Leute noch weiter gestattet wurde.

Dadurch ist den Häuslern, was Kleidung, Feuerung und tägliche Nahrung betrifft, manche Erschwerung widerfahren[1]).

Früher besaß fast jeder Häusler in Pommern einige Schafe, die auf den weitläufigen Feldern der Gutsbesitzer und Pächter mit geweidet wurden und in den wenigen Monaten, wo der Schnee die Auftrist verhinderte, von den Abgängen des Strohs aus der gutsherrlichen Scheune einen Theil ihrer

---

[1]) Das Folgende aus der Abhandlung: Thilo, Steigende Noth des Tagelöhners, in den Pommerischen Provinzialblättern, herausgegeben von Haken, Bd. 2, 1821.

Fütterung erhielten. Die Wolle dieser Schafe war ausreichend
für die Strümpfe und das schlichte selbstgemachte Zeug. Als
aber der Grundsatz zur Geltung kam, daß, wer kein Land be=
sitze, auch an der Weide keinen Theil haben dürfe, wurden die
Schafe verkauft oder geschlachtet und die Wolle mußte aus dem
Tagelohn angeschafft werden.

Ebenso war es früher gebräuchlich, daß der Häusler seine
Schweine oder seine Gänse auf gutsherrlichem oder bäuerlichem
Lande mit hüten ließ. Auch dies kam in Abgang, und nun
war es kaum mehr möglich, Bettfedern zu beschaffen und das
Fett für die Küche wurde ebenfalls selten. Am schwersten aber
trifft es den kleinen Mann, wenn er auf diese Weise verhindert
wird, eine Kuh zu halten: er muß nun auch die Milch ent=
behren oder aus dem baaren Tagelohn bestreiten. Sind nur
größere Güter in der Nähe, so ist der Kauf der Milch nicht
einmal leicht, denn die sind nur auf den Absatz im großen ein=
gerichtet und wollen ihre Erzeugnisse nicht „dreierweise aus=
hökern". Was hilft es, den Häusler auf die Stallfütterung zu
verweisen, wenn er kein Land hat. So, sagt unser Gewährs=
mann Thilo, ist der kleine Mann auf Kartoffeln mit Salz ge=
kommen, während früher „so ein pommerischer Kerl" viermal so
viel verzehrte „als ein mäßiger Sachse", aber auch viermal so
viel arbeitete. Jetzt sehe man weit seltener vollwangige blühende
und stämmige Gestalten, als früher in den Zeiten des Roggen=
brodes und des häufigen Fleischgenusses.

Nicht minder drückend, heißt es dort, ist die Holznoth. Ist
ein Wald in der Nähe, so ist der kleine Mann „oft in der un=
glücklichen Nothwendigkeit, sich seinen Feuerungsbedarf — der
moralische Nachtheil bleibe hier unberührt — mit Gefahr seiner
Gesundheit und selbst seines Lebens zu stehlen". „Wie aber
steht es nun vollends um Herd und Erwärmung bei dem
Häusler in Gegenden, wo so weit das Auge reicht kaum ein
Dornstrauch zu erblicken ist?" Da muß er oft meilenweit etwas
Torf zu seiner Feuerung herbeiholen, damit er seine Kleider

trocknen und damit seine Frau in der engen dumpfen und un=
gesunden Wohnung weiter spinnen kann.

„Der Name Katen, den diese Wohnungen führen, ist
eigentlich noch viel zu gut für sie, denn es sind wahre Spe=
lunken, zum Theil noch ohne Schornsteine, wo oft Menschen
und Vieh in fast ungetrennter Gemeinschaft mit einander zu
leben genöthigt sind.“

Und dennoch: wohl dem, der als wirklicher Bübner oder
Häusler wenigstens seinen Platz hat wo er sich betten kann,
und nicht, wie der Instmann, mit jedem Jahr oder halben Jahr
bald hier bald dort ein Unterkommen suchen muß.

Aehnlich wie der Prediger Thilo hat K. Robbertus=Jagetzow
im Jahre 1849 diese Verhältnisse beurtheilt[1]), der zugleich auch
der Einlieger gedenkt:

„Die Gemeinheitstheilungen haben in den Bauernbörfern
die nicht angesessenen oder zur Miethe wohnenden Arbeiter um
die Auftrist und damit meistens um die Haltung von Kühen,
Schweinen und Gänsen gebracht. Während es früher in den
Dörfern Observanz war, daß auch die nicht angesessenen Familien=
väter auf die Gemeinweide eine Kuh und mit der gemeinschaft=
lichen Gänse= und Schweineherde der ansässigen Wirthe eben=
falls Gänse und Schweine austreiben durften, ist ihnen bei der
Gemeinheitstheilung gesetzlich keine Abfindung geworden . . . .
Diese Veränderung des Zustandes der unangesessenen Arbeiter
in den Bauernbörfern ist, beiläufig gesagt, der hauptsächliche
Grund ihrer heutigen [1849] Aufregung. Die sprichwörtliche
Redensart unter ihnen: »Durch die Gemeinheitstheilungen sind
die Bauern zu Edelleuten geworden, und wir zu Bettlern« —
drückt dies zur Genüge aus.“

Kehren wir zu den Arbeitern auf den herrschaftlichen
Gütern, den Insten, zurück, die an Zahl durch die Regulirungen
und Ablösungen so sehr gewachsen sind und auch in der Gegen=

---

[1]) Vergl. das Gutachten, mitgetheilt durch F. Aöickes, in der Zeit=
schrift für die gesammte Staatswissenschaft Bd. 39, 1883, S. 581 ff.

wart hauptsächlich in Betracht kommen. Ein wohlwollender
Schriftsteller, Frh. von der Golz[1]), schildert dieselben so:

Der Dienstmann — ein Ausdruck, der dasselbe bedeutet
wie Inste — erhält gewöhnlich vom Gutsherrn freie Wohnung,
Futter für eine Kuh, häufig auch für ein Pferd, einige Morgen
Landes zur Benutzung; er hat die Berechtigung, alles auf dem
Gute gebaute Getreide gegen einen bestimmten Antheil auszu-
dreschen, und bezieht einen allerdings sehr niedrigen Lohn in
Geld. Dafür ist er verpflichtet, täglich zur Arbeit auf den
herrschaftlichen Hof zu kommen und einen Gehülfen mitzubringen,
den sogenannten Scharwerker oder Hofgänger, der, ob es nun
ein Bursche oder ein Mädchen ist, jedenfalls bei ihm, dem Dienstmann, als Gesinde dient; im Nothfalle bringt der Dienstmann
seine Frau mit. Gutsherr und Inste haben das Recht der
Kündigung.

Seit dem Anfange unseres Jahrhunderts sind nur wenige
Aenderungen eingetreten: die Wohnungen sind besser, die Löhne
höher, der Durchschnittsverdienst größer, die Behandlung mensch-
licher geworden. Tiefer greifend ist aber folgender Umstand:
man hat den eigenen landwirthschaftlichen Betrieb der Dienstleute — die ursprünglich bis zu drei Morgen Landes benutzen
durften — eingeschränkt, ihnen die Aecker größtentheils entzogen,
die Zugthiere nicht mehr gestattet, oft auch das Kuhhalten verboten und lieber Milch geliefert. Der Gutsherr fand nämlich,
daß ihm durch den eigenen, wenn auch kleinen, Betrieb der Leute
doch zu viel Arbeitskraft derselben entgehe, und entschloß sich
lieber zu höherem Lohn und größerem Dreschantheil.

Die Lage dieser Leute, sagt Frh. von der Golz, ist so,
daß der Arbeiter mit seiner Familie ein gesichertes, wenn auch

---

[1]) Frh. von der Golz, Die ländliche Arbeiterfrage, Danzig 1872, zweite
Auflage 1874.

Vergl. auch von Miaskowski, Das Erbrecht und die Grundeigenthumsvertheilung, Leipzig 1882, S. 22.

Eine vollständige Schilderung der Arbeitsverhältnisse auf Rittergütern
giebt Proselger, vergl. die Beilage Nr. 4 am Schlusse des vorliegenden
Bandes.

öfter dürftiges Auskommen hat, vorausgesetzt daß nicht unge=
wöhnliche verhängnißvolle Umstände eintreten, wie z. B. Miß=
rathen der Kartoffeln auf dem Instenland oder des Getreides auf
dem Gute.

Hören wir aber nun die Schilderung ihrer Verhältnisse.
Sehr häufig findet man recht elende Wohnungen: mitunter sind
dieselben in so schlechtem baulichen Zustande, daß niemand Lust
hat, darin Ordnung und Reinlichkeit zu schaffen; oft auch so
eng, daß der Scharwerker in derselben Stube wie die Familie
des Dienstmanns schläft, und es kommt vor, daß mehr als eine
Dienstmannsfamilie in einer Wohnung zusammen leben.

Die Leute befinden sich in einem recht niedrigen Zustande:
sie sind sorglos und unwirthschaftlich, wissen mit dem Korn,
das sie beim Dreschen verdienen, und mit dem Viehfutter
nicht hauszuhalten, der Geldverdienst wird häufig vom Manne
vertrunken oder von der Frau verschleudert. Sie haben nur
sehr wenig Hausrath, ihre Sachen sind schmutzig, sehr oft schab=
haft und besonders ihre Betten sind in elender Verfassung;
blinde oder zerbrochene Fensterscheiben sieht man häufig. Nur
wo gerade eine besonders gute Hausfrau ist, trifft man auf
einige Ordnung.

Sie heirathen früh, ohne Voraussicht, und scheuen sich
keineswegs, Ortsarme zu werden.

Der Schulzwang ist zwar allgemein durchgeführt, aber leib=
lich vorgebildete Lehrer sind doch erst seit neuerer Zeit überall
vorhanden und die Verwendung der Kinder zum Viehhüten legt
dem Schulbesuch oft Hindernisse in den Weg. Kommt das
Kind aus der Schule, so wird es Scharwerker, muß hart arbeiten
und vergißt bald alles. Bei den Burschen tritt später der
Dienst im Heer als wohlthätige Unterbrechung ein; die Mädchen
bekommen früh Kinder und werden im besten Fall später Frauen
von Dienstleuten.

Die Leute sind mißtrauisch gegen den Gutsherren, neidisch
unter einander, entbehren aller geistigen Regsamkeit und neigen
zum Feld= und Holzdiebstahl.

Der Gutsherr nimmt ältere Dienstleute nicht leicht an und kündigt gern den weniger tüchtigen, wenn sie älter werden, ehe sie den Unterstützungswohnsitz erwerben. (Frh. von der Goltz a. a. O.)

Nehmen wir in Acht, daß Trunksucht doch wohl nicht die Regel ist; daß das Zusammenhausen mehrerer Familien in einer Wohnung ebenfalls zu den Ausnahmen gehört, und daß in neuerer Zeit sehr häufig die Arbeiterhäuser ordentlich aus Backsteinen gebaut sind: so bleiben doch die übrigen Züge als fast überall zutreffend bestehen und jeder, der die östlichen Provinzen aus eigener Anschauung kennt, wird zugeben, daß die Insten auf den größeren Gütern noch heute ungefähr so leben wie in den Zeiten der Unterthänigkeit, nur daß sie frei und keinem Gute mehr „zugeschlagen" sind [1].

Das scheue Wesen, die körperliche Verkommenheit, der stumpfe Ausdruck und die Rohheit der Gesichtsbildung können nur von dem übersehen werden, der an nichts anderes gewöhnt ist. Für jeden Besucher aus dem Westen erscheinen sie, auch wenn sie wie in Pommern unzweifelhaft niederdeutscher Abstammung sind, als Angehörige einer anderen Rasse; ihr Abstand vom Rittergutsbesitzer, der sich wie ein geborener Herrscher bewegt, ist so groß, wie er sonst nirgends zwischen Arbeitern und Arbeitgebern beobachtet wird. In den westlichen Ländern, wo sich bei zersplittertem Grundbesitz sehr häufig die äußerste Armuth der kleinen Leute findet, giebt es gewiß oft ärmere Landarbeiter, aber nirgends solche, die so in jeder Beziehung den Eindruck der Unfreiheit machen; der ärmste Holzknecht auf dem Schwarzwald, der letzte Wildheuer im Kanton Uri gehören einer höheren Stufe an, als unsere Insten in den ausgedehnten Provinzen des Ostens.

---

[1] Eine ungemein lesenswerthe Schrift, worin von angesehenen Männern die merkwürdigsten Mittheilungen gemacht werden, ist: Verhandlungen der berliner Konferenz ländlicher Arbeitgeber, herausgegeben von Th. von der Goltz, Danzig 1872.

Es wäre leicht, daraus Bilder aus dem Leben der heutigen Landarbeiter zusammenzustellen — was aber außerhalb unserer Aufgabe liegt.

Der niedrige Bildungsstand der Insten kommt jedoch nicht
allein davon her, daß sie nicht Häusler mit kleinem Grundeigen=
thum sind, sondern hängt auch damit zusammen, daß sie, in
wenig zahlreichen Gruppen auf den Vorwerken wohnend, dort
außerhalb aller nachbarlichen Beziehung mit der eigentlich bäuer=
lichen Bevölkerung leben. Vom Gutsherrn durch eine Kluft
getrennt, die durch keine Anwandlungen von Menschenfreundlich=
keit auf die Dauer überbrückt werden kann, sind sie, was Um=
gang anbetrifft, ausschließlich auf sich selber angewiesen[1]).

Sie sind zwar, wie es oft bei Leuten der untersten Schichten
vorkommt, völlig ruhig, aber gewisse Zeichen ihres Mißbefindens
liegen doch vor. Am Anfang der siebziger Jahre, als die Frei=
zügigkeit eintrat, sind sie in großer Zahl vom Land in die
Städte gezogen, sobaß eine bedeutende Verlegenheit der Guts=
besitzer entstand. Daß die wohlhabenderen unter ihnen schon seit
viel längerer Zeit, sobald sie können, nach Amerika auswandern,
ist allgemein bekannt und wird in Kreisbeschreibungen häufig be=
stätigt. So z. B. sagt Herr von Puttkamer in seiner Be=
schreibung des Kreises Demmin[2]), wo er die Abnahme der Be=
völkerung zwischen den Jahren 1852 und 1864 bespricht: Die
Tagelöhner verdienen zwar reichlich so viel als sie zum Lebens=
unterhalt bedürfen und können sogar mitunter Ersparnisse
machen; dennoch wandern sie vielfach nach den Vereinigten
Staaten Amerikas aus, und zwar wohl deshalb, weil „der ar=
beitenden Klasse das Abhängigkeitsverhältniß, worin sie zu den
Arbeitgebern ganz naturgemäß in Folge des Umstandes steht,
daß ein Theil des Lohnes nicht in Geld, sondern in Naturalien
— d. h. in freier Wohnung, Feuerung, Weide für das Vieh,
Kartoffelland u. dergl. mehr — gewährt wird, nicht mehr be=
hagt", während sie jenseits des Meeres völlige soziale Unge=

---

[1]) Auf die schädliche Wirkung dieser Abgeschiedenheit hat bereits, was
Schleswig-Holstein betrifft, Georg Hanssen, Leibeigenschaft u. s. w., 1861,
S. 192 hingewiesen.

[2]) Vergl. von Puttkamer, Statistische Beschreibung des Demminer
Kreises, Demmin 1866, S. 9 (auch S. 168—184).

bunbenheit zu finden hoffen. „Ein wesentliches Motiv zur Aus=
wanderung liegt in vielen Fällen ferner in der von Jahr zu
Jahr größer werdenden Schwierigkeit für die gutsherrlichen
Tagelöhner, den sogenannten Hofegänger zu stellen, der zur Ver=
richtung der Frauendienste nach dem bis jetzt allgemein be=
stehenden Usus seitens der Arbeitgeber kontraktlich verlangt
werden kann."

Man darf wohl hinzufügen, daß die Hoffnung, kleinen un=
abhängigen Grundbesitz zu erwerben, mit zum Auswandern ver=
lockt. Sogar die unerlaubte Auswanderung Wehrpflichtiger
macht sich in den Provinzen Pommern und Preußen bereits
auffallend stark bemerkbar[1]). —

Gehen die Insten an Zahl immer mehr zurück, sei es durch
Auswanderung übers Meer, sei es durch Abzug in die Städte, so
dürften sie allem Anschein nach langsam durch wandernde Arbeiter=
schaaren ersetzt werden, deren Schwärme jetzt schon mehr und
mehr den Osten erreichen. Im Frühjahr treffen sie auf den
Gütern ein, im Herbst entfernen sie sich wieder, oft nur vier
Paare, oft sechs und mehr, denn paarweise treten sie auf, der
Schnitter mit seiner Schnitterin. Sie sind nicht schwer unter=
zubringen: der Gutsbesitzer findet leicht eine alte Scheune oder
einen früheren Heuboden für sie oder ein unbenutztes Neben=
gebäude. Es sind auch für alle zusammen nur zwei große Räume
nöthig, einer zum Schlafen, einer zum Wohnen und Kochen[2]).
Es scheint beinahe, als wenn diese noch nicht gründlich untersuchte
Neubildung gar nicht unvortheilhaft für den Gutsbesitzer wäre.

Dann käme immer noch in Betracht, ob das Ganze sich dabei
wohlbefände, ob der Staat es ebenso gern sähe, oder ob ihm
angesessene Landarbeiter lieber wären.

[1]) Vergl. die verschiedenen Jahrgänge des Statistischen Jahrbuchs für
das Deutsche Reich und die Schrift des Herzogs Carl Michael von Mecklenburg-Strelitz, Die Statistik des Militär-Ersatz-Geschäftes, Leipzig 1887.
[2]) Vergl. den Bericht des Predigers Meyeringk, in den Verhandlungen
der berliner Konferenz u. s. w. 1872 S. 62.

Im geschichtlichen Zusammenhang betrachtet, erscheint dies
alles sehr einfach: nach der Befreiung der ganzen ländlichen
Bevölkerung aus der Unterthänigkeit hat man zwar die eigent=
lichen Bauern, indem man sie größtentheils zu dienstfreien Eigen=
thümern der schon vorher besessenen Stellen machte, in eine
Verfassung gebracht, in welcher viele von ihnen Befriedigung
fanden; aber für die große Menge der nun nöthig werdenden
Landarbeiter — denn die großen Güter, die ja fortbestanden,
verlangten solche zum Ersatz der weggefallenen Dienste — sind
dabei keine der neuen Zeit entsprechenden Verhältnisse eingeführt
worden; das beibehaltene Instenwesen ist seiner Art nach nichts
anderes als ein Ueberbleibsel aus der alten Zeit: neu ist nur
die große Ausdehnung, die es erreicht hat, alt aber ist die Form
des dabei zu Grunde liegenden Arbeitsverhältnisses.

Hier liegt die Frage nah, ob nicht die im Osten so häufig
vorkommenden Insten durch eine staatliche Maßregel in Häusler
verwandelt werden könnten, so wie man den lassitischen Bauern
zum unabhängigen Eigenthümer gemacht hat. Einzelne Schrift=
steller hielten es früher, wie gezeigt, nicht für unmöglich, und
in der That, nöthig war nur, daß neue Landarbeiter ent=
standen: von welcher Art, darüber hätte sich reden lassen. Uebri=
gens könnte dann davon nicht die Rede sein, daß die Insten,
wie die Bauern, Entschädigung geben: denn es kann ihnen,
die ohnehin nichts haben, nichts mehr abverlangt werden.

Ein Schritt dieser Art ist bei der heutigen Staatsverfassung
unendlich schwieriger als früher: die unbeschränkte Gewalt ist
vorüber und die Vertretungskörper sind schwerlich für solche
Versuche zu gewinnen. Auch würde die Abgeschiedenheit der
Arbeiter auf den einzelnen Rittergütern dadurch nicht gehoben.

Sehr viel näher liegt der heutigen Zeit ein anderer, schon
von Nölbechen im Jahre 1800 angedeuteter Weg: ohne an den
Verhältnissen der augenblicklich vorhandenen Landarbeiter zu
rütteln, ohne grundsätzliche Fragen über Eigenthumsverleihungen
aufzuwecken, könnte man etwa daran denken und hat auch neuer=

lich daran gedacht[1]), bei sich bietenden Gelegenheiten größere Güter zu erwerben, um dieselben in kleine Stellen zu zerschlagen, die man dann zum Verkauf stellen würde. Dadurch würden die besseren Landarbeiter wenigstens im Inlande das finden, was sie jetzt in den Vereinigten Staaten Nordamerikas suchen, und es ist nicht unmöglich, daß dann im Laufe der Zeit die östlichen Provinzen, dichter bevölkert, einen angesessenen, nicht an bestimmte Güter gebundenen Arbeiterstand erhielten, dessen Lebensverhältnisse sich einigermaßen denen des Westens annäherten.

Doch darüber wäre mehr zu sagen, als im Vorbeigehen gesagt werden kann. Nur die Vergangenheit aufzuhellen, war unsere Aufgabe, die Zukunft muß dahingestellt bleiben.

---

[1]) In diesem Sinne sind die Bestrebungen des früheren Abgeordneten Sombart von Interesse. Vergl. Schriften des Vereins für Sozialpolitik, XXXII, 1886, besonders S. 45 ff. den von Dr. H. Thiel zusammengestellten Bericht über innere Kolonisation.

Rückblick.

Der preußische Staat hat durch seine strenge Gesetzgebung in der Zeit von 1749, genauer wohl von 1763 bis 1807 die Bauernstellen aufrecht erhalten und wirksam gegen die Ausbreitung des herrschaftlichen Gutes geschützt.

Die so erhaltenen Bauern haben dann, je nachdem sie Domänen= oder Privatbauern waren, verschiedene Schicksale gehabt.

Die Domänenbauern wurden fast vollzählig und unter leiblichen Bedingungen in die neuen Verhältnisse übergeführt: es ist durchaus richtig, daß die preußischen Könige im achtzehnten Jahrhundert diesen ihren Bauern eine ganz besondere Aufmerksamkeit gewidmet haben. Friedrich Wilhelm I. geht mit Kühnheit voran, indem er das Ziel bezeichnet aber freilich noch nicht erreicht; Friedrich II. bessert die Besitzverhältnisse in allen Provinzen und lockert das Band der Unterthänigkeit in der Provinz Preußen; von seinem Nachfolger ist weniger zu melden; dafür aber hat Friedrich Wilhelm III. durch Dienstaufhebungen, durch die dabei gewährte Entlassung aus der Unterthänigkeit und durch die Verwandlung des erblichen Besitzes in Eigenthum all das verwirklicht, was auf Grund der Gedankenarbeit des achtzehnten Jahrhunderts überhaupt nur gefordert werden konnte. Der Domänenbauer wurde persönlich frei, die auf seinem Besitze ruhenden Lasten, besonders die dem herrschaftlichen Gute zu leistenden Frohndienste verschwanden, und sein Besitzrecht hat sich stufenweise bis zum Eigenthum verbessert.

Anders liegt es mit den Privatbauern. In der Zeit als deren Befreiung ernstlich zur Sprache kam, veränderte sich die Verfassung. Obgleich es derselbe König ist, der vor wie nach 1807 herrscht, ist doch die Verwaltungsweise, besonders von 1808 an, eine ganz andere geworden: der König tritt persönlich mehr zurück, die von ihm ernannten Minister haben während der Dauer ihrer Amtsführung den vorwaltenden Einfluß. In der Befreiung der Privatbauern ist daher weniger die Hand des Königs als die der Minister zu verspüren.

Die Minister ihrerseits stehen nicht so unabhängig von den gesellschaftlichen Mächten da, wie etwa der König Friedrich II., als er nach dem Schlusse des siebenjährigen Kriegs mit einer erstaunlichen Strenge die zu Fall gekommenen Bauern ohne jede Rücksicht auf die Lage der Gutsherren wieder aufrichtete. Diese Zeiten waren im Jahre 1807 längst dahin: bei der Aufhebung der Erbunterthänigkeit mußten Zugeständnisse an die Gutsherrn gemacht werden, und das erste war die Aufhebung des unbedingten Bauernschutzes.

Als dann unter Hardenberg die Aufhebung der Frohndienste und die Verwandlung der Laß- und Pachtbauern in Eigenthümer dringend wurde, hat man den Landesrepräsentanten, unter welchen vorwiegend die gutsherrlichen Interessen vertreten waren, einen weitgehenden Einfluß gestattet. Das geschah bereits 1811, wiederholte sich aber in noch höherem Grade 1816, und dabei ist auch noch der letzte Rest des Bauernschutzes vorzeitig aufgegeben worden. Besondere Gesetze für Schlesien haben für diese Provinz noch größere Begünstigungen der Gutsherrn verwirklicht.

Als selbstverständlich galt, sowohl bei der Regulirung 1816 als bei der Ablösung der Reallasten 1821, daß nur die spannfähigen Bauern — und was die Regulirung betrifft, nicht einmal alle spannfähigen — davon Gebrauch machen durften.

Diese Einschränkung wurde auch für Posen 1823 festgehalten, wo aber im übrigen eine ganz andere staatliche Kraft zur Erscheinung kam: den polnischen Gutsherren gegenüber wurde der Bauernschutz streng gehandhabt, damit nicht vor der Regulirung die reformbedürftigen bäuerlichen Stellen eingezogen werden konnten; dort wurden von den spannfähigen Bauern= stellen keine von der Regulirung ausgeschlossen, und überall hat man mit den Regulirungen und Ablösungen auch die mehr tech= nischen Neuerungen wie Zusammenlegung u. dergl. zur Durch= führung gebracht.

Alle Versäumnisse, die bei der Regulirungs= und Ablösungs= gesetzgebung, besonders in den vier alten Provinzen, stattge= funden hatten, sind im Jahre 1850 zwar, soweit die Gesetz= gebung in Frage kam, wieder gut gemacht worden, aber mit durchschlagendem Erfolge nur auf dem Gebiete der Ablösungen; während auf dem der Regulirungen inzwischen die thatsächlichen Verhältnisse sich so verändert hatten, daß von einer Einholung des Versäumten nicht mehr die Rede sein konnte: insbesondere waren die spannlosen Laßbesitzer — die nun auch hätten Eigen= thümer werden können — nicht mehr vollzählig da, sie hatten sich großentheils in Tagelöhner verwandelt.

Mithin kann die Befreiung der Privatbauern mit der der Domänenbauern nicht an Glanz wetteifern: zahlreiche Unvoll= kommenheiten haften ihr an, alle daher rührend, daß der König, der hier nicht zugleich Gutsherr ist, als Landesherr eines Staates auftritt, dessen gesellschaftlich mächtigste und — verhehlen wir es nicht — in den östlichen Provinzen auch weitaus wichtigste Klasse die Gutsbesitzer sind.

Die Hauptmängel lassen sich etwa so aufzählen:

Man hätte den Bauernschutz, die schwierig herzustellende aber damals in Geltung befindliche Einrichtung, aufs strengste festhalten sollen, statt ihn im wichtigsten Augenblick fallen zu lassen. Für alle Privatbauern, große wie kleine, hätte man, soweit sie unerblichen Besitz hatten, vor allem die doch that= sächlich meist vorhandene Vererbung zu einem Erbrecht ausbilden sollen: dann wären, selbst bei aufgehobenem polizeilichen Bauern= schutz, die unerblichen kleinen Leute nicht so leicht verdrängt und theilweise in Tagelöhner verwandelt worden.

Für die Dienstablösung und den Eigenthumserwerb hätte ein bestimmter, nicht zu langer, Zeitraum festgesetzt werden sollen, wie man ursprünglich wollte und was man nur aus Nachgiebigkeit später unterließ: dann hätte man im Jahre 1848 nicht mehr mit Zuständen zu rechnen gehabt, die schon am Anfange des Jahrhunderts auch amtlich verurtheilt waren. Die zur Regulirung gelangten größeren Bauern hat man, mit Preisgebung eines bis dahin streng festgehaltenen Grundsatzes, in den meisten Fällen einen großen Theil ihres Landes abtreten lassen, wodurch ihre Wirthschaft schweren Störungen überantwortet wurde. Sogar die anfänglich (1811) noch festgehaltene Bedingung, daß jedenfalls der Bauer prästationsfähig bleibe, ist von 1816 an, wegen der zugelassenen Supernormalentschädigung, in den Hintergrund getreten.

Alle diese Vorwürfe sind nicht etwa solche, die auf Grund späterer Erfahrung leicht, aber ungerechtfertigt, erhoben werden: sie ergeben sich vielmehr beinahe von selbst aus dem Vergleich mit dem, was bei den Domänenbauern längst geschehen war, als man die Verhältnisse der Privatbauern zu ordnen begann.

Am härtesten wurden durch die angegebenen Mängel die lassitischen Bauern betroffen. Es ist daher einigermaßen tröstlich, daß diese Bauernart, die nach 1808 wesentlich nur noch auf Privatgütern vorkam, damals doch etwa nur die Hälfte aller Bauern umfaßte, da die Domänenbauern nicht mehr dahin gehörten und auch unter den Privatbauern sehr viele mit besserem Besitzrechte vorhanden waren.

Daß die Inhaber spannloser Stellen, sowohl bei den Domänengütern in den meisten, als bei den Privatgütern in allen Provinzen, von der Regulirung 1816 und von der Ablösung 1821 ausgeschlossen wurden, ist nicht so streng zu beurtheilen: da einmal die großen Güter bestehen blieben, konnten ihnen die Handdienste nicht auf einmal entzogen werden. Ferner hat die damalige Zeit eigentlich nur die wirklichen Bauern beachtet; was tiefer als diese stand, bildete noch keinen Gegenstand der öffentlichen Aufmerksamkeit, und es fragt sich, ob die Grundsätze

der Entschädigung, die für die eigentlichen Bauern schon hart
genug waren, für die kleinen Leute überhaupt gepaßt hätten.
Um so mehr hätte man die kleinen Leute wenigstens vor einer
Verschlechterung ihres Zustandes schützen müssen, um einer
späteren Zeit die Reform zu überlassen. Für sie zu sorgen,
hätte die Aufgabe der Gesetzgebung vom Jahr 1848 an bilden
sollen; es geschah aber nicht, und die Reformgesetzgebung ließ
die Arbeiterverhältnisse, nach Aufhebung der Unterthänigkeit,
unberührt.

Ein Vergleich der preußischen Bauernbefreiung mit der
anderer Länder ist schwer, da eine rückhaltlose Darlegung der
Vorgänge anderer Länder noch fehlt. Es wird dies besonders
zu beachten sein, wenn die schwächeren Seiten der preußischen
Gesetzgebung, die nun ebenfalls sichtbar geworden sind, etwa
Aufmerksamkeit erregen sollten. Nur für zwei kleine benachbarte
Gebiete läßt sich ein Vergleich ziehen.

Im östlichen Schleswig und Holstein mußte — wir folgen
hier dem vorzüglichen Werke von G. Hanssen — die Zahl der
bei Aufhebung der Leibeigenschaft vorhandenen Bauern erhalten
bleiben; während früher gar kein Bauernschutz bestanden hatte,
ist ein solcher also gerade für den Augenblick der Reform
eingeführt worden: so deutlich drängte sich die Nothwendigkeit
desselben auf. In Preußen war es gerade umgekehrt. Dagegen
war es dort nicht nothwendig, daß man die eben vorhandenen
Bauern beibehielt — daß es meistens doch geschah ist eine Sache
für sich —, während in Preußen von 1811 an der gerade vorhandene Inhaber, wenn er überhaupt zu den regulirbaren gehörte, die Regulirung fordern konnte. Dort endlich war es
frei gegeben, die Bauern, welche erhalten blieben, zu Pächtern
oder zu Erbpächtern zu machen; in Preußen führte die Regulirung stets zu Eigenthum, niemals zu bäuerlicher Zeitpacht,
und trug also zur Ausbreitung des Zeitpächterthums keineswegs
bei. In Schleswig-Holstein endlich haben die Gutsherrn sehr
häufig den großen Gutsbetrieb bei dieser Gelegenheit ganz ein-

gestellt und das Hoffeld in kleinere, häufig in bäuerliche, Stellen
zerschlagen: wodurch also eine Vermehrung der kleinen Betriebe
zu Wege kam; dies ist in Preußen nicht geschehen, der große
Gutsbetrieb bestand weiter, wodurch die Unregulirbarkeit der
kleinen Stellen, später die Entstehung einer großen Zahl land=
loser Arbeiter gegeben war.

Das zweite vergleichbare Gebiet ist Neuvorpommern, wo die
Regulirungsgesetze überhaupt nicht, die Ablösungsgesetze erst ganz
spät (1850) eingeführt worden sind. Die Folge war nicht etwa,
daß dort, wo auch in der schwedischen Zeit kein Bauernschutz gewesen
war, alle Bauern verschwanden; aber soweit allerdings, als es
irgend für die Gutsherrn wünschenswerth war, sind sie verdrängt
worden. Daher ist der Regierungsbezirk Stralsund ärmer an
Bauern, als die benachbarten Theile Pommerns. Die ver=
schonten Bauern blieben nur zum kleineren Theil Lassiten,
eigentlich nur da, wo die Gutsherrn die alte Verfassung man
möchte sagen aus Bequemlichkeit unangetastet ließen. In der
Hauptsache sind die freiwillig beibehaltenen Bauern in ein un=
zweifelhaftes Pachtverhältniß, selten nur mit Vorbehalt von
Diensten, übergeführt worden. Hier ist also das letzte Ziel einer
vom Staate nicht gestörten gesellschaftlichen Entwicklung erreicht:
eigener großer Betrieb des Gutsherrn mit Arbeitern, die aus
früheren Bauern leicht zu bilden waren, und daneben der Guts=
herr Eigenthümer des etwa noch vorhandenen Bauernlandes,
das er nur in Pacht hingiebt. Dies ist in Preußen, soweit die
Regulirbarkeit bestand, vollkommen vermieden worden; soweit
sie aber nicht bestand, was allerdings nur für die Minderheit
der Bauern der Fall war, ist kein Unterschied, und insbesondere
ist in Bezug auf die kleinen Leute und die Arbeiter keiner.
Für die neuvorpommerischen Bauern mit besserem Besitz=
recht, die es auch gab, trat dann später Ablösung, wie in
Preußen, ein.

Aehnlich wie in Neuvorpommern dürfte es sich in Mecklen=
burg verhalten haben und wohl auch in England, wo allerdings

ber eigene große Betrieb weniger hervortritt, als die Ent=
wicklung der bäuerlichen Inhaber zu Pächtern.

Frankreich bietet eine viel zu verschiedene Grundlage dar:
Bauernverhältnisse, wie sie bei der preußischen Regulirung vor=
ausgesetzt sind, gab es dort nicht; wohl aber solche wie sie bei
der Ablösung der Reallasten in Frage kommen. Daß dies
Geschäft in Frankreich 1789 im liberalen Sinne, d. h. mit Ent=
schädigung der Grundherrn, erledigt werden sollte, steht fest;
es ist aber auch bekannt, wie von 1790 an die Regierung der=
gestalt alle Macht verlor, daß der Bauer sich eigenmächtig lasten=
frei machte und die Grundherrn vertrieb. In Preußen hat die
Regierung nie die Zügel aus der Hand verloren und nie hat
sich der Bauernstand in dieser Art erhoben: es ist durchweg
Neuordnung, nicht Umsturz gewesen.

Rußland ist ebenfalls, von uns aus gesehen, zu fremdartig;
zunächst wirkliche Leibeigenschaft der Bauern, die persönlich
ihrem Herrn angehörten; dann aber der Gemeinbesitz, der nur
eine zeitweilige Zutheilung von Land an den Bauern gestattet
— während der eigene Betrieb des Gutsherrn mit Bauern=
frohnen auch dort in großer Ausdehnung bestand. Die Be=
freiung vollzog sich 1861 mit auffallender Ueberstürzung: während
Preußen unverantwortlich langsam vorging, that es Rußland
zu seinem Schaden unerhört schnell. Die Auseinandersetzung
konnte dort nicht zwischen den einzelnen Bauern einerseits und
dem Gutsherrn andrerseits erfolgen, da der Bauer als solcher
gar nichts mit dem Landbesitz zu thun hatte: es konnte sich
nur die ganze Bauernschaft eines Gutsbezirks als solche mit
ihrem Gutsherrn auseinandersetzen. Der Gemeinbesitz wurde
beibehalten, und die Gemeinde konnte sich entweder mit einem
niedersten Maß von Land begnügen; oder, wenn sie mehr wollte,
mußte sie den Gutsherrn durch Rente schadlos halten. Der
Grundsatz, daß die Bauerngemeinde den Gutsherrn entschädigt,
schimmert deutlich durch. Auch ist klar, daß neue Arbeiter=
klassen entstehen müssen, für die nichts vorgesehen ist. —

Ueber die preußische Reformgesetzgebung sind mancherlei unzutreffende Urtheile im Schwange. Einige finden darin eine neue Vertheilung des Eigenthums. Man muß dies aber recht verstehen. Eine andre Vertheilung des Grundbesitzes ist dadurch allerdings entstanden, denn früher hatten die Bauern mehr Land, die Gutsbesitzer weniger als jetzt.

Andrerseits ist die Besitzform, genannt Eigenthum, jetzt weit verbreiteter als früher, denn Erbzins und Erbpacht, erblicher und unerblicher Laßbesitz und dergleichen sind massenweise in Eigenthum verwandelt. Man hat sozusagen das Privatrecht vereinfacht, indem man deutschrechtliche Besitzformen zu Gunsten römisch-rechtlicher daraus verschwinden ließ.

Hat der frühere Obereigenthümer hiebei Einbuße an seinem Vermögen erlitten? Nein, denn er ist reichlich entschädigt worden, sodaß sich zwar in der rechtlichen Beschaffenheit des Vermögens manches, im Werthe desselben aber gewiß nichts zu seinen Ungunsten verändert hat.

Kein Grundsatz steht so fest wie der, daß der Bauer durchaus und in jeder Beziehung den Gutsherrn hat entschädigen müssen; ein Reskript des Staatsministeriums vom 2. Oktober 1818 drückt dies so aus[1]): „Unter allen Umständen haben die Gutsherrn das Recht, für die bisherigen Leistungen der Bauern und ihre sonstigen aus den Bauernhöfen bezogenen Vortheile vollständige Entschädigung zu fordern.“

Der Gutsherr hat also die früher aus den Bauernhöfen bezogenen Vortheile auch nach der Reform, nur in Gestalt von Land — selten Kapital — oder Rente. Der Bauer tritt in die neuen Verhältnisse ein mit dem Vermögen, das ihm bleibt, nachdem es entsprechend seinen früheren Verpflichtungen verkleinert ist.

Ganz gewiß ist dem Privatbauern bei der wirthschaftlichen Neuordnung nichts geschenkt worden: er hat sich losgekauft. Es ist nicht entfernt eine Wiedereinsetzung der Bauern in irgend

---

[1]) Vergl. Danz, Die agrarischen Gesetze des pr. Staats, Bd. 2 S. 189.

einen vorigen Stand gewesen, sondern es wurden die bestehenden Rechte als wohlerworbene anerkannt und für die nöthig gefundenen Aenderungen hat nicht etwa der Staat sondern der zu befreiende Bauer selbst Ersatz geleistet.

Daß die Gutsherrn mitunter einen Zwang fühlten, kommt nicht von einem Mangel an Ersatz, sondern daher, daß ihnen der Ersatz ohne ihre Zustimmung zutheil werden konnte; dies war allerdings Zwang, aber es war nicht Zufügung eines Vermögensnachtheiles, es war nur ein Eingriff in den Machtbereich des Gutsherrn. Und dem gegenüber steht die nicht zu übersehende Thatsache, daß auch der Bauer gegen seinen Willen zur Auseinandersetzung gezwungen werden konnte, wenn es der Gutsherr für sich selber vortheilhaft fand.

Der Ausdruck „neue Vertheilung des Eigenthums" ist auf all diese Vorgänge gar nicht recht anwendbar; er erweckt die Vorstellung als sei aus Gründen der Nützlichkeit den Bauern etwas gegeben worden was sie bis dahin nicht inne gehabt hätten; als wären die „neuen Eigenthümer" nun im Besitze von mehr Land als früher, während sie nun doch weniger Land, aber dies freilich zu besserem Rechte, inne haben.

Es fragt sich nun, wie diese häufig anklingende Vorstellung über die Reform in Preußen: als ob der Staat, sich über die niedere Sphäre des hergebrachten Rechtes erhebend, durch Machtspruch den Gutsherrn Land abgenommen habe um es den Bauern zu schenken, entstanden sei.

Sie stammt einfach von einem sehr bemerkenswerthen Schriftsteller aus dem Kreise der Gutsherrn, nämlich vom Herrn von Bülow-Cummerow, der bereits 1814 schreibt[1]):

„Durch die Eigenthumsverleihung der Bauerhöfe an ihre zeitigen Inhaber wurde dem Gutsherrn sein Eigenthum genommen"; und an einer andern Stelle will er untersuchen, „wie groß denn das Geschenk ist, welches den Bauern gemacht wird,

---

[1]) Vergl. von Bülow-Cummerow, Mittel zur Erhaltung der Grundbesitzer, 1814, S. 11 u. 106.

wenn das Edikt vom 14. September 1811 zur Ausführung kommt". Auch im Jahre 1821 noch sagt er[1]), es mache Eindruck auf die Masse des Volks, „daß den Bauern von der Regierung etwas geschenkt ist, was ihnen eigentlich nicht gehörte".

Bülows Schriften sind keine wissenschaftlichen Untersuchungen; der Verfasser hat nur den Zweck, die preußischen Rittergutsbesitzer in die Beleuchtung zu rücken, als hätte ihnen der Staat ungeheuere Opfer zugemuthet, die dann jener Stand mit Würde gebracht habe, und für die er eigentlich noch eine Velohnung verdiene — jedenfalls eine Schonung in Bezug auf die harten Schuldgesetze[2]).

Mithin ist jene ganz unzutreffende Auffassung nichts anderes als ein Zeugniß von der Stimmung in den Kreisen der Gutsherrn, zweckvoll vorgetragen zur Begründung weiterer Ansprüche. Niemals hat der preußische Staat die ihm dort zugeschriebene Rolle wirklich gespielt. —

Auch der Ausdruck „Eingriff in das Eigenthum" für sich allein ist irre führend, weil dabei die stets begleitende Entschädigung leicht übersehen wird. Hierüber hat sich der Minister von Manteuffel im Jahre 1850 mit unübertrefflicher Klarheit ausgedrückt[3]): es ist ein Eingriff, der mit nichts anderem als mit den unvermeidlichen Enteignungen (Expropriationen), die gegen Entschädigung überall vorkommen, verglichen werden kann.

Daß die Reformgesetzgebung zuweilen als „agrarische" bezeichnet wird, ist für klassisch Gebildete ebenfalls mitunter verwirrend. Dönniges hat daher mit Recht seine Erläuterungen[4]) mit der Mahnung eröffnet, hiebei nicht das Unvergleichbare in Beziehung zu setzen: die römischen Agrargesetze wollten, so sagt er, die Possession des Staatseigenthums (agri publici) den

---

[1]) Vergl. von Bülow-Cummerow, Die Verwaltung des Fürsten Hardenberg, 1821, S. 53.
[2]) Vergl. a. a. O. S. 54.
[3]) II 437—438.
[4]) Dönniges Bd. 1 S. 42.

Händen der vornehmen Geschlechter entziehen und auf die niedere
Volksklasse übertragen. In Preußen hat es sich darum ge=
handelt, die rechtlichen Beziehungen zwischen Gutsherrn und
Bauern neu zu ordnen. Es ist also gar keine Aehnlichkeit
vorhanden.

Weit richtiger ist die eigene Auffassung der Gesetzgebung
bei Dönniges, dessen Werk wohl in Folge der zu großen Fülle
des Stoffes und der zu geringen Uebersichtlichkeit so wenig
Wirkung geübt hat. Er sagt auf Grund der Akten ganz
richtig[1]), daß das Gesetz von 1816 gegeben sei um die Guts=
herrn von der Zwangsverpflichtung zu befreien, die Stellen mit
bäuerlichen Wirthen besetzt zu halten und die Steuern derselben
zu vertreten, da die Erfüllung dieser Pflichten nach Beendigung
des Kriegs von 1807 und weiterhin wegen des allgemeinen
Nothstandes den Ruin der Gutsherrn herbeigeführt haben
würde. Auch den Ausschluß der spannlosen Stellen erklärt er
völlig richtig: es sollten dadurch den Gutsherrn die unentbehr=
lichen Dienstleistungen der kleineren Stellen gesichert bleiben.

Doch ist dies nicht so zu verstehen, als wäre die Regulirung
und Ablösung lediglich zum Besten der Gutsherrn vorgenommen
worden. Vielmehr waren beide Maßregeln, wie wir gesehen
haben, zunächst geplant um die Bauern in befriedigendere Ver=
fassung zu setzen, wurden aber für die Privatbauern nur soweit
und nur in solcher Weise ausgeführt, wie sie zugleich zum
Vortheil der Gutsherrn gereichten. —

Das Gesammtergebniß ist: wir haben in den östlichen Pro=
vinzen, besonders in den vier alten, viel weniger Privat=
bauern in die neue Verfassung hinübergebracht, als dem Zu=
stande von 1756, der ja bis 1807 gesetzlich aufrecht erhalten
worden war, entspricht; denn theils durch Krieg, theils durch
erlaubte Einziehung sind sehr viele Laßbauernstellen verschwun=
den; gar nicht zu reden von späterem Aufkaufen solcher Stellen,
die entweder schon vorher in besseren Besitzrechten gestanden

----

[1]) Dönniges Bd. 1 S. 250—251.

hatten oder durch Regulirung erst dazu gekommen waren. Daß
durch andere Vorgänge ebenso viele Bauernstellen neu entstanden
wären, etwa durch Zerschlagen herrschaftlicher Güter, ist nicht
wahrscheinlich. Die vier östlichen Provinzen sind daher jetzt
weniger reich als früher an Bauern: die Reformgesetzgebung hat
der bekannten Entwicklung, daß die großen Güter durch Auf-
saugen der kleinen anwachsen, nicht etwa Halt geboten, sondern
ihr im Gegentheil die Wege geebnet.

Das herrschaftliche Gut ist in eine neue Stufe seines Da-
seins eingetreten: ungehemmt durch Bauernschutz, an Land schon
durch die erhaltenen Entschädigungen vergrößert, kann es die
unabhängig gewordenen Bauerngüter je nach Bedürfniß aufkaufen und erfreut sich eines Standes von Landarbeitern, die
nicht mehr selbst kleine Landwirthe, sondern eben nur Arbeiter
sind und schlechthin von der Ablohnung leben, ohne mit dem
Gute bauernd verbunden zu sein. Durch die Kündbarkeit des
Verhältnisses stehen sie in Abhängigkeit vom Gutsbesitzer, da sie,
auf jedem Vorwerk nur in kleinen Gruppen vorhanden und ohne
Verbindung unter sich, so gut wie keinen Rückhalt haben.

Auch die Bauern befinden sich anders als früher: sie haben
mit dem Gutsherrn als solchem nichts mehr zu thun, sie sind
persönlich und dinglich frei; der Landbesitz des Einzelnen ist
entweder geringer als früher[1]), oder das Einkommen ist durch
eine Rente vermindert; dafür aber ist die Möglichkeit gegeben,
sich ganz der eigenen Wirthschaft zu widmen, die durch technische Neuordnungen aller Art wieder lohnender geworden ist.

Die ländlichen Arbeiter sind zwar ebenso wie die Bauern
in den Stand der Freiheit getreten, aber weiter ist damals
nichts geschehen; soweit sie Häusler oder Einlieger in den
Dörfern waren, haben sie bei den technischen Reformen eher
Einbuße erlitten; soweit sie Insten waren, ist ihnen im Laufe

---

[1]) Wenn andrerseits den Bauern durch Gemeinheitstheilungen Land
zugewachsen ist, so ist dies nicht Erwerb neuen Landes, sondern nur Ausdehnung der Sondernutzung auf Land, an welchem der Bauer schon vorher
nutzungsberechtigt war.

ber Zeit die Landnutzung noch vermindert worden, während durch
die Reformen viele neue Insten entstanden sind.

Die unbedingte Schaffung persönlicher Freiheit, die Aenderung der Bauernverfassung aus Gründen der Wohlfahrt unter
der Bedingung, daß der Bauer den Gutsherrn jedenfalls ent-
schädige, und der Mangel aller Vorsorge für die wirthschaftliche
Lage der mit befreiten und der neu entstandenen Landarbeiter
sind die Hauptzüge der Reform; sie entsprechen ganz und gar dem
Gedankenkreise in Bezug auf gesellschaftliche Neuordnung, der sich
am Ende des 18. Jahrhunderts ausgebildet hatte.

Daß die Reformen erst in der Mitte des 19. Jahrhunderts
ihren Abschluß fanden, erklärt sich aus Stockungen in der inneren
Entwicklung Preußens, bewirkte aber keineswegs, daß etwa Gedanken, die erst dem 19. Jahrhundert angehören, darauf gewirkt
hätten.

Beilagen.

1 (zu S. 60).

Vorschläge des Landraths von Böhn 1763[1]).

Am 14. Juli 1763 schrieb der frühere Landrath von Böhn an den König: Er sei zwar wegen schlechter Aufführung während des Krieges in Ungnaden seines Dienstes entsetzt worden, dennoch fühle er sich gedrängt, aus Eifer für die Wohlfahrt des Landes einen Plan mitzutheilen, wie in Pommern die Landwirthschaft überhaupt gehoben werden könne und wie der König die Aufhebung der Leib= eigenschaft und Minderung der Bauerndienste am leichtesten erreichen könne.

Böhns Hauptgedanke ist folgender: so verschieden auch die bäuer= lichen Verhältnisse in Pommern sein mögen, so ist jedenfalls die Vor= bedingung aller neuen Einrichtungen diese, daß zunächst die Sepa= ration des herrschaftlichen und Bauernackers durchgeführt werden müsse, wie es der König schon vor dem Krieg befohlen habe; durch den Krieg aber sei dies ins Stocken gerathen. Nach der Separation muß man die Bauern eines jeden Dorfes unter sich gleich stark an Land und Aussaat machen. Alsdann kann man die Bauerndienste auf drei oder vier Tage wöchentlich festsetzen, die Leibeigenschaft auf= heben und die Höfe den Bauern erb= und eigenthümlich überlassen. Alsdann können sich die Bauern selbst konserviren und ihre Höfe= gelder [offenbar die Kontribution] selbst entrichten, wie ohnedem Rechtens ist.

---

[1]) Acta des General-Directoriums, Pommern, General-Domänensachen Nr. 72 (neu Titel XXXV Nr. 78): Wegen der befohlenen Aufhebung der Leibeigenschaft in Pommern. 1763—1804.

Auf solche Art würden die Bauern zu wirklichen Bauern ge=
macht, während sie an den meisten Orten nur Deputanten gewesen
sind, welche statt der Deputatstücke ein gewisses Maß von Land
von der Herrschaft bekommen haben, wofür sie die Feldarbeit mit der
Hand und mit herrschaftlichem Vieh haben verrichten müssen, und
wenn der Ertrag des Landes zu ihrem Unterhalt nicht ausreichte, so
haben sie Zuschub vom herrschaftlichen Boden empfangen.

Nach Böhn ist die Neueinrichtung der Bauernverhältnisse um so
nothwendiger, weil gegenwärtig in Hinterpommern eine Art Rebellion
unter den Bauern herrscht, so daß sie sich thatsächlich schon an vielen
Orten des Dienstes entziehen, indem sie von aller Verbindlichkeit gegen
ihre Herrschaft befreit zu sein glauben. —

In einem beigefügten Aufsatze Böhns über die Verhältnisse
Hinterpommerns werden drei Punkte genauer ausgeführt:

1. die Mängel der Landwirthschaft überhaupt,
2. die Mängel bei den Diensten der Bauern,
3. die Mängel bei der Einrichtung der Bauern und ihrer
   Wirthschaft.

Folgen wir dieser Eintheilung, so werden

1. die Hauptmängel der hinterpommerischen Landwirthschaft
so bezeichnet:

A. Es besteht noch Kommunion der Güter zwischen den Herr=
schaften selbst d. h. die Aecker verschiedener Herrschaften liegen noch
unter einander, wodurch jede landwirthschaftliche Verbesserung unge=
mein erschwert wird[1]. Erst durch Kauf oder Austausch ist hier eine
Aenderung zu erwarten.

B. Auch findet noch Gemengelage zwischen dem herrschaftlichen
und Bauernacker statt, so daß bald ein Hofstück, bald ein Stück einer
Bauernhufe, bald eine Kossäthenkavel neben einander liegen.

In Folge dieser Vermengung wird viel Zeit versäumt durch
Hin= und Herfahren, besonders bei der Ernte. Auch wird es dadurch
sehr erschwert, gemessene und regelmäßige Bauerndienste einzurichten,
weil die Stücke oft zu groß, oft auch zu klein sind für eine Tage=
arbeit. Im letzteren Falle geht Zeit verloren, in ersteren Fall da=
gegen wird der Bauer mit seinem Vieh zu lange in Anspruch ge=
nommen und es werden so die Dienste oft hart, jedenfalls aber
ungleichmäßig. Endlich verhindert die bestehende Vermengung der
Aecker jede ordentliche Eintheilung des Feldes in Schläge und Koppeln.

---

[1] Diese Angabe ist von höchster Wichtigkeit für das Studium der
Entstehung der Rittergüter.

Weiter ergiebt sich als Nachtheil für die Bauern, die in der Gespannhaltung nicht gleich stark sind, daß sie mit Saat und Ernte nicht gleichzeitig fertig werden und also auch die Stoppelhütung nicht durch gemeinsame Hirten besorgen lassen können, vielmehr muß jeder Bauer einen besonderen Hüter hinter seinem Vieh hergehen lassen.

Endlich geht durch die Gemengelage eine Masse von Land wegen der Zwischenräume verloren.

Gegen all diese Uebelstände hilft nur die Separation des herrschaftlichen Ackers vom Bauernacker.

C. Ein großer Uebelstand der pommerischen Wirthschaft ist ferner der Mangel ordentlicher Brachfelder: der Acker muß jahraus jahrein Früchte tragen. Hiezu kommt, daß viele Edelleute und fast alle Bauern einen förmlichen Hunger nach Saatacker haben, sie bestellen immer mehr Land, als sie ordentlich düngen können, brauchen also sehr viel Spannhaltung und ernten sehr wenig. Das Land, das jetzt acht Bauern bestellen, würde für zehn Bauern ausreichen; man könnte also bei richtiger Feldbenützung ohne Schaden viel mehr Bauern ansetzen.

D. Mehr technischer Art sind die Klagen über die zu späte Bestellung der Wintersaat, über die Vernachlässigung des Düngers und über die mangelhafte Eintheilung der Viehweiden.

2. Die Mängel bei den Bauerndiensten schildert der Verfasser so:

Die Dienste sind dem Bauern lästig und der Herrschaft nicht vortheilhaft, den Auswärtigen sind sie zum Gespött und Gelächter.

Man läßt von 8 Uhr bis 12 Uhr und von 2 Uhr bis 7 Uhr arbeiten, wodurch Mensch und Vieh entkräftet wird. Man sollte das Vieh von 5 bis 9 Uhr Morgens und von 3 bis 7 Uhr arbeiten lassen; dann wäre geholfen.

Die Arbeit mit dem erschöpften Vieh geschieht außerordentlich oberflächlich: die Pflüge, die Eggen, die Mist-, Heu- und Korntragen sehen aus wie Kinderspielzeug. Bei der Ernte und beim Mistfahren werden niemals sogenannte Wechselfuhren angewendet, wobei das Gespann, während der Wagen beladen wird, einen andern Wagen zieht, wie in Vorpommern und der Mark; hier muß sich das Vieh vor dem Wagen während des Ladens krumm und schief stehen und Zeit und Kräfte gehen verloren.

3. Wir kommen nun zu den Mängeln in der Bauernwirthschaft:

A. Betrachtet man die Bauern eines bestimmten Dorfes, so sind dieselben an Dienstpflicht meist einander gleich, hingegen ist ihr Befitz an Acker, Wiesen= und Gartenlage sehr verschieden. Wie sollen sie nun ihre Wirthschaft gleich gut im Stande halten? Hiegegen hilft nur, daß man nach geschehener Separation eine richtige Ver= theilung des Ackers unter die Bauern vornimmt.

B. Die Bauern können nur dann zu besserem Betrieb ihrer Wirthschaft gelangen, wenn sie ihre Hufen erb= und eigenthümlich erhalten.

---

2 (zu S. 63).

Bericht C. W. Zimmermanns über die pommerischen Pachtbauern vom 22. November 1810 [1]).

Das Verhältniß der Pachtbauern gegen ihre Gutsherrschaften in Pommern und der Neumark besteht vorzüglich darin:

1. daß die Pachtbauern an ihren Höfen

a. sämmtliche öffentliche Abgaben und Verbindlichkeiten an den Staat und an den Kreis inkl. Vorspann übernehmen,

b. der Gutsherrschaft nach Lage des Guts und der Höfe selbst, in denen fettesten Gegenden und Oertern im Sommer täglich mit Gespann und täglich mit der Hand dienen wie auch extra Spanndienste, im Winter aber nur drei Spann= und drei Handdiensttage leisten und von ihrem eigenen oder herrschaft= lichem Flachs oder Heide sechs bis zwölf Stücken Garn spinnen und entrichten, hieneben den Fleischzehnt und die Dorfspflichten.

Nach Beschaffenheit der Gegenden und der Güte der Höfe werden von selbigen in proportionirter Abstufung bis wöchentlich zwei Spann= und zwei Handtage geleistet und 6 Stücken Garn jährlich gesponnen, die Zehnten und Natural= wie auch Geldabgaben entrichtet, und im Fall, daß die Pachtvereinigung auf Geld getroffen worden, pflegt selbige von 20 bis 150 Rthlr. festgesetzt zu werden.

Der Gutsherr ist dagegen verpflichtet

a. dem Pächter nach Maßgabe der Gewohnheiten der Gegend da, wo die Höfe auf Marien übergeben werden, die Wintersaat, da aber, wo sie auf Johanni übergeben werden, auch mit der

---

[1]) Vergl. die Akten: Regulirungen 1, Bd. 5 Blatt 117.

Sommerſaat zu übergeben und hängt es lediglich von der Uebereinkunft der Kontrahenten ab, ob der Hof mit Vieh und Ackergeräthe übergeben wird oder Pächter

b. ſolches anſchaffen muß, hierneben kömmt es auch auf die Uebereinkunft an, ob Verpächter, wenngleich [er] ſelbſt Heiden beſitzet, dem Pächter freies Brennholz bewilligt oder ſich ſelbiges bezahlen läßt, gemeiniglich aber wird erſteres feſtgeſetzt.

c. Die Feuerkaſſenbeiträge muß der Gutsbeſitzer entrichten und nur erſt einige Jahre vor Eintritt des Krieges haben dieſelben denen Pächtern auch dieſe Abgabe zur Bedingung gemacht; bei vorkommenden Neubauten oder Reparaturen muß die Herrſchaft die Materialien geben und die Handwerker bezahlen, dagegen muß die Gemeinde die Fuhren und andern Handarbeiten außer dem Dienſt verrichten.

Remiſſion dem Pächter zu ertheilen, iſt die Herrſchaft nicht verbunden, indem ſich Pächter mit denen Kreisremiſſionen begnügen muß. Ebenſo verhält es ſich auch mit denen Brandſchäden, Viehſterben und übrigen Unglücksfällen; es verſteht ſich aber von ſelbſt, daß nach Maßgabe der Denkungsart des Gutsbeſitzers ein Erſatz bei vorkommenden Unglücksfällen ſtatthaben muß, wenn er nicht ſelbſt ſein Eigenthum ruiniren will. Eben aus dieſem Grunde iſt auch nach Maßgabe der Laſten, die örtliche Ereigniſſe des Krieges verurſachen, Erlaß an der Pacht, Dienſt ꝛc. nothwendig, weswegen bei der erſcheinenden Veränderung hierauf Rückſicht genommen werden müßte.

2. Die Pachtzeiten werden gemeiniglich auf ſechs Jahr, ſeltener auf drei, noch ſeltener auf neun Jahr feſtgeſetzt.

3. In älteren Zeiten bis circa 1780 blieben gemeiniglich die alten Pächter bei abgelaufenen Pachtjahren in der Pacht, ſo daß Großväter, Väter und Kinder ſich im Beſitz der Nahrung folgten und haben nur bis dahin bei Erneuerung der Pachten ſelten Erhöhungen ſtattgefunden. Seit 1780 ſind die Pachten nach und nach anſehnlich erhöhet, auch Separationen ausgeführt und dieſe Veränderungen haben neue Wirthe herbeigezogen und viele der alten haben ihre Nahrungen verlaſſen, mehrere aber haben auch in die neuen Verfügungen gewilligt und ſelbige mit gutem Erfolge fortgeſetzt. Ich glaube aber, daß die Gutsbeſitzer, vorzüglich diejenigen, ſo ihre Bauernhöfe auf Geldpacht geſetzt, die im letzten Pachtkontrakt ſtipulirten Pachtgelder bei der gänzlichen Veränderung der Lage der Dinge wieder werden herunterſetzen müſſen, weil ſelbige bei den jetzigen Getreidepreiſen zu hoch verpachtet ſind.

Käufer fanden sich vor dem Kriege zu den pachtlosen Bauer=
höfen zum öftern, aber der allgemeine Drang zu Separationen und
die gefaßte Vorstellung eines daraus entstehenden Gewinnstes hat wohl
zum öftern die Abschließung desselben von Seiten der Gutsherrschaft
verhindert: daher denn auch dergleichen Käufe sehr wenige zu Stande
gekommen; [diese] können nicht zur Norm angenommen werden, weil
selbige entweder in dem Mißmuth eines verunglückenden Gutsbesitzers
oder auch im Uebermuth des Käufers ihren Grund hatten.

4. In denen bessern Gegenden werden sich zu denen Pacht=
höfen, sie mögen bloß Dienst leisten oder auf Dienst und Geld oder
aber auch auf Geldpacht allein gesetzt sein, immer Käufer zum Eigen=
thum derselben finden, weil in der Regel ein Pachtbauerhof allemal
in schlechterm Zustande als ein Laßbauerhof ist und die Erfahrung
lehrt, daß der erbeigenthümliche Besitzer sein Eigenthum weit besser
bewirthschaftet, da er weiß, daß er seinen Fleiß allein nur für sich
verwendet. Auf alle Fälle aber würden die Kauflustigen den auf Geld
gesetzten mehr als den auf Dienst gesetzten vorziehen.

5. Wenn der Bauer die bisherigen Dienste und Abgaben an
den Gutsherrn ferner leistet, letzterer aber für die Abgaben an Staat
und Kreis nicht weiter haftet, so wird es für diesen [eine] Wohl=
that, wenn dabei auch gleich festgesetzt werden sollte, was er bei
Unglücksfällen den eigenthümlichen Hofbesitzern vergütigen sollte, wenn
letzteren der Hof erblich übergeben wird, denn er ist gegen die fest=
gesetzte Vergütigung bei großen Unglücksfällen für große Ausfälle
gedeckt, da der Eigenthümer seines ehemaligen Bauerhofes auf dessen
Wohlstand besorgt sein wird und der Gutsbesitzer im Fall eines
liederlichen Wirths [sich] dessen durch öffentlichen Verkauf entledigen
und hoffen kann, einen bessern Wirth zu bekommen. Ich bin über=
zeugt, daß sowohl der Gutsbesitzer als auch der Hofeigenthümer durch
diese Abänderung glücklich gemacht wird und der Staat einen großen
Zuwachs an Wohlhabenheit und Einkünften erlangen wird.

Dies von mir abgegebene Gutachten ist meinen mir beiwohnen=
den Kenntnissen gemäß pflichtmäßig abgefaßt.

Bockshagen, den 22. November 1810.

C. W. Zimmermann.

3 (vergl. S. 294).

Guts-Tagelöhner in der Neumark[1]).

Aus Dienstablösungs-Akten werden folgende Aufstellungen entnommen, betr. die anfässigen, von den Gütern abhängigen Tagelöhner (sog. Insten, doch wird dieser Name hier nicht gebraucht).

Im allgemeinen werden Mann und Frau von den Gutsherrschaften so engagirt, daß sie zu jeder Jahreszeit und an jedem Wochen-
tage, mit Hintansetzung der Arbeiten für ihren eigenen Hausstand,
gegen das eingeführte Tagelohn und mit Berücksichtigung der ander-
weiten besondern Emolumente zur Arbeit kommen müssen.

Diese Emolumente bestehen in:

1. Drescherhebe um den 16ten Scheffel bei allen am Orte vorkommenden Getreidearten, welche zum Abdrusch kommen, neben welcher
Hebe für die Dreschtage gar kein Tagelohn an den Mann entrichtet wird.

Die Dreschzeit nimmt volle 4 Monate ein, wobei darauf Rücksicht genommen ist, daß die Drescher im Winter zum Theil auch zum
Klafterholzschlagen gebraucht werden, resp. in solcher Anzahl vorhanden sind, daß sie zusammen mehr als das vorhandene Getreide
ausdreschen könnten, sich mithin gleichsam darin theilen müssen.

2. Raff- und Leseholz zum Bedarf, wobei jedoch das Ein-
sammeln und Nachhauseschaffen zu den besondern Obliegenheiten des
Tagelöhners gehört.

3. Weide für eine Kuh, 2 bis 3 Schweine und 2 Gänse mit
Zuwachs.

4. Der Benutzung eines Gartens von 90 ☐Ruthen.

5. Dem Abnutz einer Wiesenparcelle oder des Grases von
Grabenrändern in den Feldern, zum Belang von 12 Ctr. Heu, wobei das Mähen, Werben und Einbringen zu den nicht zu vergüti-
genden Obliegenheiten des Tagelöhners gehört.

6. Leinland zu 8 Metzen Aussaat, vom Gutsherrn vollständig
geackert und zubereitet, ohne jedoch die Saat herzugeben, ohne das
Jäten und Pflücken des Flachses zu bewirken, welches alles zu den
Obliegenheiten des Tagelöhners gehört.

---

[1]) Technische Instruktion für die Auseinandersetzungs-Angelegenheiten
im Frankfurter Regierungsbezirk, Frankfurt a. O. 1842 gr. 8°, S. 53 ff.

7. Stroh zum Futtern und Einstreuen, ingleichen Kartoffeln, erwirbt sich die Tagelöhnerfamilie theilweise zwar auf die Weise, daß sie den von ihrem Viehe gewonnenen Dünger dem Gutsherrn über= läßt und die erste Ernte von dem damit gedüngten Lande bezieht; wogegen die Düngerkraft in den folgenden Ernten dem Gutsherrn zu Nutzen kommt, und dieser dadurch einen Ersatz der im ersten Jahre nach der Düngung abgetretenen Ernte erhält. Die Düngerquantität reicht zu dem Bedarf an Stroh und Kartoffeln jedoch nicht ganz aus, und der Gutsherr gewährt demzufolge der Tagelöhnerfamilie noch einen besonderen Zuschuß an Futter und Streumaterial, entweder durch Stroh in natura, oder durch Ueberlassung und Bestellung von Acker zum Futterbau.

Wohnung von einer Stube und Kammer, ein kleiner Stall und eine mit drei andern Tagelöhnerfamilien gemeinschaftliche Küche wird der Tagelöhnerfamilie vom Gutsherrn zwar auch gereicht, sie bezahlt jedoch dafür eine jährliche Miethe von 6 bis 8 Th. oder arbeitet in diesem Verhältniß bestimmte Tage ohne Tagelohn; hat übrigens die kleinen Ausbesserungen der Wohnung und namentlich auch das Aus= weißen derselben ohne Zuthun des Gutsherrn zu bewirken. . . . .

[Folgt Geldschätzung woraus ich nur einiges entnehme:]

Wegen des Verdungs der Arbeit des Dreschens zum 16ten Scheffel liegt es in der Natur der Sache, daß der Drescher sich selbst antreibt, früh am Tage anfängt und spät am Abend aufhört, je nachdem es das Tageslicht zuläßt, sich überhaupt wenig Ruhe gönnt und mit großer Anstrengung arbeitet. Beim Dreschen verdient der Mann wöchentlich (für 6 Tage) im Durchschnitt 1 Scheffel 4 Metzen Roggen und von den andern Getreidearten verhältnißmäßig mehr, dem Werthe nach ungefähr gleichmäßig, sobaß bei dem Durchschnitts= preise von 1 Th. 5 Sgr. für den Scheffel Roggen auf den Drescher= tag eine Löhnung von 7 Sgr. 3 Pf. fällt — trotz der kurzen Tage zur Winterszeit. . . . . .

Von den 365 Tagen eines Jahres vermag der Mann, nach Abzug der Sonn-, Fest-, Krankheits= und Witterungs-Behinderungs= tage, sowie einzelner unaufschiebbarer Abhaltungen in seinen eigenen Angelegenheiten, z. B. Abwarten von Märkten, Terminen ec., 280 Tage für den Gutsherrn zu arbeiten. Davon ab die obigen 100 Dreschertage, bleiben 180 zu andern Arbeiten für die Gutsherrschaft, an welchen der Mann in jeder Jahreszeit den gleichmäßigen Lohnsatz von 5 Sgr. empfängt. Das macht auf 180 Tage: 30 Th.

Die Frau des Tagelöhners vermag jährlich nicht so viele Tage als der Mann für Geld zu arbeiten, indem sie theils durch Wochenbett und Kinderpflege in Krankheiten, theils durch dringende häusliche Arbeiten als: Waschen, Backen 2c. davon abgehalten wird. Außerdem finden sich Zeiten, besonders im Winter, in welchen nicht alle vorhandenen Tagelöhnerfrauen von der Gutsherrschaft beschäftigt werden können und die Frau des Tagelöhners also die Verarbeitung ihres eigenen Flachses und die Anfertigung und Ausbesserung von Leibwäsche 2c. vorzunehmen hat. . Sie findet mithin im ganzen Jahr durchschnittlich etwa 200 Tage Beschäftigung für Geld, und erhält pro Tag 3 Sgr.; macht auf 200 Tage: 20 Th.

4 (zu S. 307).

Oberamtmann Proselger über die ländlichen Arbeiter im graudenzer Kreise, 1843[1]).

Da die Bevölkerung im Kreise in dem Verhältniß zur Fruchtbarkeit des Bodens nur eine geringe genannt werden kann, so folgt daraus, daß es noch immer an Menschenhänden fehlt und daß es nicht ohne Schwierigkeiten ist, die erforderlichen Leute zu erhalten.

Die Bauern, die entweder nur eine Magd oder einen Knecht gebrauchen, geben diesen außer einem ziemlich hohen Lohne in der Regel noch Beisaaten, und da sie keinen schweren Dienst verlangen, so bezahlen sie die Leistungen des Gesindes sehr hoch.

Auf den größeren Gütern, wo von dem Gesinde bei weitem mehr verlangt wird, und wo der größeren Zahl des erforderlichen Gesindes wegen ein so hoher Lohn nicht bewilligt werden kann, hält es daher sehr schwer, das erforderliche Gesinde zu bekommen.

Mägde erhalten auf den größeren Gütern 10 bis 16 Th. nebst einem Paar Stiefeln, einer Schürze oder dergl. In der Regel taugen sie wenig, sind träge, lüderlich und dabei schwach. Wenn sie das Alter und die Fähigkeit erreicht haben, wirkliche Dienste leisten zu können, dann haben sie mehrentheils die Lust dazu ver-

---

[1]) Proselger, Ueber den Zustand der landwirthschaftlichen Verhältnisse im Graudenzer Kreise 1843, in Annalen der Landwirthschaft herausgegeben von Lengerke Bd. 8, 1846, S. 71 ff.

loren und heirathen den ersten besten Knecht, um so wenig mehr zu
thun als irgend möglich.

Zu Pferdeknechten (Fornals), welche 18 bis 24 Th. Lohn
bekommen, vermiethen sich nur die schwächsten und lüderlichsten Bursche.
Dabei bekommt man selten solche, die irgend Liebe und Anhänglichkeit für die ihnen anvertrauten Pferde beweisen. Viele Gutsbesitzer führen dies als einen der Hauptgründe an, weshalb sie es
vorziehen, nur kleine und minder kostbare Gespannpferde zu halten.
Wenn die Pferdeknechte einige Jahre auf verschiedenen Höfen
herum gedient und dann eine festere Körperbeschaffenheit erlangt
haben, oder wenn sie nach erfüllter Militärpflicht zurückkehren, dann
wollen sie den beschwerlichen Dienst eines Pferdeknechts nicht mehr
annehmen und suchen sich als Pflug- oder Ochsenknecht zu vermiethen. Diese erhalten 24 Th. Lohn und darüber, pflügen das
ganze Jahr hindurch und werden, wenn das Pflügen eingestellt
werden muß, im Winter mit Dreschen oder andrer Arbeit beschäftigt.
Aus diesen Knechten entstehen mehrentheils die Dorfeinwohner und
Tagelöhnerfamilien. Knechte dieser Art, welche nicht lüderlich,
folgsam, verständig und in aller Mannsarbeit geschickt sind, werden
von den wohlhabenden Bauern im Kreise sehr gesucht und im Lohn,
Beisaaten und Geschenken so gut gestellt, daß sie sich oft auf 36 Th.
jährlich stehen.

Die Schäferknechte, welche natürlich nur auf den größeren
Gütern vorkommen, sind mehrentheils schlechter und unwissender in
ihrem Fache, als sie in andern Gegenden gefunden werden. Hieran
mag der Umstand Schuld sein, daß es erst seit 20 Jahren überhaupt Schäfereien in dem Kreise giebt .... Der Lohn ist sehr
verschieden und schwankt, je nach der Qualification der Knechte,
zwischen 20 bis 30 Th.

Die Hirten bekommen im Kreise einen Lohn von 15 bis 20 Th.
nebst einem Deputat.

Außer den Hirten werden auf den größeren Gütern noch verheirathete Schmiede, Stellmacher oder Schirrknechte und
auf einem jeden Vorwerke ein sog. Hofmann gehalten. Alle diese
Deputanten erhalten freie Wohnung und einen Garten von $1/3$ bis
$1\frac{1}{2}$ Magdeb. Morgen groß, den sie Jahr ein Jahr aus mit Kartoffeln bestellen. Sie dürfen eine, zuweilen auch zwei Kühe, mehrere
Schweine und Gänse halten. Sie bekommen außerdem $1/4$ bis
$1/2$ Scheffel Lein und ebensoviel Erbsen beigesäet, erhalten das be-
nöthigste Brennmaterial und dann 12 bis 18 Scheffel Roggen,
3 bis 5 Scheffel Gerste, 3 bis 5 Scheffel Erbsen, 2 bis 3 Scheffel

Hafer. An Lohn bekommen die Hofleute, Schmiede und Schirr=
knechte 24 bis 36 Th. jährlich, und wird natürlich den Schmieden
das Eisen und die Kohlen, deren sie benöthigt sind, noch besonders
verabreicht.

Hin und wieder kommen auf einigen größeren Gütern noch so=
genannte Ratheier vor, wie sie früher überall gehalten wurden.
Die Ratheier sind verheirathete Pflugknechte, welche von der Guts=
herrschaft freie Wohnung, 2 bis 4 Magdeb. Morgen in jedem Felde
(oder, statt dieser, Beisaaten, z. B. 1 Scheffel Roggen und 1 Scheffel
Gerste), einen Garten, freies Brennmaterial, eine bis zwei Kühe
in freier Weide rc. erhalten und auch außerdem einen Lohn und
Deputat von 7 bis 10 Th., 7 bis 8 Scheffel Roggen, 3 bis 4
Scheffel Gerste, 2 bis 3 Scheffel Erbsen erhalten. Dafür pflügen
sie vom 25. März bis 11. November ununterbrochen, oder verrichten
andere Arbeit in dieser Zeit, unentgeltlich. Außer diesem Zeitraum
dreschen sie für ihre Rechnung um den 11. oder 12. Scheffel und
erhalten, wenn sie zu anderer Arbeit verwendet werden, 3 bis 4 Sgr.
Tagelohn. Ueberdies müssen sie noch gegen das übliche Tagelohn
täglich eine Person zur Arbeit senden.

Das Verhältniß der Instleute oder der Einwohner, welche
den Gütern ausschließlich verpflichtete Tagelöhner und Drescher sind,
ist ein sehr verschiedenes, welches sich weniger auf irgend ein contract=
liches Verhältniß als auf Gewohnheit und Herkommen begründet.

Auf einigen Gütern haben die Instleute sogenannte Morgen,
welche ihnen beackert werden, die sie aber beliebig benutzen können.
Dieses Land ist von einem Umfange von 1 bis 2 Magdeb. Morgen
in jedem Felde. Auf den meisten Gütern des Graudenzer Kreises
mögen gegenwärtig diese Morgen wohl abgeschafft sein, an deren
Stelle dann eine Beisaat von 1 Scheffel Roggen, 1 Scheffel Gerste,
1/4 Scheffel Erbsen, 1/4 Scheffel Lein getreten ist.

Die Instleute erhalten dann eine Wohnung mit einem Garten,
den sie mit Kartoffeln bestellen und der 1/2 bis 1 1/2 Magdeb.
Morgen Größe hat. Ferner bekommen sie ein Fuder Heu oder ein
verhältnißmäßiges Stück Wiese zur Benutzung.

Dafür müssen sie täglich selbst und außerdem noch mit einer
Person zur Arbeit kommen.

Das Tagelohn der Insten ist gleichfalls verschieden. Mehren=
theils erhalten sie:

    a. für das Abhauen oder Schneiden des Getreides mit Sense
       oder Sichel, für Gras=, Klee= und Luzernhauen, für Harken,

Binden, Aufstalen und überhaupt alle schwere Erntearbeit: täglich 4 bis 5 Sgr.

b. für alle Arbeit außer der Ernte, als Grabenziehen, Dünger= laden und Treiben, Brettschneiden, Graben, Pflügen, bei Bauten oder was es sonst sei,

vom 1. Mai bis 1. October: 3 Sgr.

vom 1. October bis 1. Mai: 2 Sgr.

Das Tagelohn für die von den Instleuten täglich zur Arbeit zu stellende zweite Person (sie senden dazu entweder ihre Kinder, oder wenn sie deren nicht arbeitsfähige haben, dann miethen sie sich dazu Mägde oder Knechte) beträgt mehrentheils für die anstrengende Arbeit, als: Getreideschneiden, Harken, Binden, Fassen, Heuharken und Aufbinden, Raps= und Rübsenschneiden und Zusammenbringen u. s. w., täglich 3 Sgr. Für alle übrige Arbeit jedoch zu jeder Jahreszeit täglich 2 Sgr.

Das Dreschen aller Getreidearten wird von den Instleuten auf den meisten Gütern um den 11. oder 12. Scheffel verrichtet.

Das Scheeren der Schafe wird meistentheils stückweise und zwar mit 4 Pf. pro Stück bezahlt, wofür sie alle Sorten scheeren.

Das Ausnehmen der Kartoffeln lassen mehrere Gutsherrn für einen Antheil verrichten und geben in der Regel den 12. Scheffel. Andere, die einen größeren Werth auf die Frucht legen, zahlen ent= weder einen, jedesmal vorher bestimmten Preis für die verdienten Kartoffeln oder geben auch einen baaren Lohn für jeden aus= genommenen Scheffel, welcher, je nach den Umständen, von 4 Pf. bis auf 1 Sgr. steigt. Zuweilen kommt es auch vor, daß Guts= besitzer das Ausnehmen der Kartoffeln im Tagelohn vornehmen lassen, wobei sie dann freien Arbeitern von 5 bis 10 Sgr. Tage= lohn zugestehen.

Für die den Instleuten zu Theil werdenden Emolumente, als: Wohnung, Garten, Beisaat, Heu, Weide ꝛc., werden denselben gewisse Geldbeträge von ihren Verdiensten in Abzug gebracht. Auch hierin findet eine große Verschiedenheit statt. In einigen Fällen wird für die Wohnung und den Garten 2 bis 4 Th., für einen Scheffel Roggen-Beisaat 1 Th. 15 Sgr., für einen Scheffel Gerste-Beisaat 1 Th., für ¼ Scheffel Lein- oder Erbsen-Beisaat 10 Sgr., für ein Fuder Heu von 8 bis 10 Centnern 1 bis 2 Th., für die Weide einer Kuh 1 bis 1½ Th., für ein Schwein 5 bis 10 Sgr. in Abrechnung gebracht.

An vielen Ortschaften zahlen sie für Wohnung, 3 Morgen Acker oder 1 Scheffel Winter= und 1 Scheffel Sommersaat, einen

Morgen Garten, welcher wie der Acker frei bestellt wird, 1 bis 2 Fuder Heu, das erforderliche Brennmaterial ꝛc. im ganzen nur 4 bis 5 Th. Für eine Kuh zu weiden 15 Sgr., für ein Kalb 5 Sgr., ein Schwein 2½ Sgr. u. s. w. Auch bezahlen sie auf einigen Gütern einen Beitrag für die Kosten des Nachtwächters und andere kleine Communallasten.

Da wo den Einwohnern gestattet ist, Gänse zu halten, geben sie von den zugezogenen die 11. Gans ab. Auch spinnen die Weiber jährlich 10 bis 15 Stücke Garn unentgeltlich, wozu ihnen 2 Pfd. Flachs oder 4 Pfd. Heede von der Gutsherrschaft gegeben werden.

Die Ziehzeit der Instleute ist in früheren Zeiten ohne Ausnahme Martinitag oder der 11. Nov. gewesen. Seit vielen Jahren haben sich die meisten Gutsherrn dahin vereinigt, mit ihren Leuten das Abkommen zu treffen, daß sie nur am 1. April entlassen werden. Dieser Verabredung haben sich jedoch nicht alle angeschlossen, und da die kleinen Besitzer ihre Leute am liebsten noch immer zu Martini annehmen und entlassen, so findet eigentlich eine doppelte Ziehzeit statt, was in mancher Hinsicht unbequem ist.

Außer den, den größeren Gütern eigenthümlichen Instleuten vermehrt sich die Zahl der freien Tagelöhner, welche sich als Käthner in den Bauerndörfern etabliren, immer mehr. Diese Käthner suchen im Frühjahre auf den größeren Gütern Arbeit als Brettschneider, Grabenzieher, Torfstecher u. s. w. sowie sie auch zur Heuernte, wo sie dazu gebraucht werden, zu haben sind. Während der Ernte sind sie in der Regel den Bauern, die ihnen Beisaaten gegeben haben, zu einiger Abarbeitung verpflichtet und stehen erst dann wieder den größeren Gutsbesitzern zu Gebote, wenn sie sich dieser Verpflichtung entledigt und ihre eigene kleine Ernte beseitigt haben. Dann suchen und finden sie Arbeit bei dem Schlusse der Ernte, dem Einbringen des Grummets, der Kartoffelernte, dem Saatdreschen ꝛc. Zum Grabenziehen, Torfstechen und dergl. Arbeiten, sowie zur Heu- und Getreideernte kommen aber außerdem noch eine Menge Accord-Arbeiter und Tagelöhner in den Kreis und finden in der Regel guten Verdienst.

Dergleichen freien Arbeitern wird in der Regel Essen gegeben oder auch statt dessen ein entweder mit ihrer Arbeit oder mit der Zeit im Verhältniß stehendes Deputat.

An baarem Tagelohn erhalten sie in der Ernte 5 bis 6 Sgr. und in einzelnen besondern Fällen sogar noch mehr.

Wenn sie sich selbst beköstigen, dann bekommen sie z. B. auf einen Monat pro Mann:

1 Scheffel Roggen, 4 Metzen Gerste, 8 Metzen Erbsen, 4 Pfd. Speck, 2 Stoof Salz, 4 Stoof Branntwein und 1 Scheffel Kartoffeln.

Leute, die sich selbst beköstigen, werden in der dringenden Ernte in einigen Theilen des Kreises mit 10 Sgr. bezahlt und erhalten dann noch einige Schnäpse den Tag. —

Aus dem, was über das Verhältniß der Instleute und der Tagelöhner in dem Vorstehenden gesagt ist, geht hervor, daß die Lage dieser Leute in dem hiesigen Kreise [1843] eine sehr günstige ist, und daß es nur an ihnen selbst liegt, wenn sie sich nicht in einem gewissen Wohlstande befinden.

Dieser Wohlstand der Einwohner und Tagelöhner tritt in einigen Gegenden, namentlich bei den Käthnern, sichtbar hervor, und ist auch selbst bei den Instleuten auf denjenigen Gütern, wo sorgfältig gewirthschaftet wird und die Leute gut behandelt werden, nicht zu verkennen.

Ueberhaupt kann man den Instleuten im allgemeinen das Lob nicht versagen, daß sie, gehörig beaufsichtigt und menschlich behandelt, tüchtige und auch nicht ungeschickte Arbeiter sind, mit denen Unglaubliches geleistet werden kann, wenn man ihren guten Willen und ihren frischen Muth zu erhalten versteht. Werden sie aber schlecht behandelt und dazu noch mangelhaft beaufsichtigt, dann werden sie sich freilich für das Interesse ihrer Gutsherrschaft nicht besonders eifrig zeigen, wobei sie in Bezug auf das Eigenthum ziemlich freie Grundsätze an den Tag zu legen pflegen.

Verzeichniß der benützten Akten und Druckschriften[1]).

A. Akten.

Die Akten — wenn es nicht ausdrücklich anders angegeben ist — befinden sich auf dem Geheimen Staats-Archiv zu Berlin.

Bei den Akten des General-Direktoriums ist zu beachten, daß die Abtheilung für Ostpreußen und Litthauen auch das Allgemeine, daher oft solche Sachen, die andere Landestheile betreffen, enthält.

Akten des General-Direktoriums, Ostpreußen und Litthauen, Domänensachen, Generalia, Leibeigenschaft, Nr. 1 betr. Leibeigenschaft und deren Aufhebung. 1709—1724.

> Vergl. II 3. 27.

Akten des General-Direktoriums, Ostpreußen und Litthauen, Domänensachen, Generalia, Leibeigenschaft Nr. 3: Spezialfälle. 1724—1785.

> Vergl. I 25—26.

Akten des General-Direktoriums, Ostpreußen und Litthauen, Domänensachen, Generalia Nr. 53 betr. die Besetzung der Bauerhöfe in den adeligen Dörfern, und der Ritterschaft Gesuch, daß ihr darin freie Hand gelassen werden möge. 1739—1741.

> Vergl. II 33.

Akten des General-Direktoriums, Ostpreußen und Litthauen, Domänensachen, Generalia Nr. 61 betr. das Edikt, daß Niemand bei seinen Gütern Bauern- und Kossäthenhöfe u. s. w. einziehen und noch weniger neue Vorwerke davon anlegen soll (vom 12. Aug. 1749); item, Verbot des Ankaufs kölmischer Güter. 1749—1806.

> Vergl. II. 51. 86. 97.

Akten des General-Direktoriums, Ostpreußen und Litthauen, Domänensachen, Generalia Nr. 73 betr. Bebauung und Besetzung der seit 1740, besonders aber seit 1756 wüst gewordenen und eingezogenen Höfe und Aecker des platten Landes. 1764—1800.

> Vergl. II 75.

---

[1]) Die Verweisung I und II bezieht sich auf den Ersten bezw. Zweiten Theil des vorliegenden Werks; die Zahlen sind Seitenzahlen.

Akten des General-Direktoriums, Ostpreußen und Litthauen, Domänensachen, Generalia, wegen Aufhebung der Dienste Nr. 1, Nr. 2 und Nr. 15 betreffend Aufhebung der Scharwerksdienste in Ost- und Westpreußen. 1798—1806. 3 Bände.
> Vergl. II 102. 108.

Akten des General-Direktoriums, Ostpreußen und Litthauen, Domänensachen, Generalia, Leibeigenschaft Nr. 6 betreffend persönliche Freiheit der Unterthanen in den ostpreußischen und litthauischen Domänenämtern. 1804—1805.
> Vergl. II 92.

Akten des General-Direktoriums, Pommern, Aemter-Verpachtungen, Generalia Nr. 6 (neu: Titel XXXVI Nr. 4) wegen Aufhebung der Leibeigenschaft in allen vor- und hinterpommerschen Aemtern. 1723—1728.
> Vergl. II 20. 31.

Akten des General-Direktoriums, Pommern, General-Domänen-Sachen Nr. 44 und 45 (neu: Titel XXXV Nr. 50) wegen Anfertigung einer General-Tabelle von den in Pommern befindlichen wüsten Bauerhöfen und dieserhalb ergangenen Edikte und Verordnungen. 1748—1765. 2 Bände.
> Vergl. II 37. 80.

Akten des General-Direktoriums, Pommern, General-Domänen-Sachen Nr. 72 (neu: Titel XXXV Nr. 78) wegen der befohlenen Aufhebung der Leibeigenschaft in Pommern; ingleichen: wegen der den sämmtlichen Amtsunterthanen erb- und eigenthümlich zu übergebenden Höfe; ingleichen wegen der Dienste der Eigenthumsbauern und Vererbung der Bauerhöfe in adelichen Dörfern. 1763—1804.
> Vergl. I 327. — II 54. 81.

Akten des General-Direktoriums, Pommern, Domänen-Sachen, Generalia Nr. 131 und 132 (neu: Titel XXXV Nr. 125) betr. Aufhebung der Naturaldienste der Amts-Unterthanen und erbliche Verpachtung geeigneter Amtsvorwerke. 1799—1807. 2 Bände.
> Vergl. II 115. 116.

Akten des General-Direktoriums, Pommern, Domänen-Sachen, Generalia Nr. 145 (neu: Titel XXXV Nr. 138) betr. die Zulässigkeit der Einziehung bäuerlicher Grundstücke als Entschädigung für den den Unterthanen zu bewilligenden Erlaß ihrer Hofedienste. 1806.
> Vergl. II 142.

Akten des General-Direktoriums, Neumark, Domänen-Sachen, Generalia Nr. 74 wegen Aufhebung der Naturaldienste der Amtsunterthanen 1799—1806.
> Vergl. II 124.

Akten des General-Direktoriums, Kurmark, Aemtersachen, Generalia Titel XXVIII Nr. 35 wegen der denen Unterthanen zu conserirenden Laßgüther. 1777—1793.
> Vergl. II 83.

Akten des General-Direktoriums, Kurmark, Aemter-Sachen, Generalia Titel XVIII, Einrichtung des Dienstwesens, Nr. 5 betr. Verwandlung der Hofedienste in Abgaben. 1799—1806.
Vergl. II 126.

Schlesien stand nicht unter dem General-Direktorium.
Die Akten der Schlesischen Ministerial-Registratur befinden sich auf dem Staats-archive zu Breslau.

Akten der Schlesischen Ministerial-Registratur, Pars V Sectio IV Nr. 43: Acta generalia von Acquisition, Besetzung, Zergliederung, Anbau, Be-wirthschaftung, Verpfändung der Bauergüter, Gärtner- und Häusler-stellen. 1744—1806. 3 Bände.
Vergl. II 45. 63.

Schlesische Ministerial-Registratur, Pars V Sectio IV Nr. 44,1: Acta specialia, Breslauer Departement, von Acquisition, Besetzung u. s. w. der Bauergüter.
Vergl. II 63.

Schlesische Ministerial-Registratur, Pars V Sectio III Nr. 41; Acta generalia von Veräußerung abliger Gutspertinenzien und Reluition der Spann-bienste. 1784—1804. 4 Bände und 1 Band Abhibenda.
Vergl. II 137. 139. 141.

Schlesische Ministerial-Registratur, Pars XI Sectio V Nr. 36: Acta generalia von Reluition der Naturaldienste der Unterthanen auf den kgl. Domänenämtern. 1799—1801.
Vergl. I 26. 70. 150. — II 134.

Akten der Geh. Kabinets-Registratur, wegen des freien Gebrauchs des Grundeigenthums und wegen der persönlichen Verhältnisse der Land-bewohner. (Edikt vom 9. Oktober 1807.) 1807—1808. 2 Bände.
Vergl. II 156. 171. 180. 182. 198. 202. 203. 207.

Diese Akten hätten mit unter die Rubrik „Regulirungen u. s. w." aufgenommen werden sollen; da sie allein zurückblieben, so entstand der Irrthum, als seien die andern Akten über das Edikt vom 9. Oktober 1807 verloren (Ranke, Sämmtliche Werke Bd. 48, 1881, Seite 62), während dieselben bei Regulirungen 1 und Regulirungen 1h (vergl. unten) untergebracht sind. —

Akten der Geh. Kabinets-Registratur, Generalia betr. Verleihung des Eigen-thums an die Immediatbauern. 1808.
Vergl. II 86. 116. 179. 181. 182.

Akten der Geh. Registratur des General-Finanz-Departements, Domänen-Sachen 79 Nr. 3 betr. die Verleihung des Grundeigenthums an die Immediat-Einsassen und die Verhältnisse des Bauernstandes überhaupt. 1808 und 1809.
Vergl. II 178. 187. 191. 194. 212.

Die folgende Rubrik „Regulirungen, Ablösungen und Gemeinheitstheilungen", von uns kurz als „Regulirungen" bezeichnet, ist erst später gebildet; sie hat auch Akten früherer Behörden in sich aufgenommen, sobaß dort Lücken entstanden sind. Vergl. die Bemerkung Seite 343.

Regulirungen 1. Akten des Ministeriums des Innern, Abtheilung für landwirthschaftliche Angelegenheiten, betr. den erleichterten Besitz und den freien Gebrauch des Grundeigenthums, sowie die persönlichen Verhältnisse der Landbewohner, Zusammenziehung und Zertheilung ländlicher Grundstücke, ingleichen Aufhebung der Erbunterthänigkeit durch [?] Ablösung der gutsherrlichen Gefälle und Regulirung der gutsherrlich = bäuerlichen Verhältnisse. 1807 ff. 5 Bände.

> Vergl. I 75. 138. 139. 148. 197. 330. — II 157. 175. 176. 194. 197. 205. 211. 213. 217. 218. 219. 225. 239. 240. 242. 262. 265. 270. 283. 285. 289. 328. 359.

Regulirungen 1ª. Akten des Staatskanzleramts, betr. die Beförderung der Landeskultur und die allgemeinen Bestimmungen wegen Regulirung der gutsherrlich=bäuerlichen Verhältnisse. 1809—1820. 5 Bände.

> Vergl. I 128. 144. 168. 197. 277. 297. — II 195. 266. 267. 268. 269. 278. 282. 341. 353. 358. 375. 378. 380. 388.

Regulirungen 1ᶜ. Acta adhibenda, betr. die Verhandlungen mit den Deputirten über den Gesetz = Entwurf betr. Regulirung der gutsherrlich= bäuerlichen Verhältnisse. 1811.

> Vergl. II 257. 262.

Regulirungen 1ᵈ (irrthümlich steht auf dem Aktenstück selbst 1ᴰ). Akten des Staatskanzleramts, enthaltend die kommissarischen Verhandlungen mit den Nationalrepräsentanten über die Deklaration des Edikts vom 14. Sept. 1811 wegen der gutsherrlich = bäuerlichen Verhältnisse, ingleichen wegen Verleihung des Eigenthums an die Bauern in den Privatgütern. 1812.

> Vergl. II 286. 288. 290. 291. 292. 320. 328. 337. 339. 342.

Regulirungen 1ᵉ. Gutachten der Landesrepräsentanten vom Jahre 1814 wegen Deklaration des Edikts vom 14. Sept. 1811. — 1815.

> Vergl. II 347. 358. 370.

Regulirungen 1ᶠ. Akten des General = Finanz = Departements wegen des freien Gebrauchs des Grundeigenthums und wegen der persönlichen Verhältnisse der Landbewohner und Unterthanen: Edikt vom 9. Oktober 1807. 4 Bände.

> Vergl. I 113. — II 147. 162. 181. 200.

Regulirungen 1ᵍ. Enthaltend die von den schlesischen Landeskollegien und der schlesischen General=Landschaft erstatteten Gutachten über das Resumé der in Betreff des Edikts vom 9. Oktober 1807 ergangenen Anfragen. 1808.

> Vgl. II 174.

Regulirungen 2. Akten des Ministeriums des Innern, Department für Handel und Gewerbe, landwirthschaftliche Abtheilung, betr. die in Bezug auf das Edikt vom 14. September 1811 wegen Regulirung der guts=

herrlich = bäuerlichen Verhältnisse ergangenen Deklarationen und Be=
stimmungen. 1813. 4 Bände.

Vergl. I 179. 276. — II 348. 351. 376. 390. 391. 398.

Regulirungen 7. Betr. die Regulirung und Ablösung der Dienste der
Dresch= und Robot=Gärtner und anderer Besitzer geringer Rustikalstellen
in Schlesien, der Ober=Lausitz, in der Neumark und in den Provinzen
Sachsen und Preußen; ingleichen die Verwandlung der ungemessenen
Dienste in gemessene, Aufhebung der Frohndienste. 1810 ff. 8 Bände.

Vgl. II 393. 395. 399. 401. 402. 404.

Regulirungen 8 L. Betr. Verhandlungen mit den Deputirten über den Ent=
wurf der Gemeinheitstheilungs=Ordnung.

Vergl. II 242. 248. 256.

*Die folgenden Akten befinden sich auf dem Ministerium für Landwirthschaft,
Domänen und Forsten in Berlin.*

Regulirungen 79. Akten des Ministeriums für die landwirthschaftlichen An=
gelegenheiten, betr. die Vorbereitungen zur Revision und Mobilisation
sämmtlicher die Agrikulturgesetzgebung betreffenden Gesetze, ingleichen
den Entwurf eines neuen Regulirungs= und Ablösungsgesetzes (Gesetz
vom 2. März 1850). 2 Bände. Hierzu Abhibenda: 79 I, 79 I a, 79 II bis VI.

Vergl. II 407. 411. 412. 429. 436.

Regulirungen 80. Akten des Ministeriums für die landwirthschaftlichen
Angelegenheiten, betr. die Regulirung der gutsherrlich = bäuerlichen Ver=
hältnisse in Neu=Vorpommern und Rügen. 2 Bände.

Vergl. II 463. 468.

Regulirungen 81. Akten des Ministeriums für die landwirthschaftlichen
Angelegenheiten, betr. die in Bezug auf die eingeleitete Reorganisation
der Agrargesetzgebung eingegangenen Gesuche, Vorschläge und Be=
schwerden. 1848—1849. 4 Bände.

Vergl. I 218.

Regulirungen 84. Akten des Ministeriums für die landwirthschaftlichen An=
gelegenheiten, betr. den Entwurf eines Gesetzes über die intecimistische
Regulirung der gutsherrlich=bäuerlichen Verhältnisse in Schlesien (Gesetz
vom 20. Dezember 1848).

Vergl. II 423.

Regulirungen 100. Akten des Ministeriums für landwirthschaftliche An=
gelegenheiten, betr. die Anwendung der Bestimmungen §§ 74. 78. 97
des Ablösungsgesetzes vom 2. März 1850, betr. die Regulirungsfähigkeit.
1850 ff. 3 Bände.

Vergl. I 280. 283. — II 446. 457.

B. Druckschriften.

a. von ungenannten Verfassern.
(Nach der Zeit des Erscheinens geordnet.)

Vorschlag zur Einrichtung der Hinter-Pommerschen Land-Güther nach
aufgehobener Gemeinheit, in Vier Schlägen, zur verhältnißmäßigen
Verbesserung der Viehzucht gegen den Ackerbau, als den Grund der
Bevölkerung des platten Landes. Mit 2 Kupfer-Tafeln. Berlin 1782.
73 Seiten.
> Vergl. I 70. 73.

Leben Franz Balthasar Schönberg von Brenkenhof, kgl. preuß. geh. Ober-
Finanz- Kriegs- und Domänenrath. Leipzig 1782. 192 Seiten u. eine
Tabelle. (Mit Bildniß Brenkenhofs.)
> Vergl. I 119.

Der gegenwärtige Zustand Oberschlesiens, juristisch, oeconomisch, pädagogisch
und statistisch betrachtet. Dresden 1786. 156 Seiten.
> Vergl. I 68. 71. 73. 77. 79.

Landrecht, Das allgemeine preußische, 1794.
> Vergl. I 17. 20. 22. 24. 40. 122.

Ueber die Aufhebung der Erbunterthänigkeit in Preußen. Königsberg 1803.
65 Seiten.
> Vergl. I 67.

Instruktion für die Dienstablösungen in der Kurmark, vom 5. Mai 1800.
Folio, Berlin bei Decker.
> Vergl. II 131.

Gemählde des gesellschaftlichen Zustandes im Königreich Preußen bis zum
14. October des Jahres 1806. Von dem Verfasser des neuen Leviathan.
Berlin u. Leipzig 1808.
   Erster Theil 406 Seiten. Zweiter Theil 303 Seiten.
> Vergl. I 77.

An meine Mitbürger über das Edikt, welches im k. pr. Staat die künftigen
Verhältnisse zwischen den Gutsherren und Bauern feststellet. Von einem
preußischen Patrioten. Berlin 1811, in 4°, 32 Seiten.
> Vergl. I 74. 259. — II 279.

Verlieren oder gewinnen die Gutsbesitzer des Preußischen Staats durch die
Edicte vom 14. Sept. 1811? Eine bescheidene Untersuchung. Berlin
1812. 162 Seiten.
> Vergl. I 67. 143. 241. 260. 298.

Erfolge der Regulierungen in Pommern. (Pommerische Provinzialblätter,
herausgegeben von Haken, Bd. 1, 1821.)
> Vergl. I 239.

Unpartheiische freimüthige Ansichten eines praktischen Landwirths über die
Folgen des Edikts vom 14. Sept. 1811 und dessen Declaration vom

29. Mai 1816. Für Oberschlesien, insbesondere den Kreisen des rechten Oderufers. Breslau 1824. 151 Seiten. (Am Schluß unterzeichnet: G. O. S. T.)
Vergl. I 243.
Entscheidungen des kgl. Geheimen Obertribunals, herausgegeben von Simon und Strampf, Bd. L. 1837.
Vergl. I 279.
Schlesisches Archiv für praktische Rechtswissenschaft, herausgegeben von Koch und Baumeister, Bd. 2. 1839.
Vergl. I 281.
Technische Instruction für die Auseinandersetzungs=Angelegenheiten im Frankfurter Regierungsbezirk. Frankfurt a. d. O. 1842. Lex.=Oktav. 323 Seiten.
Vergl. I 294. 323.
Verhandlungen zur Vereinbarung der preußischen Verfassung. (Beilage zum preußischen Staatsanzeiger, 1848.)
Vergl. II 422.
Ueber die Errichtung und Bestätigung der schlesischen Urbarien. (Zeitschrift für die Landeskultur=Gesetzgebung der preußischen Staaten Bd. 4, 1851.)
Vergl. I 124.
Denkschrift des Ministeriums der landwirthschaftlichen Angelegenheiten über die Veränderungen, welche die spannfähigen bäuerlichen Nahrungen nach Anzahl und Fläche von 1816 bis 1859 erlitten haben. (Zeitschrift des K. pr. Statistischen Bureaus, Jahrgang 1865.)
Vergl. I 256. 257. 259.
Statistisches Jahrbuch für das Deutsche Reich, von 1880 an, Berlin.
Vergl. I 311.

b. von genannten Verfassern.

Bassewitz, von, Die Kurmark Brandenburg vor 1806. Leipzig 1847.
Vergl. I 96. 236. — II 132. 225.
Beckedorff, von, Auszüge aus einem Reiseberichte des Directors des Landes= Oekonomie=Collegiums [betr. Schlesien]. (A. von Lengerkes Annalen der Landwirthschaft, Bd. 6, 1845.)
Vergl. I 215. 301.
Bilow, J. von, Geschichtliche Entwicklung der Abgabenverhältnisse in Pom= mern und Rügen. Greifswald 1843.
Vergl. I 40.
Bülow, C. von, auf Cummerow, Ueber die Mittel zur Erhaltung der Grundbesitzer. Berlin 1814.
Vergl. I 264. 285. 322.
Bülow, C. von, auf Cummerow, Ein Punkt aufs J oder Belehrung über die Schrift: Die Verwaltung des Staatskanzlers Fürsten von Harden= berg. Erstes Heft. Leipzig 1821.
Vergl. I 144.

Bülow, E. von, auf Cummerow, Die Verwaltung des Staatskanzlers
Fürsten von Hardenberg. Fortsetzung der Schrift: Ein Punkt auf's Z.
Zerbst 1821.
Vergl. I 289. 297. 329.

Danh, Die Agrarischen Gesetze des preußischen Staats seit 1806. 4 Bände.
Leipzig 1836 bis 1838.
Vergl. I 321.

Dönniges, Die Land-Kulturgesetzgebung Preußens. 3 Bände. in 4°. (Bd 1,
zweiter Abdruck, 1843.)
Vergl. I 17. 89. 113. 186. 193. 194. 198. 201. 205. 209. 210. 215.
329, 324. — II 175.

Dönniges, Die neueste preußische Gesetzgebung über die Befreiung des
Grundbesitzes. 4°. Frankfurt a. O. und Berlin 1849—1850.
Vergl. II 419.

Eggers, Freiherr von, Ueber Preußens Regeneration. An einen Staatsminister. [Ohne Ort.] Im November 1807. 40 Seiten.
Vergl. I 158.

Fuchs, Carl Johannes, Das gutsherrlich-bäuerliche Verhältniß in Neuvorpommern und Rügen. (Die Schrift ist in Vorbereitung und wird in
den Abhandlungen aus dem staatswissenschaftlichen Seminar zu Straßburg, bei Trübner in Straßburg, erscheinen.)
Vergl. I im Vorwort.

Gabcken, L. F., Grundsätze des Dorf- und Bauernrechts. Halle 1781.
Vergl. I 12.

Gaede, Die gutsherrlich-bäuerlichen Verhältnisse in Neuvorpommern und
Rügen. Berlin 1853.
Vergl. II 467.

Golz, Th. Frh. von der, Die ländliche Arbeiterfrage. Zweite Auflage
Danzig 1874.
Vergl. I 303. 307.

Golz, Th. Frh. von der (herausgegeben von), Verhandlungen der Berliner
Conferenz ländlicher Arbeitgeber. Danzig 1872.
Vergl. I 303. 311.

Hagen, C. H., Professor der Staatswirthschaft und Gewerbkunde bei der
Universität Königsberg, Ueber das Agrargesetz und die Anwendbarkeit
desselben. Königsberg 1814. 122 Seiten.
Vergl. I 300.

Hanssen, Georg, Aufhebung der Leibeigenschaft und die Umgestaltung der
gutsherrlich-bäuerlichen Verhältnisse überhaupt in den Herzogthümern
Schleswig und Holstein. St. Petersburg 1861.
Vergl. I 65. 70. 77. 82. 158. 310. 318.

Harthausen, A. Frh. von, Die ländliche Verfassung in den einzelnen Provinzen der preußischen Monarchie. Bd. 1, 1839. Bd. 2 herausgegeben
von Pabberg, 1861.
Vergl. I 286.

Hering, K. L., Agrarische Gesetzgebung Preußens. Berlin 1837.
Vergl. I 15. 27. 145. 238. 259. 265. 267. 275. 276.

Jacobi, L., Ländliche Zustände in Schlesien während des vorigen Jahrhunderts. Breslau 1884.
Vergl. I 22. 120.

Klebs, J., Die Landeskulturgesetzgebung, deren Ausführung und Erfolge im
Großherzogthum Posen. Zweite Auflage Berlin 1860.
Vergl. I 242. 249. 262.

Klein, Ernst Ferdinand, Ueber die gesetzliche und richterliche Begünstigung
des Bauernstandes. Mit einigen Zusätzen in Beziehung auf das Edict
vom 9. October 1807. Berlin und Stettin 1808. 32 Seiten.
Vergl. I 145.

Koppe, J. G., Kurze Darstellung der landwirthschaftlichen Verhältnisse der
Mark Brandenburg. Berlin 1839. 71 Seiten.
Vergl. I 8. 240.

Koppe, Landes-Oeconomierath, Denkschrift VII. Das ländliche Gesinde-
Wesen. Berlin 1850. 15 Seiten.
Vergl. I 301.

Korn, L., Geschichte der bäuerlichen Rechtsverhältnisse in der Mark Brandenburg. (Zeitschrift für Rechtsgeschichte Bd. 11, Weimar 1873.)
Vergl. I 31. 34. 40. 41. 46. 47.

Krug, Leopold, Ueber Leibeigenschaft oder Erbunterthänigkeit der Land-
bewohner in den preußischen Staaten. Halle 1798. 129 Seiten.
Vergl. I 70.

Lemann, Provinzialrecht von Westpreußen. (Nach Dönniges, Die Landeskulturgesetzgebung Preußens.)
Vergl. I 113.

Lette, A., Bereisung der Provinz Preußen. (Annalen der Landwirthschaft,
herausgegeben von Lengerke, Bd. 10, 1847.)
Vergl. I 241. 242.

Lette, A., und Rönne, L. von, Die Landeskulturgesetzgebung des preußischen
Staats. Band 1. 1853.
Vergl. I 279. 283.

Leuper, E. G. (herausgegeben von), Die Eigenthums-Verleihung, wie sie
ohne Druck für die Laß-Einsassen, ohne Eingriff in das Privateigen-
thum der Gutsherren und ohne Schaden für den Staat ausgeführt
werden kann, mit Rücksicht auf Dienst-Ablösung und einige andere
hierauf Bezug habende staatswirthschaftliche Gegenstände. „Mit Gott,
für König und Vaterland." Geschrieben im Jahre 1817. Berlin 1820.
26 Seiten.
Vergl. I 74. 247. 248.

Mecklenburg-Strelitz, Carl Michael, Herzog von, Statistik des Militär-
Ersatzgeschäftes im Deutschen Reiche. Leipzig 1887.
Vergl. I 311.

Meißen, A., Der Boden und die landwirthschaftlichen Verhältnisse des Preußischen Staats. 4 Bände in 4°. Berlin 1868—1869.
Vergl. I 16. 203. 256. 258. 270. 271.

Miaskowski, A. von, Erbrecht und Grundeigenthumsvertheilung im Deutschen Reich. Erste Abtheilung. Leipzig 1882. (Schriften des Vereins für Socialpolitik. XX.)
Vergl. I 303. 307.

Müller[us], Practica civilis marchica rerum forensium, Berlin und Frankfurt 1678. (Nach Lette und von Rönne, Landeskulturgesetzgebung, Bd. 1 Seite XVI.)
Vergl. I 25. — II 21.

Nicolai, J. D., Ueber Hofedienste der Unterthanen auf dem Lande und deren Abschaffung. Hauptsächlich in Beziehung auf die preußischen Staaten. [Ohne Ort und Jahr.] 46 Seiten. Am Schluß unterzeichnet: Berlin 30. Decb. 1799. [Sonderabdruck aus den Jahrbüchern der Preußischen Monarchie.]
Vergl. I 67. 69.

Noeldechen, F. W., Kgl. preuß. Kammerrath, Oekonomische und staatswirth-schaftliche Briefe über das Nieberoberbruch und den Abbau oder die Vertheilung der Königlichen Aemter und Vorwerke im hohen Oberbruch. Mit Karte. Berlin 1800. 302 Seiten und einige Tabellen.
Vergl. I 302.

Proselger, Oberamtmann, Über den Zustand der landwirthschaftlichen Ver-hältnisse im Graubenzer Kreise. 1843. (Annalen der Landwirthschaft, herausgegeben von Lengerke, Bd. 8, 1846.)
Vergl. I 307. 335.

Puttkamer, von, Statistische Beschreibung des Demminer Kreises. Demmin 1866.
Vergl. I 310.

Ranke, L. von, Hardenberg (in den Sämmtlichen Werken. Bd. 48, 1881).
Vergl. I 127. 343.

Raumer, Friedrich von, Lebenserinnerungen. Erster Theil. Leipzig 1861.
Vergl. II 238.

Richter, Joh. Samuel, Pastor der reformirten Gemeinde zu Anhalt und Pleß, Ueber den oberschlesischen Landmann als Menschen, Christen und Bürger xc., Breslau, Hirschberg und Lissa in Südpreußen 1797. 60 Seiten.
Vergl. I 70. 71. 74. 78.

Riebel, A. F., Die Mark Brandenburg im Jahre 1250. Zwei Theile. Berlin 1831—1832.
Vergl. I 13. 34.

Riebel, A. F., Der brandenburgisch-preußische Staatshaushalt in den beiden letzten Jahrhunderten. Berlin 1866.
Vergl. I 96.

Riebel, A. F., Domänen-Abministration Friedrichs I. Manuskript.
Vergl. I 82.

Robbertus=Jagetow, R., Gutachten von 1849, mitgetheilt durch F. Abidés (Zeitschrift für die gesammte Staatswissenschaft. Bd. 39, 1889).
Vergl. I 306.

Schmalz, Geheimer Justizrath, Ueber Erbunterthänigkeit. Ein Commentar über das Königl. Preußische Edict vom 9. October 1807, ihre Aufhebung betreffend. Berlin 1808. 60 Seiten.
Vergl. I 77. 137. 147. — II 208.

Schück, Materialien zur Beurtheilung der Erfolge des Regulirungsediktes vom 14. September 1811 und der Verordnung vom 13. Juli 1827. (Zeitschrift für die Landeskulturgesetzgebung der preußischen Staaten Bd. 2, 1849.)
Vergl. I 120. 121. 214. 244. 245. 263. 264. 267. 268.

Schütz (Prediger zu Wildberg), Ueber Bauernwirthschaften in Vorpommern. (Pommerische Provinzialblätter, herausgegeben von Haken, Bd. 2, 1821.)
Vergl. II 236.

Sebald, Karl August (Justiz=Commissar), Ueber die Aufhebung der Spann= dienste, besonders in Hinsicht auf die Mark, durch ein Beispiel erläutert. Berlin 1803. 104 Seiten.
Vergl. I 72. 74. 152 ff.

Stabelmann, R., Preußens Könige in ihrer Thätigkeit für die Landeskultur. Erster Theil: Friedrich Wilhelm I.; Leipzig 1878. Zweiter Theil: Friedrich der Große; Leipzig 1882.
Vergl. I 22. 50. — II 20.

Thaer, A., und Benele, Annalen der niedersächsischen Landwirthschaft.
Vergl. I 150.

Thaer, A., Annalen des Aderbaus.
Vergl. I 14. 59. 75. 149. 152.

Thaer, A., Annalen der Fortschritte der Landwirthschaft.
Vergl. I 149. 168.

Thiel, Dr. H., Die Verhandlungen der letzten Jahre über innere Koloni= sation u. s. w. (Schriften des Vereins für Socialpolitik XXXII, 1886, Seite 45 ff.)
Vergl. I 313.

Thile, Carl Gottfried von, Nachricht von der churmärkischen Contributions= und Schoß=Einrichtung ⁊c. Halle und Leipzig 1768. 706 Seiten in 4°.
Vergl. I 13. 72.

Thilo, Steigende Noth des Tagelöhners. (Pommerische Provinzialblätter, herausgegeben von Haken, Bd. 2, 1821.)
Vergl. I 304.

Voigt, J., Geschichte des Bauernaufruhrs in Preußen im Jahre 1525. (Preußische Provinzialblätter Bd. 3, 1847.)
Vergl. I 45.

Weber, Friedrich Benedikt, der Land= und Staatswirthschaft ordentl. Pro=
fessor zu Frankfurt a. O., Ueber den Zustand der Landwirthschaft in
den preußischen Staaten und ihre Reformen. Leipzig 1808. 204 Seiten.
  Vergl. I 156. 293.

Zimmermann, J. E. D., Dr., Cammer=Rath, Ueber die Eigenthums=Ver=
leihung der Bauer=Höfe in dem Preußischen Staat und einige damit in
Verbindung stehende Gegenstände der Staats=Verwaltung. Berlin 1819.
88 Seiten.
  Vergl. I 299.

Pierer'sche Hofbuchdruckerei. Stephan Geibel & Co. in Altenburg.

www.ingramcontent.com/pod-product-compliance
Lightning Source LLC
Chambersburg PA
CBHW021108270326
41929CB00009B/784